ドゴールと自由フランス

主権回復のレジスタンス

渡辺和行 著

昭和堂

ドゴールと自由フランス――主権回復のレジスタンス

目次

目次

カバー・扉図版一覧

カバーオモテ
一九四四年八月二六日の行進。ドゴールの右側にジョルジュ・ビドー、左側にアレクサンドル・パロディ
出典　Max Gallo, *de Gaulle, les images d'un destin*, Paris, 2007, p.83.

はじめに　扉
コロンベー村のロレーヌ十字（筆者撮影）

第1章　扉
一九四〇年六月一八日、ＢＢＣのマイクに向かうドゴール
出典　Éric Branca, *De Gaulle et les français libres*, Paris, 2010, p.49.

第2章　扉
一九四〇年一〇月二四日、ブラザヴィルに到着したドゴール
出典　Éric Branca, *De Gaulle et les français libres*, Paris, 2010, p.111.

第3章　扉
一九四三年一一月九日に改造されたフランス国民解放委員会。一列目、向かって左からフィリップ、カトルー、ドゴール、クーユ。二列目、同様にプレヴァン、ティクシエ、フレネ。三列目、同様にル・トロケ、ジャキノ、ボネ、マントン、ディテルム。四列目、同様にカピタン、マイエル
出典　Max Gallo, *de Gaulle, les images d'un destin*, Paris, 2007, p.63.

第4章　扉
一九四四年八月二六日、行進を始めたドゴール
出典　Christine Levisse-Touzé dir., *Libérer Paris août 1944*, Rennes, 2014, p.108.

むすび　扉
パリ、グラン・パレ横のドゴール像（筆者撮影）

はじめに

◉主権の回復

第二次安倍政権が、二〇一三年四月二八日に「主権回復の日」を記念する式典を挙行したことをご記憶の読者も多いことだろう。この日は、サンフランシスコ講和条約が発効した一九五二年四月二八日から六一年目にあたった。六一年前のこの日以降もアメリカの施政権下に置かれつづけた沖縄では、四月二八日は日本から切り離された「屈辱の日」として記憶されてきた。それゆえ、政府主催の式典は沖縄県民の反発を招いた。

このように、日本では主権回復という問題について共通理解はないようだが、フランスではコンセンサスがある。つまり、第二次世界大戦期のフランス史は主権回復の歴史と要約でき、その評価についてフランス国民のあいだに異論はない。ドゴールの「自由フランス（la France libre）」がめざしたものは、ドイツ占領軍を駆逐して共和国を再建すること、つまり主権の回復であった。本書の目的は、ドゴールが率いた自由フランスの歴史を主権の回復という視座から描くことにある。こうした課題設定は必然的に政治史をもたらすだろう。政治史と聞くと、アナール派の社会史になじんだ読者のなかには時代遅れの歴史と感ずる向きもあるかもしれない。たしかに、一九九七年に「レジスタンスの社会史」が提唱され、[1]レジスタンス研究も社会史をめざして深化しつつあるが、自由フランスの政治史すらわが国には存在していない状況を勘合すると、本書の意義もあるだろう。それでは研究史を振り返ろう。

◉研究史

わが国ではメインタイトルに「自由フランス」と銘打つ書物は現在までのところ、新書の翻訳一点（アンリ・ミシェル、中島昭和訳『自由フランスの歴史』文庫クセジュ、白水社、一九七四年、原著一九六三年）しか刊行されていない。サブタイトルに「自由フランス」がある本も翻訳一点のみである（レミ、築島謙三編訳『メモワール一九四〇〜四四―〈自由フランス〉地下情報員は綴る―』法政大学出版局、一九八五年）。ただし、レミ（ジルベール・ルノー）の訳書は原著全五分冊（一九四七〜四八年刊）の回想録を一巻に圧縮して訳出したもので、邦訳タイトルは原著第一分冊のタイトル「自由フランス地下情報員の回想録」(2)から取ったものだろう。それゆえ、レミの訳書はオリジナルな日本語版と言いうる。「自由フランスのナンバーワン諜報員」(3)としてフランスでは著名なレミも、わが国ではほとんど知られていないため、訳書の副題は日本の読者用につけられたものである。このように、自由フランスにかんする邦語文献は翻訳の新書一冊と回想録一冊というお粗末な現状であり、日本人の手になる研究書にいたってはゼロである。(4)なぜ、これほどまでに自由フランスの研究は不人気で低調なのだろうか。

研究史にその理由が示されている。初期のレジスタンス史研究の第一人者、アンリ・ミシェルは、一九五〇年に出版した『レジスタンスの歴史』（文庫クセジュ）のなかで、「レジスタンスの歴史を書くことは容易ではない。というのは、これほど感情と結びついている題目はほかにあまり例がないからである。それにもっとも不明瞭な点にかんして、資料が充分でない」と記していた。(5)この記述は、終戦後五年という冷静に振り返る時間的距離がなかった時期の所産であるゆえ、やむをえない点もあるだろう。『レジスタンスの歴史』は、ミシェルも参加した国内レジスタンスの輪郭を描くことに集中しており、国外レジスタンスの自由フランスについては一〇分の一程度の紙幅しか割かれていない。こうした状況は四〇年後でも変わっていなかった。ドゴール生誕一〇〇周年の一九九〇年一一月に国際シンポジウムが開催され、その成果は七巻本の研究『ドゴールとその時代』（約三八〇〇頁）となって公刊されたが、第二次世界大戦期のドゴールにあてられた紙幅（第一巻第二部第七章「ドゴールと戦闘の記憶」）は全体の二パーセント（六六頁）にも満たず、しかも「自由フランス」というタイトルの報告はなかった。(6) このように、フランスでも国外レジスタンスの研究は多いとは言えず、自由フランスの本格的な研究書がジャン＝ルイ・クレミュー＝ブリヤックによって出版されたのは一九九六年のことである。(7)

一九六四年に『レジスタンス文献批評目録』を編んだアンリ・ミシェルによると、調査した一二〇〇点（本や冊子が一〇〇〇点、論文や記事が二〇〇点）の刊行物のうち、回想録が五〇〇点、伝記が一五〇点（約三分の一がドゴール伝）、研究書はわずか一〇〇点、史料集が四〇点であったという。しかも、ミシェルの目録が「自由フランス」の項目に費やしたのは、本文二〇四頁中の一九頁の紙幅であり、六四年時点では、自由フランス軍の総合的研究もなく、自由フランス政府や世界各地の自由フランス委員会や地下組織網などの研究も始まったばかりという状態であった。(8)

パリ解放二〇周年にあたる一九六四年は、レジスタンスの英雄ジャン・ムーランのパンテオン移葬式典があり、レジスタンス神話がピークを迎えた年である。それのみならずこの年は、『フランス史年間著作目録（Bibliographie annuelle de l'Histoire de France）』が、第二次世界大戦期を立項してその時期の研究を取りあげるようになった年でもあることだ。(9) これは、第二次大戦期の歴史研究が本格化してきた証左とも言いうるが、この時点のフランスでも自由フランスの研究というと、先述の文庫クセジュ版『自由フランスの歴史』しかない研究状況であった。

一九八六年にフランソワ・ベダリダが、フランスも含めたグローバルなレジスタンス研究を総括して、「レジスタンスをその量的な全体像《アンテグラリテ》と同様に質的にも完全な姿《アンテグリテ》で復元し位置づけなおす必要性」を語っていたが、(10) アンリ・ミシェルの調査以降の研究動向をフォローしたローラン・ドゥズーによると、一九六四年から二〇〇一年に刊行された一九三九～四五年の時期の出版物は一万一六〇〇点あり、そのうちの三六〇〇点は占領期の生活などにかんするもの、一八〇〇点が解放にかんするもの、一三〇〇点が一九四〇年の歴史にかんするもの、六二〇点がユダヤ人や政治犯の移送にかかわるものであった。さらに、国内レジスタンスにかんするものが三二五〇点（二八パーセント）、自由フランスが一〇七〇点（九パーセント）であったという。[11] 国内外のレジスタンスにかんする出版物を合算すると三七パーセントであるが、自由フランスの文献が相対的に少ないことは明白であった。

このように、一九六〇年代までは国内レジスタンスの文献が圧倒的に多く、日本からの関心も共産党を中心とした国内レジスタンスに注がれた。しかし、ドゴールの権力掌握によってフランス解放が「裏切られた解放」[12] となり、レジスタンス左派のあいだに反ドゴール感情が高じた。[13] レジスタンス組織「南部解放」の指導者であったエマニュエル・ダスティエ・ド・ラ・ヴィジュリは、パリ解放から二ヵ月後に「御用済み」となったレジスタンスの一抹の寂しさを、四七年に出版した回想録のなかでこう表白していた。彼は、レジスタンスの四年間を「大山鳴動して鼠一匹だった。われわれは見栄えのしない王政復古に立ちあっている」と総括し、「私たちのゲームは終わった。ほかにそういうものを探すわけにはいかない。世界に戻らなければならない。一度は拒否されたが、ふたたび勝利を収めた世界に。ところが私たちは、そこにうまく戻れずにいる」と、もどかしさを述べ、さらには「抵抗運動はその夢を、政治的社会的肩書、あるいは年金証書に還元してしまっている」と悔しさをにじませた。[14] ピエール・エルヴェも、四五年末に「レジスタンスは、奇跡でも聖なる精神の奮起でもなかったし、ロンドン、ワシントンあるいはモスクワの創作物でもなく、ドゴール将軍の創作物でもなかった。レジスタンスは、明確なある国際的状況下におけるフランス人民の国民的で民主的な運動であった」と記していた。[15]

南部三大レジスタンス運動のひとつで、歴史家のマルク・ブロックが所属していたことでも知られる「フラン

＝ティルール（義勇兵、Franc-Tireur）」の指導者ジャン＝ピエール・レヴィも、ナチ占領下のフランスで対独抵抗運動に身を投じた活動家の「失望」について戦後触れている。[16] レジスタンス右派で南部地区最大のレジスタンス組織を率いた「コンバ（闘争）」の指導者アンリ・フレネは、一九四六年一一月にドゴールを「レジスタンスの墓掘人」として糾弾している。[17] また、トゥールーズ地域の共和国委員を務めたジャン・カスーが、五三年に「抵抗運動家にとって、レジスタンスとは生き方であり、生活様式であり、作り出された生であった」とか、「レジスタンスとは分割できない全体である」「レジスタンスとは道義的な事実であった」などと力説したのも、「今日のフランス人の記憶が長続きしない」ことへの苛立ちの表明かもしれない。[18]

さらにレジスタンス研究は、国民総抵抗神話としてのレジスタンスを顕彰することで、引き裂かれていた国民の集合的記憶を心理的に補償し、フランス人のあいだに穿たれた亀裂を覆い隠す国民統合の道具となり、栄光のレジスタンス神話の形成に寄与した。しかも、レジスタンスを顕彰することは、結果的に自由フランスの首長ドゴールを称えることになり、それは、第五共和政の初代大統領ドゴールと与党のドゴール派政党による支配の正統性にもつながった。こうしたドゴール派政党による一党優位体制という一九六〇年代の政治状況が、野党や左翼文化人から自由フランスへの関心を削ぐことになった。

また、一九五四年から五九年にかけてドゴールが三巻本の『ド・ゴール大戦回顧録』を出版したことも自由フランス研究にとっては、マイナスに作用した一面があると言ってよいだろう。[19] というのは、ドゴールの大戦回顧録は、当事者その人による証言というだけでなく、その美文や豊富な史料とあいまって、これを超える総合的な自由フランス研究は不可能ではないかと思わせる迫力があったからである。ただし大戦回顧録は、反ドゴール派レジスタンスには当然ながら紙幅を割いておらず、国内レジスタンス諸組織の自発性や自立性は過小評価され、大戦中のレジスタンス運動とはドゴール派のそれのみという誤解をもたらすおそれもあった。

◉パクストン革命以後の研究史

一九七三年のフランスでロバート・O・パクストン『ヴィシー時代のフランス』が翻訳されたことは、ヴィシー時代の歴史像にコペルニクス的転回をもたらした。[20]この結果、一九七〇～九〇年代にはヴィシー政権の対独協力に光があてられ、ついで「ユダヤ人狩り」に関与した戦犯裁判（バルビー裁判、トゥヴィエ裁判、パポン裁判の三件）が一九八〇年代から九〇年代に開廷されたことによって、ユダヤ人迫害の問題に関心が移り、レジスタンス研究は下火になった。[21]それゆえ、九四年秋にレンヌで開かれた国際シンポジウム「レジスタンスとフランス人」の報告書のなかで、編者が「ヴィシー体制・対独協力・抑圧の歴史研究は近年おおいに進展したが、レジスタンスの歴史研究はかなりの沈滞をみた」と記したのも当然であった。[22]なお、対独抵抗と対独協力の二律背反的な従来の理解に対して、九〇年代から「ヴィシー派レジスタンス」というカテゴリーに注目が集まりだしたのが、現時点のレジスタンス研究の一特徴である。[23]

ともあれ、フランスでは一九七〇年のドゴール死去後に本格的な自由フランス研究が始まり、とりわけ九〇年代からシンポジウムや研究書・事典の編纂[24]などが相継いだが、わが国の自由フランス研究は低調なままであり、フランスより五〇年の遅れをとった。レジスタンスの脱神話化が進んだ今こそ、自由フランスの歴史を再構築するまたとない機会である。

たとえば、自由フランスでは植民地兵からなる外国人部隊やスペイン人やポーランド人も重要な役割を演じており、レジスタンス内部における外国人の役割を明らかにすることは、レジスタンスという国民神話の脱構築につながるはずである。逆にフランス解放に貢献した外国人の存在が長らく無視されてきたことは、植民地帝国に

図 0-1　モロッコ兵を閲兵するドゴール

出典　Denis Peshanski, *Des étrangers dans la Résistance*, Paris, 2002, p.110.

執着してきたフランス人の帝国意識を解明するうえでも重要な論点になるだろう。自由フランスが最初に得た領土は植民地であり、一九四〇年九月にブラザヴィルで組織された植民地防衛評議会が臨時政府へと飛翔したことの重要性を忘れてはならない。臨時政府がパリに帰還するまで自由フランスにとって重要な都市は、まずはブラザヴィルであり、ついでアルジェであった。四二年六月一八日にドゴール自身、国民の未来と国民の偉大さにとって本質的な要素として植民地を指摘し、「植民地にこそフランス再建のための発進基地が築かれました」と述べている[25]。それゆえ、自由フランスと植民地・外国人は重要な研究テーマのひとつである。

フランスでは、すでに一九八〇年代にレジスタンスに参加した移民やユダヤ人の研究書が上梓されていた[26]。こうした研究動向のなかで、九六年に浩瀚な自由フランスの歴史書を著したクレミュー＝ブリヤックも、二〇一三年の増補版にわずか二頁とはいえ、「外国人と植民地兵、これら忘れられし者たち」を加筆している。自由フランス軍のなかに六〇カ国におよぶ約三〇〇〇人の外国人がおり、植民地兵は半数の三万人を数えたという[27]。さらに、二〇一四年に出版された『自由フランスとはアフリカであった』は、自由フランスがアフリカに足場を築き、アフリカに依存していたこと、アフリカ人は自由フランスのために働き、自由フランスもアフリカ人に影響を及ぼしたことを解明して、レジスタンス国民神話にとどめを刺した[28]。

もっとも、本書も外国人や植民地兵、さらにはユダヤ人やプロテスタントのレジスタンスなどには触れることができなかった。本書は、対独協力やユダヤ人迫害の研究と比べて、出遅れ感のある国外レジスタンスの代表、自由フランスの歴史を解明することを目的としている。ジャン＝フランソワ・ミュラシオルによれば、組織としての自由フランスの研究は比較的進捗しているが、レジスタンスが国内レジスタンス運動と同一視されたことにより、国内レジスタンス運動史の解析度と比べると、自由フランスないし国外レジスタンスの歴史については不明な点がかなり多いという。戦時中のドゴールの言説や戦時ゴーリズム（ドゴール主義）の誕生などの研究も進んでいない。それは、国内レジスタンスやユダヤ人移送などの研究が自由フランスと国外レジスタンスの研究よりも五倍も多いことの論理的帰結でもある。さらに、自由フランスに加わった人びと（自由フランス人）の研究は立ち遅れており、自由フランス人の資格・人数・心性・集合的記憶、植民地兵、世界各地で組織された自由フランス委員会や自由フランスの財政などの研究は始まったばかりだという。[29]

また、二〇一四年に『レジスタンスの研究者─歴史家のための方法と道具─』と題する論文集が出版され、新しいレジスタンス研究の方向性を指し示していた。『レジスタンスの研究者』は、二〇〇九年六月のブザンソンと、二〇一〇年三月のパリで開かれた二つの研究大会（テーマは順に「フランス・レジスタンスの歴史─問いかけ・眺望・展望─」「レジスタンス史のエクリチュール─史料の利用・取り扱い・解釈─」）の成果であるが、本書においても国内レジスタンスの研究が中心であり、自由フランスの歴史は論じられていなかった。[30]二〇一三年に刊行されたオリヴィエ・ウィエヴィオルカの『レジスタンスの歴史』も、組織としてのレジスタンスのみならず運動としてのレジスタンスも論じてはいるが、対象とする地下組織にはドゴール派の自由フランス軍は含まれてはいない。[31]とはいえ、二〇〇四年六月に開かれた国際シンポジウム記録のなかに、自由フランス研究の新たな模索ないし胎動を認めることができる。従来の政治活動、外交交渉、軍事行動などの歴史に加えて、自由フランスに参加した女性、フランス国内における自由フランス像などに新境地を窺うことができる。[32] こうした新傾向は、次の二つのシンポジウムにも継承されている。ひとつは、二〇一〇年六月に「一九四〇年六月一八日」の七〇周年を記念して開かれたシンポジウム報告『自由フランスの歴史のために』（二〇一二年刊）、もうひとつは、二〇一三年一一月に開催された国際シンポジウム『自由フランス人と世界』（二〇一五年刊）である。前者には「自由フランスとスカウト運動」といった論文があり、[33] 後者の論集には、「中国における自由フランス人」「アルゼンチンとウルグアイの自由フランス委員会」「自由フランスに馳せ参じた外国人」など、これまでの欠落を補う論文が収められている。[34]

戦後七〇年におよぶ以上のような研究動向は、自由フランスを顕彰する記念建造物《モニュマン》（M）や記念プレート《プラック》（P）の設置件数ともパラレルな関係にあった。この点は、記憶の歴史学ないし表象の歴史学という観点からも興味深いので、そのデータを紹介しておこう。オリヴィエ・ロシュローによれば、一九四三年から二〇〇三年までに設置された自由フランスの記念建造物や記念プレートの総数は三三八（M一七三、P一六五）であった。[35] 一九四三年から五一年（第一期）までの九年間が最初の設置ラッシュとなって、六三（M三一、P三二）を数えたが、その後はパリ解放二〇周年の六四年（M三、P七）を除いて、七九年まで顕彰活動は停滞気味であった。それは、五二年から七九年までの二八年間の設置数が六六（M三八、P二八）と、第一期の九年間とほぼ同数であったところに示されている。また、ジャン・カスーが、五三年に「記憶が長続きしない人間ないし国民《プープル》は、死に包まれて生きている。そうした生は死よりも悪い」と、当時のフランス人が戦争の記憶を消し去ろうとしていることに警鐘を鳴らした事実とも符合するだろう。[36] しかし、戦後四〇年、五〇年の到来とともに、八〇年代が七八（M五〇、P二八）、九〇年代が九六（M三九、P五七）と着実に増えていった。このように、自由フランスを称える記念建造物と記念プレートの設置件数は、自由フランス研究の進展とも符節をあわせていたのである。

◉本書の視座

本書は、ミュラシオルが指摘する自由フランス研究の欠落部分を補う研究ではない。本書は組織としての自由フランス、自由フランス中枢レヴェルの分析にとどまっている。こうした限界があるとはいえ、本書は対独抵抗と対独協力をバランスよく組み込んだ第二次世界大戦期フランスのトータルな歴史像の構築にとって必要不可欠な作業である。フランスの研究水準との「時差五〇年」を取り戻そうという本書は、わが国の自由フランス研究の充実に資する面が大であることは言うまでもないし、本書の意義もそこにあるだろう。

本書では、自由フランスの歴史に迫る方法として主権回復の戦いに焦点をあてた。このような課題設定が、自由フランス人を視野の外に置きがちであり、自由フランスの中枢レヴェルの分析に終始した一因でもあるが、わが国には政治史の研究すら存在しないがゆえに、こうした分析視角も許されるだろう。ともあれ、本書は主権国家の三要素に着眼する。主権国家の三要素が領域・国民・中央政府であることから、本書でもテーマを三つに細分する。第一に、自由フランスが領土をどのようにして獲得し支配していったのかという軍事的・政治的側面である。アジア・アフリカなどのフランス植民地が、いつ自由フランスの支配に服したのかも案外知られていないので、地域ごとに解明していくことは重要である。自由フランス陣営に最初に馳せ参じたのは南太平洋のフランス領であるが、その「戦略的政治的価値」にもかかわらず、二〇〇二年時点でもこの地域の研究は無視されてきたと言われる状態であっただけに、(37)「領土」の視点は重要だろう。第二に、自由フランスが国民の支持をどのようにして獲得していったのかという政治的・社会的・心理的側面、第三に、自由フランスが中央政府をいかにして組織し政府の承認を得たのかという行政的・法律的・外交的側面である。以上の三点について分析を進めよう。

これら三点は分かちがたく結びついているので、実際には同時並行的に叙述を進めざるをえないだろう。連合国首脳間の駆け引きや国内レジスタンス（共産党）との覇権争いなども、以上の分析枠組みで論じることが可能である。

本書は自由フランスによる主権回復の過程を主権国家の三要素に着眼して明らかにすることをめざしているゆえ、本論に入る前に主権概念について触れておきたい。もちろん、ここでは主権概念の歴史に深入りするつもりはない[38]。周知のようにフランスでは、一七八九年の人権宣言第三条で近代的な主権概念が明らかにされた。「およそ主権の根源は本質的に国民のうちにある。そこにはっきりと由来しない権限を行使することは、いかなる団体も個人もできない[39]」。フランス革命期に、国民主権や人民主権などの主権論が戦わされたことも知られている。それでは、ドゴールの主権概念はいかなるものであっただろうか。ドゴールが自分自身とフランスを一体化していたように、ドゴールにとって主権とはとりもなおさず国家主権であった。国家主権と聞くと、右翼ナショナリストの国家主義的な思想と考えがちであるが、一九四〇年には国家主権にも意味があった。というのは、第三共和政フランスが崩壊して、フランス国民は国家という政治共同体を失った時期であったからである。国民主権ないし人民主権を論じうるのは、国民を代表する最高決定権力としての中央政府や議会という器があってこそであり、対内主権の中身として国民か人民かという議論になるのだろう。国民共同体としての国家が独立を維持してこそ、対外主権も主張できるのである。

ドゴールは、民主主義や共和主義を受け入れていく過程で、国民主権を主張しだした。一九四二年五月二七日の記者会見で、「私にとって民主主義とは、まさしく国民主権と一体のものです。民主主義とは人民による人民の政府のことであり、国民主権とはなんの拘束も受けずに主権を行使する人民のことです」と語っていた[40]。その国民主権は、対外的には国家主権として作動した。国家という政治共同体を喪失したフランスにとって、さらには、そのフランスを体現していると信じるドゴールにとって、対外的なプレゼンスを維持するためにも国家主権の主張は論理的必然であった。対外関係や外交交渉で展開されるのは、主権を持つ国民の総意としての国家主権である。

それでは、次章以降で主権国家の三要素（領域・国民・中央政府）に注目して分析を進めよう。第1章でゼロからの出発をした自由フランスについて論じ、第2章で植民地を中心に領土の獲得および英米連合国との摩擦について述べよう。そして、第3章と第4章で国内レジスタンスとの軋轢にも目配りしつつ、自由フランスが国民（国内レジスタンス）の支持を集めていく過程および中央政府を樹立し、英米両国の拒絶にあいつつも、それを乗り越えて国際的承認を得ていく過程について触れよう。

第1章　自由フランスの誕生

第1節　敗戦とドゴール

◉ドイツ軍の西部攻勢と休戦

戦意をなくしたポール・レノー内閣の総辞職とフィリップ・ペタン休戦内閣の成立を見届けたシャルル・ドゴールは、レノーから一〇万フランの秘密資金を得て[1]、ロンドンへ飛び立った。ドゴールのこの行動から、自由フランスは生まれた。それでは、その経緯を追ってみよう。

一九三九年九月一日、ドイツ軍がポーランドに侵攻して第二次世界大戦が勃発した。しかし、仏独国境沿いの西部戦線では小競り合いがあった程度で、本格的な戦闘のない「奇妙な戦争」が続いていた。四〇年五月一〇日、ドイツ軍の西部攻勢が始まる。三日後に国境が突破され、六月七日にはソンム戦線が破られ、六月一四日、ドイツ軍はパリに無血入城した。ドゴールは、五月末に第四機甲師団を率いてピカルディーで戦闘に従事していたが、六月五日、ポール・レノー首相の薦めで国防次官に就任した。レノーは、ドゴールが一九三四年に機甲師団の創設を説いた『職業軍の建設を！』[2]の唯一といってよい理解者であり、三四年一二月五日にドゴールと会って説明を受けていた。レノー自身、三七年に『フランスの軍事問題』を出版している[3]。

ドゴールは、一九四〇年六月九日と一五〜一六日の二度、ロンドンでウィンストン・チャーチル首相と会談している。会談の目的は、北アフリカに政府を移す際の地中海を横断する輸送手段を確保することであった。六月九日のドゴール＝チャーチル会談をお膳立てしたのは、ロンドンにいたジャン・モネ英仏調整委員会委員長（三九

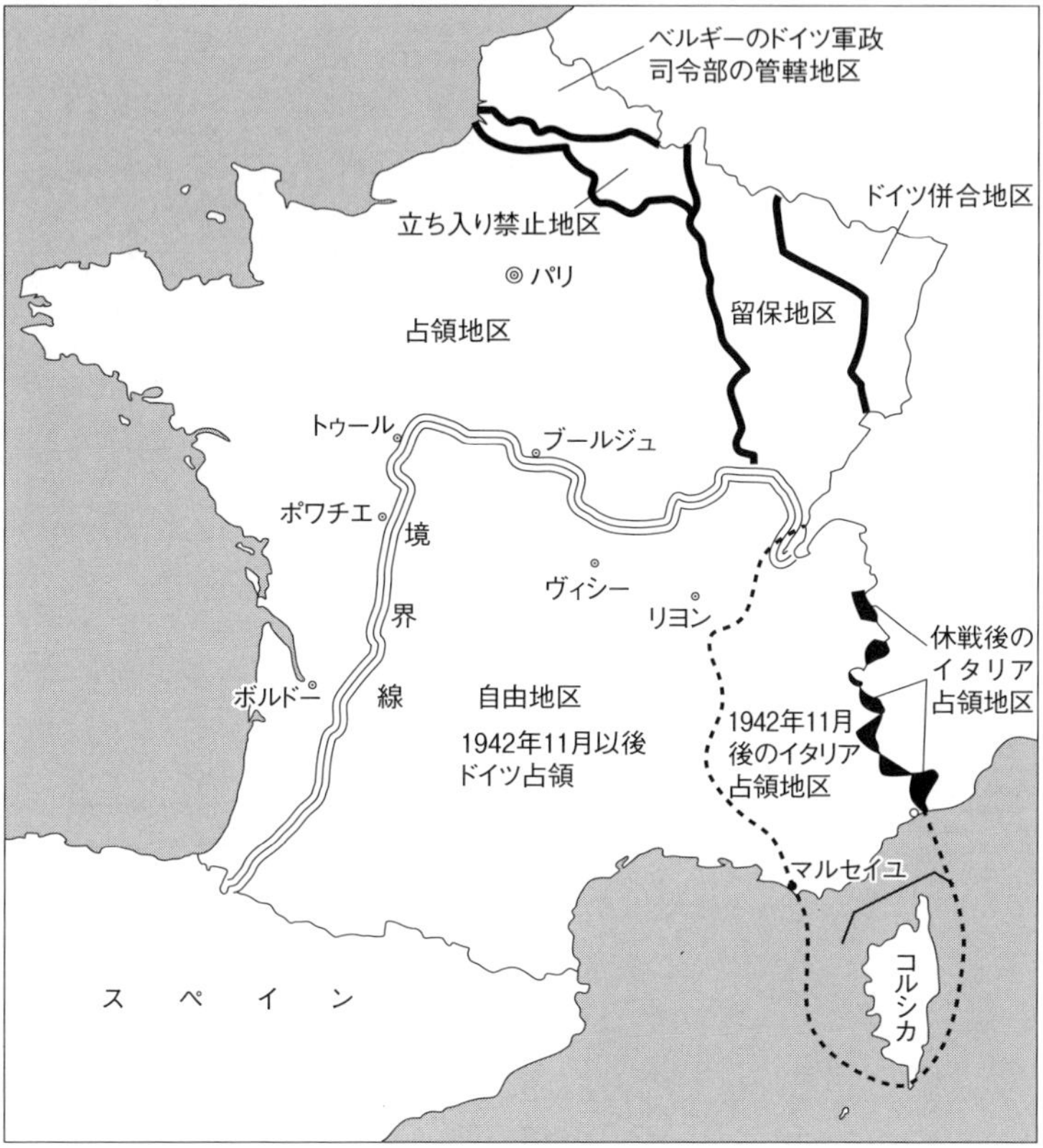

図 1-1　ナチ占領下のフランス（1940—1944 年）

出典　渡辺和行『ホロコーストのフランス』人文書院、1998 年。

年一〇月一八日に任命）である。イギリス政府の態度が曖昧なこともあって会談の成果はなかったが、ドゴールは、七五インチ砲一〇〇〇丁や数千の軽機関銃を積んでアメリカからボルドーに向かっていたパストゥール号を、イギリスの港に向かわせるために奔走しもした。チャーチルは、のちに「私はこの非常に背の高い冷静な人物に接して、『これこそフランスを背負って立つ人』という印象を深めた」と記している。[4]

一九四〇年六月一六日午後九時半頃にボルドーのメリニャック空港に着いたドゴールは、ペタン休戦内閣の成立

図1-2　ポール・レノー内閣の国防次官ドゴール。最前列、右横顔がレノー首相

出典　Éric Branca, *De Gaulle et les français libres,* Paris, 2010, p.35.

を知った。ドゴールは英国行きを決意する。というのは、一六日の午後、チャーチルとドゴールは、フランスを退去せねばならない事態に備えて、ドゴールを帰仏させた飛行機をボルドーで待機させておくことで一致していたからである。それに、ジャン・モネの回想録によると、六月一四日の時点でドゴールは、すでにイギリスにとどまる覚悟を決めていたようである。六月一四日夜、ロンドンに着いたドゴールはフランス陸軍省官房長ジャン・ローランのアパートからモネに電話をしている。「私は表向きはフランス部隊の北アフリカと英国への輸送の交渉にきた。だが、それだけが私がここにいる理由ではない。貴下にだけ言うが、私はここにとどまる決心をした。フランスでは、もはややることはない。われわれはここで仕事をする」。そこで即刻モネの家で夕食をともにすることとなり、ドゴール、ジョフロワ・ド・クルセル中尉とルネ・プレヴァン英仏調整委員会助手も臨席した。ドゴールは、モネ夫人シルヴィアに「私はフランスの名誉を救うためにここにいるのです」と語っている[5]。一四日の渡英前にしたためたレノー宛の手紙のなかでもドゴールは、「まずは本土、ついで植民地における戦いの継続」という「政策によってのみ、われわれは名誉を守り、祖国を救うことができるのです」と書き記していた[6]。

ドゴールは、ロンドン行きを北アフリカに向かう第一段階だと考えていた。一九四〇年六月一四日にドゴールが、「今度はどこでお会いしたらよいでしょうか」と首相レノーに尋ねたとき、首相が「アルジェでまた会いましょう」と答えたことを記憶していた。(7) さらに、六月二一日にマシリア号が、二七人の国会議員を乗せてモロッコに向かっている。乗船した国会議員のなかには、エドアール・ダラディエ、ジョルジュ・マンデル、ジャン・ゼー、イヴォン・デルボス、ピエール・マンデス・フランス、ピエール・ヴィエノらの閣僚や次官経験者がいた。それゆえ、ドゴールの考えは荒唐無稽ではなかった。しかし、六月二四日にモロッコのカサブランカに接岸した議員らは、脱走者の汚名を着せられ、ヴィシー政府に従う北アフリカ総司令官シャルル・ノゲス将軍によって逮捕されてしまった。(8)

図 1-3　マリシア号

出典　Éric Branca, *De Gaulle et les français libres*, Paris, 2010, p.55.

◉ドゴールの思想

ドゴールは、一九四〇年六月一七日午前九時にメリニャック空港を飛び立ってロンドンに向かった。彼は、植民地にフランス政府を移して正規軍による戦いを続ける考えであった。しかし、ドゴールは、ロンドンのフランス大使館から宿舎の提供を拒まれた。彼の政治的キャリアといえば、休戦直前に国防次官に就任しただけである。休戦当時のドゴールは四九歳、人生の半ばを過ぎるまで軍関係者以外には知名度の低い二つ星の将軍（臨時准将）であった。

しかし、ドゴールは五〇にして天命を知った。彼にとって天命とは、「フランスの偉大さ」の回復であり、世界に占めるフランスの高い地位にほかならない。ドゴールが抱く「フランス」という観念

図 1-4　ピアノの上の鉢植、ドゴール夫妻

出典　Éric Branca, *De Gaulle et les français libres,* Paris, 2010, p.76.

には、高貴なるフランス、至上のフランス、欧州の調停者にして指導者のフランスという内容が含まれている。これらがフランスの使命だと意識された。大戦中のドゴールの言説を内容分析した思想史家のジャン・トゥシャールは、演説のキーワードを、休戦・降伏・ヴィシー政府・第三共和政の議会政治などの「拒絶」、フランスの「名誉と良識」、「自由」の擁護、国民の「統一」、腐敗した統治エリートに対して健全な「国民《プープル》」を対置、偉大な「フランス」などに見出している。[9]幻となった一九四〇年六月一九日のラジオ演説原稿で「フランスを代表して」訴えようとしたのを手始めに、[10]ドゴールの口から幾度も上述のキーワードが発せられた。しかも、六月二九日のロンドンでドゴールは渡英してきたルネ・カサンに「われわれがフランスです」[11]と述べ、戦後の五四年四月七日にも「私はフランスであった。国家であった。政府であった」「私はフランスを代表して語った」「私はフランスの独立と主権であった」[12]と語ったように、ドゴールは自分とフランスを同一視する。彼は「偉大さへの意志」が堅固なナショナリストであった。[13]ロンドンのハンプステッドにあるドゴールの自宅ピアノ上の鉢植えに、わずかではあれフランス本国の土が撒かれていたあたりにも、ドゴールのフランスに対する思い入れの深さを垣間見ることができるだろう。[14]ドゴールの側近パレウスキが、土を持ち込んだのは諜報員のレミだと推測しているように、この土は、レミがドゴール夫人のために占領下パリの花屋で買い求めた鉢植えの土であった。[15]

ともあれ、ドゴールが政治に求めたものは「フランスの偉大さ」の回復である。彼は、著書『剣の刃』（一九三二年）

のなかで、指導者に「偉大な理想と一体化」し、偉大な目的を追求することを求めた[16]。一九五三年一一月一二日にはこう語っている。「私は失敗に慣れています。思えば、私の生涯はなんと多くの失敗で印づけられていることでしょう！……それがたんに私個人の失敗であったなら、たいしたことはなかったでしょうが、悲しいかな、それはフランスの失敗でした。……戦争中のもっとも辛い試練の日々に、しばしば私はこう思ったものです。おそらく私の使命は、フランスの栄光の頂上をめざす最後の躍動としてわが国の歴史に残ることだろう。おそらく、私はフランスの偉大さを記す書物の最終ページを書いているはずだ[17]」。レジスタンス組織「南部解放」のリーダーで臨時政府の内務委員を務めたエマニュエル・ダスティエ・ド・ラ・ヴィジュリも、「ドゴールはフランス史の一章を受け持って、情熱家のミシュレ〔歴史家〕のように、頭のなかで少しずつ書きためているらしい」とか、「彼はまるで自分が千年の歴史を担っているかのように、あるいは百年あとに自分の名が歴史に刻み込まれているかのように話すのだ」と四七年に記していた[18]。

ドゴールの思想形成で見逃せないのは「フランスについてのある観念」である。『大戦回顧録』にこう記されている。「生涯を通じて私は、フランスについてある種の観念を胸のうちに作りあげてきた」。フランスが「卓越した類例のない運命」を持ち、「フランスが本当におのれ自身であるのは、それが第一級の地位を占めているときだけであり、遠大な企図のみが、その国民がおのれのうちに蔵している散乱の酵母の力に拮抗することができる。わが国は、……死にいたる危険を冒しても高きに目標を定め、毅然として立たねばならない。つまり私の考えでは、フランスは偉大さなくしてはフランスたりえない[19]」。ドゴールが軍人を志したのも、世界でもっとも偉大なるもののひとつが軍隊だと考えたからである。

こうしたドゴールの思想は、ゴーリズム（ドゴール主義）としか言いようのないものである。第五共和政期、ドゴール大統領のもとで文化大臣を務めたアンドレ・マルローは、ゴーリズムを「フランスに仕える政治的熱情」と位置づけた[20]。政治学者のスタンレイ・ホフマンも「ゴーリズムとは姿勢であって教理ではない。……フランスへの奉仕とフランスの偉大さを除くと、ゴーリズムを定義するには内容ではなく、それを取りまく状況によってのみ定義できる[21]」と述べている。ドゴールが直接国民に訴えて支持を得る政治スタイルを多用したように、ゴーリズムは民衆的性格、ポピュリズム的性格、ボナパルティズム的特徴をあわせ持ったことも指摘せねばならない。ドゴールの内部では、ボナパルティズムの三要素（権威・栄光・国民）は溶けあっている。彼は、「権威は威信なくしてはなりたたず、威信は人との距離なくしてはなりたたない[22]」と述べていた。他者との距離こそある人には孤高と映り、またある人には尊大とも映ったのである。

第2節　ロンドンのフランス人

◉六月一八日の男

ロンドンでドゴールは孤立無援の戦いをしいられた。彼の戦いは、独自の兵力も組織も財源もないゼロからの出発であった。ドゴールは、一九四〇年六月一九日に渡英してきたアンドレ・ヴェイユ＝キュリエルに、「私にはお金も部隊もありません。家族がどこにいるのかもわかりません。われわれはゼロから始めるのです」と答えていた。[23]事実、自由フランスの財政を担当するピエール・ドニは、初めて執務室を訪れたとき（六月末ないし七月初）、金庫が空っぽであったと回想している。[24]四〇年一二月に自由フランスの外務部長に任命されたガストン・パレウスキも、「わずかばかりの人はいたとしても、一銭もなく、財力もなかった」と述べている。[25]ドゴール自身「私の傍らには、名ばかりの兵力も組織もなかった。フランス国内にはいかなる保証人も、いかなる名声もなかった。外国にも信用も正当さの証拠もなかった」とのちに振り返っている。[26]米ソ両国も含めた諸外国から正統政府と認められたのは、ヴィシー政府である。フランスの主権回復をめざしたドゴールの苦闘が始まる。

それは、一九四〇年六月一八日、イギリス放送協会（ＢＢＣ）のマイクから始まった。ドゴールは、すでに『職業軍の建設を！』（一九三四年）のなかで、軍事作戦におけるラジオ放送の役割を指摘しており、四〇年五月二一日にはラジオから住民の敗北主義に反対する演説を行っていた。[27]ドゴールは、四〇年一〇月初めにガストン・パレウスキに「ラジオは恐るべき武器です」と語り、一〇月二一日にもフォンテーヌ大佐（アリスティッド・アントワー

図 1-5　ロンドンの壁に貼り出されたドゴールのアピール

出典　Éric Branca, *De Gaulle et les français libres,* Paris, 2010, p.66.

ヌ）に「われわれの放送により多くの活力を注入することが不可欠です」と、心理戦におけるラジオの役割を力説している[28]。

　ロンドンに渡った一九四〇年六月一七日にドゴールは、ダウニング街の首相官邸でラジオからメッセージを発する権利をチャーチルから得た。しかし、ペタン政権に気を配るイギリス外務省がラジオ放送に難色を示したこともあり、ドゴールは一七日には演説ができず、一八日の二二時（フランス時間二〇時）まで待たねばならなかった[29]。のちに「六月一八日の男」と称される理由にもなった演説は、こうして生まれた。まずドゴールは、休戦派の軍指導者と休戦政府の成立を非難した。ついで、フランスは近代的兵器の欠如という技術的理由で戦いには敗れたが、植民地・制海権・アメリカの軍需産業などのおかげで、「世界戦争」と化したこの戦争に勝利するだろうと語り、それゆえ、イギリスにいるかイギリスに向かっているフランス兵と軍需産業の技師や労働者にドゴールと連絡を取るように求め、「フランスの抵抗の炎」を消さないように訴えた[30]。

　たしかに、この日の演説を聞いたフランス人は多いとは言えなかった。なぜなら、国内のラジオ放送が中断していたうえに、路上を逃げまどうフランス人や捕虜になったフランス人にとってラジオに耳を傾ける余裕はなく、しかも、日常的にBBCの放送を聞くという習慣はエリート層に限られていたからである。のちにレジスタンスに加わってラーフェンスブリュック強制収容所送りになった民族学者のジェルメーヌ・ティヨンも、パリから脱出する途次、ドゴールの演説があったという話を聞いたときの印象をこう述べている。一九四〇年六月一九日、ボルドーに向けて避難中のティヨンは、ポーランド士官からドゴールという将軍が「戦争はまだ終わっていないと言った」ことを知らされたが、彼女はほかのフランス人同様にドゴールという名はガリアを意味するがゆえに偽名だと思ったという。また中道左派のティヨンは、私たちは皆ドゴール主義者だったが、ドゴール将軍についてほとんど何も知らなかったと回想している。(31)

それでも、幸運にもロンドンからの呼びかけを耳にしたフランス人にとって、それは嵐の後の雲の切れ間からさす一条の光であった。作家のジャン・ゲーノは、そのときの喜びを日記にしたためている。「この恥ずべき不幸のなかで、いくらかでも誇りを持った声をついに聞くのは、なんという喜び」であろう。経済学者のシャルル・リストも、ドゴールの演説を「勇敢で感動的なアピール」と記した。(32)そのほか、ボルドーでは急進党議員のピエール・マンデス・フランスが、ボルドー北東に位置するシャラント県のコニャックでは社会党員のアンドレ・フィリップが、コニャックの北西に位置するドゥー＝セーヴル県ニオールではキリスト教民主系のジャーナリストでのちにBBCのマイクに向かうことになるモーリス・シューマンが、ドゴールの呼びかけを聞いていた。東京で勤務していた外交官のルネ・チボーは、オリエントに中継されたドゴールのスピーチを一九四〇年六月二〇日にサイゴン（現ホーチミン）でキャッチして聞いたという。

このように、リアルタイムでドゴールの声を聞いたフランス人は少なかったとはいえ、ドゴールの演説はフランス人の知るところとなった。というのは、六月一九日発行の急進党系新聞『プチ・プロヴァンサル』（一二万部）や『プチ・ドーフィノワ』が全文を掲載し、『プログレ・ド・リヨン』（一二万部）、『プチ・マルセイエ』、『マル

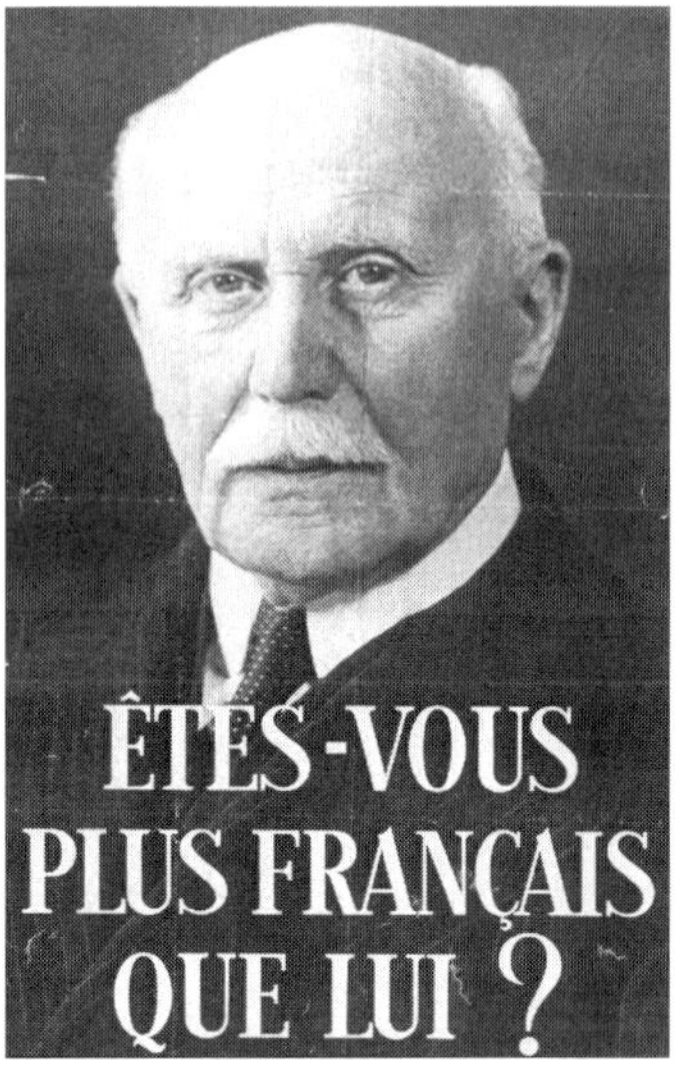

図 1-6　あなたはペタンよりもフランス人らしいかと問うヴィシーのポスター
出典　Denis Peschanski, *Des étrangers dans la Résistance*, Paris, 2002, p.45.

セイユ・マタン』がドゴール演説の要約を紹介し、[33] さらにヴィシー政府の内閣府長官ラファエル・アリベールや内務大臣が迂闊にも、ドゴール将軍はもはや政府の一員ではないので、公衆に語る資格を持たず、帰国が命ぜられており、それゆえBBCの放送は「無効」であると新聞やラジオで周知するように求めたからである。[34]

ドゴールは、六月一八日演説の最後に、「明日もロンドンのラジオ局からお話しします」と述べ、ドゴールの『大戦回顧録』には史料として六月一九日演説が収められている。それによると、六月一九日にドゴールは、「フランスの名において」次のように訴えたことになっている。「フランス人にして、今なお武器を保持している者はすべて、抵抗を継続すべき絶対の義務を持つ。武器を投げ捨て、軍事拠点を明け渡し、あるいは、どんな小部分であれフランスの土地を敵の支配に委ねるのに同意することは、祖国に対する犯罪となるであろう[35]」。このようにドゴールは、ペタン元帥やマキシム・ウェーガン将軍というかつての上官への「反乱」を訴えたというのである。しかし、史料を精査したクレミュー＝ブリヤックによると、実際には六月一九日に演説は行われず、演説原稿の配布もなされなかったという[36]。これが、ドゴールのたんなる記憶違いによるものであったのかどうか不明であるが、史料批判の重要性を改めて認識せざるをえない。

ともあれ、戦闘の継続を宣言したドゴールに対して、一九四〇年六月一九日、国防大臣のウェーガンは帰国命令を発した。ドゴールは、戦うことによって奉仕する以外の決意を持ちあわせておらず、降伏条約が調印されないならば二四時間以内に出頭するが、「調印された場合には、私はどこであれ組織されるであろうフランスのあらゆる抵抗に加わるでありましょう」と、ウェーガンに書簡をしたため、帰国を拒否した。(37) そこでウェーガンは、まず六月二二日にドゴールから臨時准将の位を剥奪し、六月二六日に敵前での服従拒否と不服従煽動の咎《とが》によって「ドゴール大佐」をトゥールーズの軍法会議に召喚した。六月二八日付の召喚状は、ロンドン駐在代理大使ロジェ・カンボンからドゴールに通知された。七月四日にトゥールーズの軍法会議は欠席裁判によって、不服従と反乱を煽動した咎でドゴールに禁固四年と罰金一〇〇フランを宣告した。さらに、八月二日にクレルモン＝フェランで開かれた二回目の軍法会議によって、ドゴールは国家反逆罪で死刑と軍籍剥奪および財産の没収が宣告された。(38) 後年のアルジェリア危機もそうであるが、ドゴールの「生涯におけるもっとも激しい争いはすべて軍との争いであった」(39)。七月一〇日に五六九人の国会議員の賛成を得て成立したペタン政府の合法性は、「独立することをやめながら正統性を有するようなフランス政府はありえない(40)」と主張するドゴールによって掘り崩されるであろう。

◉ゼロからの出発

一九四〇年六月二七日時点でのドゴールには、まだ一人でフランスを背負うという考えはなく、上官か政治家がレジスタンスの指導者になるならそれに服するつもりであった。六月一九日、ドゴールは、北アフリカ総司令官でモロッコ総監のノゲス将軍に「私は貴殿の指揮下で戦うにせよ、貴殿が有益と考えられるいかなる行動であれ、貴殿のご指示に従います」と打電している。(41) 六月二四日にはドゴールは、ノゲス、東地中海地区総司令官ウジェーヌ・ミッテルオゼール将軍、シリア・レバノン駐在フランス高等弁務官ガブリエル・ピュオー、インドシナ総督ジョルジュ・カトルー将軍に宛てて、フランス国民委員会（第3章第1節参照）に加わるように打電し、二七日にもミッテルオゼール、ピュオー、それにチュニジア総監マルセル・ペイルートンに同様の電文を送付している。[42] ドゴールは、とりわけノゲスに対しては「フランス抵抗運動の偉大な指導者」と期待をかけていた。[43]

しかし、植民地総司令官や総督、保護国の総監、ウェーガン国防大臣などへのドゴールの呼びかけも徒労に終わり、一九四〇年六月末の時点で降伏を拒否するフランス軍将校はドゴール一人であった。ほとんどの植民地総督や総司令官も、政府と国防大臣に従った。ドゴール支持を表明した将校には、インドシナ総督のカトルー将軍とフランス領ソマリア司令官ポール・ルジャンティヨムがいたが、彼らはヴィシー政府によって更迭されてしまった。急進党左派のピエール・コット元空軍大臣は、ドゴールの呼びかけに答えた政治家の一人であるが、コットの容共的立場ゆえにドゴールのほうからコットの参加を断った。有力な政治家や外交官、それに北アフリカなどの重要な植民地総督は、ドゴールのもとに馳せ参じなかった。

第三共和政フランスの統治エリートが結集しなかったことは、ドゴールにとって長所でもあり短所でもあった。長所というのは、敗北と結びつけられた第三共和政と無縁であることを主張できたからであり、短所というのは、有力者が結集しないドゴール派は泡沫集団と見なされ、外国からの支持を集めづらかったからである。ドゴールの六月一八日演説をタイプした女性エリザベト・ド・ミリベル（マクマオン元帥の曽孫）は、「一九四〇年六月のロンドンは、人びとの到着地ではなくて出発地であった」と述べている。[44] それゆえ四〇年八月一〇日頃、ドゴールはより多くのフランス人の結集をめざして、自分の使命が「祖国解放のための戦闘継続」であり、自分は政党や政治家とも無関係で、「フランスの解放」以外の目的を持っていないとイギリスのジャーナリスト（リッチモンド・テンプル）に知らせていた。[45]

早期にドゴールのもとに結集した軍人以外の人士には、パリ大学法学部教授で退役兵士連盟（ＵＦＡＣ）総裁のルネ・カサン（六月二三日着）、社会共和連合の前議員ピエール＝オリヴィエ・ラピー（六月二二日着）、人民戦線政府首班レオン・ブルムの経済ブレーンで『リュミエール』共同編集長のジョルジュ・ボリス（六月一九日にドゴールと会見）、社会党員のアドリアン・ティクシエ、人類学者のジャック・スーステル（メキシコ在住）、作家のジョルジュ・ベルナノス（ブラジル在住）、実業家でジャン・モネを補佐していたルネ・プレヴァン、国務院請願委員のピエール・ティシエ、キリスト教民主主義者のモーリス・シューマン（六月二六日着）、サン＝シール陸軍士官学校の要塞学教授で自由フランスの諜報を担当するアンドレ・ドワヴラン（六月二一日着、のちのパッシー大佐）、自由フランスの財政を担当することになるピエール・ドニ（六月二〇日着）、レノー内閣の報道担当官ガストン・パレウスキ（八月下旬着）らがいた。

◉兵力結集の試み

こうして兵力結集の試みが始まる。しかし、イギリスで自由フランス軍を編制する試みも進捗しない。イギリス外務省や陸軍省は、供与する武器がないことやスパイの潜入を恐れたりして気乗り薄であった。それに、監獄のような収容施設の待遇の悪さやメル・セル・ケビール事件（後述）などもあって、帰国を望むフランス人も多かった。中世史家のマルク・ブロックは、イギリスにあるフランス軍用の野営地が「収容所」のようであり、イギリス当局の「失策」は「記憶のなかに痕跡を残すのも当然」だと、反英感情に言及している。イギリスで戦うためにロンドンに向かった民間人のレミも、同じような体験をしている。まず、上陸した町の映画館に避難民は収容され、一人一人書類検査が行われた。次に送られたロンドンの避難民収容施設は「半ば監獄のような建物」であり、「武装兵士による監視付き」であった。[46]

先述のメル・セル・ケビール事件とは、一九四〇年七月三日、アルジェリアのメル・セル・ケビールに停泊中のフランス艦隊がドイツ軍に接収されることを恐れたイギリス空軍によって攻撃され、一三八〇人の死者と三七〇人の負傷者を出した事件である。七月八日、ドゴールはこの事件に「苦痛と怒りを感じなかったフランス人は一人もおりません」と憤りはしたものの、「勝利と解放の観点から、……わが艦船は破壊されたほうが良かったのです！」とラジオから語り、イギリス軍の攻撃について戦略上は受忍せざるをえなかった。イギリスと国交を断絶したペタン政府とは対照的に、イギリスの作戦を受忍したドゴールは、英仏「両国の民衆、偉大な両国の民衆はなお互いに結ばれているのであります。ともに屈するか、一緒に勝利を得るかでありましょう」と決意を披露して、チャーチルの信頼をいっそう得ることになる(47)。

この頃のイギリスには五万人以上の陸・海軍フランス将兵がいたが、こうした理由もあってなかなか兵力の結集は進まなかった。さらに、一九四〇年八月一五日にヴィシー政府が、ドゴール陣営に加わった兵士を「反逆者」とみなして財産を没収するという法律を制定したことも、兵士に参加を思いとどまらせるに十分であった(48)。六月末に自由フランス軍へのリクルートが始まったが、最初に結集したのはエミール・ベトゥアール将軍に率いられたノルウェーへの派遣部隊九八三人、三〇〇人ほどのスペイン共和派の元兵士たち、三七人のアルプス猟歩兵ら一三〇〇人ほどであった。七月八日時点の陸兵一九九四人（将校一〇一人）、七月一五日時点の海兵八八二人（将校三〇人）という数字があり、七月末に自由フランス軍に結集したのは約三〇〇〇人に過ぎない。八月一五日時点でも、陸兵二七二一人（将校一二三人）でしかないが、これにレバノンやブラック・アフリカの兵士を加えると四五〇〇人に達した。このうちの一五パーセントは外人部隊・モロッコ人騎兵・黒人歩兵であり、もう一五パーセントはフランスからやって来た民間の志願兵であった。また、七月一五日時点でイギリスに撤退してきた海兵一万一五〇〇人中、ドゴールのもとに加わったのは八八二人（将校三〇人）であり、イギリス海軍に加わった者は七〇〇人であったという。さらに六月末までに、イギリスにやって来たパイロット訓練生を含む飛行士は二〇〇人ほどであり、四〇年末でも英国に約三〇〇人、中近東に約一〇〇人の飛行士を数えたに過ぎず、そのうちの七二パーセントは民間のパイロットや訓練生であった[49]。

それでも、一九四〇年六月一九日にロンドンに着いたクロード・エチエ・ド・ボワランベール中尉が、ドゴール陣営に加わった最初の将校となった[50]。六月三〇日には退役中のエミール・ミュズリエ副提督が渡英し、ドゴールと面会している。七月一日にドゴールは、ミュズリエを自由フランス海軍司令官に任命した[51]。八月初めにルジャンティヨム将軍、八月末にインドシナ総督のカトルー将軍、それにマリ＝ピエール・ケーニグ将軍などの知名度のある軍人が参加してきた。九月二九日にドゴールが、自由フランス軍は三万五〇〇〇の兵力と二〇隻の軍艦、約一〇〇〇人の航空兵を持つと述べたが、実態はそうではなくて八月半ばで世界に展開していた三〇〇万の陸兵のうち四五〇〇人、年末で海兵三二〇〇人、二〇〇人以下の航空兵を数えただけであり、チェコ人飛行士が五四六人、ポーランド飛行士一八〇〇人以上と比べても見劣りした[52]。自由フランス軍の募兵は四三年七月末に終わり、この時点で七万九〇〇人を集めている。そのうちの一八パーセントはフランス人で、六六パーセントが植民地先住民、一六パーセントが外人部隊であったという。また、自由フランス海軍も四三年初めには五〇〇〇人と五〇艘の艦船を擁するにいたった[53]。

このように自由フランス軍に参加したフランス人は少数であったが、彼らの参加動機として圧倒的に多かったのは、愛国的理由とファシズムや反ユダヤ主義に反対などのイデオロギー的理由であった。また、年齢的には七割が三〇歳以下であり、職業面では労働者や職人や従業員などが過半数を占めていた[54]。クレミュー＝ブリヤックも、早期に自由フランス軍に加わったユダヤ青年ジャン＝マチュー・ボリスの回想録に寄せた序文のなかでこう述べている。一九四〇年六月二一日から二五日のあいだに英国に向かったと確認できるフランス人二五三人のうち、三五人がユダヤ人であったように、初期の自由フランス参加者にはブルターニュ人、ユダヤ人、プロテスタントの若者が多かった[55]。

◉ロンドンのフランス人

一九四〇年六月二三日に「フランス国民委員会は、現にイギリス領土内にいるすべてのフランス市民を管轄下に置き、この国での現在ないし将来のあらゆる軍事的行政的権威を指揮する」と声明し[56]、六月二八日にドゴールは、イギリス政府から「すべての自由なフランス人の首長」としてのお墨付きをもらっていたが、自由フランスは英国政府にとってイギリスの庇護下にある「ロンドンのフランス人」（ピエール・アコス）ないし「イギリスの家臣《マン》」（『ニューズウィーク』四〇年七月八日号）[57]でしかなかった。ジャン・モネは、六月二三日に組織化を急ぐドゴールの性急さを危惧する手紙（第3章第1節参照）をドゴールに手渡している[58]。しかし、ドゴールとモネは合意できなかった。モネが英仏調整委員会委員長の職を辞してチャーチルに仕官し、八月末にアメリカに旅立ったこともあり、モネがドゴールに会うのは三年後のアルジェにおいてであった。モネの手紙をドゴールに持参したのは、六月二〇日にロンドンに着いたばかりで、モネと付き合いがあったピエール・ドニである。ドニはこの後、自由フランスの財政を担当することになり、ドゴールとの関係という点ではモネと袂を分かつことになる。そうしたドニにドゴールは、彼ほど「自由フランスのために多くを捧げた人はいない」と「全幅の信頼」（四二年一月九日）を寄せることになる[59]。また、モネの助手であったルネ・プレヴァンは、ドニがプレヴァン宅に泊まっていたこともあり、数日の逡巡ののち、六月二五日から二七日のあいだにドゴール陣営に加わることを決意した[60]。プレヴァンもモネとは行動を異にすることになった。

第3節　自由フランスの誕生

◉自由フランスの誕生

ドゴールの口から「自由フランス」という言葉が発せられたのは、一九四〇年六月二二日のことである。ペタン政権がドイツと休戦協定に調印したことを受けて、ＢＢＣのマイクからドゴールは「祖国の名誉と良識と国益とは、すべての自由なフランス人にそれぞれの場で可能な範囲で戦闘の継続を命じています。……名誉と独立を保持する自由フランス万歳！」と述べた[61]。六月二三日、ドゴールは、英国の連絡将校エドワード・スピアーズ将軍からウェストミンスター寺院二〇〇メートルの所にあり、ロンドン警視庁の管理部門も入居している薄汚れた建物に事務所をあてがわれた。六月二六日に事務所を訪れたルネ・カサンは、日記にこうしたためている。ドゴールは、「そのときまで三部屋と三～四人の将校を有してはいたが一人であった。……彼は私の到着を喜んだ[62]」。一ヵ月後の七月二四日、自由フランスは地上六階地下一階建てで七〇室を有するカールトン・ガーデンズを月額八五〇ポンドで借りることができた。イギリス政府は、自由フランスの活動費として七～八月に五回にわたって二万ポンドを振り込んでいる[63]。四二年一二月三一日時点での自由フランスの対英負債額は、二四四七万六〇〇〇ポンドであり、四二年後半だけでも八〇〇万ポンドが貸し付けられている。またアメリカで四一年三月に成立した武器貸与法の結果、四二年一一月八日から四三年三月三一日までにアメリカから北アフリカに二六〇〇万ドル相当の民生品が陸揚げされた[64]。こうした援助が自由フランスの財政基盤を支えることになる。

図 1-7　ドゴールとスピアーズ将軍

出典　Éric Branca, *De Gaulle et les français libres,* Paris, 2010, p.44.

一九四〇年八月七日にはドゴールとチャーチルのあいだで協定が交わされ、英国領内の自由フランス軍の編成や装備の補充、志願兵の給与や年金といった勤務条件などにかんして一致をみた。チャーチルは、この協定に従って、捕獲したフランス戦艦と巡洋艦各一隻、魚雷艇四隻、哨戒艇五隻、潜水艦八隻などを自由フランス軍に返還した。ドゴールが記すように、この協定によって自由フランスは物質的窮状から抜け出すことができただけでなく、仏英連帯の新たな始まりを世界に指し示すことができた。(65)

フランス側でこの協定の交渉にあたったのはルネ・カサンである。カサンは、自由フランスがたんなる「英国軍隊内のフランス人部隊」ではなくて、「フランス軍を再建しフランスの統一をめざす連合軍」だとイギリス外務省に認めさせるべく奮闘した。(66) チャーチル首相も「連合軍が勝利を収めた暁には、フランスの独立と偉大さの完全な回復を保障する決意」であったとはいえ、[67] この協定は自由フランスに亡命政府の資格を認めたわけでもなく、軍事的にも自由フランス軍はイギリス軍の指揮下に入り、ドゴールがＢＢＣのマイクに向かう際にもイギリス当局の許可が必要であり、そればかりか、ドゴールは許可なくイギリスを離れることもできなかった。それゆえ、自由フランスの地位は、ロンドンに亡命政府を樹立できたオランダ、ノルウェー、ルクセンブルク、ベルギー、あるいは国民委員会を設立しえたチェコスロヴァキアやポーランドよりもか弱いものであった。したがって、初期の自由フランスは軍事組織として認知されたのであり、イギリスとの関係も軍事的な性格のものに限定された。八月二二日にイギリス議会は、自由フランス軍を「連合軍（forces alliées）」の脇にひかえる「協力軍（forces associées）」として認め、かつ英国におけるフランス兵への裁判権を自由フランスが持つことも認めた。[68]

それゆえ、ドゴールの戦いはイギリスの後見からの自立の戦いでもあった。それは同時に主権回復と独立の戦いでもあった。軍事組織から政治組織への展開がドゴールに求められる。ヴィシー政府が自由フランスの支持者に旅券や査証の発行を拒んだことや、自由フランスの支配下に入った植民地の統治の問題がただちに生じたように、一九四〇年夏にはドゴールは必然的に政治と主権の問題とかかわらざるをえなかった。それゆえドゴールは、七月下旬に自由フランスの目的を「踏みしだかれた祖国の解放とヨーロッパにおける自由の回復」、およびフランス植民地の防衛と明確にしている。[69] ともあれ、最初の一歩を踏み出した自由フランスは、共和国の原理とも無縁なようであり、国家の体裁をなす組織ではもちろんなかった。国防次官の職が一二日間しかなかった無名のドゴールに、国家や共和政の再建を託そうと考えるフランス人は、ほとんどいなかった。[70]

◉ロンドン在住の反ドゴール派フランス人

それに初期のレジスタンスも一枚岩とは言いがたく、内部不和があったことも事実である。ロンドン在住の左翼系人士のあいだに反ドゴール感情が高じていった。アンリ・ロージエ（生理学者で人民戦線期の元外務大臣官房長）、ピエール・コメール（反ミュンヘン派の元外務省情報局長）、ジョルジュ・ゴンボー（人権同盟副総裁で『リュミエール』共同編集長）、社会党員のルイ・レヴィらのグループである。彼らは、一九四〇年八月一九日に「ジャン＝ジョレス・グループ」を結成し、イギリス労働党員や労働組合とも結びついて、日刊紙『フランス』（四〇年八月二六日創刊、三万二〇〇〇部）を発行していた。創刊号にはドゴールのメッセージが掲載され、主筆の一人は自由フランスから送り込まれていたように、初期の『フランス』の主張は反ドゴールではなかった。しかし、四〇年秋以降、自由や独立というジャーナリズムの理念の擁護、右翼的な自由フランスや権威主義的なドゴールに反対という立場から反ドゴールの色彩を強めた。『フランス』のメンバーは、イギリス労働党員に働きかけたりしてロンドンにおける反ドゴール派の中心となる。しかし彼らの行動は、ドゴールを支持する社会党員アンリ・オックやピエール・ブロソレット、ジョルジュ・ボリスから非難されただけでなく、四二年には社会党地下指導部から正式に否認されるにいたった。それでも、この「ジャン＝ジョレス・グループ」に月刊誌『自由フランス』（四〇年一一月一五日創刊、創刊号は一万八〇〇〇部）を編集していたアンドレ・ラバルト（人民戦線期の元空軍大臣官房員）が合流したことで、不和の種にはこと欠かなかった。(71)

自由フランス成員の団結を重んずるドゴール派の人物やエドガー・ド・ラルミナ大佐から、『フランス』創刊号や『自由フランス』の副題にある「自由・平等・友愛」、すなわちフランス革命を表象する標語を削除するように求められたことがあった。ドゴールも、モーリス・シューマンが一九四〇年七月一三日のラジオ放送を「自由・平等・友愛」で始めたことに対して、「名誉と祖国」の使用が望ましいと電話でシューマンに伝え、翌日の放送から後者のスローガンが用いらるようになった。[72]

もっとも、ドゴール自身、一九四一年後半からフランス革命とのアナロジーや民主的価値・共和主義の価値に言及するようになっていた。ラルミナからの『自由フランス』の副題削除要求（四一年二月二三日）に対して、ドゴールは、「公共建造物に一五〇年前から刻まれた標語の使用を禁ずることはできません」（四一年三月二日）と返信している。[73] ソ連が《自由フランス＝戦うフランス》を承認した四一年九月以降、こうした姿勢は顕著になった。同年九月一八日にドゴールは「民主主義が人間的自由や諸国民《デ・プープル》の主権、諸国家《デ・ナシオン》の協力という神聖な土台の上に世界を作り替えるはずであるならば、そのとき人びとはやはりフランスを、フランスの価値を知るでしょう」と、「民主主義」という言葉を公に発した。一一月一五日には「名誉と祖国」「自由・平等・友愛」「解放」の三つが自由フランスの標語だとロンドン在住のフランス人に語ったり、一二月二四日にもアメリカ駐在自由フランス代表部首席代表のアドリアン・ティクシエに、「フランス革命がフランスおよび世界に民主主義を勝利させたように、われわれは断固として民主的原理の賛同者であります」と書き送っていた。さらにドゴールは、四二年四月一日に「共和国の法を適用しつづける良きフランス人」に論及し、五月二七日には「私にとって民主主義とは、まさに国民主権と一体のものであります。民主主義とは人民による人民の政府であり、国民主権とは人民が束縛なしに主権を行使することであります」と述べ、四三年二月九日には「解放は領土からの敵の放逐と同時に共和国の再建を意味しています。……ほとんどすべてのフランス人は、共和政体が唯一の正統な政体だと確信しています」と語っていた。[74] こうしたドゴールの「民主的転回（le tournant démocratique）」[75] の結果が、社会党員アンドレ・フィリップの国民委員会内務委員への就任である（四二年七月）。

ドゴールの「民主的転回」にもかかわらず、ミュズリエ副提督に近いラバルトは、ドゴールの取り巻きには極右団体カグールのメンバーが多いと非難していた。一九四〇年秋に流された噂〔パッシーの第二課（情報・諜報）はファシストの温床にして悔い改めない極右組織カグール団員の巣窟だ〕の出所はラバルトであった[76]。たしかに、国内で諜報活動を行ったレミは、王党派のアクシオン・フランセーズで戦ったことがあり、パッシーはカグール団員の嫌疑がかけられていた[77]。さらに、初期の重要な二人の諜報員、サン＝ジャック（モーリス・デュクロ）もカグール団員であり、ピエール・フルコーは三〇年代の極右陰謀家とつながりがあった[78]。とはいえ、四一年一二月にサン＝ピエール＝エ＝ミクロン島に端を発したミュズリエ副提督事件（第2章第2節参照）で、ラバルトとドゴールの関係はついに決裂した。

ロンドンで『自由フランス』の編集に携わっていた哲学者のレーモン・アロンは、ラバルトを魅力的な人間ではあったが、「多少とも変わり者で、誇大妄想の傾向があり、事実と創作の入り混じった不正確な話をする癖」を持ち、「野心家すぎて［成功の］機会を逃してしまった」とか、「感激しやすく、結局は素朴な野心家でしかなかった」と回想している[79]。

◉反ドゴール派の著名人

自由フランスには伝統的名士は少なく、著名なフランス人は長いことドゴールと連携しなかった。ミュンヘン協定に反対した右翼議員アンリ・ド・ケリリス、ジュヌヴィエーヴ・タブイ女史、ペルティナクス、アンドレ・モーロワといった著名なジャーナリストや作家は、ロンドンではなくてアメリカに行ってしまった。外務省の元事務総長アレクシス・レジェもしかりである。ドゴールにとってさらに悪いことには、これらの名士のなかにはケリリスやタブイのように、アメリカで反ドゴールの論陣を張ったり、反ドゴールの姿勢を貫いたレジェがいたことであり、とりわけレジェは、アメリカ大統領に影響力を及ぼしうるアメリカ政府高官（大統領の相談役で詩人のアーチボルト・マクリッシュ、司法長官フランシス・ビドル、国務長官コーデル・ハル、国務次官サムナー・ウェルズ）の親友であっただけに、アメリカ政府による自由フランスの過小評価やドゴールの軽視につながった。[80] 四二年三月に在米フランス軍事使節団長に任命されたピエール・ド・シュヴィニエ大佐は、レジェがアメリカの国会図書館所属であるにもかかわらず、ホワイトハウスに部屋をあてがわれて、大統領の常任顧問になっていたと回想している。[81]

一九四二年九月七日にルネ・プレヴァンは、ウォルター・リップマンと交わした会話をしたためている。「ウォルター・リップマンのみがドゴールのために戦った」[82] と評されるそのリップマンに、レジェは自分が「サムナー・ウェルズ氏に多大な影響力を持っている」と語り、さらにレジェは「フランスは国外からやって来る政府もその指導者も決して受け入れない」し、「国民委員会の行動は、フランス人をひとつにまとめるどころか、分裂から内乱にいたる原因の種です」と主張したという。[83] ドゴール将軍付副官クロード・セルールの義兄で自由フランスにおいて解放後の物資補給計画の立案に携わっていたエルヴェ・アルファンも、四三年一月や二月にレジェと会ったときの会話を日記にしたためている。それによると、レジェのドゴール批判は弱まるどころか、「共産主義とドゴール主義の同盟」が確認できるとして、ドゴールの容共的態度を強く非難したという。[84]

国民委員会の外務委員ルネ・マシリは、一九四三年二月一二日に元上司のレジェに、アメリカがドゴール運動の重要性を理解しておらず、「ワシントンの政策は重大な誤りを犯しました」と長文の手紙を送ってレジェに再考を促したが、[85] レジェの考えは変わることはなかった。レジェは、四四年一月三一日にもローズヴェルト大統領に長文の覚書を送って、ドゴール率いる国民解放委員会の行動はすべて違法だと訴えている。[86] アメリカの自由フランス代表部員ラウル・アグリオンは、「合衆国大統領のフランスに対する全政策は、結局のところ一亡命外国人［レジェ］によって左右された」と回想している。(87) レジェ以外の外交官も同様であり、シャルル・コルバン駐英フランス大使やロジェ・カンボン駐英フランス代理大使は、辞職後もロンドンにとどまっていたが、ドゴールの呼びかけには答えなかった。

◉自由フランスの人士とドゴール

自由フランスには、階級・思想信条・動機の点で多様な人びとが集まった。左翼より右翼の闘士や植民地居留フランス人が多数を占めた。初期には、極右組織の元カグール団員もいたように、反議会主義や反ユダヤ主義を奉じる者もいた。しかし、すぐにルネ・カサンやジョルジュ・ボリスといった共和主義者が合流してきたことで、反共和主義者の影響力は弱まっていった。ドゴール自身は反ユダヤ主義者ではなく、ユダヤ人ボリスの加入についてこう述べている。「ジョルジュ・ボリス氏は、ユダヤ人で［社会主義者の］ブルム氏の味方でその他諸々であるかもしれないが、私が知っているのはひとつのことだけです。それは、彼が戦うために参加してきた五二歳のフランス人であり、フランドルで戦闘に従事し、フランスのために戦いを続ける目的でわれわれの仲間に加わろうとしていることです。私にはそれで充分です。私は、われわれのうちに人種や政治的意見の相違があることを認めません。私は、義務を果たす人と果たさない人という二種類のフランス人しか認めません。ジョルジュ・ボリス氏は義務を果たす人です(88)」。

自由フランスに集ったマイナーかつ雑多な集団を統合したのが、ドゴールという強烈な個性である。ドゴールは強固な愛国心の点で凡百の軍人を凌駕していた。彼は「フランスの独立と偉大さの回復」に執念を燃やし、この「聖なる義務」のために邁進した。アンドレ・マルローが記すように、ドゴールはまさに「フランスと契約した」男、「フランスと結婚した」男であり、「フランスに憑かれた最後の偉人」であった。[89] それは、一九三二年にドゴールが述べた予言の自己成就でもあった。「ときには、軍事と政治が一体となることもある。この場合、国民は政治と軍事の指導を一人物の意志と運に任せる」[90]。こうして、軍人ドゴールから政治家ドゴールへの転生がなし遂げられる。彼は、クラウゼヴィッツの「戦争は異なった方法による政治の継続である」を指針とし、軍事に対する政治の優位を確信していた。

◉自由フランスとラジオ

一九四〇年六月一八日のドゴールのラジオ演説に象徴されるように、自由フランスは情報戦や心理戦にも注力していた。三八年九月二七日（ミュンヘン協定締結の直前）から、BBCはフランス語のニュース番組を流しており、四〇年五月には毎日一五分のフランス語ニュース番組をフランス本国と植民地に向けて放送していた。[91] フランスからは、月に九〇〇通ほどの投書があったという。同年七月から毎日二〇時一五分から四五分間のフランス語放送が始まり、七月一八日から自由フランスは「名誉と祖国」という五分間番組を放送した。とはいえ、亡命オランダ政府には毎日一五分の放送時間が与えられており、亡命政府と自由フランスとの待遇の差は歴然としていた。しかも「名誉と祖国」の放送といえども、BBCの検閲はもとより、イギリス情報大臣や外務大臣の検認を受けねばならなかった。四〇年七月に英国情報省は、フランス国民に人気のあるペタンを攻撃をしないようにBBCに命じており、それゆえ四〇年一〇月にドゴールが発したブラザヴィル声明（ヴィシー政府の違憲性や違法性を主張）は、イギリスでは公表できず、一〇月三〇日に「名誉と祖国」の番組担当者モーリス・シューマンもヴィシー政府を批判する論説の発表を禁じられた。[92] この日ペタンは、ラジオから「私が今日、対独協力の道に入るのは名誉

図1-8　BBCのフランス向け放送で活躍したモーリス・シューマン（左）とジャック・デュシェーヌ（右）
出典　Éric Branca, *De Gaulle et les français libres,* Paris, 2010, p.156.

とフランスの統一を保つためであります[93]」と六日前のヒトラーとのモントワールにおける会見の意義を国民に説明していた。こうした事情があったとはいえ、ＢＢＣのフランス語放送は、四〇年九月に一日二時間半、四一年九月に四時間、四二年九月には五時間以上に増えた。四一年三月からはドゴールも、ＢＢＣの正午のフランス語番組のなかで五分間の時間を新たに得ることができた[94]。

「名誉と祖国」の放送台本すら、本放送の八時間前までにイギリス当局の検閲を受けねばならなかったように[95]、ドゴールは、何かと制約のあるＢＢＣ放送ではなくて、自前のラジオ局を欲した。彼は、一九四〇年一〇月下旬のコンゴ訪問時からラジオ放送局の設置を考えていたが、一〇月二六日からブラザヴィルで試験放送が始まり、一二月からは短波ラジオ放送が開始され、赤道アフリカとその周辺をカバーした。ドゴールは、四一年一月二一日にブラザヴィル放送局を「私が目下手にする唯一のフランスのラジオ局」だと自負し、フランス語だけでなく英語による定時放送番組も指示していた。そこで、四一年三月七日に自由フランスの行政会議（第3章第1節参照）は、ブラザヴィルに「フランスの声」という国際ラジオ放送局を設置すべく二万ポンドの予算を承認した。かくして、四三年六月一八日にアフリカ全土とアメリカ、そしてパリまで届くラジオ局が出現したのである。四二年末までに自由フランスは、世界中で約五〇のラジオ局から毎日七時間の放送を行うことができた[96]。

毎夜二〇時一五分から始まるBBCの放送は、イギリス人が編集した一〇～一二分のニュースに続いて、自由フランスの五分間番組「名誉と祖国」があり、一九四〇年九月六日からは三〇分の番組「フランス人がフランス人に語る」（六月一九日から「こちらフランス」の番組名で一五分間放送）があった。「フランス人がフランス人に語る」という番組自体は、ロンドンにいたフランス人の演出家にして条件付きドゴール派のジャック・デュシェーヌが設けたもので、「今日はドイツ占領〇〇日目です。今日は、抑圧に対するフランス国民の抵抗の〇〇日目です。今日は、解放に向けたフランス国民の戦いの〇〇日目です」という発言で始まった。「名誉と祖国」の番組では、ドゴールも月に一～二回、合計六七回、マイクの前に立った。それゆえドゴールは、ヴィシー派から「マイク将軍」と揶揄されることになるが、彼は、顔は知られぬまま、名前と声によってのみフランス人に滲透してゆき、文字通り名声を勝ちえていくことになる。ヴィシー派ジャーナリストのレオン・ベルビーは、「ラジオがなかったなら、フランスにゴーリズムはありえなかっただろう」と四二年一二月に記していた[97]。

図1-9　マイク将軍はユダヤ人の補給下士官だと非難するヴィシーのポスター

出典　Diane Afoumado, *L'affiche antisémite en France sous l'Occupation,* Paris, 2008, p.139.

「名誉と祖国」の番組作りの中心となったのは、アヴァス通信社の元編集長モーリス・シューマンである。ドゴールも一九四一年一月一八日に、「私が責任を負う唯一のラジオ放送は、二〇時二五分の自由フランスのスポークスマンによる放送である」と述べている。この番組は、長波・中波・短波の電波に乗せられてフランスにも届けられた。多くのフランス人は、BBC放送をとおして四〇年一一月のシャンゼリゼ通りの愛国的デモ、四一年一〇月のシャトーブリアン収容所における人質の処刑、四二年八月にユダヤ人迫害に抗議したトゥールーズ大司教サリエージュの司教教書などを知った。もっとも、初期にはロンドンの自由フランスとフランス本土との情報回路も確立しておらず、四〇年一一月の愛国的デモの詳細をロンドンが知ったのは四ヵ月後であったり、四一年春のノール炭鉱のストは知られることなく終わり、後述する四一年七月一四日のパリ民衆デモの重要性を理解したのも四一年末のことであった(98)。

◉心理戦のセンター

「名誉と祖国」はメッセージを伝えるだけでなく、行動も呼びかけている。たとえばドゴールは、一九四〇年一二月二三日のラジオから、来る一月一日、哀悼と希望を表明するために自由地区では一四時から一五時のあいだ、占領地区では一五時から一六時のあいだ家にとどまって通りを空にするよう訴え、またドイツ軍による人質処刑直後の四一年一〇月三〇日には翌三一日の午後四時から五分間屋内にとどまって弔意を示す全国ストライキを打つように求めた(99)。勝利を意味するVサインを壁に書き殴るように命じたのもラジオであり、ジャンヌ・ダルク祭の四一年五月一一日の同時刻には散歩に出るように呼びかけ、七月一四日にはフランスを表象する青・白・赤の服や花やスカーフを身につけて外出するように訴えた(100)。

というのは、ヴィシー政府は七月一四日を「服喪の日」と定め、フランス革命や共和国を想起させるものを抹消しようとして、「政府が七月一四日をできるだけ地味な日にするための指示を出した」からである。ピエール・マンデス・フランスは、「七月一四日はかつては祝日、陽気な一日であった。……今年はあちこちに陰鬱な気分がみなぎっている」と記している。[101] それだけに、ロンドンからの呼びかけは劇的効果をもたらした。ジャン・ゲーノは、一九四一年七月一四日午後、パリの大通りで目にした光景を次のように描写している。赤と白のチェックのワンピースに青いスカーフを巻いた女性、青い靴と白のストッキングに赤いワンピースの女性、上着のポケットから三色に塗り分けたマッチ箱を誇示する男性などを紹介し、「人びとが互いにこれほど注意深く見つめ合ったことはなかった」と記している。[102] 一年後の七月一四日にはさらに規模が拡大した。四二年の七月一三日にドゴールは、自由地区のフランス人に、誇りを表す三色旗を掲げ、希望を示す行進を行い、怒りを意味するラ・マルセイエーズを歌うことをラジオから呼びかけた。翌日、七一の都市で行進が確認されたとオレリー・リュノーは指摘している。[103]

こうして、BBCは心理戦のセンター、「非軍事的レジスタンスの媒介者」となったが、一九四〇年秋以降、BBCの放送に耳を傾け、その指示に応答することは、罰金から禁固、さらには死刑という危険をともなう行動となった。それのみならず、四四年三月以降、ドイツ軍はノルマンディー地方やイギリスの対岸にあたるソンム県などでラジオの没収を断行している。[104] なお、三五年末のフランスのラジオ所有台数は二六二万五〇〇〇台、三七年には四〇一万八〇〇〇台、三九年五月で五〇二万五〇〇〇台になっている。[105] この時代には一台のラジオを一人が聞いていたわけではなく、家族など複数の者が同時に耳を傾けており、実際のラジオ台数の二倍から三倍のフランス人が聞いていたことを忘れてはならない。さらに、オレリー・リュノーによれば、約五〇〇万というラジオ台数に無届けの一五〇万台を加える必要があるという。[106]

初期には情報のフィードバックに問題があったが、一九四二年には国内レジスタンスの動向なども徐々に把握できるようになる。自由フランスは、四二年七月に《戦うフランス（France combattante）》へと呼称を変更した。この頃、フランス国民委員会の情報委員を務めていたジャック・スーステルは、《戦うフランス》を「戦いつづけた人びとと領土の総体《アンサンブル》」「降伏と対独協力を受け入れないすべての人びとの連合《ユニオン》」「六月一八日精神を共有するすべての愛国者の融合《フュジョン》」と評している[107]。それは、国外で呱々の声をあげた自由フランスが脱皮して成長し、国内で積極的にレジスタンスに参加している多くの集団をも包摂して抵抗運動の統一から解放を勝ちとるという意気込みの表れであると同時に、国内レジスタンス指導者との摩擦の始まりでもあった。

それでは、摩擦のいくつかに触れてこの章を閉じよう。一九四二年夏に公行政細胞（Noyautage des Adminisrations Publiques NAP）という公務員の抵抗組織を作り、南部地区のレジスタンス組織「コンバ」の指導者でもあったクロード・ブルデは、「ドゴールはレジスタンスの主要な敵であった」と回想している[108]。この回想は、自由フランスが国内レジスタンスの自主性や独自性を押さえ込んで統一を志向したことへの反発を表している。同じくコンバの創設リーダーで、独立心が旺盛で何かと自由フランスの方針に楯突いたアンリ・フレネが、四三年六月にロンドンに赴いたとき、フレネをフランスには戻らせまいとする画策がなされたりしていた。結局、アルジェでフランス国民解放委員会の捕虜・流刑者・避難民担当委員に任命（四三年一一月）されたフレネが、フランスに帰国したのはパリ解放後の四四年九月一日のことであった[109]。

また、ヴィシー派レジスタントでコンバにも近く、一九六〇年代にはドゴールに対抗して大統領選挙を戦ったフランソワ・ミッテラン元大統領は、晩年に激しいドゴール批判を述べている。ミッテランは、「ドゴールは独裁者であった。彼は、一九四〇年と一九五八年の二回、国内のレジスタンス［抵抗］をできる限り一掃しつつ、彼もその一部でしかなかったレジスタンス運動を独り占めした」（八九年一一月五日）とか、「ドゴールは偉大な国内レジスタンス活動家を排除するためには、なんでもした。彼ら活動家にロンドンで栄誉を授けたり、ときには肉体的に彼らを殺されるがままにしたりして排除した。たとえば、私がアルジェに着いたとき〔四三年一二月〕、ドゴールは、私をフランスに戻らせまいとして私に代議士の地位を提供した。もちろん、私は拒否した。彼は、ドイツ軍とよりも国内レジスタンスと戦うほうが多かった」（九〇年六月一八日）とすら語っている。(110)

こうした国内レジスタンス指導者との摩擦をともないつつも、自由フランスは成長していった。それでは次章以降で、自由フランスが主権国家の三要素をいかにして戦いとったのかを検討しよう。

第2章　領土の獲得

Le 24 octobre, jour de l'entrevue de Montoire entre Pétain et Hitler, de Gaulle arrive à Brazzaville, promue capitale de la France libre en Afrique noire.

第1節　南太平洋・アフリカ

◉南太平洋のフランス領

ゴーリズムにとって植民地は、政治的にも軍事的にも重要な地域であった。後述するように、自由フランスが最初に得た領土は植民地であったからである。南フランスへの連合軍の上陸が日程にのぼってきた一九四四年七月二五日、ドゴールは南フランス上陸作戦にフランス軍の努力を傾注することに触れつつ、こう語った。「フランスの軍事力は、ヨーロッパおよび地中海における一時的敗退によってその多くが植民地に追い込まれたものの、この植民地を出発点として本土およびヨーロッパの解放のために戦闘を交わすべきです(1)」。このように、植民地は自由フランスの避難所であり、体勢を立て直して反撃する休息所にして発進基地でもあった。

自由フランスが得た最初の海外領土は、南太平洋に浮かぶ島々である。一九四〇年七月二〇日、メラネシアのソロモン諸島南東にあるニューヘブリデス諸島（現バヌアツ共和国）がドゴールのもとに馳せ参じた。七月二二日、ニューヘブリデス諸島駐在フランス弁理公使のアンリ・ソートは、ドゴールに電報を打っている。イギリス政府が「閣下を自由フランス国民の唯一の合法的な首長と認めている事実に鑑み、また閣下がわが国旗の栄誉と祖国の解放、さらに誓約の尊重のために、イギリスの側に立って戦うとの意志をたびたび表明された事実に鑑み、ニューヘブリデス諸島のフランス人住民は、信頼と尊敬をもって閣下の権限のもとに身を置き、閣下の呼びかけに答え、武器を取りうるすべての成員を送る意志のあることを明らかにするものであります(2)」。

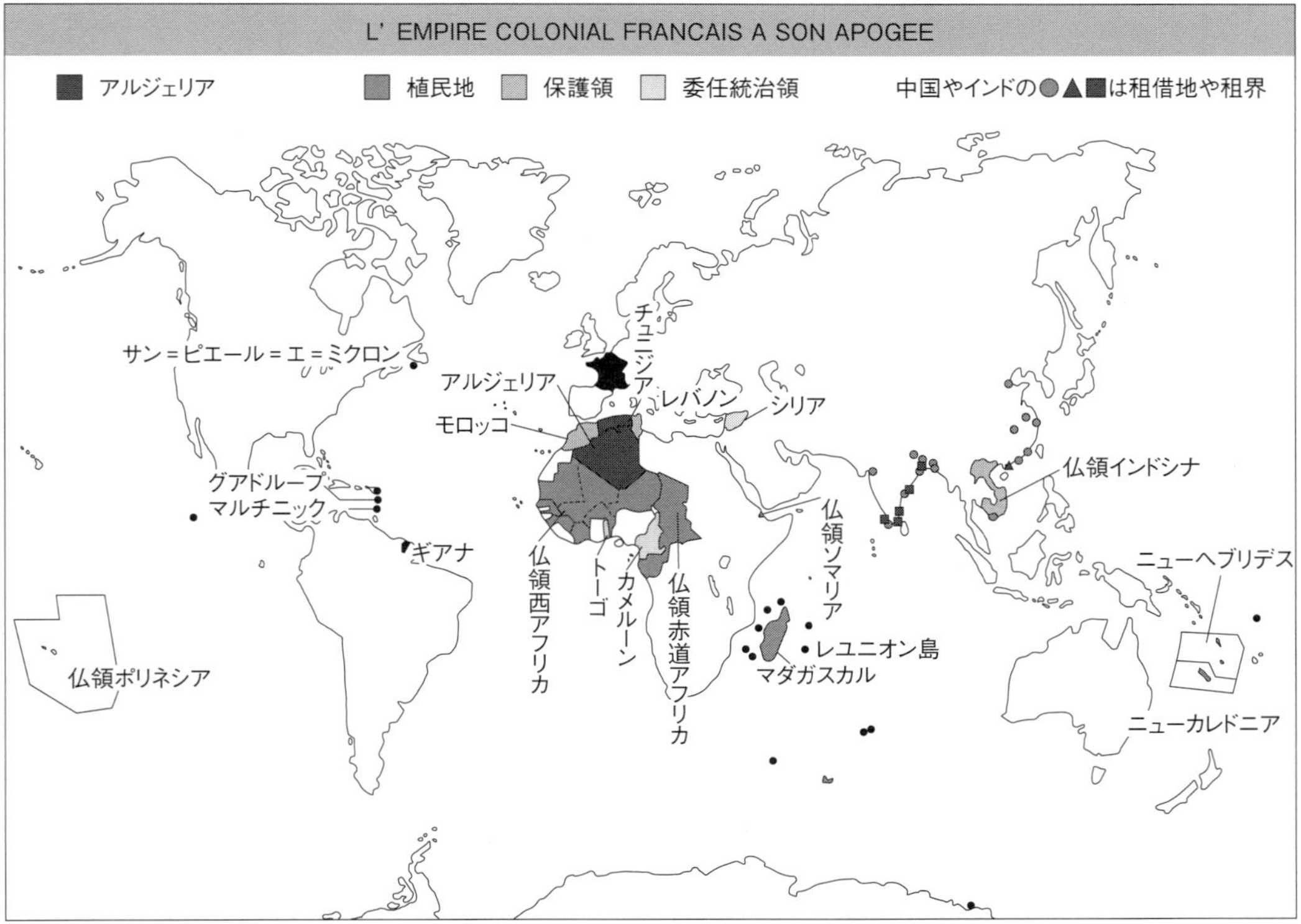

図 2-1　フランス植民地

出典　Jean Boutier dir., *Grand atlas de l'histoire de France*, Paris, 2011, p.274.

ニューヘブリデス諸島は、イギリスの影響をもっとも受けている地域であることが連合国側についた最大の理由であろう。しかも、仏独休戦協定が締結される以前に、イギリス外務省はフランス海外領土当局に自陣営につくように求めていた。それを受けて英国領事は、フランス海外領土が英国側につけば、公務員と軍人の給与を支払うだけでなく増額もするが、拒めば地元経済は麻痺するだろうと語っていた。(3) 不況にあえぐフランス領赤道アフリカやカメルーンでもニューヘブリデス諸島と同様に、イギリスからの迅速な経済援助の提案は魅力的であったはずだ。イギリスの海上封鎖によって物資が滞りがちなヴィシー陣営のアフリカ植民地よりも、自由フランス陣営についた植民地のほうが経済状態は良かった。これは、自由フランスが植民地で権力を維持しえた主因のひとつである。(4)

また、タヒチでは一九四〇年八月二七日に「ドゴール委員会」が創設され、九月一日の住民投票（ドゴール支持五五六四票、ペタン支持一八票）の結果、ドゴール陣営につくことを決定した。住民投票の前には、「ドゴール、小麦粉《ファリン》！　ペタン、飢え《ファミン》！」というスローガンが広まっていた。(5) 九月二日、タヒチの臨時行政長官はドゴールに「オセアニアのフランス植民地の住民一同は満場一致の熱狂のうちに、閣下の側に立ち、盟邦イギリス国民とともに、ドイツのヒトラー主義とイタリアのファシズムに対する自由フランスの戦いを遂行することを決定しました」と打電している。(6)

一九四〇年九月二三日にはニューカレドニアがドゴール陣営に参加した。ニューカレドニアでは劇的な展開があったので今少し触れよう。(7) ニューカレドニアの住民構成は次のようであった。約五万五〇〇〇人の住民中、三万人が先住民、七〇〇〇人がトンキンとジャワ出身者、一一〇〇人の日本人、そして一万七〇〇〇人のフランス人がいた。六月二四日に議会が招集され、行政長官のジョルジュ・ペリシエがイギリス側について参戦することを告げ、議会もそれを承認した。しかるに、二日後、王党系の公証人が自治政府を要求したため、行政長官は時間稼ぎをせざるをえなかった。しかし、七月二一日以降、ヴィシーからペタン政府の樹立とイギリスとの断交を伝える電文が届いた。そこで、ペリシエは七月二九日にフランス国（Etat français＝ヴィシー政府）の樹立を告げる官報を公布し、議会との対立が深まった。八月二日、議会は行政長官の変節を認めず、八月一八日にはダイナマイトが炸裂するという事態も生じた。そこで行政長官ペリシエは戦艦の派遣を要請し、八月二三日、サイゴン（現ホーチミン）からやって来た護衛艦デュモン・デュルヴィル号がヌメア沖に投錨し、砲門を市街に向けて威嚇した。八月二八日、議会はペリシエの辞任を要求したが、行政長官は太平洋地区フランス軍上級司令官ドニ大佐を後任に指名するようヴィシー政府に求めた。ドニ大佐が集会禁止措置をとったことで、抵抗が始まる。

ドゴール委員会が組織され、ドゴールとも連絡を取った。八月二三日以降、ドゴール委員会は自由フランスについていたニューヘブリデスの弁理公使アンリ・ソートに介入を要請した。ドゴールも八月二三日にソートに宛てて打電し、動揺している行政長官に代わってニューカレドニアを自由フランスに参加させるべく行動するように求め、軍艦を手配したことも記していた(8)。九月一六日、ドゴール委員会はソートが来島する一九日にあわせて愛国者に動員令を発した。「九月一九日木曜日午前六時、ヌメアにできる限り多数が集合するよう、ただちに準備せよ。諸君は、われわれが信頼を寄せている諸君の意志と勇気によって、みずからの権利と自由を守るに必要なあらゆる犠牲を払うことができるだろう(9)」。この動員令に対して、ペリシエは戒厳令と外出禁止令を出した。一九日朝、ソートを乗せたノルウェーの石油タンカーが、オーストラリアの巡洋艦アデレード号を従えてヌメアに入港した。ドニ大佐側の砲兵や護衛艦デュモン・デュルヴィル号も戦闘を拒否したため、ソートは上陸して市庁舎で勝利を宣言した。ニューカレドニアの新行政長官となったソートは、九月二四日、ニューカレドニアが七〇〇〇人の志願兵によって平定され、「本日ニューカレドニアは、秩序と熱狂のうちにフランス領有八七周年記念日を祝う。ヌメアの街はロレーヌ十字の三色旗で飾られてあり」とドゴールに打電した(10)。

このように南太平洋のフランス領はほかに先んじてドゴール陣営についたが、自由フランスにとって重要な領土はアフリカであった。というのは、アフリカは南太平洋とは比較にならないほど多くの人口と広い面積を擁し、地政学的にもヨーロッパを再征服するための跳躍台の役割を果たすことが期待されたからである。とりわけフランス領赤道アフリカは、北アフリカにも近いという理由のみならず、人口や面積の点でも自由フランスが有意味な領域主権を主張できる地域であった。

◉フランス領赤道アフリカ

フランス領赤道アフリカとは、ガボン、フランス領コンゴ、ウバンギ（現中央アフリカ共和国）、チャドからなる植民地である。西アフリカやインドシナのフランス植民地がヴィシー陣営についたのと対照的に、赤道アフリカの植民地は自由フランス陣営につき、自由フランスの活動の拠点となった。後述するように、総督府が置かれていたブラザヴィルで自由フランスの重要な会議が開かれたことにも示されるように、フランス領赤道アフリカはドゴールの主権回復の戦いのベースキャンプとなった。それを象徴するひとつの出来事は、それまでBBCが自由フランスに与えていた五分間の番組名「フランス軍団《レジオン》の放送」が、一九四〇年八月三〇日から「自由フランスがあなたに語る」に変わり、「自由フランス」の名称が用いられたことである。(11) 自由フランスは、アフリカに足場を据え、アフリカとアフリカ人に依存した。「自由フランスとはアフリカであった」（ジャック・スーステル）と言われるゆえんだ。スーステルは、アフリカにおいてこそ、自由フランスが肉体を持ち、現実のものとなり、人びとと領土に自由フランスの法を行き渡らせたのだと力説している。(12) たしかに、一九四〇年にフランスの名誉を救った自由フランス派の多数は、フランス市民権保持者ではなかった。(13)

ドゴールは、一九四〇年八月二六日にチャド、二七日にカメルーン、二九日にフランス領コンゴを支配下に収めることに成功する。「フランス領アフリカの栄光の三日間」が完了した。九月二日にはポリネシアが加わった。チャドではフランス初の黒人総督フェリックス・エブーエが、ただちに抵抗の先頭に立った。彼は、七月にドゴールにメッセージを届けるべく協力者のアンリ・ローランシーを隣国ナイジェリアのラゴスに送ったが、エブーエの周りにはヴィシー派がひしめいていた。七月一六日、ドゴールはエブーエの行動を称え、連絡を取りつづける旨の電報を打っている。八月初めにはエブーエは、カイロにいるエドガー・ド・ラルミナ大佐がチャド軍の指揮を執るようにドゴールに打電した。そこでドゴールは八月初めにチャーチルの同意のもとに、ラルミナ大佐、フィリップ・ルクレール大佐、クロード・エチエ・ド・ボワランベール大尉らに、フランス領赤道アフリカや西アフリカでの作戦行動を指示している[14]。八月一二日、ナイジェリアのラゴスにルクレール、ボワランベール、ルネ・プレヴァン（ドゴールの代理）が一堂に会し、ほどなくしてラルミナも加わった。そして、チャドのフォール＝ラミー、カメルーンのドアラ、フランス領コンゴのブラザヴィルでの同時作戦行動が決定された。

図2-2　フェリックス・エブーエ

出典　Éric Branca, *De Gaulle et les français libres,* Paris, 2010, p.102.

　一九四〇年八月二三日午前、チャド総督エブーエは、午後にドゴールの代理二人が飛行場に到着する旨の通達を出した[15]。午後に三分の二の住民がプレヴァンを迎えた。二六日、チャド地方軍司令官ピエール・マルシャン大佐が、プレヴァンが起草した自由フランスへの参加宣言を市庁舎で読みあげた。ドゴールは、八月二七日のプレヴァン宛電報のなかで、「チャドの［自由フランスへの］参加は最重要な出来事です。……私はフランス人として、［自由フランスの］首長としてあなたを誇りに思います」と称えた。(16) カメルーンは第一次世界大戦前にはドイツ領であったこともあり、ドイツの勝利はドイツへの復帰を意味した。それを拒否する公共事業視察官ロジェ・モクレールを中心とした公務員によって、ドゴール委員会が結成された。八月二四日、西アフリカのイギリス軍総司令官ジョージ・ギファード将軍は、ボワランベールとルクレールに作戦の中止を求めたが、ドゴールは作戦続行を指示し、八月二六日、ルクレールとボワランベール率いる二二人がイギリス領カメルーンからカヌーでフランス領カメルーンに入り、二七日午前二時、ドアラの港から上陸した。ルクレールは、ドゴールの名において全権軍事委員を名乗り、カメルーンを平定した。

ブラザヴィルでは、ラルミナがベルギー領コンゴのレオポルドヴィル（現キンシャサ）から指揮を執っていた。一九四〇年八月二八日午前、チャドとカメルーンが自由フランス側についたというニュースでブラザヴィル中が騒然となった。(17) ポール＝ルイ・ユソン総督は群衆の逮捕を命じたが、チャド大隊を率いるジャン＝マリ・ドランジュ少佐によって逆に逮捕されてしまった。市内には、ラルミナの間諜であるアドルフ・シセ軍医総監が活動していた。二八日午後三時、ロレーヌ十字をはためかせたモーターボートに乗ったラルミナがレオポルドヴィルから到着し、「自由フランスの名において」権力を掌握した。二八日から二九日にかけて、ウバンギやガボンといったほかの赤道アフリカも恭順の意を示し、一滴の血も流すことなく赤道アフリカの大部分が自由フランスに合流した。八月二九日、ドゴールはチャーチルに次のような電報を打って、主権の行使を告げた。「フランスの委任統治下に置かれたカメルーンの先住民とフランス人は、連合国の大義を擁護するために私のもとに結集しました。したがって、一九四〇年八月二八日より私は、この委任統治に含まれるすべての権限と義務を履行すべくこの地域の行政を担っています」。(18)

しかし、ガボンの教皇代理の叱責やダカール（セネガル）のヴィシー派当局の命令もあって、ガボン総督ジョルジュ＝ピエール・マソンは八月三〇日に自由フランス支持を撤回してしまった。かくして、「敵対的な、しかも海に向かって開けているためにわれわれ〔自由フランス〕にとって攻略困難な飛び地が赤道アフリカ諸領土全体のなかにできあがってしまった」[19]。ドゴールは、一〇月一二日にチャーチルにガボン再征服の決意を示している。「できる限り早く〔ガボンの首邑〕リーブルヴィル問題を解決する決心をしました。……一週間後に作戦を開始するつもりです」。実際には、ガボン再征服作戦は一一月六日から始まった。ドゴールは、一〇月三一日、ルクレール大佐にランバレネから掃討作戦を開始し、作戦完了後には、「ヴィシーによるリーブルヴィルの補強が行われなければ、私はリーブルヴィルに対する陸・海・空からの作戦を、イギリス軍の直接介入なしに行うよう考慮するつもりです」と打電した[20]。イギリス軍がガボン再征服を渋った理由については後述するが、ダカール攻略の失敗（次項）の後遺症とも言えるし、ロンドンとヴィシーとの関係に新たな展開があったことにもよるだろう。ともあれ、ルクレール大佐、リオネル・ド・マルミエ大佐、アンドレ・パラン中佐によってイギリス軍の介入なしに内陸部のランバレネ、リーブルヴィル、海沿いのポール＝ジャンティへと支配地域が広がり、ガボンが再征服されたのは一一月一二日のことである[21]。ドゴールにとって、イギリス軍の支援なしに単独で勝利したことが重要であった。

◉ダカール攻略の失敗

ドゴールは、赤道アフリカにおける陣取り合戦の勝利に続いて、フランス領西アフリカをも射程に入れて行動を起こした。それは、北アフリカのフランス領へと駒を進める要衝を制圧することであった。この点ではチャーチルとも見解を同じくしていた。ダカールを自由フランスが掌握すれば、モロッコはもとよりマグレブ諸国の参加を促すだろうと考えられた。ダカールは、ヨーロッパとケープタウンを結ぶ重要な港であるだけでなく、フランス第二の港ル・アーヴルに匹敵する総トン数の交易実績を持ち、周辺には四つの飛行場もあった[22]。

ドゴールは、一九四〇年八月二九日付のカトルー将軍宛の手紙のなかで、カトルーがロンドンに到着する頃には「私は、ダカールに向けて出発していることでしょう」と述べ、「もしこの企図が成功すれば、ただちに北アフリカという重大な問題が提起されるにいたりましょう。……われわれがモロッコかアルジェリアに確固とした地歩を占めた暁には」、カトルー（「海外フランス領防衛評議会（Conseil de défense de la France d'outre-mer）」の北アフリカ担当予定者）は、北アフリカの行政権と指揮権を行使するために現地に赴くようにと記していた[23]。

しかし、ヴィシー側についたセネガルの首都ダカールでドゴールはつまずいた。そこでは、自由フランス軍とヴィシー軍との交戦が生じた。ドゴールはイギリスと共同でダカール攻略の作戦を立て、約二〇〇〇人の自由フランス軍は、八月三一日、イギリスのリヴァプールを出港し、一路、ダカールをめざした[24]。自由フランス軍には三隻の護衛艦と一艘の武装トロール船、四隻の貨物船しかなかったが、イギリス海軍は、戦艦二隻、巡洋艦三隻、航空母艦一隻、駆逐艦六隻、二海兵隊大隊を率いていた。九月一三日午後、ダカール沖二〇〇マイルの海上に達したとき、BBC放送は、フランスのトゥーロン港を出たヴィシー海軍の巡洋艦三隻と駆逐艦三隻がジブラルタル海峡を越えて大西洋を南下中と伝えた。ジブラルタルのイギリス当局が、ヴィシー海軍の通行を黙認してしまったことが危機を招く原因でもあった。ヴィシー海軍の艦船は、一四日夕刻にダカールに接岸した。そこでチャーチルは一六日に作戦の中止を命じたが、ドゴールやイギリス海軍のジョン・カニンガム提督が反対の意志表示をした。ドゴールは、ダカールを拠点にフランス領アフリカを再建する計画の実施を、ヴィシー政府への対抗上、また地域住民の士気やアフリカでの戦争遂行上の見地などから強く要請した[25]。このため、チャーチルは一八日夕方に作戦続行を許可した。

一九四〇年九月一八日、ヴィシーの巡洋艦四隻が、自由フランス側についたコンゴやカメルーンをヴィシー政府に帰順させるためにダカールを出港したが、今回はイギリス海軍によって阻止され、引き返さざるをえなかった。二隻はモロッコのカサブランカへ、残り二隻はダカールに戻って防衛にあたることになった。

英仏連合軍がダカールに現れたのは、一九四〇年九月二三日早朝のことである。湾にはあいにく霧が垂れ込め、ダカール守備隊や住民に対する威嚇効果は期待できなかったが、ドゴールはみずから指揮を執った。午前六時にドゴールがアピールを発し、そのアピールは飛行機からばらまかれた。そのビラには、敵の脅威と飢饉が迫っているのでダカールの民・軍当局はドゴールと手を組み、住民は愛国心を発揮して自由フランス軍兵士を歓待するよう求めていたが[26]、戦艦リシュリュー号の対空砲火をくぐり抜けてのビラ撒きであった。同じく午前六時、自由フランス軍の将校らを乗せた二機の軽飛行機が飛行場を制圧するために着陸したが、彼らは逮捕されてしまった。同時に、ロレーヌ十字の三色旗と白旗を掲げた二艘のモーターボートが埠頭に着岸し、チエリー・ダルジャンリュー海軍少佐とベクール＝フォッシュ海軍大佐に率いられた将校たちが上陸した。彼らは、ピエール・ボワソン総督に連合軍への参加を求めるドゴール将軍の書簡[27]を持参した軍使である旨を伝えたが、港湾司令官は彼らを逮捕せよとの命令を受けていると返答し、銃撃が始まった。ダルジャンリューともう一人の将校が重傷を負った。ドゴールは新たなアピールをラジオから発すると同時に、二隻の護衛艦に入港を命じたが、砲撃を受けてしまった。ヴィシーの戦艦は、イギリス海軍に二〇マイル退却するように厳命した。

九月二三日一二時五〇分、深まる霧のなかでドゴールは、イギリスの司令部に「シャルル計画」の実施を告げた。その計画は、ダカール北方約二〇マイルにあるリュフィスク海岸への上陸であった。濃霧による視界不良で人の見分けもつかず、光信号・無線電話・無線電信も機能しなかった。一七時三〇分、護衛艦がリュフィスクへの上陸を試みるが、砲撃や銃撃を浴びて退散せざるをえず、ドゴールも退却を命じるほかなかった。九月二五日

図2-3　ダカール攻略の失敗を嘲弄するヴィシーのポスター
出典　Diane Afoumado, *L'affiche antisémite en France sous l'Occupation,* Paris, 2008, p.137.

一三時三〇分、チャーチルは戦闘の停止を命じた。同日、ドゴールは英国戦時内閣事務長補佐のライオネル・ヘイスティングズ・イズメイ将軍に作戦失敗の報告を送っている。報告の末尾でドゴールは、「祖国の侵略者との戦争を望まないヴィシー派は、フランス解放を望むフランス人との戦闘をむしろ好んだのです」と憤りを表明していた。(28)

ヴィシー軍は、三隻の潜水艦と一隻の軽巡洋艦を失っただけであったにのに対して、イギリスの巡洋艦三隻が大破した。英国領ガンビアから潜入して、大衆デモの工作をしていたボワランベールは逮捕されてしまった。(29) こうして、仏英艦隊の威嚇によって降伏を迫ろうとする計画は水泡に帰した。ヴィシー軍の反撃を受けてダカール攻略は失敗した。

◉ダカール作戦失敗の余波

英米両国からドゴールへの風あたりが強まる。ローズヴェルト大統領は、ダカール攻略の失敗により「ドゴールの判断力はたいしたものではないという自分の考えが確かめられた」と側近のロバート・マーフィーに述べている。(30) また、「惨憺たる大失敗」（『デイリー・ヘラルド』）を非難する新聞や、自由フランスの指導者をドゴールからカトルー将軍に代えることを要求する新聞（『ニューズ・クロニクル』『デイリー・テレグラフ』）などがあり、自由フランスは「勇敢だが無分別な前衛」だと受け取られた[31]。ドゴールは、それを「ロンドンでは、怒りの嵐が荒れくるった。ワシントンでは皮肉の旋風が私にむかって解き放たれた」と形容している[32]。チャーチルから「運命の人（l'homme du destin）」[33]と呼ばれていたドゴールのプライドもいたく傷ついた。

しかし、ドゴールは気を取り直しつつ、一九四〇年九月二八日に夫人宛にこう打電している。ダカール攻略の失敗によって「今のところ、重苦しいあらゆる問題が漆喰のかけらのように私の頭上に降りかかっていますが、支持者は私に忠実なままなので、私は先行きに希望が持てます」[34]。一四年後にもドゴールは、「私と結びついた人たちすべてのこの信頼は、私にとっては力強い慰めであった。つまり自由フランスの基礎は堅固だった」と回想している[35]。チャーチルは、九月二八日と一〇月八日にイギリス下院でドゴールの行動を擁護し、一〇月三日には自由フランスの支持と「将軍の立場に同調しているフランス領植民地における将軍の権威を維持するために、将軍が求めるあらゆる援助を与えねばならない」ことをドゴールに表明していた[36]。だが、チャーチルはドゴールとは距離を置くようになり、ヴィシー政府の新しい北アフリカ総督にして軍総司令官のウェーガンに期待するイギリス外務省の見解に影響されるようになった。そればかりか、自由フランスの予算も削られるにいたった[37]。しかしながら、一〇月二四日にペタンがヒトラーとフランス中部モントワールで会見し、国家の対独協力が表明された。それゆえ、ドイツに傾斜するヴィシー政府との対抗上、イギリスは自由フランスに肩入れせざるをえなくなるという事情もあった。とはいえ、四〇年一〇月にイギリス政府はヴィシーとも密かに交渉を行っていたのも事実であった（第3章第1節参照）。ダカール攻略におけるヴィシー軍の勝利に加えて、こうした外交交渉の進展が、ガボン再征服作戦にイギリスが消極的になった理由である。

さらに、自由フランス内部に不満の高まりがみられたことも見逃すことはできないだろう。ダカール攻略のためにドゴールがロンドンに不在であったとき、自由フランス代表部の留守を預かるフォンテーヌ大佐とミュズリエやラバルトのあいだでトラブルが増えたのである。ドゴール（二つ星）より格上の将官ミュズリエ（三つ星）は、自分が陸・海・空軍の長であることを主張したという[38]。おそらく、ドゴールが、海軍副提督であるミュズリエにダカール攻撃を任せなかったことへの悔しさもあったことだろう。

◉ドゴールの赤道アフリカ巡行

ドゴールは、ダカール攻略の失敗に意気消沈することなく、一九四〇年一〇月八日から一一月一七日まで自由フランス領となったアフリカを歴訪し、基盤の強化に努めている[39]。カメルーン、チャド、フランス領赤道アフリカ、ベルギー領コンゴ、ガボンである。カメルーンのドアラにドゴールの一行が入港するや、「このうえない熱狂が市街に湧きたった」。一〇月九日にドアラからドゴールは、チャーチル宛に電報を打って高揚した気分を伝えている。「敵の統制から自由になったフランス領から、私はあなたご自身とイギリス帝国の勇敢な国民に、最終的な勝利まで連合国の側に立って戦争を続行するために私の周りですでに団結した一四〇〇万人のフランス人もしくはフランス統治下にある住民の厚い信頼と忠実な友情の印を送ります」[40]。カメルーン行政長官のルクレール将軍が、ドアラでドゴールを出迎えた。ここでは、休戦以降の経済的苦境からの脱出が期待された。

一九四〇年一〇月一八日、チャドのフォール＝ラミーでは、エブーエがドゴールを迎え、「いくたの偉大な行動が芽ばえる英雄的環境が広がりつつあった」[41]。前日のフォール＝ラミーには、カイロから元インドシナ総督カトルー将軍もやって来ていた。ドゴールがフォール＝ラミーの飛行場に降り立ったとき、気をつけの姿勢でいの一番に出迎えたのはカトルーであった[42]。カトルーのドゴールとの再会は、ドゴールの指導権にとって重要な一時点を画することになる。というのは、ドゴールとチャーチルのあいだで、カトルー将軍の扱いについてちょっとした揉め事があったからである。カトルー将軍は、第一次世界大戦時にドゴールとともに同じ捕虜収容所にいたこともあり、四〇年六月末に休戦協定に反対し、ドゴールを支持する旨をロンドンにいた子息をとおしてドゴールに伝えてきていた。カトルーは、九月一七日にロンドンに到着するや否や、チャーチルから「自由フランスの運動は［正しく］指導される必要があります。あなたがその指揮を執るべきだと私は思います[43]」と勧められた。さらに、ドゴールには相談もなくチャーチルは、オリエントにあるフランス委任統治領のシリアとレバノンを結集させるために、カトルーをカイロとエルサレムに送ったのである。ドゴールは、当然ながらイギリス政府の越権行為に対して抗議電報を九月二一日に送っている。「英国政府はあらかじめ私の同意を得ることなく、カトルー将軍をエジプトに派遣する処置をとられましたが、かような仕方に対し、私は貴殿に抗議いたさねばなりません。このようなやり方は英国政府と私自身のあいだに結ばれた協約に違反するものと考えます」。もっとも、翌二二日、ドゴールはカトルーを「わがオリエント問題を引き受けるのにこのうえない適任者」と評して、カトルーの近東への出発を許可した[44]。こうしたトラブルがあっての再会であった。夕食会の場で、五つ星の将軍カトルーは、格下の将軍ドゴール（二つ星）の指揮下に入る旨を伝えた[45]。かくして、ドゴールに代えてカトルーを担ぎ出そうという試みは頓挫することになる。

図 2-4　ジョルジョ・カトルー将軍

出典　Éric Branca, *De Gaulle et les français libres,* Paris, 2010, p.122.

一九四〇年一〇月二四日にドゴールは、ブラザヴィルに到着した。ドゴールは、戦争遂行上、赤道アフリカの経済再建をラルミナとプレヴァンに託した。翌年の五月二〇日、自由フランスとイギリスとのあいだでフランス領赤道アフリカとイギリスとの貿易促進のための協定が締結された(46)。また、四〇年一〇月二六日にドゴールは、レオポルドヴィルのアメリカ領事にアメリカにあるフランス領（アンティル諸島、ギアナ、サン＝ピエール＝エ＝ミクロン島）の防衛についての覚書を手交している。それは、イギリスの頭越しにアメリカと直接交渉する意志を表明していた。その覚書には、アメリカにあるフランス領を枢軸側に利用させないためにアメリカ海軍と協力して防衛する必要性が語られ、フランス植民地防衛評議会の設立が一〇月二七日に公表されることに触れたうえで、アメリカにあるフランス植民地の空軍・海軍基地の使用について米国と協定を結びたい旨が記されていた(47)。しかしながら、この覚書がすぐに実ることはなかった。同時にドゴールは、ロンドンで太平洋地域の防衛にかんする英・米・蘭三国との話し合いにアメリカの自由フランス代表部も加わらせようと動いたが、無視されてしまった(48)。というのは、アメリカ駐在の自由フランス代表部は、正式の外交使節として公認されていなかったからである。アメリカ国務省が、自由フランス代表部の五人を「連絡機関の役目を果たす」代表団として外交上承認したのは、四一年九月二〇日のことである(49)。

一九四〇年一〇月二七日、ドゴールはレオポルドヴィルに入り、ベルギー領コンゴ総督とフランス領コンゴ総督との緊密な関係が維持されていることを確認した。こうした総督相互間の連帯は、アフリカの戦争協力体制にとって好ましいものであった。一一月一五日と一六日には、再征服したガボンのリーブルヴィルとポール＝ジャンティに赴いた。ドゴールは、戦争遂行のための組織作りに着手する。ラルミナ将軍が、民・軍の両権限を持った自由フランスのアフリカ領土高等弁務官に任命され、エブーエは赤道アフリカ行政長官として、ピエール・マルシャン司令官とともにブラザヴィルに着任した。カメルーン行政長官にはルクレールに代わってピエール・クルナリーが就任し、ルクレールはチャドでの軍事作戦の準備のために派遣された。[50]

こうしてアフリカの領土に、自由フランスの旗、ロレーヌ十字の三色旗が翻った。一九四〇年一一月までに自由フランスは、六〇〇万の住民と三〇〇万平方キロメートルの領土を持つにいたった。[51] 自由フランスは、赤道アフリカとカメルーンにおいて二万七〇〇〇人の兵士をリクルートすることができた。四三年時点で七万人という自由フランス軍の兵士数を勘合すると、二万七〇〇〇人という数字の重みが了解できるだろう。[52] とはいえ、インドシナを除くフランスの植民地が、自由フランスの傘下に入るのは四三年夏のことである。フランス解放のために重要な働きをした植民地であるが、自由フランスにとっても、国内レジスタンス各派にとっても、植民地の独立という視点はいまだなかった。自由フランスの「総合検討委員会（Comité général d'études）」で、戦後構想を練った委員のピエール＝アンリ・テトジャン（キリスト教民主系の法学教授）は、「レジスタンスが占領期にいわゆる植民地問題について問題提起することはほとんどなかった」と一九九〇年に述べている。[53]

第2節　連合国との軋轢

◉ドゴールとアングロ＝サクソン

一九四三年五月七日、ジャン・ムーランはドゴールに報告書を送っている。そのなかでムーランは、「あなたにとって重要なことは、ドイツ、ヴィシー、ジローに対抗して権力をとることですが、おそらく連合国に対抗しても権力を握ることです[54]」と記していた。このように、自由フランスと連合国との関係は順風満帆ではなかった。アンドレ・マルローから「強情一徹な人[55]」と言われたドゴールは、イギリスとアメリカの為政者から野心家とかファシストとすら思われていた。イギリス労働党の指導者で副首相のクレメント・アトリーは、四〇年七月にドゴールを「ファシスト」と評し、一〇月にはハリファックス外相に「亡命政府の反動的分子、とりわけ《自由フランス》の反動分子は、民主的価値により強い愛着を抱く左翼分子に席を譲る」ように勧めていた[56]。チャーチルも、ドゴールにかんして「絶えず困難を感じ、また幾度か反感も抱いた」とか、ドゴールを「疲れ果てたフランスを代表するものとも、また事実上フランスの将来を自由に決定する権利を持つフランスの代表者とも認めることはできなかった」だけでなく、ドゴールの「傲慢な態度には腹が立った」と記している。ソ連の駐英大使イワン・マイスキーは、ドゴールの政治的態度のなかに「現代化された形態のボナパルティズム」をみていた[57]。

ドゴールの君主のような口吻は終生変わることはなく、国内レジスタンスの一部からも権威主義者だとか王党派だとみられていた。自由フランスのプロパガンダ実行委員会に勤めることになるジャン＝ルイ・クレミュー

＝ブリヤックは、一九四一年一〇月にドゴールの演説を間近で初めて聞いたとき、彼の仲間がドゴールは「シャルル一一世だ」と彼に小声で囁いたという[58]。また、国内レジスタンス指導者のジャック・ドビュ＝ブリデルも、パリ解放から終戦まで「われわれとドゴールのあいだには、［カペー朝の創始者］ユーグ・カペーと諸侯のあいだのような話し合いが続いた」と回想している[59]。ジャン・ムーランの側近であったピエール・ムニエも、四〇年の敗戦時点では、ドゴールを王党派シャルル・モーラスの影響下にある軍人とみていた[60]。このため、社共両党が《戦うフランス》を公認したのは四三年になってからのことである。右派のアンリ・ド・ケリリスは、四五年にも『独裁者ドゴール』という本をカナダで出版している[61]。

ドゴールは、「主権国家フランス」の代表として遇せられることを要求するが、英米両国から常に過小評価され、アメリカは合法的なペタン政府と一九四二年一一月まで外交関係を保ちつづけていた。イギリスはペタン政府と国交を断絶していたが、ヴィシー駐在のアメリカ大使やカナダの外交官を通じて半ば公式的な関係を維持しようとした時期もあった。四一年一月八日にペタンに信任状を提出したアメリカ大使ウィリアム・リーヒ提督（四二年四月まで在任）は親ヴィシー派であり、しかもローズヴェルト大統領の信頼を得ていた。ローズヴェルトがリーヒを大使に任命したことを知ったドゴールは、屈辱感を味わったという[62]。リーヒは、四一年七月にドゴールはフランス人から評価されておらず、「イギリスに雇われたエージェント」とみられているとか、四四年二月でも、「連合軍がフランスに入ったとき、ペタン元帥はフランス人を結集するにあたって連合国が支援を求めうるもっとも頼りになる人物だ」とローズヴェルト大統領に助言したり、四四年四月初めにも「ドゴール将軍がフランスの参戦問題から締め出されるまで、われわれアメリカ人とドゴールとのあいだには絶えず摩擦が続くだろう」と考えていた[63]。

独ソ戦（一九四一年六月二二日）以降のソ連もドゴールを利用しはするが、英米両国をさしおいてまで厚遇することはない。アメリカに物資を仰がざるをえないチャーチルも、ローズヴェルトの機嫌を損ねることはしなかった。ドゴールは回顧録のなかで、英仏関係に「組織的な緊張が生じた」ことや「暗雲が垂れ込めていた」ことを何度も指摘している。[64]ドゴールは、連合国間のこうしたもつれを「結局のところイギリスは島であり、フランスは大陸の岬であり、アメリカは別の世界である」という結論でチャーチルと一致したと自嘲気味に記した。[65]

英米両国とフランスとの、このようなぎくしゃくした関係は終戦まで続く。ドゴールは、それを自分に対する英米両国の「悪意の競争[66]」と形容したが、一九四一年から四二年にかけて生じた例を列挙しよう。[67]

まず、エミール・ミュズリエ副提督の逮捕事件である。一九四一年一月二日に自由フランスのナンバーツーで植民地防衛評議会の一員でもあるミュズリエ副提督が、ヴィシー政府と極秘裏に通じているとして、ドゴールに相談もなくイギリスによって逮捕された。ミュズリエ副提督は、自由フランス海軍を作った人物であり、ロレーヌ十字の採用を進言した一人でもある。それゆえ、この事件はドゴールが軽んじられていた証拠でもあった。そこでドゴールは、一月四日に「この逮捕が行われる前に、事情がどうあろうとも、英国政府は前もって私個人に通達すべきであった」とイーデン新外相に書面にて抗議した。[68]二日前の一月二日午後、イーデンから事情を聞かされたドゴールは、「陰謀」の臭いをかぎとり、自分で真相を調査する旨を述べていた。調査の結果、「イギリス情報機関のでっちあげ」という確信を得たドゴールは、七日にミュズリエと面会して無実であることを伝え、八日にはエドワード・スピアーズ将軍にイギリスとの関係断絶の可能性にも触れ、ミュズリエの釈放を勝ちとった。九日にはチャーチルとイーデンから謝罪の言葉も受け取っている。ミュズリエは、イギリス情報機関から出た偽書の犠牲者であった。一一日にミュズリエも、イーデン外相から謝罪文を受け取っている。しかし、逮捕事件を契機に、ミュズリエの心にドゴールや自由フランスの情報機関の局長パッシー大佐への不信が宿りはじめたようだ。というのはミュズリエは、ドゴールが諜報活動を海軍情報部にではなくて、パッシー大佐らの若いが経験不足の素人に任せたことに不満を抱いており、ミュズリエとパッシー大佐との関係は悪かったからである。[69] それゆえ反ドゴール派は、パッシー大佐がミュズリエ逮捕という卑劣な行動の黒幕であり、ドゴール自身それを放任したと非難しつづけた。[70] とはいえ、この事件の副産物として、一月一五日、イギリス領土内にある自由フランス軍は、フランスの軍法に従って行われる独自の法廷の権限にかんする協定に署名した。自由フランス軍の自立性が一歩高まったのである。

◉シリア

自由フランスとイギリス軍との対立は、オリエントやマダガスカルでも生じた。ドゴールは、この地域でのイギリス軍の主権侵害行為に立腹する。ヴィシー政府が、イギリスはフランスの植民地を横領しようとしており、ドゴール派はイギリスの手先だというプロパガンダを強めていただけに、フランスの主権を維持することはドゴールにとって至上命令であった。[71]

一九四一年六月八日から始まったシリア戦役は、自由フランスとイギリスの連合軍 対 ヴィシー軍との戦いであった。四月初めのバクダッドでクーデタが起きて親独派のラシド・アリ・キラニが権力を握り、五月二日、イギリスを攻撃すると同時にドイツに救援を訴えた。イラクでも空港が反徒に包囲されていた。同日のパリでは、ドイツ大使オットー・アベッツがブノワ＝メシャン（ダルラン内閣の仏独関係担当）にドイツ空軍にシリアの飛行場を使用させることやラシド・アリ派に武器を譲るように求めていた。[72] また五月一一日、ヴィシー政府のダルラン提督はブノワ＝メシャンとともにベルヒテスガーデンでヒトラーと会見して、シリアの飛行場をドイツ空軍に使用させることを認めており、五月一二日にシリアにドイツ空軍機（三輸送機、四爆撃機）が給油と補給のために飛来していた。さらに、五月一二日から一三日にかけて、近東に貯蔵されていたフランスの武器をイラクの反徒に引き渡すために、三〇〇トンの武器を積んだ列車がヴィシー軍に守られてベイルートから出発していた。この地域の軍事的緊張が高まるなかで、五月一二日、ブラザヴィルにいたドゴールは、「イギリスがオリエントでわがほうにかんし消極的政策を採るべきだと信じていること」に苛立ちを表明し、イギリス軍はフランスの委任統治領に食指を伸ばすのではないかと疑念を募らせた。それをドゴールはこう回想している。「イギリスと自由フランスは、軍事面では近東で一緒に行動する用意をしていたものの、他方、政治面における両者の競争が舞台裏でははっきりしたかたちをとっていた」とか、イギリスは「オリエント全体に英国のリーダーシップを樹立することを狙っていた」と。五月二一日にイギリスも、英軍を主力とする武力対決を決定した。(73) これが不信を増幅させることになる。

まず一九四一年六月初め、シリア・レバノンの独立問題で意見の相違が表面化した。カトルー将軍が、現地住民の協力を得るために、近い将来、シリア・レバノンの委任統治を廃止して独立を承認するという声明案を準備していたとき、カイロ駐在英国大使マイルズ・ランプスン卿は、英国も加えた共同宣言とするようにドゴールに迫った。ドゴールが、この地域の政治的解決策はフランスとシリアとレバノンの代表者の権限に属する問題だとして、イギリスの要求を拒むと、ランプスンはフランスが行う独立の約束にイギリスの保証が与えられる旨を明記するように求めた。フランスにシリアとレバノンの独立を認めさせたのは、イギリスだと言わんばかりのこの要求もドゴールは拒絶した。六月八日、カトルー将軍はシリアとレバノンの「自由と独立」を宣言したが、チャーチル宛極秘電報（六月六日）のなかでドゴールは、「カトルーを全権総代表に任命する」ことと、「フランス固有の権益を認める協定と引き替えに近東諸国の独立を宣言しかつ尊重する」ことを記していた。独立をめぐるこうした意見の不一致に加えて、休戦協定をめぐる交渉が事態をさらに悪化させた。ドゴールが、抵抗一周年の六月一八日にエジプトのフランス国民委員会で演説を行い、「われわれはこの解放戦争のなかで素晴らしいイギリス帝国と結びついたままであり、その帝国の権威と勇気をウィンストン・チャーチルが体現しています」と語っていた。この称賛演説の翌一九日のカイロで、休戦協定の案文の内容を詰める会合がイギリスと自由フランスとのあいだで持たれた。ドゴールは、近東におけるフランス権益の維持とそれの英国による保証、近東におけるフランスの代表権は自由フランスにあることなどを主張し、こうした条項が採択された。(74) イギリスとの交渉は順調に進みそうであった。

◉休戦協定をめぐる仏英対立

ところが、一九四一年六月一九日に米国経由でイギリス政府がベイルート駐在ヴィシー高等弁務官に送った文書は、採択文とはまったく異なり、フランスの代表権が自由フランスに属するという内容はなく、シリアとレバノンをイギリスに譲渡するに等しいものであった。具体的には、先住民兵はイギリス軍に編入されるとか、ヴィシー軍の軍需品の管理はイギリスが行うものとされ、ヴィシー軍兵士と官吏の強制送還も認めており、自由フランス軍に加わるようにヴィシー軍兵士への働きかけすらできなかった。それゆえ、自由フランス軍への補充はままならず、帰国したヴィシー軍兵士たちは北アフリカで自由フランス軍とふたたび相まみえるおそれすらあった。ドゴールは六月二〇日、ただちにイーデン外相に抗議した。「これらの問題は本質的に、フランスの軍人および文官の今後の任務に、またフランスの権威がそこで行使されるべき領土の運命にかかわっている」と。さらに六月二八日、ドゴールはチャーチルに「われわれに対するイギリスのオリエントにおける行動如何によって両国の同盟関係にもたらされる極度の重要性について警告」し、イーデン外相にもヴィシー部隊の本国送還について反対を繰り返した。こうした見解の相違のなかで、六月二四日、ドゴールはカトルー将軍を近東地域におけるフランスの全権総代表兼総司令官に任命し、「近東駐在フランス高等弁務官がこれまで保持していたすべての権能と彼に帰属するすべての責任を負う」ことを命じた。(75) イギリスは、この措置をシリアとレバノンの独立を認める声明の効果を台なしにするものだと受け取った。

ヴィシー軍が降伏し、一九四一年七月一四日にイギリス軍は現地のヴィシー当局と単独でアッカ休戦協定（フランス名、サン＝ジャン＝ダクル休戦協定）を結んだ。(76) 自由フランスにはまったく言及のない休戦協定の調印を、カトルー将軍は拒否した。アッカ休戦協定は、自由フランス軍にとって不利な内容であり、ドゴールには承認しがたいものであった。穏健なルネ・カサンですら、「シリアの休戦条件は［フランスには］無関係で驚くべきものだ。ヴィシーに対するイギリスの寛大さは際限がなく、白人の職業軍人や現地部隊を再結集させる手段は、われわれから取りあげられてしまった」と七月一六日に記している。(77) カトルー将軍もイギリスの圧力のもと、近東諸国の独立を認めさせられ、ヴィシー派から「植民地放棄者（bradeur d'Empire）」という非難を招くことにもなった。(78) アラブ統一運動の擁護者となったイギリスのスピアーズ将軍が、フランスを近東から排除しようと策動していた。カトルーはこう回想している。「スピアーズ将軍は、チャーチルの政策でもあるイギリスの政策、ナポレオンのカイロ上陸の日以来のイギリスの政策を実際に遂行していた。つまり、チャーチルが手に入れようと望んだのは、中近東が禁猟地であり、インドへの道とアラブ・ムスリム諸国がイギリスの属国にとどまることであった」。(79)

ドゴールも、シリアからフランスを追い払おうという英国のアラブ派グループの工作における「スピアーズの役割は、まったく悪質であり憂慮すべきものでありました」（八月一二日）とロンドンの自由フランス代表部に打電している。(80) それゆえドゴールは、協定を拒否し、協定の解釈の変更を求めて精力的に動いた。ドゴールは、チャーチルに抗議電報を打ちつづける。ドゴールは、この時期の苦しい胸中を妻に打ち明けている。「実際、鋼の心が必要なほど、事件は過酷で責任は重大です」[81]。

休戦協定締結前の七月一〇日、ドゴールは「私たちはオリエントにおける英仏関係の組織にかんして、すなわち、シリアにおけるフランスの権利および利益に対して、また同時にこの作戦地区における連合国共同軍事指揮権の行使に対しても満足のゆく解決をやがて見出すでしょう」と期待をかけていた。しかし締結後には、休戦協定と付帯議定書を「フランスの軍事的・政治的利益に反するものとして、またその形式においては私どもの威厳にとって極度に苦痛なものとして考えていると申し上げざるをえません」（七月二一日）、「休戦協定は、貴国にとっても私どもにとっても重大な危険の芽を宿しています」（七月二四日）と評した。七月二一日にドゴールは、交渉相手であるイギリス国務大臣オリヴァー・リッテルトン大尉（チャーチルの幼少期からの知り合い）に、休戦協定の完全拒否・ヴィシー軍兵士との接触・七月二四日正午より英軍の指揮権からの離脱を告げ、「この事件に際しての英国側の振る舞いが、フランスの名誉ならびに利益と、またわれわれの威厳と両立しない」と非難し、「両国の同盟の破棄」にまで踏み込んだ。こうしたドゴールの抗議が功を奏して、七月二四日、カイロにて休戦協定の解釈協約がイギリスと自由フランスのあいだで締結され、自由フランスはヴィシー軍兵士への働きかけや軍需品の接収と使用が認められた。さらに翌二五日、イギリスは「近東におけるフランスの歴史的利益」および「フランスが近東において支配的かつ特権的地位を持たねばならない」ことを認め、シリアとレバノンにおける自由フランスの主権を確認した[82]。

しかし、イギリスとのトラブルは終わらなかった。一九四一年七月末に戦闘がなかったシリアのジュベル・ドゥルース地区の中心都市スエイダにイギリス軍が入り、先住民騎兵中隊を編入しただけでなく、当地のフランス館を接収して三色旗を降ろさせてユニオン・ジャックを掲げる行為に出た。ドゴールは共同決定があるまで連合軍はこの地に入らないという了解を無視したイギリスの越権行為に立腹し、フランス館の奪還と先住民騎兵中隊の

再編成をカトルーに命じ、七月三一日にフランス館にふたたび三色旗が翻った。(83)

◉植民地防衛評議会の波紋

近東問題をとおして、ドゴールが植民地防衛評議会のメンバー全員に諮ることなく事を進め、イギリスとの決裂も辞さないというドゴールの独断的リーダーシップに対して、ロンドンの自由フランス代表部から苦言が呈されていたことを見逃すわけにはいかない。ルネ・カサンは、ミュズリエ副提督やダルジャンリュー海軍大佐、それにモーリス・ドジャン政治局長らがドゴールに不信を募らせたことを記している。(84)それゆえ、自由フランス代表部はドゴールに抗議の電報を打った。「植民地防衛評議会の九人の構成員のうち七人には協議ないし意見聴取を行わないうちに、このこと［即時決定］が行われたのであります。……決裂的な行為をもってすれば、本質的なものを危険にさらすおそれがあるでしょう」（七月二五日）とか、「軍事的にも財政的にも、われわれはイギリスの支持なくしては存在しえません。政治的見地からいえば、われわれと英国とのあいだで決裂が生じるようなことがあれば、フランスの民衆は途方に暮れ、またわれわれの戦列のなかには困惑が生まれ、ドイツとヴィシーとがこのうえなく喜ぶばかりとなりましょう。……事実上決裂は自由フランスの終焉を、すなわち、わが不幸な国を救うための最後の希望の消滅を意味することになりましょう」（八月一〇日）と手厳しい意見がドゴールに寄せられた。(85)これは、のちのミュズリエによるフランス国民委員会（植民地防衛評議会が発展的解消をとげた組織、第3章第1節参照）からの離脱という波乱を予想させるものであった。ともあれ、帰国を望んだ近東地域のヴィシー軍兵士と官吏は三万七〇〇〇人（三万人が兵士）に達し、自由フランス軍に馳せ参じたのは五五〇〇人以下（将校は一三〇人ほど）であり、ドゴールが期待したほどの兵力にはならなかった。(86)

◉ドゴールとチャーチルの衝突

こうしたイギリスとの悶着があったからなのか、一九四一年八月二五日のブラザヴィルでドゴールは、『シカゴ・デイリー・ニューズ』のジョージ・ウェラー記者にこう語った。ドゴールは六月に続いて、[87] 赤道アフリカやカメルーンの海軍・空軍基地の利用をアメリカに提案した際に、「そのお返しとして、私は一隻の駆逐艦も求めなかった」と述べ、一年前にチャーチルが、イギリス本土の防衛のために五〇隻の駆逐艦と引き換えに西インド諸島のバミューダやバハマの海軍基地の使用をアメリカに認めたことをあてこすった。さらに、なぜイギリスはヴィシーとの扉をきっぱりと閉ざしてドゴールの政府を承認しないのかという記者の質問に対して、ドゴールは「事実上イギリスが実行していることは、ヴィシーを仲立ちとするヒトラーとの戦時取引です。……イギリスはドイツと同様にヴィシーを利用しているのです」と答えていた。この発言はチャーチルにとって侮辱であり、ドゴールのイギリス嫌いを示す証拠以外の何物でもなかった。チャーチルは自由フランスを孤立させるべく対抗措置をとり、ドゴールはロンドン帰還後一週間、相手にされなかっただけでなく、イギリス情報省が「名誉と祖国」の番組への出演を禁じたために、九月八日に予定されていたドゴールのフランス向けの演説も不可能になった。[88]

事態打開のために、自由フランスの政治局長ドジャンやイーデン外相がチャーチルに働きかけたことや、一九四一年九月三日にドゴールが、ウェラーの記事には「センセーショナルな誇張」があり、記事をただちに否定する電報を打ったという和解的な内容の手紙を首相に送ったことで、九月一二日一五時にドゴールとチャーチルの首脳会談が開かれるにいたった。チャーチルはドゴールの「イギリス嫌い」を批判し、ドゴールはシリア問題に言及しつつ、国益擁護の必要性とフランスがイギリスに仕える傭兵ではないことを主張した。非難の応酬ののち妥協が図られたが、会談のなかでチャーチルが自由フランス運動の発展とそこでドゴールが果たす役割を支持し、「ドゴール将軍が国民委員会を構築しつつ、より広範な下部組織にもとづいてその組織を広げることを期待する」旨の発言をしたことは、ドゴールにとって渡りに船であった。というのは、チャーチルからフランス国民委員会設立のお墨付きを得たことになるからである。フランス政府の芽とも言うべき国民委員会は、半月後に成立するだろう（第3章第1節参照）。とはいえ、その後もイギリス政府は、ドゴールを封じ込めるためにミュズリエ副提督やアンドレ・ラバルトらの反ドゴール派と接近するなどの工作を続けた。もっとも、チャーチル自身はミュズリエとの個人的な接触を拒んでいる[89]。

中東地域をめぐるイギリスの政治的介入は、一九四二年の夏でも続いていた。七月二九日にドゴールは、チャーチルに「スピアーズがレヴァントで策動しております。彼のせいでわれわれはいろいろな困難にあっています」と不満を述べた。これに対して、チャーチルが「スピアーズには敵が多いが、一人の友人がいます。それは首相です」と答えたように、スピアーズの行動には首相の了解があった。カトルー将軍も、シリア戦役ではスピアーズはいかなる役割も演じなかったが、「スピアーズ将軍は《戦うフランス》とドゴールの敵となり、それらとの戦いに没頭した。……四年間、スピアーズ将軍は状況に応じて手段と効果を変えつつ、その任務のために粘り強く献身した」と回想している[90]。さらに、八月一四日にはレヴァントにおいてフランスの立場を侵害しようとするイギリスの行動について、ドゴールはベイルートからチャーチルに抗議電報を打っている。ドゴールは、八月三〇日にもイギリスの国務大臣リチャード・キャシーに「《戦うフランス》とフランスの委任統治下にあるレヴァント諸国との関係に対するイギリスの干渉政策、およびシリアとレバノンの国内問題に対するイギリスの干渉政策」を非難した[91]。

◉マダガスカル

後述するニューカレドニア危機が収束しかけた一九四二年五月五日、マダガスカル危機が突発した。この日、イギリス艦隊がドゴールに通知することなく、ディエゴ＝スアレズの海軍基地を確保するためにマダガスカルに上陸した。マダガスカルのヴィシー軍が抵抗したため、ディエゴ＝スアレズが陥落したのは五月八日のことであった。ドゴールは、上陸の情報を五日の午前三時に通信社から知らされた。そのときの心境をこう記している。「イギリス側が植民地の別の一部に干渉したために、私の不安と苛立ちとは絶頂に達した。……わが同盟国が、われわれに協議もせずにフランス領土のひとつを武力で占領せんとしているのだ！」[92]。ドゴールは、マダガスカルがイギリス軍のみによって占領されるという、イギリスの主権侵害行為に立腹する。しかも彼は、マダガスカルを自由フランスに参加させるための共同作戦を四一年一二月一六日以降幾度も英国に提案してきただけに、イギリスのだまし討ち的行動に憤ったのである。さらに四二年五月五日、ワシントンが自由フランスを無視し、マダガスカルを中立化して現状維持をもくろむ次のようなコミュニケを発しただけに、ドゴールの不安は募った。そのコミュニケには「米国および英国は、マダガスカルの占領がもはや反枢軸連合国の共同の大義にとって本質的に重要でなくなるとともに、この島がフランスに返還せられることにかんして意見の一致をみた」とあった[93]。自由フランスに返還されるという保障はなかったのである。

国民委員会は、一九四二年五月六日にイギリス政府に抗議の覚書を手交している。「たとえ一時的にせよ、国民委員会が関与することなく、フランスのある領土が連合国側の軍隊によって占領されるということは、常にアングロ＝サクソンの帝国主義を告発しようと機を窺っている敵国とその共犯者たちにたやすい論拠を与えることになる」がゆえに、「自由フランス軍ができるだけ早くフランス植民地マダガスカルの防衛に参加し、……国民委員会が作戦終了後ただちに、フランスの主権行使にいささかの断絶もなく、マダガスカル島の行政を引き受けること」を要求した。この抗議に対してイギリス政府は、五月一三日、枢軸側がこの島を利用することを阻止し、フランスの主権を擁護するために作戦を実施したのであり、解放後の行政権限は国民委員会に帰属することを声明した(94)。

一九四二年六月一〇日にチャーチルと、そして一三日にイーデン外相とドゴールは会談を重ねた。ドゴールは、チャーチルに「自由フランスが抵抗の象徴にして魂になった」こと、「問題のすべてはフランス国民の抵抗の意志を維持し、戦争の意志を蘇らせることにあるのに、戦うフランス人を嘲弄していたのでは、そのことに成功しないであろう」と力説した。会談の結果、チャーチルから「われわれはフランス植民地をなんら狙ってはいません」という保証を得たことで、ドゴールも「さまざまな憂慮すべき兆候がわれわれに警戒の念を生ぜしめていたが、この二度の対話の結果として、英国側にかんしてはこれらの警戒の念は解かれたものとみなされてよい」と回答した(95)。ドゴールが主張を一貫しえた理由のひとつに、五月二六日から始まったリビアの砂漠地帯ビルハケムの戦いにおける自由フランス軍の健闘があっただろう。ケーニグ将軍率いる自由フランス軍が、半月にわたってロンメル軍を手こずらせ、六月一一日に英雄的に撤退し、連合軍に体勢立て直しの余裕を与えたことで、自由フランス軍の評価が高まったのである。ドゴールはこの日のことを「感激に胸は高鳴り、誇りに嗚咽し、歓喜の涙が湧く！」と回想している(96)。

ドゴールは警戒の念を緩めたとはいえ、英米両国がフランス植民地に関心を持ちつづけているのではないかと疑念を抱いていた。すでに一九四二年五月一六日にドゴールは、ベイルート駐在のカトルー将軍、ブラザヴィル駐在のエブーエ総督とルクレール将軍、カイロ駐在のラルミナ将軍、ヌメアの高等弁務官ダルジャンリュー、サン＝ピエール＝エ＝ミクロン行政官アラン・サヴァリ（一九八一年に国民教育大臣）に極秘電報を送って状況を伝えた。ドゴールは、マダガスカル、マルチニック、ニューカレドニアの事例を挙げて、《戦うフランス》に対する英米両国の対応が手探り状態ゆえにフランス人戦闘員や官吏を途方に暮れさせており、《戦うフランス》よりも従順なフランスを望む英米両国と友好的なソ連の態度を対比させてアングロ＝サクソン諸国への不満を表明しつつ、受信者に団結を力説し悲観を戒めていた(97)。六月一八日にもカトルー宛の電報で「ワシントンおよびロンドンの帝国主義者」という左翼的言辞を弄して、英米政府への警戒を怠らなかった(98)。

これは決してドゴールの杞憂ではなく、「憂慮すべき兆候」があった。たとえば西アフリカの黄金海岸で、イギリス使節団がニジェール川湾曲地にあるフランス領住民と謎めいた接触をしたり、英国の西アフリカ総司令官ジョージ・ギファード将軍がバサスト（現バンジュル、ガンビアの首都）やフリータウン（シエラレオネの首都）にいたフランス使節団に退去を命じたり、さらにはベイルートやブラザヴィルに赴こうとしたドゴールが、英国政府による「虚偽の口実」によって訪問の許可がおりず、その数日後にディエゴ＝スアレズ事件が起きていた。それゆえドゴールは、英米両国が共同でダカールやニジェール川湾曲地で同様の作戦を準備中かもしれないと不信感を募らせたのである(99)。マダガスカル危機のさなかの一九四二年六月六日、ドゴールはソ連大使ボゴモロフと会談して英米両国への不満を口にし、英米との関係を絶ったとき、ソ連政府は自由フランスをソ連領で受け入れてくれるかとまで述べていた(100)。

ソ連と自由フランスが協定に調印（第3章第1節参照）した翌々日の一九四二年九月三〇日、ドゴールはロンドンの首相官邸でチャーチルとシリア・マダガスカル問題について激論を交わしていた。チャーチルは、怒りに任せてドゴールに「あなたはあなたがフランスだとおっしゃる！　あなたはフランスではありません！　私はあなたをフランスとは認めません！」「フランス！　それはどこにあるのですか」。ドゴール派以外にも「その価値を有する権威がほかに見出されるかもしれないのですよ」とドゴールを牽制した。これに対してドゴールは、「もしあなたの眼からみて私がフランスの代表者でないのだとすれば、なぜ、またいかなる権利にもとづいて、フランスの世界的権益について私と交渉なさるのですか」と逆襲した。チャーチルは、ドゴールの「イギリス嫌いの態度」を非難しただけでなく、イギリス政府は、ロンドンの国民委員会が各地に送る電報を一一日間にわたって取りつがないという対応に出もした。[101] 自由フランスにイギリスの報復手段と映った電報の取り扱い停止措置は、北アフリカ上陸作戦を間近にひかえて、機密の漏洩を防ぐための措置という面もあったことだろう。

ドゴールとチャーチルの激しい応酬はあったものの、首脳会談によってイギリスと自由フランスの危機は回避された。それでも、ヴィシー行政がマダガスカル島を管理しつづけ、フランス国民委員会の手に行政権が委譲されたのは一九四二年一二月一四日のことであった。この日、マダガスカルにかんする協定がイギリスとのあいだで締結され、島の防衛はイギリス軍の指揮下で保障されるが、フランス高等弁務官のルジャンティヨム陸軍少将がフランスの主権を行使することになった。イギリスと国民委員会によるマダガスカルにかんするコミュニケが、一一月一一日に公表されていた。[102] さらに、一一月三〇日にマダガスカル島の東海にあるレユニオン島が自由フランス陣営に加わり、一二月二八日にはフランス領ソマリア（現ジブチ共和国）が自由フランスの旗のもとに馳せ参じた。[103]

◉フランス領アメリカ

アメリカとの緊張は、フランスの海外領土で生じた。ことの発端は、カリブ海などのフランス領土において主権の変更を認めないとアメリカが決定したことである。一九四〇年七月三〇日にハバナで開かれた汎アメリカ会議でアメリカは、戦時下においては南北アメリカ地域における主権の移譲を認めず、軍事的争奪の的となった領土を一時的にアメリカが管理するという決議を南北アメリカ諸国に採択させた。さらに四一年末には、アメリカは北米ニューファンドランド島沖のサン゠ピエール゠エ゠ミクロン島を含むフランス領アンティル諸島（フランス領西インド諸島）で、フランスの主権を制限する協定をヴィシー政府に従う高等弁務官ジョルジュ・ロベール提督と結んだ。[104] こうした決定や協定は、当然ながら自由フランスにとって不利であった。

事態が動いたのは、同じく一九四一年末のことである。一二月二四日、ミュズリエ副提督がアメリカの反対を無視して、ヴィシー政府に従っていたフランス領サン゠ピエール゠エ゠ミクロン島に上陸した。四五〇〇人ほどが住む両島での住民投票の結果、自由フランスへの参加が承認され、ドゴールは新たな弁務官としてアラン・サヴァリを任命した。[105] この行動はドゴールみずからが語るように、「事態の根底を揺り動かすために私のほうから挑発した」ものであった。[106] 両島は四〇年の休戦以来たびたびドゴール支持を表明しており、四〇年九月一四日、大西洋に浮かぶサン゠ピエール゠エ゠ミクロン島の退役兵士会から、ドゴール支持の電報が寄せられていた。[107] 四一年七月一四日には、自由フランスを支持する三〇〇人が総督府の前でデモを行っている。[108] 四一年四月と一〇月の二度、ドゴールは両島の参加を求めてイギリス政府と協議したが、イギリス外務省はカナダ政府とアメリカ政府の同意が必要だと取りあわなかった。一一月一七日には、ドゴールはサン゠ピエール゠エ゠ミクロン島の愛国者のアピールを受け取っている。そのアピールには、九五パーセントの住民はドゴール派であることと、BBCへの電波妨害や警察による弾圧への抗議が記されていた。

アメリカが日本軍の真珠湾攻撃によって枢軸側に宣戦布告をしたのは、このようなときであった（アメリカ標準時一九四一年一二月七日）。一二月七日、パッシーと自宅で懇談中にラジオで真珠湾攻撃のニュースを知ったドゴールは、「これでついに戦争に勝てます」と述べ、ピエール・ビヨット（のちに軍事委員会や国防委員会の書記に就任）から真珠湾攻撃を知らされた際にも、ドゴールは「この戦争は終わりました。……もちろん、作戦や戦闘や闘争はまだあるでしょうが、今後の結末がわかった以上、戦争は終わったのです。この工業力戦争において、アメリカの工業力に対抗できる国はありえません」とビヨットに語ったという[109]。四〇年六月一八日のBBC演説でもドゴールは、「アメリカの膨大な産業を無際限に利用することができます」と述べていたが[110]、アメリカの参戦によって勝利の確信をいっそう強めたのである。

ドゴールはアメリカ参戦の機会を捉えて、ミュズリエ副提督にサン＝ピエール＝エ＝ミクロン島での作戦を命じた。一九四一年一二月一三日には、アメリカの港湾に停泊中の一三隻ほどのフランス船舶が、国民委員会に相談なく、米国によって徴発されるという事態も起きていた。サン＝ピエール＝エ＝ミクロン島にかんする自由フランスと英・米・加三国との交渉も進展せず、英国政府からは作戦の延期を求められた。業を煮やしたドゴールは、一二月一七日に「われわれが率先して行動に踏み切ることこそ、唯一の解決方法です」とミュズリエに書き送った。翌一八日、米国の同意を得たカナダ政府が、サン＝ピエール島のヴィシー派放送局を接収する意図を持っていることをキャッチしたドゴールは、ミュズリエに「貴下自身の戦力をもって、諸外国には一切通知せず、サン＝ピエール＝エ＝ミクロン島を参加せしめるよう命じます。この作戦の全責任は私がとります。この作戦は、これらのフランス領土をフランスに確保するために必要不可欠なものとなりました」と打電した。一九日にはワシントンの自由フランス代表部に、「国民委員会は、フランス領土のいかなる部分においてであれ、連合国政府によってその主権が侵害されるのを容認するならば、一切の存在理由を失うことになる」と国務省に説明するように求めた[111]。

同じく一九四一年一二月一九日、米国のホーン提督がマルチニック島行政長官ロベール提督との直接交渉に赴き、二一日にアンティル諸島の中立化協定を締結するにいたった。こうしたアメリカによる自由フランス外しに対して、国民委員会は、二一日、中立化協定が「フランスの領土を分割し、分裂の萌芽を導き入れるおそれがあり、その結果、フランスおよびその植民地の統一にとって脅威となる」のみならず、中立化は植民地の戦争参加を妨げることでフランスの戦争勝利への貢献を阻害するがゆえに、「承認しがたい解決策」だと抗議している。[112]ドゴールは、「フランス領土に対する外国の干渉ということが問題となった以上、私にはもはやいかなる躊躇も許されないように思えた」と回想している。[113]かくして、ミュズリエは一二月二三日に出帆し、砲火を交えることなくサン＝ピエール＝エ＝ミクロン島への上陸に成功し、住民から熱狂的に迎えられた。

◉ハルとドゴールの衝突

このとき、アメリカに滞在していたチャーチルとローズヴェルトは事態を重視しておらず、カナダ首相もアメリカの主要紙（『ニューヨーク・ポスト』『ニュー・リパブリック』など）もドゴールの行動を容認ないし支持した。しかるに、自由フランスの独断的な行動に立腹して過剰反応したのが国務長官コーデル・ハルである。チャーチルは「ハル氏は、小事を過大評価して大事にしてしまった」と記している。[114]

一九四一年一二月二五日、ハル国務長官は次のようなコミュニケを発表して自由フランスに抗議した。「いわゆる自由フランスの三隻の艦船がサン＝ピエール＝エ＝ミクロン島で企てた行動は、勝手きわまり、しかも関係国の協定に反し、かつ米国政府には通知されておらず、米国政府がまったく同意していない行動である。米国政府はカナダ政府に対し、両島の現状回復のためにカナダ政府がどのような措置を講ずるつもりであるのかを問い合わせた」[115]。コミュニケ中の「いわゆる自由フランス」という表現が、自由フランスの存在を認めていないかのごとく解釈されて、ハル国務長官がマスコミからの批判にさらされたことを受けて、戦後の回想録のなかでハルは、「いわゆる」を使ったのは「三隻の船が自由フランス所属のものと思われるという意味だった」と弁明し

ている。(116)

ハル国務長官は、自由フランスの行動が主権の変更を認めないという一九四〇年のハバナ決議に反し、ヴィシー政府の中立を維持しようというアメリカの政策にとってマイナスだと考えていた。米国政府が頼りにしていたウェーガンの解任（四一年一一月中旬）とアメリカの参戦という状況の変化を受けて、四一年一二月一一日、アメリカ政府はペタンに覚書を交付して、フランス艦隊の中立維持と北アフリカ政策に変更がないことを求め、ペタンもそれを約束していた。一二月一三日、ローズヴェルトはペタンに「西半球のフランス領土の現状維持」を再確認する個人メッセージを送付している。一四日に大統領の個人メッセージを手渡したリーヒ駐仏大使は、個人メッセージは元帥に勇気を与え、元帥はアメリカとの外交関係の断絶を望んでいないと、一二月二二日に大統領宛に書き送っている。米国政府の自由フランスに対する強硬態度の裏には、こうした事情に加えて、フランス人の圧倒的多くはドゴールにつき従わないという観察もあった。一二月三一日にハルは大統領に覚書を送って「フランス国民の約九五パーセントは反ヒトラーであるが、その九五パーセント以上はドゴール支持ではない」と記していた。(117)

一九四一年一二月二七日、ロンドンの自由フランスはアメリカ政府による「わが植民地の局外中立政策」や「ヴィシー政府との闇取引」を認めることができない旨を、アメリカ代表部に伝えている。同日、ドゴールはチャーチルにも「アメリカ国務省が、現在自由フランスとヴィシー政府とに対して、それぞれ別個の態度をとっており、……降伏の責任者と対独協力の犯人に対し、アメリカ政府がこのように公然と優先権を与えている」ことに不満を表明している。サン＝ピエール＝エ＝ミクロン島をめぐって生じた自由フランスとアメリカとの揉め事は、チャーチルとイーデン外相が調停者として行動したことや、「アメリカとイギリスの世論がわれわれ［自由フランス］に好意的」（四二年一月一五日）であったことなどによって、(118)四二年一月二二日のチャーチルによるコミュニケ草案が了承され、アメリカの面子を保ちつつ既成事実が追認されて終わった。(119) もっとも、これでノーサイドというわけではなく、アメリカのドゴールに対する不信感は残りつづけた。四二年一月初めに二六ヵ国が調印した連合国共同宣言に、自由フランスが署名できなかったところにも、アメリカの自由フランスに対する低評価を窺うことができる。(120)

◉ミュズリエの辞任

サン＝ピエール＝エ＝ミクロン島問題の処理をめぐる過程で、ドゴールはミュズリエに不満を募らせていった。というのは、アメリカの通信社とのインタヴューのなかで、ミュズリエが、アメリカとカナダが賛成していないことを知ってサン＝ピエール＝エ＝ミクロン島の参加作戦に「後悔している」と発言したからである。一九四二年一月一二日、ドゴールは即座にミュズリエの発言を否認し、今後は国民委員会に相談なく発言することをひかえ、「国民委員会の行動には一致団結が絶対に必要」だとミュズリエを戒めた。(121) ミュズリエはドゴールの個人権力に不満を抱いていた。サン＝ピエール島に上陸するや、ミュズリエはドゴールが下した命令は連合国の意見に反し、国民委員会に相談もない「独裁的な決定」であり、ここから戻りしだい辞任するとアメリカ領事に伝えていた。(122)

一九四〇年秋以降、ミュズリエ副提督は海軍の自立をめざして将校の昇進を決定したり、ギアナの権力奪取をもくろんだり、さらにはマダガスカルやインドシナにスパイを送り込もうとする独自の振る舞いが目立ってきた。そこでドゴールは、四〇年一〇月二〇日にミュズリエ副提督に極秘電報を送って叱責している。「私はあなたの昨今の態度にまったく満足していません。……私はあなたに軍事問題にのみ専念するように命じます。……あなたにまさに必要なことは、より規律正しくより冷静な態度をただちに取ることです」[123]。第3章第1節で述べるように、フランス国民委員会の結成（四一年九月二四日）をめぐっても悶着があった。こうした自由フランス発足時から続く軋轢が、サン＝ピエール＝エ＝ミクロン島問題を契機に沸点に達したのである。

一九四二年二月二八日にロンドンに帰任したミュズリエ副提督は、サン＝ピエール＝エ＝ミクロン島の財政を立て直したこともあって、大歓迎を受けた。しかもミュズリエは、自由フランス海軍を作った人物であり、ロレーヌ十字の採用を進言した一人でもあった。そのミュズリエに反ドゴール派が結びついた。三月三日の国民委員会の場でミュズリエは、アメリカの同意なしに作戦を始めないという国民委員会の決定を知らされておらず、「連合国との協力に重大な困難」をもたらす現指導部には、「もはや政治的協力ができない」と抗議して海軍・海運担当委員を辞任した[124]。ドゴールは翌日、ミュズリエの辞任を受け入れ、ピエール・オーボワノー准将と交替させた。同時にドゴールは、ミュズリエが就いていた自由フランス海軍総司令官職をも解いたが、ミュズリエがそれを拒否し、イギリス海軍本部もミュズリエを支持したことで争点と化した。

一九四二年三月五日と六日には、イーデン外相もドゴールに決定を取り消させようと働きかけ、国民委員会がこれを受け入れないのであれば、「英国政府がいかなる措置を下すべく決定したのかを近いうちに通知する」と威嚇した。イギリス政府は、ミュズリエが国民委員会委員の地位はともかくとして、海軍総司令官にとどまることは連合軍の戦争遂行上必要だと判断していた。三月八日にドゴールは、イーデンに決定の妥当性と正当性、それにフランスの独立と主権を維持するドゴールと国民委員会の権威を訴える書簡をしたためた。三月一〇日、イーデンは英国政府の決定をドゴールに伝えた。それによると、ミュズリエを司令官にとどめることをドゴールが受け入れなければ、ドゴールを自由フランスの首長と認めた四〇年六月の協定を見直すと述べた。こうした脅しに対してドゴールは、三月一八日に「ミュズリエが惹き起こした忌まわしい危機に際しての英国政府の干渉は、不条理なものであるとともに耐えがたいものであります。……［イギリスに］譲歩するならば、フランスに残存している限りの主権と名誉とを、私みずからが破棄することになりましょう。私はそのようなことを行いますまい」と書き記している。三月中旬にミュズリエが、上司である海軍幕僚長レーモン・ムーレック（通称モレ）の支持をとりつけ、さらに一五人の幕僚部将校がミュズリエに連帯して四八時間の業務中断を敢行して規律を乱すにいたり、イギリスもミュズリエから離れた。その結果、三月二三日にはイギリス政府も、ミュズリエ留任に固執しない妥協案をドゴールに呈示して矛を収め、ことなきを得た。ドゴールは、五月一日にミュズリエを自由フランス軍総監に、翌二日にはオーボワノー准将を海軍総司令官に任命するデクレ（命令）を発した。そしてドゴールは、ミュズリエに五月五日と一五日の二度にわたって会いに来るように求めたが、ともにミュズリエは姿を現さず、完全に引退するにいたる。これ以後、国民委員会の運営を妨げる事態は生じないだろう。(125)

◉アメリカの自由フランス代表団

そもそもアメリカは、ヴィシー政府に手心を加えること、戦争に勝利すること、フランスの未来には予断を持たないことを方針としていた。とはいえ、ドゴールもアメリカの重要性は認識しており、一九四一年五月一九日、英語が堪能なルネ・プレヴァン（ジャン・モネの元協力者）に六つの任務を与えた。第一に自由フランス代表と国務省との恒常的で直接的な関係の回復、第二に自由フランス領となったアフリカや大洋州とアメリカとの経済的財政的関係の構築、第三に戦争用資材の購入、第四に各種委員会の設置ないし再建、第五にアメリカにおける自由フランスの情報宣伝活動の立ち上げ、第六にアメリカ人協力者の組織化であった。翌二〇日にはドゴールは、プレヴァンにドゴールと植民地防衛評議会を代表して行動する権限を与えている。ついで六月三日にはドゴールは、渡米するプレヴァンに自由フランスが奪回したアフリカや太平洋にある植民地での基地建設において、アメリカに便宜を供与することでアメリカとの関係を構築することを命じた。(126)

上程されようとしているアメリカの武器貸与法が各国政府にしか適用されない問題をめぐる議論の過程で、外交上承認されていない自由フランスにも適用可能なのか否かという論議をともないつつアメリカとの交渉は続いたが、一九四一年九月二〇日にプレヴァンは、アメリカ国務省が「外交上の規約は未決定のまま、唯一の連絡機関の役目を果たすことを目的とする代表団を組織し設立する件」を承認した旨をドゴールに打電し、代表団のメンバー五人（フランス・プロテスタント連盟会長マルク・ベグネルの子息で実業家のエチエンヌ・ベグネル、国際労働機関駐米事務所長でルネ・カサンや駐英アメリカ大使ジョン・ワイナントの友人のアドリアン・ティクシエ、アヴァス通信社の中米特派員ラウル・ド・ルシー・ド・サル、ジャック・ド・シエイエス代表団儀典課長、外交官ラウル・アグリオン）を推薦している。(127) 九月二三日にドゴールは、ティクシエを首席代表に任命した。(128) ただし、五人の代表のなかにアレクシス・レジェの友人のエチエンヌ・ベグネルやドゴールの反米姿勢に批判的なルシー・ド・サルがいたこと、第一次大戦で頭部を負傷し左腕を失った出征兵士ティクシエの外交官にふさわしくない粗野な振る舞いが目立ったことなどは、不協和音として代表団の権威や威信を弱めることになる。代表団のアグリオンは、五人はできるだけ会議を持つようにしていたが、保守派から社会主義者まで含み、政治理念を異にし、したがって解放後のフランスの統治機構についても見解を異にしており、合意を得るのは困難であったと述べている。(129)

一九四一年一〇月一日にプレヴァンとアメリカの国務次官サムナー・ウェルズとの会談が持たれた。(130) ウェルズは、公然と自由フランスを支持することでヴィシー政府や北アフリカに対するアメリカの影響力の低下を恐れており、それゆえ国民委員会との交渉担当者をロンドンに置くというプレヴァンの提案にも否定的であった。したがって、会談の唯一の成果は率直に意見交換ができたことくらいであった。それでも四一年一一月二六日には、ウェルズもルシー・ド・サル新聞情報課長とベグネル臨時主席代表にこう答えている。「ワシントンとヴィシーとの関係はしだいに悪化するであろう」し、「自由フランス側がフランスの抵抗の全般的課題を体現するようになるにつれて、アメリカ国務省は自由フランスの運動に対してしだいに多くの支持を与えるようになると思われる」[131]。半月前の一一月一一日、ローズヴェルトは自由フランスにも武器貸与法を適用することを承認していた。ただし、自由フランスを政府としてではなくて、イギリスの枠内にある軍事組織と認識していた[132]。

こうして一九四一年一一月には、ティクシエの指揮下でワシントンに自由フランス代表団が発足したが、正式の発足は、一二月二四日にドゴールとドジャンが署名した「アメリカ駐在フランス国民委員会代表部」の設立デクレを待たねばならない。同日、ドゴールはティクシエに自由フランスの指針を書き送っている。その指針とは、戦争を行うなかでフランス人の団結を取り戻すこと、自由フランスの承認なくして連合国軍がヴィシー政府の地方当局と協定を結ぶことを認めないこと、フランスの政治的社会的体制を決めるのはフランス国民《プープル》であり、自由フランスは戦争中の国民《ナシオン》の全般的利益に奉仕する臨時権力でしかないこと、この権力を行使する三つの理由（この権力以外に正統な権力がないこと・最後の共和国政府の成員中、ドゴール将軍のみが降伏や簒奪を拒否・多くのフランス市民と植民地住民が自由フランスを支持）があること、「民主的原理」の支持などであった[133]。

もっとも、一九四二年春頃までティクシエは、国民委員会に左翼の人士がいないことへの不満から、ドゴールが民主主義者であることに確信が持てず、四二年三月二六日、アメリカ代理大使マシューズにドゴールは国民との接点がないなどとドゴール批判を述べていた[134]。ドゴールとの意見の相違やドゴールへの不信ゆえにティクシエは、自分を首席代表に任命したドゴールにあまり忠実ではなかったと、アグリオンが記している[135]。さらに、四二年六月にベグネルがドゴールと衝突して辞任、一二月にはルシー・ド・サルが四六歳で死去、それにアグリオン代表団事務長と駐米ヴィシー総領事との抗争などもあり、自由フランス駐米代表部もアメリカ政府やアメリカ社会に影響力をただちに拡大しえなかった[136]。六月初めにロンドンに赴いてドゴールと会見したベグネルは、アメリカ政府の意向を代弁してドゴールの対米姿勢を和らげるように説いたため、ドゴールの逆鱗に触れていた[137]。さらに、職業外交官ではない左翼のティクシエは、そのぶっきらぼうで不作法な振る舞いによって国務省高官の感情を害してもいた[138]。こうした在米代表部の機能不全もあり、ドゴールは軍事使節をアメリカに派遣する計画を立て、四二年三月一三日に英語が堪能なピエール・ド・シュヴィニエ大佐を在米フランス軍事使節団長に任命し、シュヴィニエは五月初めに着任した。シュヴィニエは、ティクシエと協力してアメリカ軍高官や陸軍次官ジョン・マクロイらとの関係を精力的に築きあげ、体勢の立て直しに努めた[139]。

◉アメリカ・アフリカ・ニューカレドニア

アメリカが、アフリカにおける自由フランスの排他的権威を承認したわけではないとはいえ、一九四二年四月四日にブラザヴィルにアメリカ総領事館が置かれたことは一歩前進であった。同時にドゴールは、四月八日にブラザヴィル駐在高等弁務官シセ軍医総監に対して「主権の保証なしには、外国にフランス領土に駐留する許可を与えてはならない」とアメリカへの警戒を怠らないように促した[140]。さらに、日本の真珠湾攻撃によって太平洋の地政学的重要性が高まり、四二年一月一日にアメリカは、アメリカ艦隊の補給基地としてフランス領ポリネシアにあるソシエテ諸島のボラ＝ボラ島の使用を求めた。国民委員会は、ニューヘブリデス諸島やニューカレドニアと同様の留保条件をつけてアメリカの要求に同意した。その条件とは、今後建設される施設の主権と所有権はフランスに属するということであった[141]。事前にドゴールは、太平洋方面高等弁務官チエリー・ダルジャンリューに電報を打って、次のように注意を喚起していた。「太平洋戦争は、わが領土固有の防衛問題のみならず、連合国の多かれ少なかれ計算ずくの不当な干渉に対して、フランス固有の植民地における主権維持の問題をも提起しました。……貴下がいかなる状況下でも、外国の当局者と直接重要ないかなる約束もしないと私は確信しています。外国当局者から問題が提起されたなら、外国政府に国民委員会と連絡を取るように外国当局者を促すべきです」（四一年一二月二四日）[142]。

こうした国民委員会の原則論を前にアメリカ政府も、ついに一九四二年二月二八日、太平洋地域のフランス領島嶼の主権を承認するコミュニケを公表した。これら島嶼の戦略的重要性がアメリカに譲歩をしいたのである。そのコミュニケには、「わが政府は、とくにこの地域のフランス領島嶼がロンドンに設立されたフランス国民委員会の事実上の管轄下にあることを認める。米国当局がそれらの島嶼の防衛にあたって協力するのは、フランス国民委員会によって設けられた機関とであって、それ以外のいかなるフランス機関とでもない」と記されていた[143]。この結果、三月九日、米軍のアレグザンダー・パッチ将軍（四四年八月のプロヴァンス上陸時の司令官）が部隊を引き連れてニューカレドニアのヌメアに上陸した。米軍の進駐という新しい状況の前で、四月から五月にかけて、ダルジャンリュー高等弁務官に従うことを肯んじないソート行政長官に、パッチ将軍が肩入れをしたりして指導部のあいだにトラブルが生じた。ドゴールは、四月八日にソートにロンドン帰任を命じると同時に、パッチ将軍には「フランスの問題に容喙することは、私にせよ、フランス国民委員会にせよ、容認することはできない」（五月八日）と通告した[144]。

出発を延期していたソートが一九四二年五月五日に出立をしいられた翌日、数百のソート派民兵が反乱を起こしたが、パッチ将軍は中立を維持したうえ、日本海軍の攻撃がさし迫っていることが事態の沈静化に寄与し、混乱は収まった。ニューカレドニア西方海域の珊瑚海で日本海軍と米豪連合軍の海戦が五月八日に行われたように、緊迫した雰囲気のなかでのトラブル処理であった。さらに六月五日（アメリカ標準時六月四日）のミッドウェー海戦における日本海軍の大敗によって、この地域の危機は遠のいた。ドゴールが、ソート派民兵による反乱騒動のさなかの五月九日にワシントン駐在フランス代表部ティクシエに送った電報にあるように、ドゴール抜きのドゴール主義を作り出すというアメリカの動きについて、自分もその用意はできているが、「しかし、不幸にもそれですべては終わりだろうと私は確信しています」と不信を隠さなかった。(145)五月一六日にドゴールが、直接アメリカ国民に向けてラジオから「民主主義の前衛」たるフランス国民への米国の物心双方の支援および自由フランスへの支持と合衆国との共闘を訴える演説を初めて行った背景にはこうした事情があった。(146)しかし、五月三〇日の戦没将兵追悼記念日にアメリカ政府はヴィシー政府の大使館付陸軍武官を招待しておきながら、自由フランスの将校を招かなかったことが示すように、(147)アメリカ政府のヴィシー政府重視策に変更はなかった。

◉ドゴールとローズヴェルト

それでも一九四二年七月に、アグリオンの友人でもあるニューヨーク市長フィオレロ・ラ・ガーディアの後援を得て、「自由フランス・ウィーク」が開かれたことは、アメリカ世論の変化を示すものであった。五月二六日にアグリオンは、国務次官のサムナー・ウェルズから国民委員会には民主化が必要だとか、在米フランス人の八五パーセントはドゴールを支持していないとか、自分やハル国務長官は反ドゴール派のレジェに意見を何度も求めていると言われていただけに、ニューヨーク市長の支援は心強かったであろう。(148)アメリカの世論研究所が四二年六月に行った調査によると、七三・九パーセントのアメリカ人は自国政府が自由フランスとドゴールを承認することを望んでいた。また、石油業者のウジェーヌ・ウードリによって四〇年六月二九日に設立された「フランス・フォエヴァー」の会員数が、四二年にドゴール派で生理学者のアンリ・ロージエが副議長に就任してから著増し、四一年末の五〇〇〇人（半分はアメリカ人）から四二年八月には一万四〇〇〇人、四三年には二万五〇〇〇人になっていた[149]。

それゆえ、「自由フランス・ウィーク」中の一九四二年七月九日、ワシントンはフランス国民委員会を「枢軸諸国に対するフランスの抵抗全般の象徴」として戦争遂行上、最小限の軍事的承認を与えるにいたった[150]。もっとも、この措置によってドゴールとワシントンとの対立が解消されたわけではなかった。一〇月二六日、ドゴールはローズヴェルトに長文の書簡を送っている。「政治を行ってはならぬと言い聞かされています。……しかし、戦争に若干の部隊だけでなく、まさしくフランス国民を結集させることが問題であり、あるいはフランスの権益をフランスのために敵から守りながら、同時にわが連合国とこれらの権益を交渉することが問題であるなら、われわれは『政治』という言葉の前でたじろぐものではありません[151]」。

ドゴールとアメリカ、ドゴールとローズヴェルトの相互不信は今後も続く。次節で述べる連合軍の北アフリカ上陸作戦が始まった一九四二年一一月八日午前九時、ローズヴェルトは、代理大使ピンクニー・タックをとおしてメッセージをペタンに手渡していた。そのメッセージには、アメリカは「領土拡張」の野心を持っておらず、仏米間の「歴史的友好」や「相互援助」を記憶にとどめているとあった[152]。ペタンへの気遣いに満ちたメッセージである。四五年でもドゴールとローズヴェルトの関係は、基本的には同じであった。ローズヴェルトが、四五年二月のヤルタ会談からの帰途、フランス領のアルジェでドゴールとの会見を申し入れたことがあったが、ドゴールは「外国の国家元首によってわが国の領土内の一地点に呼びつけられることを、私にどうして受諾できよう[153]」と拒絶した。このエピソードにも、ドゴールの本領が発揮されている。さらに、見劣りする自由フランス軍は連合軍の重要な作戦への参加を拒まれ、ドゴールはフランスの植民地がある北アフリカ上陸作戦でも蚊帳の外に置かれた。このような状態はその後も続き、カイロ、テヘラン、ヤルタなどの一連の連合国首脳会談にも招かれなかった。しかし、ドゴールはくじけることなく「敵に対抗しつつ、連合国の意向に反しようとも、恐ろしい分裂をものともせずに、引き裂かれたフランスの統一を私を中心としてなし遂げねばならない」(154)という決意を固めた。ヨーロッパ経済共同体（ＥＥＣ）の産みの親となるジャン・モネは、一九六〇年代のドゴール外交やＥＥＣ内でのドゴールの行動も踏まえつつ、ドゴールとローズヴェルトの誤解の時代は、政府承認後も終わらず、繰り返され、「不幸にも一九七〇年代まで三〇年間の仏米関係を揺さぶることになる。［モネの『回想録』の］後の章で見るような多くの問題は、誇りを傷つけられたことから生まれた亡霊が、忘れられることなく記憶のなかに生きつづけたと考えないと、説明はむずかしい」と記している(155)。

以上のように、自由フランスと連合国との関係が好転することはなかったが、そうしたなかで戦局を大きく転換させる事件が起きた。英米連合軍による北アフリカ上陸である。

第3節　北アフリカ上陸

◉英米軍の北アフリカ上陸

北アフリカはドゴール派の勢力圏ではなかった。反英感情が強い北アフリカでは、チャーチルの子飼いのように映るドゴールは、支持されていなかった。というのも、一九四〇年七月のメル・セル・ケビール事件に対するイギリスへの恨みが存続していたことや、シリアでイギリス軍と戦い、自由フランス軍への加入を拒否した兵士たちが北アフリカにはいたからである。アルジェリアでは、五人組と呼ばれる王党派や右派の人間（実業家で極右の納税者同盟総裁ジャック・ルメグル＝デュブルイユ、王党派ジャーナリストのジャン・リゴー、北アフリカにおけるヴィシー派青年団の青年錬成所長アルフォンス・ヴァン・エック、王党派のアンリ・ダスティエ・ド・ラ・ヴィジュリ、外交官のタルベ・ド・サン・タルドアン）がアメリカと接触していた。とくにルメグル＝デュブルイユとリゴーは、ローズヴェルト大統領の個人代表ロバート・マーフィーと緊密に連絡を取りあっていた。このように北アフリカは、反英・反ドゴールを標榜する保守派レジスタンスの牙城であった。

一九四二年一一月七日午後九時、ＢＢＣは「もしもし、ロバート？　フランクリンが到着」とメッセージを伝えた。これが、翌日に開始される英米連合軍による北アフリカ上陸の合図であった。いわゆる「たいまつ作戦」の開始である。一一万人の連合軍兵士が、フランス領モロッコのサフィ、カサブランカ、ポール＝リヨテイ、アルジェリアのオラン、アルジェ、ボーヌをめざして上陸を決行した。(156) ドゴールは、四二年八月下旬にはアメリカによる北アフリカ上陸の情報をつかんでいたが、ローズヴェルト大統領はドゴールを蚊帳の外に置きつづけた。それには、大統領のドゴールへの不信感や、自由フランス軍が加わることによってヴィシー軍の抵抗が強まることへの懸念などの理由があった。ドゴールは、一一月七日の午後、ロシア革命二五周年祝賀会に参加して情報を得たジャック・スーステルから、北アフリカ上陸が今夜決行されそうだと電話で知らされてはいたが、ドゴールが上陸を知ったのは作戦開始三時間後の八日午前六時のことであった。一一月八日にチャーチルは、ローズヴェルト大統領が《戦うフランス》には作戦を打ち明けないように表明したことをドゴールに伝えている。(157)

連合軍の北アフリカ上陸のニュースは、沈黙していたフランス人にも喜びと希望を与えた。ドゴールも一一月八日にロンドンのラジオ局から、「北アフリカにいるフランス人の指導者、兵士、水兵、飛行士、官公吏、入植者」に対して「祖国の救済」のために決起して同盟国を支援するように訴えている。(158)

◉第三の男

アメリカはペタンに失望しつつあったがドゴールにも反感を抱いており、上陸後を睨んで「第三の男」を探し求めた。(159)それは、北アフリカ上陸作戦に便宜を与えてくれる人物でなければならない。白羽の矢が立ったのが、まず七ヵ月前に捕虜収容所から脱走してきたアンリ・ジロー将軍、ついでフランソワ・ダルラン海軍提督（一九四一年二月～四二年四月までヴィシー政府の副首相）、そしてふたたびジロー将軍である。ジロー将軍（五つ星）は、ドゴール（二つ星）より格上の将軍で、四〇年五月に捕虜になったが、四二年四月一七日にケーニヒシュタイン収容所からの脱走に成功していた。アメリカ政府の関係者が四二年六月にリヨンとヴィシーでジローと接触し、「フランス解放のためにローズヴェルト大統領とともに働くつもりがあるのか」を打診してきた。五人組のルメグル＝

デュブルイユも、五月一九日以降、リヨンでジローと接触を重ねていた。英米両国も一〇月一七日にはジローに賭け、たいまつ作戦の成功の暁には、ジローを北アフリカ総督に任命することを決めた。[160] ジローと書簡にて交渉を行っていたマーフィーは、一一月二日付の書簡のなかで、上陸作戦に「フランス人反徒《フランセ・ディシダン》」（ヴィシー政府の用語でドゴール派を指す言葉をマーフィーは用いた！）の参加はないこと、「フランスの地方政府《オトリテ》とアメリカ政府《オトリテ》との協定締結後に必要とあらば、アメリカのでも連合国のでもフランス人反徒のでもない組織《フォルマシオン》がこれらフランス領にもたらされるでしょう」と、ジローに保障を与えていた。[161]

しかし、事態は筋書きどおりには進まなかった。一九四二年一一月九日の一五時、ジローがアルジェに到着したときには戦闘は終わっていた。本来、ジローは上陸作戦開始前にアルジェに着いて指揮を執る計画であった。ところが、ジローはアルジェに直行せず、ジブラルタルでアイゼンハワーと会談し、自分の身分や作戦についての確認を求めたため、それが到着の遅れにつながった。さらに、ヴィシー軍の予想外の抵抗に直面した連合軍指揮官たちも、北アフリカにはジロー将軍の威光が及ばないことを知った。モロッコではシャルル・ノゲス将軍麾下の部隊が、アルジェリアではアルフォンス・ジュアン将軍麾下の部隊が連合軍に激しく抵抗していた。それゆえ、ヴィシー高官と交渉する以外に手はなかったが、じつは、この方針は北アフリカ上陸数週間前に決められていたことでもあった。上陸三週間前の一〇月一七日のロンドンで、アイゼンハワーとその副官マーク・クラーク将軍、チャーチル、イーデン、それにイギリス参謀長アラン・ブルック将軍らが集まり、ダルランとの協働案が検討され、ジローより優先順位は低いが候補者の一人と認知されていた。四一年八月以降、ダルランもリーヒ大使との会見で、連合国との協働をたびたび仄めかしていた。[162] リーヒもダルランとの初会見時（四一年一二月二四日）に、「ダルラン提督は明らかに救いがたいほどのイギリス嫌いにもかかわらず、ラヴァルよりはるかに危険ではない」という印象を大統領に報告している。[163] ダルランは、四二年五月以降、息子のアランやレーモン・フェナール提督

図2-5　1942年11月のアルジェに集まった英・米・仏の軍首脳。1列目向かって左からダルラン提督、アイゼンハワー将軍、カニンガム提督、ジロー将軍、ノゲス将軍
出典　Pierre Miquel, *La deuxième guerre mondiale,* Paris, 2000, p.123.

を通じて、アルジェでアメリカ大統領の個人代表で全権公使ともいうべきロバート・マーフィーにたびたび接触していたが、一〇月一六日にも、フェナール提督を介して、マーフィーに協力したい旨を知らせている。[164]

そのダルランは、ポリオに罹患して病床にあった子息アランの見舞いのために、たまたま一一月五日からアルジェに滞在していた。彼はアルジェにいる最高位の軍人であった。翌日の午後、ダルランは船団がリビアのトリポリタニアに向かっているという情報をつかんでいたが、七日には北アフリカに向かっていることを知らされた。一一月八日、上陸を知ったダルランは、ペタンと連絡を取りつつ、ロバート・マーフィーと協議を持った。九日午前にペタンから、ヒトラーとの会見のためにミュンヘンに赴いたラヴァルが帰国するまで、いかなる交渉も禁ずる旨の訓令が届いたが、ダルランは降伏を受け入れ、アルジェ地域の停戦を認めた。[165] アイゼンハワーは、一一月一〇日に副官クラーク将軍をダルランのもとに送り、北アフリカの即時停戦・チュニジア作戦のためにフランス軍の支援獲得・ジロー将軍の重用という三つの要求を突きつけた。ダルランは、ペタンの命令がない限り何もしないつもりであったが、ジュアン将軍などからの説得を受け、北アフリカの停戦に渋々合意した。ダルランはノゲス将軍に「停戦を命ずることで私は、北アフリカと元帥の政府との決定的な分離を回避したのだと考えています」と書き送っている。[166] 一一月一二日午後、ペタンから北アフリカ総司令官に指名されたシャルル・ノゲス将軍がアルジェに到着した。午後九時三〇分からダルラン、ノゲス、ジュアン、クラーク、マーフィーらが集まってサン＝ジョルジュ・ホテルで始まった協議の場に、ジロー将軍が招き入れられた。フランス側の首脳陣は皆ジローを拒んでおり、とりわけノゲスは「私は反逆者とは握手しない」と述べてジローとの握手を拒否したので、クラークは、明朝までに協定が締結されなければ軍政を敷くと最後通牒を突きつけて立ち去った[167]。クラークから「私はあなたもペタンも認めていません」と言われたノゲスは、今後すべての政治責任を負う予定のダルランに権限を委ねることにした[168]。翌一三日午前、クラークが、協定が締結されなければ将軍たちを逮捕すると迫ったこともあり、ノゲス、ジュアン、ジローも交えた協議の結果、ジローがアフリカのフランス軍司令官（海軍を除く）に、ジュアンが北アフリカのフランス陸軍司令官に任命され、ノゲスはモロッコ総監に留任し、ダルランは北アフリカ高等弁務官の地位に就くという保証と引き換えに、連合国との停戦合意にこぎ着けた。一三日夕刻、ノゲスとダルランの声明がアルジェのラジオ局から流された。ノゲスは、「元帥の名において、元帥と一致して」ダルランに権限を委ねたことを声明し、ダルランも「ペタン元帥の名において」北アフリカの権力を掌握し、連合国の側で北アフリカのフランス軍を参戦させることを宣言した。もっとも、これらの声明はラヴァルとペタンによって否認された[169]。

◉一時的便法への抗議

アメリカは軍事的考慮から「一時的便法」としてダルランを担ぎ出したが、ダルラン自身は「一時的」という言葉を「フランス解放が完遂されるまで」と解釈していた[170]。そのダルランは、自由フランスには認めがたい対独協力者であった。彼は、一九四一年二月から四二年四月まで、ヴィシー政府の副首相となってドイツとの軍事協力を推し進めた中心人物である。またジローは、アイゼンハワー将軍からアメリカ当局の監督下でフランス軍一二万五〇〇〇人の組織化や解放領土の行政の任務を委ねられていた。ジローやダルランを担ぎ出そうという英米政府に対して、ドゴールは抗議の意志表示を行う。

まず一九四二年一一月一二日、駐英アメリカ大使スターク提督にドゴールは、北アフリカにかんして連合国の措置から生じた二つの局面に注意を喚起して述べた。「第一の局面に際してアメリカ軍司令部は、一人のフランスの将官を連れて行き、彼にフランス部隊の総司令官の任務と、領土にかんする一般行政とをあわせて委嘱したらしい。ついで第二の局面においては、このフランス人将官はもはや言及せられず、アメリカ軍司令部はダルラン提督と提携を始めた。……フランスの世論は、ジロー将軍が外国の権威から指揮権を授かっているという事実に腹を立てずにはいられない」と抗議した。同じく一二日、ドゴールは世界各地に駐在する《戦うフランス》の代表に宛ててこう打電した。「あたかも米国の支配下に北アフリカで一種の新ヴィシーが築き直されているかのようである。……フランス国内の全レジスタンス組織が私に次のように知らせてきた。フランス国民はジローなりダルランなりによる政治的弥縫策を認めないだろう。かような策略は、愛国者を途方に暮れさせ、苛立たせて、彼らを共産主義者の腕のなかに追い込むことになるからである、と[171]」。

ドゴールは、一一月一五日には「アメリカにとって有益だと思われれば、アメリカは売国奴の裏切りにも報いることを私は知りました。しかし、フランスの名誉にかけて裏切りに報いるべきではありません」とスターク大使にしたためた。一四日にはドゴールは、チャーチルに宛てて「アメリカに支援され、『元帥の名において』北アフリカでダルランが権力に就いたこと」にかんして、フランス国民は、フランスを裏切りドイツと協力した人士による権力をアメリカが承認し、かつ、この権力と結託したと判断するだろうと抗議し、一六日にはチャーチルと面談して直接抗議に及んでいる。「もしフランスが、連合軍が了解しているような解放とはダルランのことだ、という結論をここから引き出したりしたら、これにともなってどんな量りがたい結果が生ずるか、考えてもみてください。あなたがたは、おそらく軍事面では戦争に勝つでしょう。でも道義的には敗れて、勝利者は一人しかいないことになるでしょう。すなわちスターリンです」。同じく一六日にドゴールは、「残念ながらジロー将軍はダルランとかかわりを持った」と全世界の自由フランス代表部に打電している。(172)

同じ頃、ワシントンでも自由フランスの働きかけが行われていた。すでに、一九四二年一〇月上旬に国内レジスタンスの代表であるアンリ・フレネとエマニュエル・ダスティエは、それぞれ大統領宛になぜドゴールのもとに結集したのかについて書き送っていた。一〇月七日にフレネは、戦うドゴールのフランスと裏切者のペタンのフランスのあいだに「中間の立場」はなく、「フランスはドゴールを選んだのです」とか、「領土解放という軍事問題は、ヴィシー派による独裁の崩壊という政治問題および国民のあらゆる自由回復と分かちがたく結びついていました」と述べていた。(173)アメリカ出張中の内務委員アンドレ・フィリップと《戦うフランス》のアメリカ駐在代表アドリアン・ティクシエが、四二年一一月一二日に国務次官サムナー・ウェルズに、一四日には国務長官コーデル・ハルに、そして二〇日には大統領ローズヴェルトに直接説得を試みた。フィリップとティクシエは、北アフリカで自由フランスが無視されつづけ、アメリカとヴィシー支持者との協力がなされるならば、抵抗運動は危殆に瀕し、「フランスの愛国者はもはや共産主義か外国嫌いの民族主義以外に選択の余地がなくなるでしょう」と告げた。フィリップは、一〇月末にドゴールのローズヴェルト大統領宛書簡を持参してワシントンを訪れていた。その書簡には、ドゴールが独裁をめざしておらず、《戦うフランス》とアメリカとの関係について検討を求める旨がしたためられていた。(174)

一九四二年一一月一四日、ティクシエは、コーデル・ハルに「《戦うフランス》は、裏切者の指導者とみなす人たちを隊伍のうちに迎え入れることはできません。そのようなことをすれば、効果的な行動に必要不可欠な道義的統一が破壊されるでありましょうから」と言明し、一一月二〇日にアンドレ・フィリップは、「戦闘地域以外の解放されたフランス領がアメリカ官憲によって統治されることを、フランス人は決して承知しないでしょう。フランス人はみずから統治にあたるでしょう。フランス人は居留民団ではありません」とローズヴェルト大統領に抗議し、「もしアメリカ政府がヴィシーの裏切者どもとの一切の協力に迅速かつ完全に終止符を打たなければ、この政策はフランス国民のあいだに不信と落胆との種を蒔くかもしれません」と訴えた。(175) もちろん、ローズヴェルトがフィリップの主張に耳を傾けることはなく、大統領はダルランの任命はもっぱら軍事的な考慮によるものであり、まだフランス政府について云々するときではなく、北アフリカは英米軍の占領下に置かれることを繰り返した。(176) 会談は平行線のまま終わった。フランス南部地区のレジスタンス組織、フラン＝ティルールの機関紙『フラン＝ティルール（義勇兵）』は、九ヵ月後の四三年八月に「ローズヴェルト大統領への公開書簡」を掲載して、「フランス全体にとってペタンは、［普仏戦争でドイツに屈辱的な降伏をした］バゼーヌ元帥です。逆にドゴールこそフランスです」と、ドゴールのフランスを承認するように求めた。(177) フレネとエマニュエル・ダスティエに続くフラン＝ティルールの態度表明によって、南部三大レジスタンス組織は対米関係で足並みをそろえた。

◉ドゴール派の反撃

北アフリカ上陸作戦を事前に知らされていなかったドゴールは、屈辱感を味わいつつも、ラジオから反撃に出ようとした。しかし、一九四二年一一月一二日に外交スポークスマンのレーモン・オフロワが提出したＢＢＣからの放送計画は阻止され、一一月二一日のドゴールの小演説もＢＢＣからは放送できず、ブラザヴィル、ベイルート、ドアラの放送局から発信された。その小演説は、北アフリカにおいては「ヴィシー体制やヴィシー精神が依然として有効である」ことを非難していた。さらに、一二月三日に放送予定の原稿についてチャーチルから文言の削除を求められたため、ドゴールは放送をとりやめた。削除を求められた一文には、「フランス国民は、降伏・対独協力・権力の簒奪を象徴する一握りの人士が名誉と義務を装うことを認めない」とあった。(178)チャーチルは、同盟国アメリカを非難しようとするドゴールに、BBCを使わせる気は毛頭なかったのである。

一九四二年一一月一四日にドゴールは、世界各地の自由フランス代表部に抗議のコミュニケをラジオから放送するように打電していた。二日後の一六日、ロンドンのフランス国民委員会がチャーチルから許可を得てコミュニケを発した。「フランス国民委員会は、北アフリカにおいてヴィシー代表とのあいだで現在進行中の交渉にはなんら関与せず、これについていかなる責任も負わない」と不快感を隠さなかった。一一月二〇日、ジャン・ムーランの働きかけが功を奏し、国民委員会の声明に呼応してフランス南部地区のレジスタンス組織〔南部の三大抵抗組織（コンバ、南部解放、フラン＝ティルール）・二労組（労働総同盟、キリスト教労働者同盟）・四政党（社会党、急進党、人民民主党、共和連盟）〕が、英米政府にメッセージを発した。それは、ダルランを「軍事的・政治的裏切りの責任者」と弾劾し、逆にドゴールを「レジスタンスの異論の余地なき指導者であり、これまでにもまして背後に国全体を結集せしめている」と称え、北アフリカの運命をドゴール将軍に委ねることを要求していた。(179)ドゴールは、一一月一四日、ムーランに上述の国民委員会のコミュニケの内容を告げ、「解放闘争における全フランス海外領土の団結《ユニオン》は、フランス人民の意志と尊厳に合致した条件において作り出されるべきである」と打電していた。翌一五日にはムーランは、ジョルジュ・ビドーからレジスタンスの名で英米政府に抗議文を公表しようという電報を受け取っている。ムーラン自身も同様のことを考えていた。(180)その結果が、一一月二〇日のメッセージである。ジョルジュ・ビドーは、回想録のなかでジャン・ムーランの求めでメッセージを作成したのは自分だと記している。(181)

一九四二年一一月一八日にドゴールは、ロンドンに飛来した空軍中将フランソワ・ダスティエ・ド・ラ・ヴィジュ

図2-6　ロンドンにおける1943年7月14日の祝典。左からジロー将軍、フランソワ・ダスティエ、ピエール・フルコー

出典　Pascal Le Pautremat, *Les agents secrets de la France libre,* Paris, 2013, p.108.

リからフランス国内の空気を知らされていた。「ダルランがアメリカの支配下で権力を行使していると知って、皆が驚き怒っています。ジロー将軍がまずはアメリカから、ついでダルランから指揮権を受け取ったことを皆が非難しています」とか、「フランスでは誰もが次の二点について一致しています。すなわち、ダルランは裏切者であり、消されるべきであります。ジローには《戦うフランス》に参加する義務があります」と伝えられていたのである。[182] ドゴールも、フランソワ・ダスティエの認識を共有していたことだろう。ドゴールは、レジスタンスとの軍事協力についてアイゼンハワーと協議する任務をフランソワ・ダスティエに託した。[183]

先述した南部地区のレジスタンス組織による一一月二〇日メッセージの放送をイギリス政府は拒んだが、[184] このメッセージはドゴールにとって追い風となる。なぜなら、彼は英米政府に対して自分は孤立しておらず、その背後には共和国の政治エリートや労働運動のリーダーたちの支持があることを示すことができたからである。

◉ダルラン暗殺

ローズヴェルトの「一時的便法」とそれを支持しつづけるチャーチルに対して、大西洋両岸の世論は批判的であった[185]。かくして、ドゴール、ジロー、ダルラン、米軍との関係が膠着状態に陥り、アルジェの空気は沸騰状態に達する。そのとき、二〇歳の王党派青年フェルナン・ボニエ・ド・ラ・シャペルによるダルラン暗殺事件が突発した。一九四二年一二月二四日午後三時頃のことである。ダルランを執務室で射殺したボニエ・ド・ラ・シャペルは死刑を宣告され、二六日午前八時前に銃殺された[186]。ダルラン暗殺はドゴール派の仕業だと考えられ、ドゴール派の人物が逮捕されたりした。ダルランの後継者となったジロー将軍は、一二月三〇日に一八人の逮捕を命じたが、その大半はリベラルないしドゴール派と目された人物であり、一一月八日の親連合国蜂起の立役者も含まれていた。一二月三一日にジローは、外国人特派員の前で一二人の逮捕は「マーフィー氏と高等弁務官自身に対する新たな陰謀を予防する」ためだと正当化している[187]。

ダルラン暗殺を知ったドゴールは、息子フィリップに苛立ちを伝えている。「ダルランは、死んでいるよりも生きているほうがわれわれにとって有益であった。というのは、彼に対して自由世界の世論と同じく国内レジスタンスが一体となって立ち向かうことができたからである。他方、われわれのアメリカとの関係が緩和されつつあるときに、ダルランの死は対米関係をいっそう複雑にするだろう[188]」。それでもドゴールは、フランス人の和合に向けた最後の障害がなくなったと考え、一九四二年一二月二五日夕刻、ジロー将軍にフランス解放をめざして国内外のすべてのフランス人勢力とすべてのフランス領土を臨時中央政権のもとに結集する手段を検討するための会談を提案した。しかし、一二月二九日にジロー将軍は、暗殺事件による人心の動揺ゆえに「私たちが親しく会見するにしては、さしあたり雰囲気が好ましくありません」とドゴールの提案を拒んだ[189]。ドゴールは、一二月二六日にカトルー将軍宛に次のように打電していた。北アフリカの「状況それ自体が込み入っているのに、いっそう複雑にしているのは、あなたも感じておられるように、ローズヴェルトと国務省の政策のせい、イギリス政府の常習的な弱腰のせい、とりわけワシントンにいる第五列の策略のせいであります[190]」。二日後の一二月二八日にも、ドゴールはリーヒ提督が大統領に間違った助言を与えつづけているとイーデン外相に不満を述べている。

◉ジロー将軍の登場

ヴィシー政府の海外総督（ノゲス、イヴ・シャテル、ピエール・ボワソン、ジャン・ベルジュレ）からなる植民地評議会（一九四二年一二月七日設立）は、一二月二六日、ジローをダルランの後継者に任命し、ジローは北アフリカ民・軍総司令官に就任した。しかし、ジローが米軍の後ろ盾でヴィシーの高官から権限を受け継いだことは、自由フランスに不満を残した。しかもジローは、脱走後にヴィシーに赴き、一度はペタンに忠誠を誓った将軍である。ジローは、四二年五月四日にリヨンからペタンに宛てて「私は将校として約束いたしますが、なんであれドイツ政府とあなたの関係を邪魔するようなことは何もしませんし、ダルラン提督とピエール・ラヴァル首相があなたの権威のもと、なし遂げる責務を負った事業を妨げるようなことは何もしません。私の過去の行動が忠誠の証です」と約束していた。[191]

それゆえドゴールは、一九四二年一二月二八日、国民委員会が植民地や軍を結集させ、レジスタンスの支持を集め、諸外国からフランスの領土保全や独立の約束を得たことを述べ、ジロー将軍麾下の北アフリカ部隊も含めた軍の統一や「戦争中の全植民地の団結」をロンドンのラジオから呼びかけた。[192] 翌二九日には、アンドレ・フィリップが、ＢＢＣのマイクからレジスタンス組織の緊密な協力と真の統一を訴え、統一の法的基礎は「共和的合法性」にあり、「敵と協力した人間」は受け入れられないと発言していた。[193] 四三年一月一日、一月二日、一月七日にもドゴールは、臨時中央政権のみがフランスの主権を全面的に維持でき、北アフリカやフランス領西アフリカの諸困難にも終止符を打ちうるとか、これらの地域における混乱の救済策は臨時拡大中央政権の樹立であるとか、植民地の

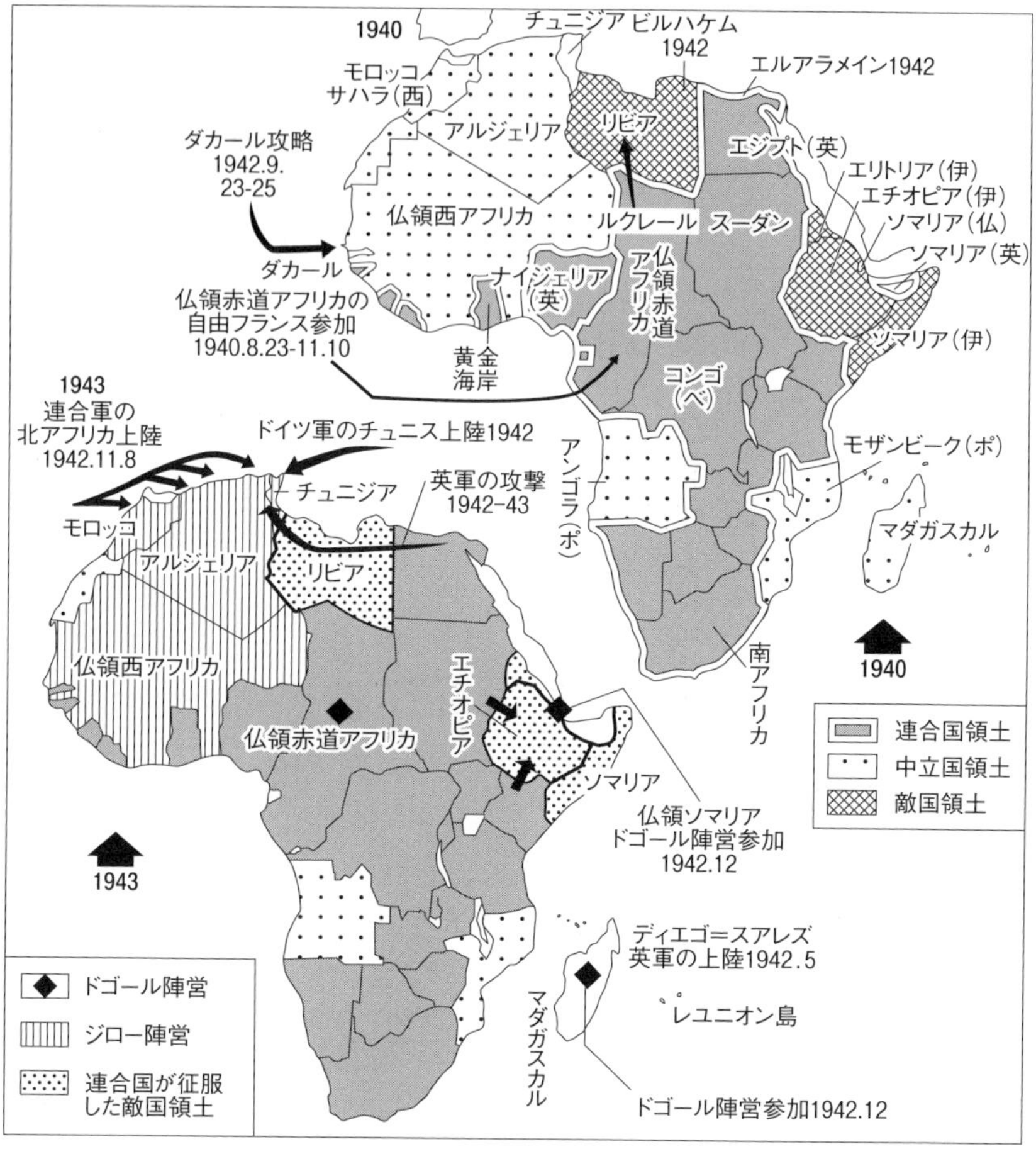

図 2-7　1940 年と 1943 年のアフリカ勢力図

出典　Jean-Baptiste Duroselle, *L'abîme 1939-1945,* Paris, 2010, p.76.

統一・植民地と国内の戦争努力とを結合する必要性などをジローに訴えている。四三年元日に、ローズヴェルトがチャーチルに北アフリカを軍政下に置くことを伝えていたように、(194)ドゴールにとって前途は多難であった。ドゴールとジローの争いは三つの次元で行われた。第一に、レジスタンスが国民主権を具現し臨時政府を組織すると主張しうるのかという正統性をめぐる争いであり、第二に、ヴィシー政府を否認することなく連合軍と共闘できるのかという政治的争いであり、第三に、ジローを支持しつつフランスの将来に関与することをアメリカが拒絶することは民主的な躊躇なのか、あるいはフランスの内政問題への干渉隠しなのかという外交上の争いでもあった。(195)この争いは、以後一〇ヵ月続くことになる。

◉アンファ会談

臨時政府の樹立を考えるドゴールと、連合国に協力的な地方政権で満足するジローとの調整が必要となる。そこで一九四三年一月一六日、モロッコからチャーチルはドゴールに当地に来てジローと会談するように求めた。ドゴールは、チャーチルの突然の提案に驚くと同時に英米主導で事態が進むことへの苛立ちもあって、「フランス領土内」でジローと直接交渉したい旨を繰り返しチャーチルに訴えた。さらにドゴールは、ジロー将軍との直接交信を可能にする暗号を持たせた使者をアルジェに派遣さえした。こうしてドゴールは、チャーチルとローズヴェルトによるドゴール＝ジロー会談の提案を拒んだのである。一月一九日にチャーチルは、「もし貴殿がどうしても拒否なさろうとすれば、その結果、《戦うフランス》運動に重大な損害がもたらされることでしょう。……貴殿の拒否の結果として、私がいま貴殿の運動と米国とのあいだに存する難題を解決しようとして払っている努力は、決定的に水泡に帰することでありましょう。そして貴殿が運動の指導者としてとどまっておられる限り、私は必ずやこの方面の努力をし直すことができないでありましょう」と、アンファからドゴールを威嚇した。すでに一月一七日、チャーチルはイーデン外相に命じて、もしドゴールがカサブランカに来ないのであれば、イギリス政府は国民委員会の長をほかの誰かと交代させるとドゴールに圧力をかけていた。[196]

一九四三年六月一〇日にフランス国民解放委員会の事務総長に就くルイ・ジョックスは、アンファ会談後のドゴールとチャーチル「両者の関係がこれほど緊張したことはなかったし、なかったに違いない」と回想している。四三年一月一九日に開かれた国民委員会の会議でカトルーやプレヴァンを含む多くの委員が会談に賛成したこと、それにモロッコ行きを拒否した際の不利益の大きさを指摘したジャック・バンジャン〔自由フランスの情報機関、中央情報行動局（Bureau central de renseignement et d'action ＢＣＲＡ）政治部次長〕のメモの効果もあり、一月二〇日、ついにドゴールも折れて「私はアメリカ合衆国大統領および英国国王陛下の首相と会見することを、拒否するわけにはいかないのであります」と、チャーチルの提案を不承不承受諾した。[197]

ともあれドゴールは、アンファでチャーチルとローズヴェルトに五日間の時間を空費させた。チャーチルは一九四三年一月一三日、ローズヴェルトは「休暇中の学童の気持[198]」で一月一四日に、ジローは一月一七日にカサブランカに到着していた。ドゴールの到着は一月二二日午前一〇時のことである。こうして、一月二三日、英米首脳はドゴールとジローの会見をカサブランカのアンファで開かせるにいたった。フランスが主権を有する土地にもかかわらず、鉄条網のなかでアメリカ兵に監視されての会見は、ドゴールに屈辱感を残した。ドゴールは、同日、サンシール陸軍士官学校の教え子ロワ・トション司令官に宛てて、警備が厳しいアンファの状況を「ベルヒテスガーデン〔バイエルンにあるヒトラーの山荘〕のような雰囲気だ」と記している。[199]

アンファから帰国したローズヴェルトが妻に語った「狂信家でファッショ的な性格の持主[200]」というドゴール評にも表れているように、大統領がドゴールよりもジローを支持していることは明白であった。一九四三年三月二〇日にもドゴールは、「現にわれわれに加えられている外国の圧力」と「今外国からジローに与えられている支持」について触れている。(201)それゆえ、英米首脳はジローと協定を締結することになる。(202)その協定には、武器と食糧の引き渡しと英米両国による民・軍総司令官の承認と同時に、現在フランス国民は政治的意志を表明できないがゆえに、将来のフランス政府問題の先送りも記されていた。ジローは、装備はもとより三〇万人の兵士（その三分の二はムスリム兵）の召集も可能となった。この時期、北アフリカに駐屯する自由フランス軍の兵士数が一万五〇〇〇人(203)であったことと比べると、ジローの兵力の大きさがわかるだろう。

アンファ会談にも参加していた北アフリカ駐在イギリス公使ハロルド・マクミランは、「このときまでにドゴール将軍は、軍事問題に関心をなくしつつあった。彼は政治家になり、その後も政治家でありつづけた」と観察している。それに対してジローは「政治を戦争の必要性に従属するものとみなしており」、戦争を政治の延長と考えるドゴールとは対蹠的であった。マクミランは両者について「ジローは、一兵士として連合国を助けようと切に願うじつにあっぱれな人間、善良にして健全で立派な人間であった。一方、ドゴールはフランスの長い伝統に育まれ、政治指導者《ステイツマン》となった」と的確に要約している。(204)一九四二年一一月一〇日にドゴールも、ジローについて「軍人としての能力は高く評価するが、彼が引き受けようとする非常に複雑で微妙な［政治的］任務には不向きだろう」と評し、一一月一六日にもチャーチルに「ジロー将軍は軍事的にはなお役に立つが、政治的にはもはや使い物にならない」と述べていた。(205)

このように、政治と戦争に対する考えを異にするドゴールとジローの会見は、一九四三年一月二二日～二四日にかけて三度行われた。ジローは、フランス軍の再建にしか関心を持っておらず、政治に関与することやヴィシー政府を断罪することを拒否しただけでなく、《戦うフランス》を自己の支配下に置こうとした。あまつさえジローは、英米首脳がもくろむ三頭政治をドゴールに提案してきた。ジローが首席でドゴールが次席、三人目としてジョルジュ将軍（チャーチルの友人）が予定されていた。ドゴールは、アメリカの保護下にある統治を意味するジローの提案を受け入れることはできず、両者の溝は埋まることはなかった。アンファ会談の成果は、椅子に座った英米首脳の前で両将軍がぎこちなく握手を交わすという宣伝用の写真と、一月二六日に公表されたドゴールとジローによる無価値な共同コミュニケのみであった。そのコミュニケは、「敵の完全敗北によるフランスの解放および人間的自由の勝利」という戦争目的を確認しただけのものであった。唯一の成果と言えるのは、アルジェと《戦うフランス》のあいだに「軍事的、経済的、その他の見地に立って相互間の連絡を確立」できたことである[206]。国民委員会も一月二六日にコミュニケを発し、「ドゴール将軍と国民委員会の目的に変わりはなく、フランス国内レジスタンスと連携し、フランス人民《プープル》の意志と尊厳に合致する状況下で、植民地と軍隊の完璧な合同を実現することである」と述べていた[207]。

図 2-8　1943 年 1 月 23 日のアンファ会談。向かって左からジロー、ローズヴェルト、ドゴール、チャーチル

出典　Max Gallo, *de Gaulle, les images d'un destin,* Paris, 2007, p.59.

アンファ会談の結果、英米首脳とドゴールとの関係はさらに悪化し、ドゴールがチャーチルと会見できたのは一九四三年四月二日であった。ドゴールはアフリカへの視察も拒絶され、「私は囚人だ」と抗議せざるをえなかった。五月八日にローズヴェルト大統領は、第三回ワシントン会談（五月一二日〜二五日）のために訪米予定のチャーチルに覚書をしため、国民委員会の改組（アンドレ・フィリップの追放）やドゴールの左遷（マダガスカル総督）を述べていた。チャーチルも米・加首脳に「ドゴールを子犬として育ててきたが、今や飼い主の手を噛むにいたった」と憤懣をぶちまけ、国民委員会からドゴールを外してエドアール・エリオ元首相やアレクシス・レジェ元外務省事務総長を加えることができれば、ジロー将軍とともにフランスを代表する強力な機関となるだろうと、ロンドンに打電している[208]。それでも、四三年三月の世論調査（『マス＝オブザーヴェイション』）によると、自由フランスに好感を持つイギリス人は四〇年末の四二パーセントから五二パーセントへと増え、逆にこの期間に自由フランスに不信を抱くイギリス人は、三二パーセントから一一パーセントに減じたという[209]。

◉ドゴールへの風あたり

アンファ会談が実質的な成果をもたらさなかったこともあり、一九四三年二月九日に英米両国は《戦うフランス》の政治的振る舞いによってフランスがひとつの政策をとることを妨げられていると不満を表明した。同日の日記にオリヴァー・ハーヴェイ（イーデンの秘書）は、「首相は［アンファに］出発前よりもいっそう反ドゴール派になって戻ってきた。……今や首相は、ドゴールとの関係断絶を語っている」としたためた[210]。それゆえ、三月初めにイギリス政府は、ドゴールとジローの和解が実現されるまでドゴールが北アフリカを訪ねることに否定的であり、ドゴールに飛行機の提供を拒んだ。四月初めにも英米両国は、ドゴールのアルジェ行きに介入して延期させた。

こうした妨害にもかかわらず、ドゴールはアルジェ行きのための情報収集に余念がなかった。彼は、一九四三年三月一九日にアルジェの《戦うフランス》使節団代理レオン・マルシャルに、自分がアルジェに赴いた場合に住民の好意的反応を惹起する可能性、アルジェ当局が世論の好意的な意志表示を阻止しようとする可能性、自分の行動や演説の自由が認められる可能性などを問い合わせ、「心理的衝撃やわが友人たちの公の意志表示は、万人にとって、とりわけ連合国にとって大変重要です」と述べていた。[211]とはいえ、三月二七日付の中央情報行動局の報告は、アルジェで起こりうるドゴールの身の危険性を指摘していた。加害者として想定されたのは、ヴィシー派やドイツだけでなく、英米の情報機関の名もあった。[212]

ともあれ、アルジェ行きを妨害する行為に対して、ドゴールは英米両国を非難する。ドゴールは、四月七日付のカトルー宛電報で「私の旅行計画に対する英米政府の介入は、北アフリカにおけるアメリカの政策をわれわれに明かしています。イギリス政府は、喜び勇んでであれ渋々であれ、アメリカ政府の行動に追随しています」と不満をぶちまけていた。[213]アメリカの外交文書によれば、カトルー自身は、統合の基本原則に同意が得られる前にドゴールがアルジェを訪問することは時期尚早と考えていたようである。ロンドン駐在米国大使ワイナントは、四月六日のイギリス各紙の報道、すなわち、アイゼンハワーがドゴールにアルジェ訪問の延期を要請したことに批判的な報道を本国に打電している。[214]またドゴールは、ジローが一ポンド＝二五〇フランという為替レート（一九四〇年八月七日協定では、一ポンド＝一七六フラン）を承認したことに不満を表明した。さらに、一月二二日にモロッコのスルタンと会見したローズヴェルト大統領が、「植民地の独立への熱望や帝国主義の近い終焉」について熱く語り、フランスの主権を弱めるような反フランス的な談話を発表したことにジローが抗議しなかったことでも、ドゴールはジローを非難した。[215]

◉ジロー軍兵士の自由フランス軍への合流

このように、フランスの主権を非妥協的に守るドゴールと、英米両国に従属して指導力を発揮しないジローとの差が明白になった。しかも、ジローの周辺をダルラン提督に協力していたペタン派が固めており、ジローもその影響を受けた。それゆえ、一九四三年一月末でもアルジェの官公署には相変わらずペタンの肖像画が飾られ、ヴィシーに忠実な官吏が働き、ヴィシーとの連絡が保たれていた。ジローはヴィシーの法律をそのまま存続させ、強制収容所にいる政治犯を二月まで釈放しなかった。[216] アンファ会談時にドゴールは、政治犯の釈放と反ユダヤ法の破棄を主張していたことを想起しよう。それゆえ英米両国の新聞は、このようなジローを支持する自国政府を批判する。アルジェでもジローに対する失望が広がり、ジロー軍のなかから自由フランス軍に加わる兵士が出てくる。四三年二月中旬、ニューヨークに修理のために停泊中の戦艦リシュリュー号の乗組員三五〇人が、自由フランス軍に合流するために脱走した。そのうちの一二人がアメリカ移民管理局に逮捕されたことで問題が大きくなり、逆にマスコミの関心を集め、自由フランスへの支持の広がりをアメリカ国民に知らせることになる。さらに三月二六日、ラルミナ将軍はチュニジア南部の主要都市に居住するフランス人が自由フランスへの参加を求めていると打電してきた。連合軍による北アフリカ上陸時のアルジェ五人組の一人、ヴァン・エックは五月初めに全部隊を引き連れて自由フランス軍に合流した。[217]

また、一九四三年四月一四日にチュニジアからラルミナ将軍は、ドゴールに「ジロー軍の兵士と青年将校が、われわれのもとに志願することを求めており、……この運動は広範囲に広がるおそれがあります」と打電している。五月一二日には拘禁中のエドアール・エリオ元首相の四月二三日付メッセージがドゴールに届けられた。それには、「フランス再建のためにフランス人の圧倒的多数の統合を実現しうる唯一の人物」であるドゴール首班の政府に入閣する用意があり、ドゴールと比べると「ジロー将軍は政治的性格の持主ではなくて、軍司令官であります」と記されていた。エリオは、ローズヴェルトがドゴールを退かせて、代表に就かせようと期待をかけてきた人物だけに、エリオのメッセージはアメリカ大統領にとって痛手となった。さらに四月一九日、アルジェリアのアルジェ、オラン、コンスタンチーヌの県議会が議会開会に際してドゴール将軍に挨拶文を寄せていた。(218)

◉ジローの再教育

ジローのペタン寄りの姿勢が明らかになるにつれて、ジローを支持するアメリカすら、ジロー自身の民主化の必要性を認めざるをえなくなった。ジャン・モネが、一九四三年二月二七日、ワシントンからアルジェに飛来した目的のひとつはジローの再教育にあった。アンファ会談時の一月一六日、ローズヴェルト大統領の外交顧問ハリー・ホプキンズは、ローズヴェルトにモネをジローの政治顧問に任命するように提案していた。そこで大統領は、同日、ワシントンにいるコーデル・ハルに「当地には登用可能なフランス民間人が一人もいないので、ジャン・モネをここに来させることをどう思いますか」という手紙を書き送っていた。(219)二月初めにジローから支援を要請されたジャン・モネは、ホプキンズと相談し、大統領の同意を得てアルジェに赴いたのである。モネは、ホプキンズにしばしばアルジェの状況を報告している。(220)こうしたモネの米国寄りの態度は、ドゴールの反感を買うものでもあった。

ジローの再教育のため、モネは一九四三年三月一四日の一七時三〇分に予定されていたジローの民主的演説の原稿を直した。ジロー自身、「ジャン・モネの影響が決定的であった」と述懐している。この最終稿が、アメリカ大統領の個人代表ロバート・マーフィーとイギリスの北アフリカ駐在公使ハロルド・マクミランによる修正点検を受けていたことは言うまでもない[221]。マーフィーは「モネが大仕事をした」と称え、さらにモネのホプキンズ宛電報に注意するよう国務省に促している[222]。マーフィーは、ドゴールと《戦うフランス》に嫌悪感を抱きつづけた人物であったことに注意しておこう。とはいえ、ルイ・ジョックスは次のように述べている。「これ以後、主役はカトルー、モネ、イギリス公使ハロルド・マクミランの三人であり、ロバート・マーフィーは事件に追い越されてしまった[223]」。ともあれ、二一分間のジロー演説（二六回の拍手で中断）がフランスはもとより英米のラジオ局によっても中継放送され、かつモネが点検した英訳も会場で配られていたことは[224]、英米両国がこの演説にかけた並々ならぬ意気込みを示している。

ドゴールも一九四三年三月一五日には、ジローの民主的演説がアメリカの助言の所産であることを察知している[225]。こうして、ジローはアメリカの歓心を買うために三月一四日、「生まれてから初めて民主的な演説をした」とみずから述べざるをえなかった[226]。ドゴールはすでに四一年九月一八日に「民主主義」という言葉を発しており（第1章第3節参照）、ジローも遅ればせながら、民主主義の受容という点でドゴールに歩み寄ったのである。もっとも、ジローの民主的演説は、演説に反発したジローの保守系側近（ベルジュレ将軍、リゴー、ルメグル＝デュブルイユ）の辞任をもたらした。

ジロー演説の結果、一九四〇年六月二二日以降の憲法行為、法律、政令は無効であり、フランスは共和国であることが確認されたが、委任を受けていないレジスタンスはフランスを代表して語る資格はないとして臨時政府樹立については否定的であり、反ユダヤ法のすべてを破棄することやドゴール派が主張する粛清も拒んだ。それでも数百人の政治犯の釈放や公共の場からのペタンの肖像撤去が行われ、官公庁には共和国を表象するマリアンヌの胸像が戻された[227]。

◉ジローとドゴールとの交渉開始

ジローの民主的演説の翌日、一九四三年三月一五日、ジローはカトルーに書簡をしたため、「熱意あるすべてのフランス人の団結のときがやって来ました。私はこの団結を具体化するために、ドゴール将軍を迎える用意があります」と述べていた。ジローの「伝言を喜んで受け取った」ドゴールは、三月一六日に国民委員会のコミュニケとして、ジローの声明が北アフリカのみならずダカールでも実施に移されること、植民地の統合条件を現地においてフランス人同士で検討する用意がある旨を発した。[228]

この頃のジローは、入れ知恵もあって、トレヴヌク法（一八七二年二月一五日法）を持ち出して権力を正当化することを考えていた。その法律は、革命や侵略という非常事態下で県議会に政府首班を指名する権限を付与していた。アルジェリアの県議会議員の大半は穏健で、ヴィシー体制を進んで受け入れていた。こうした県議会議員に権力秩序の樹立を委ねたのである。[229] 自由フランスに不利であることは火を見るよりも明らかであった。

もっとも、ドゴール派の内部にもドゴールとジローのあいだの妥協を模索する試みがあった。たとえば、ジローとの交渉を任されたカトルー将軍は、一九四三年三月二五日にアルジェに戻ると、三月二八日に「政治的優先権と軍の指揮権をジローに委ねるように」ドゴールに提案したが、ドゴールは、三月三一日にカトルーの提案を「了解できない」と言下に否定していた。[230] カトルーは、「ジローにあっては、行動は本能的なものであって、熟慮の末のものではなかった」とか、「国民革命の観念が彼にはなお染み込んでいた」が、「彼はアフリカで再開された戦争の必要性には従順で、軍事的義務に従った。……ジロー個人の心はアフリカの心［ヴィシー精神］と同一視されるべきではない。……したがって、ジローはアフリカの心と《戦うフランス》の精神の中間にいるかのようだ」と観察していた[231]。

ドゴールとジローの角逐に絡んで、共産党はドゴールよりも政治に関心がなく、レジスタンスを指導する気もないジローを好ましく考え、しかもドゴールの影響力を削ぐためにジローを利用しようとした。ジローが、一九四三年二月五日に政治犯として収容されていた二七人の共産党下院議員の釈放を決定したことを受けて、アルジェに共産党の正式代表者アンリ・プルタレが着任したのもそうした方針の表れである。もっとも、四三年一月一一日、共産党は中央委員フェルナン・グルニエをロンドンに派遣してドゴール支持を伝えており（第3章第1節参照）、ドゴールとジローに二股をかけていたのも事実であった。ジャック・スーステルは、ドゴールの執務室で一一日夕刻にグルニエと会ったときの印象を記している。グルニエが、ルイ・マランといった右翼政治家もロンドンに連れてくるべきだと主張し、共産党系の軍事組織、義勇遊撃隊は極右クロワ・ド・フーの団員も受け入れていると力説しただけでなく、「政治はノー！　唯一の目的は勝利だ（Pas de politique! Un seul but: la victoire）」と、彼がジローのスローガンを用いたことにスーステルは強く印象づけられたという。始まったばかりのジローとの交渉が暗礁に乗りあげそうであったので、余計に印象深かったのだろう。なお、共産党の《戦うフランス》への支持は、クレムリンの同意のもとにコミンテルンで決定されており、四二年一二月八日にジャック・デュクロに電報で伝えられていたという[232]。

◉ドゴールとジローの双頭制

一九四三年二月二三日に国民委員会は、ジロー将軍に覚書を発して、アンファ会談の意義を確認すると同時に、ロンドンとアルジェの二組織の統合に向けた条件についての同意をジローに迫った。「敵の全面的敗北によるフランスの解放と人間的自由の勝利」という目標については意見の一致をみたが、国内外の抵抗勢力の統一を実現するための組織が必要であること、フランス領北アフリカおよび西アフリカでの戦闘の継続、降伏および対独協力の責任者が指導部にとどまることの非難、自由を侵犯されて拘禁中の市民の即時解放、ヴィシー政府の無効性の主張、解放後の総選挙の実施、臨時中央政権（un pouvoir central provisoire）の樹立と諮問会議（un conseil consulatif）の創設、北アフリカと西アフリカとの協力といった政治問題にかんして、ジローに確認を迫ったのである。[233] 国民委員会がロンドンとアルジェの組織的統一の基礎と考えるこの覚書は、二月二六日にジローに手交され、三月一二日に公表された。[234]

ジローを補佐していたモネは、一九四三年四月一日、一週間前にアルジェに到着したカトルー将軍に対して二月二三日の覚書に回答する覚書を手交した。そこには、次のようにしたためられていた。選挙で国民の意志を問うことなく、主権を行使することに反対する。それゆえ、ジローが行使するのはフランスの主権ではなくて、たんなる「行政的軍事的権威」である。しかもこの権威は、国民の黙示的な委任ではなくて、ダルランが作った植民地評議会の決定によって行使される。このためジローは、政治的権能を持たない「海外領土評議会」の設置を提案した。とはいえ民・軍総司令官のジロー自身は、この評議会にではなくて連合軍最高司令官にのみ服属した。そして、解放後にトレヴヌク法にもとづいて政府を組織することを提案していた。[235] これは、アメリカの「地方政府案」からもほど遠く、ましてや臨時政府の受諾ではもとよりなかった。「ようするにジロー将軍が署名した覚書によれば、少なくとも勝利まで国家としてのフランスは、もはや存在しないかのように万事が進むということである。これが、まさしくローズヴェルトのテーゼであった」とドゴールは回想している。[236] つまり、ドゴールとジローの見解の相違は、主権国家として戦争の勝利に参画するのか、アメリカの後見組織にとどまるのかという問題、単一の政府を組織するのか、それを戦後に先送りするのかという問題、北アフリカに共和政の法律を適用するのか否かという問題をめぐって存在していた[237]。

一九四三年四月九日にカトルーは、アルジェの実状を伝えて国民委員会を説得するためにロンドンに向かった。というのは、ロンドンの国民委員会は、北アフリカの動向よりも、レジスタンスの統一が最終段階にあるフランス国内の動向に関心を寄せており、現実的でない議論をしていたからである。四月一一日から始まった三度の国民委員会における議論の結果、四月一六日に国民委員会はコミュニケを発表した。それは、植民地の統一とドゴールのアルジェ訪問を再主張していた。アルジェリアでは、ヴィシー政府の労働憲章が効力を持っているだけでなく（労働憲章の廃止は五月二一日）、アルジェリアのユダヤ人に市民権を付与したクレミュー法が廃止されたままであった。ジローが臨時評議会の結成を受け入れたので、ドゴール派はこの評議会は植民地の名においてではなくて全国民を代表して行動するのだと釘を刺した。なおカトルーは、イーデン外相や駐英アメリカ大使ワイナントにも解決案を打診し、好意的反応を得ていた。四月一九日、アルジェに戻ったカトルーは、双頭制の評議会をジローに提案し、同時にマーフィー、マクミラン、モネにも説明の労を執った。後者の三人から双頭制案に理解が示され、ジローを説得するとの約束も得た。ジローは兼職の禁止とフランス解放前の臨時政府樹立については拒否したが、四月二七日に「集団的決定権を持ち、議長は二人からなる評議会ないし審議委員会」の設置を受諾した[238]。

マクミランは、この時期の困難な交渉にあたっていたカトルーについて、「冷静で理性的ではるかに忍耐強い彼は、われわれ全員が信頼できる確かな友人であった」と記し、五つ星のカトルー将軍が同じく五つ星のジロー将軍と対等に会話できた点も指摘している[239]。ジローもサン＝シールで二年先輩のカトルーについて、「著しく鋭敏で聡明で魅力的な将校であり、軍人というよりは間違いなく外交官であり、巧みな議論を展開すると同時に節度のある結論を下し、乱暴な解決策よりも妥協を好む」と評している[240]。

双頭制が受諾された今、残された問題は両者が会見する場所であった。ジローは、アルジェリア東部のビスクラ沖合かモロッコのマラケシュにあるアメリカ空軍飛行場の建物を提案してきた。これに対してドゴールは、自由フランスが移動手段や通信手段を持たないこれらの地区ではなくて、植民地の統一を話し合うにはアルジェしかないと主張していた[241]。ジローは権力資源として北アフリカ植民地とアフリカ軍を持ち、アメリカの支持も得ていた。これに対してドゴールは、赤道アフリカと国内レジスタンスを掌握していた。ジロー軍のなかから自由フランス軍に加わる兵士が出てきたように、ドゴールは「ジローは部隊に対してある程度の権威を有する以外、実質的権威を持っていない[242]」ことを確信する。とりわけ、国内レジスタンスに対してジローは無力であった。ドゴールは、一九四三年二月二三日にこう述べていた。「かつてないほど国民《ペイ》は、《戦うフランス》のうちに、《戦うフランス》にのみ、レジスタンスの中核と希望を見出しています。この大きな責任ゆえにわれわれは、北アフリカに広がっている混乱と無力を、たとえうわべでも受け入れることはできません[243]」。

第3章　中央政府の樹立と国民の支持

第1節　植民地防衛評議会からフランス国民委員会へ

◉政治組織の萌芽

前章では主権国家の三要素のひとつである領土を、自由フランスがいかに掌握していったのかについて、一九四三年春までたどってきた。本章では中央政府をいかにして戦いとり、国民の支持をどのように調達したのかについて、四〇年六月まで遡って検討しよう。

ロンドンに渡ったドゴールは、国民委員会の結成を考え、ただちに行動に移った。彼は、一九四〇年六月二二日にエドワード・スピアーズ将軍に覚書を送り、休戦協定を結んだ「ペタン＝ウェーガン政府」は「真の合法性」を持たない政権であるゆえ、ロンドンにいるポール・レノー政権の唯一のメンバーであり、抗戦の意志を持っているドゴールへの信認をイギリス政府に求めた。翌二三日にドゴールは、国民委員会がイギリスにいるフランス部隊に対して実効的な権威を持つために、イギリス政府による即時の公認声明を求める書簡をチャーチルに送り、その声明案も付していた[1]。同日、ドゴールはチャーチルに委員会案を提出すると同時にBBCのマイクから「フランス国民委員会」の結成を告げた[2]。

この時期のドゴールは、国民委員会を「国外でフランスのレジスタンスを代表し、アフリカ・イギリス・アメリカにあるさまざまなフランス人レジスタンス運動の連絡センターとして役立つ」ものと構想していた。委員会案には作家アンドレ・モーロワ、保守派政治家アンリ・ド・ケリリス、駐英大使シャルル・コルバン、駐英大使館社会問題担当官のアンリ・オックらの名があがっており、口頭でもドゴールは、ジョルジュ・マンデルやイヴォン・デルボスらの元閣僚に言及していた。(3) しかし、この委員会名簿は実現性の薄いものであった。というのは、元閣僚の二人はモロッコで勾留され、アンリ・オック以外はドゴールに敵対的ないし中立的態度をとったからである。

この国民委員会結成ドキュメントは、『大戦回顧録』にも『書簡・覚書・備忘録』にも収められていない。イギリス政府は、六月二三日二二時にBBCから、戦争継続の決意を打ち固めた「臨時フランス国民委員会の結成計画を記録にとどめた」と声明したが、(4) ドゴールの提案はジャン・モネから批判された。モネはドゴールに手紙を送って、「フランス国内からみて、イギリスの保護下に外国で作られた政権と思われるような組織をイギリスに作り出そうとするのは、大きな誤りではないでしょうか」とか、「このようなかたちの努力は、フランス人の眼に、イギリスの庇護を受け、イギリスの利益に触発された運動であり、それゆえに、必ずや挫折をみて、その後の立て直し努力をかえって困難にするような運動である」と評した。(5) そこで、ドゴールは六月二六日にチャーチル首相と外務大臣ハリファックス卿に覚書をしたためて、フランス国民委員会の意義を訴えた。同委員会の目的は、イギリス政府の同意を得つつ、イギリス領土内・フランス植民地・フランス本土の抵抗勢力の団結や活動に資すること、戦争遂行のための諸組織（陸・海・空軍、軍需生産、軍需物資の研究と購入、輸送と補給、情報と宣伝のための組織）の結成であった。(6) この時点でのドゴールの試みが失敗した理由のひとつは、ロンドンに滞在していた有力なジャーナリスト（ジュヌヴィエーヴ・タブイ、エミール・ビュレ、ペルティナクス）や外交官（コルバン駐英大使、アレクシス・レジェ元外務省事務総長、ピエール・コメール元外務省新聞課長）の反対のほかに、六月二一日に政治家を乗せて北アフリカに向かったマシリア号の動向が流動的であったことによるだろう。なお、国民委員会結成の動きをフランスの地方紙『リヨン＝レピュブリケン』（六月二四日）が報じており、フランスでも知られるところとなった。(7)

◉ブラザヴィル声明

一九四〇年六月時点での組織化の試みは実を結ばなかったが、主権回復をめざす次の一手はブラザヴィル声明（四〇年一〇月二七日）として打ち出された。[8]ドゴールはすでに七月三〇日にチャーチルに次のように語っていた。できるだけ早く「海外フランス領防衛評議会（Conseil de défense de la France d'outre-mer）」を設立する希望を述べ、「私の指揮下に置かれたこの評議会は、民・軍の指導者が結集するにつれて、彼らを含むでしょう。民・軍の指導者は、戦争続行のために私と結びついたフランスの領土ないしフランスの軍隊に実効的な権威を行使するのです」と語り、西アフリカや赤道アフリカの状況は「イギリス政府による海外フランス領防衛評議会の承認が可及的速やかに行われることを望ましいものにするでしょう」と予言していた。[9]

第2章で述べたように、一九四〇年八月から一〇月にかけてフランス領赤道アフリカがドゴールの支配下に入り、予言の前半は成就した。しかるに、同評議会の承認という予言の後半は、イギリス政府がヴィシー政府と密かに交渉を行っていたこともあって実現にはいたらなかった。一〇月一日からマドリッドで、ヴィシー大使と英国大使とのあいだで会談が始まり、一ヵ月近く続けられた。また、駐仏カナダ公使デュピュイを介してヴィシー政府とイギリス外務省との交渉が水面下で行われていた。さらに、ヒトラーとペタンのモントワール会談が行われる前日の一〇月二三日、チャーチルはブザンソン大学教授ルイ・ルージエと面会していた。ルージエは、自称ペタンの密使として、イギリスに海上封鎖の緩和を求めた。チャーチルはヴィシー政府になんら幻想を抱いてはいなかったが、ヴィシー政府が枢軸側に立って戦うことがないことを願い、アフリカでヴィシー政府軍と干戈《かんか》を交えない戦略を採っていた。そのために、モロッコ総督ノゲスや北アフリカ司令官ウェーガンにヴィシー政府からの離脱を働きかけたりした。[10]ドゴールがブラザヴィル声明を発したのは、イギリスがヴィシー政府への懐柔策を実施中の一〇月二七日のことであった。

「フランスは史上最大の危機を通過しつつあります。国境も主権も独立も、さらにその魂までが破滅に瀕しております」という書き出しで始まるブラザヴィル声明のなかで、ドゴールは二つのことを主張した。ひとつは共和国の権力を簒奪したヴィシー政府の正統性の否定、もうひとつは「新しい権力」である「植民地防衛評議会(Conseil de défense de l'Empire)」の創設である。「敵から独立した正規のフランス政府およびフランス国民の代表機関が組織されるまでのあいだ」、植民地防衛評議会が祖国の解放をめざす戦争の指揮やフランスの領土・財産と利益の擁護にあたることになった。植民地防衛評議会は、司法権や行政権を行使する諸機関を組織することも宣言された。この評議会はドゴールのほか九人のメンバーからなりたっていた。カトルー将軍、ミュズリエ副提督、ラルミナ将軍、シセ軍医総監、エブーエ行政長官、ソート行政長官、カサン教授、ダルジャンリュー神父、ルクレール大佐である。カトルー将軍は、一九四〇年一一月一六日にオリエント方面自由フランス高等弁務官に任命されている。[11]

とはいえ、防衛評議会のメンバーがアフリカやオセアニアに散らばっていて全体会議が開かれることもなく、したがって、防衛評議会は実際上の影響力を持ちえなかった。[12]防衛評議会の誕生によって国家の胚子が作られたと言いうるが、それは象徴的意義にとどまり、後述するように、自由フランスは国家機構の整備のために別組織(行政会議や軍事委員会など)を設立する必要があった。

ともあれ、ヴィシー政府の正統性を全否定するブラザヴィル声明は、イギリスでは公表できなかった。というのは、モントワール会談を受けたヴィシー政府のドイツへの譲歩が未確認のうちは、「ヴィシー政府に対する公然たる弾劾をさしひかえる」(一九四〇年一〇月三一日)という態度をイギリス政府がとったからである。[13]一一月二日、ドゴールはイギリス政府の対応に理解を示しつつも、「われわれの政策とヴィシーに対する態度は、……英国政府の現在の政策と態度とはかなり明瞭な差があることを、英国政府に指摘せねばならぬと考えます」と不満を率直に記し、「ドゴール将軍とフランス植民地防衛評議会が直接加わることなく、英国政府とある任意のフランス当局のあいだで戦争のために協定が結ばれたりすれば、イギリス帝国と同盟して戦うなかですべてのフランス国民が漸次団結を実現することこそ明らかに到達すべき目標であるのに、深刻な分裂が生ずるばかりでありましょう」とイギリス政府を牽制した。(14)

だからこそ、一九四〇年一一月一六日にブラザヴィル声明の付帯声明が出されたのである。付帯声明のなかで、憲法を蹂躙したヴィシー政府の非合法性と、海外領土の防衛と本国の解放のために自由フランスおよびその首長であるドゴールが指揮を執ることが宣言され、この声明が公表されるよう訴えた。(15) 植民地防衛評議会は、領土を持った初の政治組織であり、違法な「偽政府《にせ》」のヴィシー政権に取って代わる「臨時中央権力」であると力説されたが、イギリス外務省は同評議会をヴィシーの代替政府として認めるつもりはなかった。チャーチルは、一二月二四日に戦闘継続を目的とする限りにおいて植民地防衛評議会を承認したが、同時にブラザヴィル声明や付帯声明に含まれる「憲法上、法律上の諸考察にかんしていかなる意見も表明しなかった」ことの確認を迫った。それゆえ、イギリス外務省はイギリス国内で付帯声明を公表することを禁じたままであった。(16) イギリス外務省は、ヴィシー派レジスタンスに賭けていたのである。

◉組織の分化と効率化

このブラザヴィル声明が公表されたのは、一九四一年一月二〇日のことである。この日、『自由フランス軍広報（Bulletin officiel des Forces Françaises Libres）』に代わって『自由フランス官報（Journal officiel de la France Libre）』第一号が出され、そのなかで公表された。[17] 官報が作られたことは、国家装置の基盤整備を示す一徴表となった。これは、自由フランスがたんなる軍事組織ではなくて、国家再建をめざす政治運動であることを内外に示すものであった。すでに、四〇年一二月一二日には、ドゴールに直属する自由フランス政治局（Direction des affaires politiques de la France Libre）が設置され、フランス本土と植民地の情報を収集し、自由フランスの運動を組織し展開することを目的とした。局長にはガストン・パレウスキが任命された。[18] 翌一月には政治局内に外交・経済課（プレヴァン）、行財政課（フォンテーヌ大佐）、情報課（ジャン・マシップ）、未解放領土課（パレウスキ）の四課が置かれた。四一年二月三日にドゴールは、自由フランスは「領土・軍隊・経済・精神という実体」を持つ組織ゆえにイギリスの連絡将校エドワード・スピアーズを介することなく、政治局の課長がイギリスの関係省庁と直接連絡を取ることをチャーチルに要求している。[19] もっとも、政治局の組織は状況の進展とともに改組が相継ぎ、三月にフォンテーヌとパレウスキがエチオピアに旅立ったことで二課に再編された。プレヴァンが行財政をも所管し、ダラディエ政府（三八年四月〜四〇年三月）の元官房長であったモーリス・ドジャンが情報と未解放領土を担当した。ルネ・カサンは司法を新たな管轄とした。ところが、六月にプレヴァンがアメリカに出発せざるをえなくなり、ドジャンが外交分野をも所轄することになった。さらに六月四日、ドゴールはロンドンの諸機関の調整をカサンに委ねた。[20]

第二章で述べたミュズリエ副提督逮捕事件の副産物のひとつとして、イギリス財務省と金融・経済・通貨協定にかんする交渉が始まり、一九四一年三月一九日に妥結を見た。この経済協定では、為替レートは休戦前と同じ一ポンド＝一七六フランと定められ、イギリスと自由フランス支配地域との貿易などの取り決めもなされた。このときまで自由フランスは、その場しのぎの財政運営を余儀なくされており、イギリス財務省からイギリス銀行をとおしてドゴールに前渡し金が渡されていた。イギリスが自由フランスのために立て替えた金額は、一九四〇年末で一一九万ポンド、四一年末で六三八万ポンド、四二年末で二四六五万ポンド、三年間で六二億フラン（二五億ユーロ）[21]に相当した。なお、四一年八月六日には自由フランス兵とその遺族に対する年金支払いにかんする協定が調印され、一二月二日には自由フランス中央金庫（Caisse centrale de la France libre）や戦後問題検討委員会（Commission pour l'étude des problèmes d'après-guerre）も設置されている。[22]自由フランス中央金庫の設立によって、軍人や官吏の給与支払いや税金・借款・寄付金などの払い込みを受ける資格を得た。自由フランスの財政官であったピエール・ドニは、初期には経験を積んだ職員不足に悩まされたこと、中央金庫が発券銀行の西アフリカ銀行に取って代わり、事実上の国庫（Caisse du Trésor）になったこと、四三年六月のフランス国民解放委員会成立後、半年にわたって二つの為替レート〔北アフリカ上陸時に連合軍が決めた一ポンド＝三〇〇フラン（のちに二〇〇フラン）と自由フランスの一ポンド＝一七六フラン〕が続き、通貨の統一は四四年二月の海外フランス中央金庫（Caisse centrale de la France d'Outre-Mer）の設置を待たねばならず、予算の統一は四四年七月になし遂げられたことなどを回想している。[23]

一九四一年一月六日、イギリス政府はコミュニケを発した。それによると、ドゴール指揮下の海外フランス領土との協力関係についてドゴールおよび植民地防衛評議会と交渉すると声明した。[24]これは、戦闘継続以外の面でも植民地防衛評議会と協議することを意味し、イギリス政府による同評議会の認知度が高まったことを示していた。四一年一月二九日に政府機関を設置する一連のデクレ（命令）が公布された。[25]こうして、ロンドンに植民地防衛評議会常任事務局が置かれ、ルネ・カサンが常任書記に任命された。また二九日のデクレで、ドゴール主宰下に行政会議（la conférence administrative）と軍事委員会（le comité militaire）も設置された。行政会議は毎週火曜と金曜日に開かれ、ドゴールが不在のときには、ミュズリエとカサンが主宰した。行政会議は、二月時点で在

ろう。[26]

職している九六人（男性が六一人）の職員や参謀部三五〇人（女性が六五人）の給与（四一年三月一八日）、ブラザヴィルにラジオ局を設置する案（四一年三月七日）、英仏財政協定案（四一年三月一一日）などを審議した。民生・財務・軍事の各長やロンドン在住の植民地防衛評議会委員が集う行政会議は、のちのフランス国民委員会の礎となるだろう。[26]

自由フランスは、一九四一年六月一二日や「大西洋憲章」（八月一四日）公表後の九月二一日に連合国の会議への参加が認められた。ロンドンで開かれた六月一二日の会議では、植民地防衛評議会の代表としてモーリス・ドジャン（政治局長）とルネ・カサンが信任されている。さらに四一年一一月にはニューヨークで開かれる国際労働機関の定期総会に、オブザーヴァーとしてアンリ・オックを派遣した。登壇して演説をしたオックの雄弁によって、ヴィシー政府の代表は演説ができなかったという。[27] こうして、徐々に自由フランスは国際社会との結びつきを強めつつあった。

ただし、この時点でのドゴールは、政治的態度の表明に慎重であった。一九四一年七月八日、カサンに宛ててこう記している。われわれは「ヒトラー＝ファシスト体制の仮借ない敵」であり、われわれが民主主義のために戦っていると闡明すれば、アメリカでは一時的な称賛を得るだろうが、フランスでは多くを失うだろう。なぜなら、大多数のフランス人は民主主義と議会制を、しかも眼前で瓦解した議会制と混同し、この体制は非難されているからである。それゆえ、「われわれは政治的立場の表明には慎重でありつづけるべきです」[28]。一ヵ月ほど前に極右紙『ジュ・スュイ・パルトゥ』が、第一面に「共和政を倒せ！」という記事を載せて、「有権者による議員の絶対的統制、票数の駆け引き、国益に反対する私利私欲連合、無責任な権力者、急進党、フリーメーソン、過度の個人尊重、むだ話、無秩序、略奪された国家」「貧乏人・フリーメーソン・ユダヤ人・革命的教師の独裁」として議会主義的共和政を非難していたことを指摘しておこう。[29] ドゴールも、四一年三月一日のロンドンにおける講演のなかでは、「議会制の悪弊は耐えがたくなり、その結果、国家と行政組織の権威がおおいに低下しました」と述べていた[30]。レジスタンス派の機関紙『フラン＝ティルール』創刊号（四一年一二月）でも、政党にわが国の災厄の責任の一端があり、「議会制民主主義の主要な過ちはその弱体ぶりにあり、そこから無力と混乱が生まれるのだ」と非難していた[31]。

◉フランス国民委員会とミュズリエ

第2章第2節でミュズリエ副提督が、一九四一年末のサン＝ピエール＝エ＝ミクロン島の問題をめぐる対立から、四二年三月三日に国民委員会を辞職するにいたった経緯について触れた。ここでは、フランス国民委員会の結成をめぐる対立について補っておこう。

前章でドゴールの独断的なリーダーシップに対して、ロンドンの自由フランス代表部内で不満が表明されていたことを指摘したが、不満派がミュズリエと結びついた。一九四一年三月、ミュズリエは、自分が主宰する調整委員会に自由フランスの権限を委任するようにドゴールに求めた。ミュズリエはドゴールに取って代わることも考えていたようだ。それゆえ国民委員会の発足は、ドゴールの戦略、自由フランス内部の指導権争い、それにイギリスの介入という三要素が絡み合った結果でもあった。前章で触れたように、この時期は中東問題をめぐってドゴールとチャーチルの対立が深まった時期である。チャーチルの側近デズモンド・モートン少佐は、われわれ同様に自由フランスのなかにもドゴールの振る舞いにうんざりしているメンバーがおり、彼らのなかにはドゴールの政治活動を抑えるための組織を作れないか検討している者がいると首相に伝えている。ミュズリエは、一九四六年にこう記した。「軍事的政治的外交的過ち」を重ねている「ドゴール将軍を助け、かつ将軍に新たな過ちを犯させないごく限られた数の活動的な人士からなる執行委員会を創設する」ように、イギリス政府が働きかけてきたと。[32] このアイデアに飛びついたチャーチルは、九月一二日のドゴールとの会談のなかで、自由フランスに集う全員によって承認される指導者が主宰し、政策を立案する組織を作るとよいと提案した（第2章第2節参照）。ドゴールはチャーチルの提案を、国民委員会を発足させて、自分がより広範な下部組織に依拠して自由フランスを拡大することだと解し、四二年一月に自由フランスの大会を開く予定であり、「今から国民委員会の設置にとりかかるつもりだ」と応じた。[33]

ここで反ドゴール派が機先を制した。アンドレ・ラバルトやモレ（レーモン・ムーレック）海軍大佐に担がれたミュズリエは、一九四一年九月一八日、「自由フランス執行委員会」の創設をドゴールに訴える書簡を送った。その案によると、委員長はミュズリエ、モーリス・ドジャンが対外関係委員、ラバルトが政治・宣伝委員、モレが海軍と諜報委員というようにミュズリエが委員長になるという反ドゴール派が占めていた。二日後にはミュズリエは、前便の確認と、ドゴールは名誉委員長、ミュズリエが委員長になるというデクレ案を送ってきた。これらの手紙をドゴールはいつものように無視したが、九月一九日にミュズリエ、ラバルト、ドジャンらは、モートンやベスバロー（Bessborough）卿と昼食をともにして創設計画を協議しており、その報告を受けたチャーチルはこの計画を熱烈に支持したという。九月二一日、ミュズリエとラバルトは回答を求めてドゴールのもとへやって来た。ドゴールは、両人に国民委員会の席を用意しようとは思うが、国民委員会を主宰するのは自分であると述べ、フランスとの連絡にあたる諜報組織を彼らに委ねることは拒否した。ミュズリエとラバルトは、それでは国民委員会に協力することはできないと反論した。九月二二日午前、ミュズリエは自分もラバルトもモレも含まれていない委員会の委員構成が公表されることを知った。ミュズリエは、海軍が自由フランスから離脱して戦争を続けると、ドゴールに揺さぶりをかける。[34] ドゴールは、九月二三日にミュズリエ宛の書簡のなかで、ミュズリエの「規律違反」や「あなたの権利義務から逸脱している」海軍の離脱決定を非難し、二四時間以内に良識と義務感に立ち戻るよう要求し、九月二四日一六時までに返答するように求めた[35]。

こうした駆け引きが続いていた一九四一年九月二三日午後、チャーチルはドゴールと会見し、ミュズリエを解任すれば、イギリス海軍本部の支持をあてにはできないが、ミュズリエによる自由フランス水兵の引き抜きも認めないと述べた。そしてイギリスの条件にみあうフランス国民委員会の結成、つまり、委員長はドゴールだがその反英感情ゆえに、国民委員会は集団責任体制とし、諜報組織のトップには国民委員会とイギリス政府の受諾可能な人物をあてることを条件として委員会の結成を認めることとした。チャーチルは信頼の証として、その夜、BBCから国民委員会の結成が間近いことの放送を許可した。ドゴールは、マイクからこう語った。ヒトラーを倒すために連合国の側で全力で戦うだけでなく、「自由フランスが編成される必要があります。その理由は、フランスの意志を表明し、フランスの権益を主張し、国内外の全レジスタンス組織を糾合し、解放とともにフランス本土や植民地において自由フランスが果たすべき義務に備えるためであります。それゆえ明日、国民委員会が設立されるのであります。そのスタッフは、祖国解放の戦いに経験豊かな人びとであり、さまざまな出自と意見の持主ですが、国民統一のためにまったく私心のない人びとでもあります。私が主宰する国民委員会は、私とともに権力の責任を担います」。ドゴールとミュズリエの妥協に向けた時間は一日しかなかった。問題はミュズリエを委員にするか否かであった。イギリス海軍大臣がドゴールとミュズリエの仲介役となった。ミュズリエが「自由フランスの軍事的統一を打ち砕く意図は一度もなかった」と一筆したためたので、ドゴールも九月二三日付の高圧的な書簡を九月二五日に撤回した[36]。

◉フランス国民委員会の成立

一九四一年九月二四日にドゴールは、「自由フランスの公権力の新組織に係る政令（オルドナンス）」を発して、行政権と立法権をあわせ持った国民委員会の設置を告げた[37]。こうして発足した国民委員会にはミュズリエの名はあったが、ラバルトとモレの名はなかった。すなわち国民委員会は、ドゴール議長以外に首相格で経済・財政・植民地担当のルネ・プレヴァン、外交担当のモーリス・ドジャン、陸軍担当のルジャンティヨム将軍、海軍・海運担当のミュズリエ副提督、司法・公教育担当のルネ・カサン、内務・労働・情報担当のアンドレ・ディテルム、空軍担当のマルシャル・ヴァラン将軍、無任所のチエリー・ダルジャンリュー海軍大佐の八人から構成され、四三年六月までこの体制が続くことになる。もっとも、四二年三月にフィリップ・オーボワノー提督がミュズリエの後任となり、四三年二月に外交官のルネ・マシリが外交を引き受け、四二年七月に国内レジスタンスの最初の代表として社会党員のアンドレ・フィ

図 3-1　1941 年 10 月 31 日のフランス国民委員会。向かって左からドジャン、ディテルム、ミュズリエ、ドゴール、カサン、プレヴァン、ヴァラン

出典　Max Gallo, *de Gaulle, les images d'un destin,* Paris, 2007, p.50.

リップが国民委員会に名を連ねて、内務・労働委員となり、ジャック・スーステルが情報委員になるという変更はあった。

ともあれ各委員は、ドゴールによって任命され、ドゴールに対して責任を負った。一一ヵ月前に発足した植民地防衛評議会のメンバーが、軍人と植民地行政官で占められていたことと比べると、同評議会が発展的解消を遂げた国民委員会には、文民が増えて政府のかたちを整えたことがわかる。植民地防衛評議会から引きつづいて国民委員会に名を連ねているのは、ドゴール、ミュズリエ、カサン、ダルジャンリューの四人である。また、陸軍監査官で国務院請願委員のピエール・ティシエが、自由フランス行政事務調整委員会事務総長に任命され、プレヴァンと二人三脚で行政組織の再編・構築に邁進した。このように各部門のトップは決まったものの、手足となって補佐する官僚は手薄であった。たとえば、四三年ですらカサンの部署には総勢二八人しかおらず、しかも薄給であった（タイピストで月一六ポンド、一般公務員が二五ポンド、部長級で四〇ポンド）。また事務所も不十分であり、四一年一月に自由フランス政治局の外交・経済課を担当していたプレヴァンは、二四室しか確保できなかったという。(38)

国民委員会は通常週二回開かれ、一九四二年夏のようにドゴールがロンドンに不在の際には、プレヴァンが副議長として国民委員会を率いた。(39)さらに、四二年一〇月二一日デクレで、解放に向けた公権力のあり方を検討する委員会が設置され、アンドレ・フィリップが委員長となり、四三年五月からは急進党の元上院議員アンリ・クーユが後任となって、解放された領土の臨時行政機構案、共和的合法性の再建や対独協力の罪の定義などを検討した。(40)

◉ミュズリエ派の不満とドゴールの変貌

ミュズリエやピエール・コメール、それに社会党員のフェリクス・グーアンにとって、ドゴールの権限が突出しているようにみえる国民委員会が、「フランスの正規にして正統な代表」とも「民主政府の条件を満たしている」とも思えなかった。また、チャーチルもドゴールに一杯食わされたと感じていた。一九四一年九月二六日、「われわれは、良識ある評議会をドゴールに受け入れさせようとしたのに、われわれがしたことはミュズリエとその仲間をドゴールに従わせることであった」と、チャーチルは怒りをイーデン外相にぶちまけた[41]。さらに、ミュズリエと『自由フランス』編集長ラバルトが、連合軍の北アフリカ上陸後、ジロー将軍の指揮下に入ったことで、ドゴールとの対立は決定的となる。『自由フランス』の編集をフランス解放まで続けたレーモン・アロンは、「いま振り返ると、ミュズリエとラバルトの行為は児戯に類する」と回想している[42]。

看過しえないことは、ドゴールのスタンスに変化がみえはじめたことである。それは、国民委員会の設置と軌を一にした一九四一年秋頃からである。一年前には「自由・平等・友愛」のスローガンの使用にも禁欲的であったのに、四一年一一月一五日にはロンドン在住のフランス人に「われわれは自由・平等・友愛を唱えよう。なぜなら、われわれの意志は祖先がわが民族の特性から取り出した民主的原理に忠実なままでいることであり、その生か死がこの戦争で賭けられているからです」と述べたり、赤道アフリカやカメルーンで用いられる切手に、フランス共和国（ＲＦ）の組合せ文字を使ったり、四一年一一月二五日にもオックスフォード大学で「何世紀も前からフランスとイギリスは、人間的な自由の源であり擁護者です」とか、自由フランスは「自由の党派」だと語っていた[43]。

この結果、独自の兵力と領土と組織と財源を持った自由フランスは、一九四二年七月一四日に《戦うフランス》と正式に呼称を変える。それは、自由フランスのもとに国内レジスタンスも含めたより広範なフランス人を結集していくという意志表示であり、軍事的ゴーリズムから政治的ゴーリズムへの変身でもあった。つまり、戦争に勝利するのみならず、解放後のフランスで権力を樹立し行使するという使命を明確にしたのである。

◉フランス国民委員会とソ連

上述したように、一九四一年九月二四日にロンドンで「フランス国民委員会」が組織され、政府の権限と機構を持った。このため植民地防衛評議会は、今後、諮問機関的な役割を果たすことになる。二日後、この国民委員会にソ連から好意的反応がもたらされた。九月二六日、ロンドン駐在ソ連大使マイスキーが、ソヴィエト政府はドゴールを「すべての自由フランス人の首長として承認し」、「植民地防衛評議会と関係を結ぶ用意があり」、勝利の暁には「フランスの独立と偉大さの十全かつ完全な回復を保証」するという書簡をドゴールに送っていた。(44)九月二七日に外務委員のモーリス・ドジャンは、ソ連の応答を歓迎し、イギリスとロシアという「この二つの同盟、二つの約束に支えられて、自由フランスは、暴君ヒトラーとその共犯者との戦いを続けます。……フランスにとってロシアとイギリスとの同盟こそが、解放を確実なものにするのです」とラジオから述べた。(45)イギリスとアメリカの煮え切らない態度と比べると、ソ連の反応は対照的な動きであった。マイスキーはフランス国民委員会を明示的に承認することはなかったが、それでもソ連政府は、アレクサンドル・ボゴモロフ前駐仏大使に信任状を授けて、フランス国民委員会に対するソ連政府のロンドン代表者に任命した。(46)

じつはマイスキーとの接触は、独ソ戦開始直後の一九四一年六月下旬に始まっていた。六月二四日にドゴールは、「ソヴィエト体制の欠陥、さらには犯罪についての議論を承諾することなく」、「モスクワと軍事関係を定める」ようにロンドンの自由フランス代表部にエルサレムから打電していた。ドゴールは、自由フランスにとって、英米両国に対して平衡を保つ重りの役割を果たすソ連を利用しようと考えた。『大戦回顧録』の草稿には、ソ連側も自由フランスに「アングロ＝サクソンの優位に対する分銅」の役割を期待し、またソ連が「精神的孤立から抜け出すための支援」もフランスに期待していたと記されている。そこで、四一年六月二八日、カサンとドジャンは駐英大使マイスキーに自由フランスとのあいだに「軍事関係」を樹立することを提起し、ソ連がヴィシー政府と国交を断絶した八月に交渉が始まった。[47]さらに四一年一二月にエルネスト・プチ将軍、四二年二月にはロジェ・ガロー公使が自由フランスの軍事・外交代表としてモスクワに赴き、両国関係の進展がみられた。

ソ連では知名度の低いドゴールについて、ソ連共産党機関紙『プラウダ』（一九四一年一〇月九日）紙上でイリヤ・エレンブルグが「全フランスがドゴールを支持し」、「ドゴールのフランスは勝利するだろう」と紹介に努めていた。[48]ドゴールの口からもロシアを称える言葉が発せられる。四二年一月二〇日、ドゴールはドイツ軍によるレニングラード（現ペトログラード）包囲戦を耐え抜いているロシアの軍事的立ち直りを歓迎しつつ、ラジオのマイクに向かった。ロシアが「ヨーロッパならびに全世界に対して力の均衡を保証することになるでしょう。……戦うフランスは、新しいロシアのひときわ忠実な同盟国であることを証明するでありましょう。……苦悩するフランスは、苦悩するロシアとともにあります。戦うフランスは戦うロシアとともにあります。絶望に暗く閉ざされたフランスは、どん底の暗闇から偉大な栄光の太陽のほうへと上昇することができたロシアとともにあるのです」と語った。[49]第2章で述べたサン＝ピエール＝エ＝ミクロン島問題が決着を見たのは、この演説の二日後であったことを想起しよう。しかし四二年春まで、ソ連の自由フランスに対する態度は慎重で共感の域を出るものではなかった。それが変わるのが四二年五月半ばである。

ソ連との交渉においては、西欧で第二戦線を構築する問題や国内レジスタンスへの自由フランスの後見など、一筋縄ではいかない問題が存在していた。ドゴールは、一九四二年五月二四日にはソ連外相モロトフと一時間半の会談を行った。モロトフは、自由フランスの代表を「真のフランス」と呼んで、マダガスカル島やマルチニック島における自由フランスの立場に「最大の理解を示した」。そして、自由フランスが英米両国に第二戦線の開設を慫慂し、ソ連政府が植民地と国民の統一をめざす自由フランスの行動を支持することで一致をみた。さらに「ソ連政府は、共同の戦いのために、フランス全体が国民委員会を中心に結集し、同委員会が明日のフランスの運命を指導すること望んでいる」とも述べた。この会談のコミュニケは、一ヵ月後の六月二四日にソ連政府によって公表された。そのなかでソ連政府は、「自由にして強力なフランスがヨーロッパと世界においてヒトラーと戦う民主的列強としての地位を取り戻すこと」を望み、「フランス国民の増大する抵抗運動においてフランス国民委員会が果たした役割を強調した」[50]。アングロ＝サクソン諸国との軋轢を勘合すると、これはドゴールにとって申し分のないコミュニケであった。とはいえソ連との提携は、ドゴールが容共派になったことを意味するのではなく、露仏同盟以来のフランス外交の伝統でもあったことを銘記しよう。

その三ヵ月後、ソ連はさらに前に踏み出した。一九四二年九月二八日、ソ連と自由フランスは協定に調印するにいたる。ソ連は、降伏を受け入れずにフランス解放のためにドイツと戦う「フランス人の運動」を《戦うフランス》と呼ぶことに賛意を表明したのみならず、フランス国民委員会を「《戦うフランス》の指導機関にして、フランスの市民および領土の戦争への参加を組織するための、また、ソ連政府に対して、フランスの権益を代表するための資格を有する唯一のもの」として承認したのである[51]。フランスとソ連が相互に利用しあって、イギリスとアメリカに対抗するという関係は今後も続く。その英米両国は、国民委員会をいつ認めたのであろうか。

◉英米による国民委員会の承認

イギリス外務省はドゴールに国民委員会の拡大を求め、チャーチルも拡大国民委員会にドゴールを抑止する機能を期待した。一九四二年一月二〇日のドゴール宛書簡のなかでイーデン外相は、「国民委員会がフランス市民の非常に大きな過半数の公然または秘密の支持を得ている」とは考えていない旨を記していた[52]。この時点のイギリス政府には、国民委員会を承認する意図はまだなかった。そこでドゴールは、もしイギリスが社会主義者のアンドレ・フィリップをフランスから連れてくるなら、フィリップを内務委員にするとか、カトリックの哲学者ジャック・マリタンを国民委員会に加えることや、元外務省事務総長アレクシス・レジェを高官に任命することなどを提案しもした。実際にドゴールは、四二年五月一八日、ワシントンにいるアドリアン・ティクシエにマリタンとレジェの意向を確認するよう打電している[53]。しかし、両者はドゴールの呼びかけに応じなかった。レジェは、五月二五日、ドゴール宛に「職業外交官の私は、うわべであれ実質であれ、必ずやいっそう政治色を強めることになるロンドン委員会の指導的活動に加わることはできません。ロンドン委員会は政治色を非難されています。政治色の強化は、《自由フランス》運動にとって時宜を得ておらず、私自身が考える委員会の役割に反しています」と返答している[54]。さらにレジェは、四二年六月と四三年三月に国民委員会への参加を求めるチャーチルからの手紙にも、また、アルジェでドゴールから独立した政治組織への参加を促すローズヴェルトの手紙にも、否定的な回答をするであろう[55]。

ヴィシーに大使を置いていたアメリカ政府は、一九四二年七月九日に国民委員会との協定に調印した。アメリカは、「フランスおよびその体制の伝統的精神の生気を維持するためにドゴール将軍の致せる貢献とフランス国民委員会の払う努力」を認め、「可能な限りの軍事援助と支持」を約束し、そのための交渉窓口として、チャールズ・ボルト将軍に加えて欧州アメリカ海軍総司令官ハロルド・スターク提督を指名した。アメリカが自由フランスの正式代表に信任状を与える決定を下したのもこのときであり、それは、それまで自由フランスと距離を置いてきたローズヴェルト政権の最初の政策転換を意味した。四二年前半までのアメリカでは、新聞や反ドゴール派フランス居留民によって「自由フランスを崩壊させるための激烈な企て」（アドリアン・ティクシエ）が試みられていただけに、これは大きな変化であった。(56)

イギリスも一九四二年七月一三日の声明のなかで、《戦うフランス》を「共通の敵との戦争において連合国と協力するために、その居場所にかかわらず団結したフランスに帰属するすべての者およびフランスの領土全体」として承認し、国民委員会が「戦うフランスの指導機関」にして「連合王国政府に対してこれらフランス人および領土の権益を代表する」ことも認めた。(57)この声明は、戦いに復帰したフランス本土や植民地のレジスタンス集団に、ドゴールが権威を行使することを妨げないことを意味した。つまり、イギリスはドゴールを名実ともにレジスタンスの指導者として認めたのである。

◉国民委員会の拡大

こうした状況の変化は、一九四二年半ばまでに三九ヵ国に国民委員会が設立されたことに窺うことができる。(58)ルイ・ド・ブノワ男爵によって設立されたエジプトの国民委員会は、ロンドン以外に設けられた最初の組織であった。ブノワはスエズ運河会社の支社長で、四一年七月に自由フランス総代に任命されていた。四二年六月には、カイロ、アレクサンドリア、ポート＝サイードの三箇所に国民委員会の代表部が置かれて、ヴィシー政府の代表部に取って代わった。とりわけカイロの代表部は、宣伝活動や近東地域との文化活動の中心となった。

国民委員会がメキシコや南米諸国に浸透できたのは、ジャック・スーステルに負っている。スーステルは、一九四一年三月頃にドゴールの個人代表としてメキシコや中米で宣伝活動を組織すべく、八〜九ヵ月の旅に出た。[59] スーステルは、メキシコでフランス居留民の九五パーセントを代表する三二の地方委員会の設立に貢献し、毎月一〇〇〇ポンドの献金を集めるまでになった。新聞・ラジオや講演会による活動をとおして、自由フランスの宣伝に努めた。またスーステルは、キューバでは大統領に迎えられ、サン＝ドマング、ハイチ、プエルトリコには委員会を設置した。さらに、ヴィシーと手を切った二人の外交官をアンティル諸島およびベネズエラとコロンビアの自由フランス代表とした。

図3-2　ジャック・スーステル

出典　Pascal Le Pautremat, *Les agents secrets de la France libre*, Paris, 2013, p.131.

スーステル以外の活動家が南米各地で組織作りに尽力し、一九四二年八月時点でアルゼンチンに四三、ブラジルに一四、チリに三七、コロンビアに五、ウルグアイに二三、ベネズエラには一一の地方委員会が樹立された。[60] ただし南米在住のフランス人は、ブラジルのリオデジャネイロやサンパウロでも成人男性が三〇〇人ずつと多いとは言えなかったが、その過半数が地方委員会のメンバーであった。また、ブラジルに亡命していた作家のジョルジュ・ベルナノスが自由フランスのために論陣を張っていた。[61] ブラジルよりフランス人居留民が多いアルゼンチンでは、週刊紙『フランス・ヌーヴェル』が一万五〇〇〇部発行され、地方委員会委員でもある社会学者のロジェ・カイヨワが文芸誌『フランス文学』

の編集に携わっており、カイヨワは、四二年八月にブエノスアイレスにフランス高等研究院を設立するにいたる。この研究院は、フランス文化とドゴール派のセンターとなるだろう。こうした動きを後押しすべく、四二年五月、自由フランスはフランス文化を普及するための「アリアンス・フランセーズ運営評議会」をロンドンに設置している。

◉カナダとアメリカの自由フランス運動

カナダで自由フランス運動を成功に導いたのは、二五歳の女性エリザベト・ド・ミリベル（ドゴールの六月一八日演説をタイプした女性）である。[62] カナダに両親が住んでいたミリベルは、自由フランスの使命を帯びてカナダに赴いた。ところが、ケベック地方の住民は、自由フランスに不審を抱き、ヴィシー政府に中立の立場をとるか共感する者が多かった。チエリー・ダルジャンリューに同道して一九四一年二月から二ヵ月、ケベック、オタワ、モントリオールを訪れたアラン・サヴァリは、フランス系カナダ人のあいだに反自由フランス感情と反英感情が根強いことを観察している。[63] こうした状況を前にして、ミリベルは講演や論説をとおしてドゴールへの支持を訴え、ドゴールの密使を派遣するようにロンドンに求めた。同時にミリベルは、四一年二月にチエリー・ダルジャンリュー海軍大佐の訪問とケベック大司教ヴィルヌーヴ枢機卿によるダルジャンリューの受け入れを企画し、成功させた。

こうして、彼女はケベックにおける自由フランス運動を始動させ、カナダ政府もドゴールの代表をオタワに置くことを許可した。国民委員会の地方委員会や小委員会の数も、一九四一年九月に一六であったのが八五にまで増え、ミリベルも情報機関を設置して情宣活動を活発に展開した。そのために、ロンドンの自由フランスから月一二〇〇ドルの資金が送られていた。こうした活動の結果、四一年一一月のケベック州の世論調査によると、ペタン元帥を支持する者は二五パーセント、支持しない者が五〇パーセントとなっていた。四二年一二月にカナダ政府は、フランス国民委員会との窓口役としてミリベルの支持者でもあったジョルジュ・ヴァニエ将軍をカナダ政府代表に任命するまでになった。

自由フランスにとって、カナダより困難であったのはアメリカである。[64] 一九四二年の自由フランス代表部による人口調査によれば、五〇万人のフランス系在住者のうち、フランス生まれは一三万五〇〇〇人であり、四万八〇〇〇人がニューヨークに住んでいた。また、アメリカに亡命してきた政・財・官や文人エリート八～九〇〇〇人ほどの存在が事態を複雑にしていた。ブザンソン大学教授のルイ・ルージエや急進党政治家のカミーユ・ショータン、アカデミー・フランセーズ会員のアンドレ・モーロワらはペタンを支持しており、在米フランス人に影響を与えていた。亡命者の多くはヴィシー政府の国民革命と対独協力を非難していたが、自由フランスを支持する者は少なかった。

図3-3　6月18日演説をタイプしたエリザベト・ド・ミリベル

出典　Éric Branca, *De Gaulle et les français libres*, Paris, 2010, p.44.

ドゴールもアメリカの状況に手をこまねいていたわけではない。彼は、アメリカにおけるドゴール個人の代表として、一九四〇年七月にサン＝シール陸軍士官学校の同窓生でニューヨークにある香水会社副社長のジャック・ド・シエイエスを任命し、四一年一月には政治・経済・金融担当の代表として元通商顧問のモーリス・ガロー＝ドンバルを任命している。[65] しかし、両者はアメリカ政府から代表としての身分が認められず、そのうえ資金不足もあって活動は機能しなかった。そこでドゴールは状況を立て直すために、自由フランスの外交・経済担当ルネ・プレヴァンに「ドゴールと植民地防衛評議会の名において行動し発言する権限と資格を与えて」、四一年六月初めにアメリカに派遣した。[66]

かくして自由フランスは、一九四二年八月時点で世界四二ヵ国に四一二の地方委員会を数えるまでになり、国民委員会は五大陸に一八人の代表（このうち六人は職業外交官）を持つにいたった。[67] 小規模ではあれ、国際法にいう領域と国民と中央政府という主権国家の三要素を獲得した。たしかに、いまだ小さな一歩であり、これがただちに国家の承認につながるものではなかった。自由フランスにとって次の仕事は、フランス本土に主権を樹立することであった。とりわけ、外交上の承認を得るためにも本土フランス国民の支持を得ることは喫緊の課題となっていた。フランス国内のレジスタンス諸組織をひとつにまとめ、ドゴールと自由フランスを支持させることが重要な課題となる。つまり、ドゴールの権威を承認するレジスタンスによる国民の統一、レジスタンスをとおした国民の統一が求められた。その任務を付託されたのが、元ウール県知事ジャン・ムーランである。

第2節　全国抵抗評議会

◉南部地区のレジスタンス運動

一九四一年一〇月二五日、ドゴールは四二歳のジャン・ムーランから国内レジスタンスの動向と役割について報告を受けている。[68] 四〇年一一月二日にヴィシー政府から罷免されたムーランは、翌一一月三日のパリで、人民戦線政府期の空軍省の同僚であったピエール・ムニエとロベール・シャンベロンと会って、二人に北部地区の抵抗グループや個人の調査を依頼し、自身は南部地区の調査に赴くことを語っていた。[69]

図3-4　コンバの指導者アンリ・フレネ

出典　Éric Branca, *De Gaulle et les français libres,* Paris, 2010, p.162.

こうしてムーランは、渡英前の半年間で南部地区のレジスタンス組織と接触することができた。「国民解放」（アンリ・フレネ、中道系）、「自由」（フランワソ・ド・マントン、キリスト教民主系）、「南部解放」（エマニュエル・ダスティエ、社会党系）の三つである。フレネは、四一年四月末から五月初め頃にマルセイユの医師ルコルディエ宅でムーランと会っていたが、夏時点のフレネは、「ドゴールの運動は間違っている」と考えており、「国民解放運動はドゴール派とは無関係であり、ロンドンから命令も補助金も受け取ってはいない」と記していた。(70)

南部解放は、一九四〇年一一月にクレルモン＝フェランで結成された「最新縦隊（La Dernière Colonne）」が、四一年四月に南部解放と改名して誕生していた。「国民解放」と「自由」は、四一年一一月に合併して「コンバ」となるが、これら三組織は、フランス解放のために地下新聞の発行や破壊活動や軍事作戦などで協力しあうこと、「イギリスの大義とドゴール将軍の大義を支持」していることなどをドゴールに伝え、これら組織への精神的支援と連絡員の派遣、資金と武器の援助を求めた。とくに南部解放は、機関紙『解放』五〜六号（四二年一月〜二月）のなかで、「偉大なフランスの指導者、ドゴール将軍はわが国の再興のシンボルとなった」とか、未来のためにわれわれの自由を残しつつも「現時点ではひとつの運動、自由フランスの運動しかなく、また一人の指導者、フランスの統一と意志の象徴であるドゴール将軍しかいない」と記していた。(71)

ドゴールは、自由フランスの運動とフランス国内でばらばらに展開されていたレジスタンスとを結合しようとする。それは、国民委員会がフランスを代表することを連合国に認めさせるためにも必要であった。フランス国内の分散した戦いをひとつにまとめて全国抵抗評議会（Conseil National de la Résistance ＣＮＲ）を創設したのがジャン・ムーランである。(72)国内レジスタンスの統一は以下のプロセスを経て達成された。

◉国内レジスタンスとの連絡網

一九四一年から、国内レジスタンスの指導者とロンドンの自由フランスとの接触が始まる。すでに四〇年七月一日にドゴールは、二九歳のパッシー大佐に第二課（情報・諜報）の任務を与えていたが、四一年に入ってスペイン経由やパラシュート降下によって、無線機を持った諜報員がフランスに送り込まれるようになる。サン＝ジャック（モーリス・デュクロ）、レミ（ジルベール・ルノー）、リュカ（ピエール・フルコー）が早期の事例である。パッシーは、四一年末までにロンドンのフランス情報部が二九人の諜報員を送り込み、交信のある一二台の無線機のうち、六台がレミの情報網のものであったと記している。(73) サン＝ジャックは、四〇年八月四日にフランスに戻り、年末までにフランス北西部のカーン＝パリ＝ダンケルクに地下情報網を構築していた。レミは四〇年末に諜報組織「ノートルダム信心会」を組織し、フランス西部・南西部に地下情報網を組織していった。ノートルダム信心会は、四一年三月に八〇人、一二月には四三〇人、四二年五月には六〇〇人を擁するまでになっている。ピエール・フルコーは、四〇年八月からヴィシー政府の情報将校ジョルジュ・グルサールとの関係を維持しただけでなく、四一年春にはマルセイユで地下情報網を構築し、翌年にはマルセイユの社会主義行動委員会（Comité d'action socialiste CAS、ダニエル・マイエル、フェリックス・グーアン、ガストン・ドフェール）とのつながりが生まれた。(74)

図 3-5　自由フランスのナンバーワン諜報員レミ

出典　Éric Branca, *De Gaulle et les français libres*, Paris, 2010, p.164.

　こうした動向を踏まえて、一九四一年一〇月八日にドゴールは、英国の経済戦担当大臣ヒュー・ドルトンに、ドゴールと国民委員会がフランスのレジスタンスを指導するため、「フランスにおける政治行動に移りたいと願っており」、フランス本土との連絡を行う秘密の送受信局と通信員の配置、政治情報網や秘密宣伝網の構築、重要な名士の勧誘などの点で協力を求めている。[75] 四二年からはイギリス空軍小型機ライサンダーズを用いての着陸が試みられた。夜間飛行という危険がともなうこともあって、英仏情報部が四二年に試みた着陸で成功したのは一七回で、二九人を送り込み、三八人を連れ帰った。四〇年一〇月から四四年八月半ばまでに二二四回の着陸に成功し、四四五人をフランスに降ろし、六五五人を乗せて帰ったという。[76]

このように、諜報活動も全面的にイギリスに依存していたこともあり、フランスで送受信される無線通信はすべてイギリスの通信センターを経由していた。パッシーはこうした状態に立腹していたが、フランス情報部と競合するイギリス情報部が、フランス人愛国者をリクルートすることも阻止できなかった。事実、イギリス情報機関の特別作戦実行部（後述）はフランスの若者を組織して秘密作戦に活用していた。[77] そこで一九四一年一〇月二四日にドゴールも、パッシーにイギリス情報機関との関係途絶を命じ、四二年七月一八日にはイーデン外相に、イギリス情報機関による「干渉や遅延のためにフランス情報機関への援助が錯雑し、そのため援助がわれわれの任務の助けにはなっておりません」と苦言を呈している。また、イギリス軍の要請もあって、発電所の破壊工作やドイツ人パイロットの送迎バスの襲撃などのために、自由フランス軍兵士が送り込まれもした。こうした成果とイギリス軍の新たな要求に応えるために、四一年秋にパッシーは情報課に加えて、行動課、逃走課、文書保管課、それに暗号局を設け、一二月には防諜課も設けている。[78] なお、パッシーはイギリス情報部との競合のみならず、アンドレ・ディテルム率いる国民委員会の内務委員部とも競合し、関係が悪化していた。パッシー自身、ピエール・ブロソレットの覚書を引用するかたちで「内務委員部と中央情報軍事行動局の指導者相互間の信頼は、完全に欠如していた」と記している。[79]

◉統一を模索する社会党の動向

国内レジスタンスの側からも、レジスタンス諸組織の統一を模索し、ロンドンとの連絡を取ろうとする動きが社会党関係者から出てきた。ダニエル・コルディエの研究に依拠して、その動向をしたためておこう。[80] 中央情報行動局（ＢＣＲＡ、後述）の諜報員でもあったコルディエは、一九四二年七月三〇日からムーランの逮捕（四三年六月二一日）までの約一一ヵ月間、ムーランの助手となった人物でもある。[81] 社会党員による統一を模索する経緯は、以下のようであった。四二年五月、社会党系のマルセイユの弁護士で地下情報網ブルータスの指導者アンドレ・ボワイエ、[82] ガストン・ドフェール、それに飛行士ボリス・フルコーの三人が、レジスタンス・政党・労組の統一組織をロンドンに提案し、六月八日にはフルコーがパッシーに詳細を説明している。さらに、六月のトゥールーズでも三人はジャン・ムーランとクリスチアン・ピノー（社会党系の「北部解放」[83] のリーダー）に統一案を提出したが、ムーランやピノーは、瓦解した第三共和政とかかわる旧政党を含めることに否定的であった。ムーランは、六月二三日付の通信のなかで、政党はレジスタンスの統一組織内に席を占めるべきではないが、ペタンの授権法に反対投票したような「選ばれた政治家が個人としての資格でのみ席を占めるべきです」と記している。[84] 政党に否定的なムーランを意識したためか、六月一五日付の『ポピュレール』に掲載された「社会主義行動委員会宣言」のなかで、ダニエル・マイエルはドゴールをこう絶賛していた。「われわれにとってドゴール将軍は、抵抗と解放の当然かつ必要な象徴である。……ヒトラーのドイツに対する抵抗の象徴にして、アングロ＝サクソン民主主義国との自然な同盟者たるドゴールは、意識していようといまいと、国家の民主的再建のシンボルだ」。[85]

一九四二年一一月にもダニエル・マイエルは、レジスタンス組織と地下政党を含めた「レジスタンス執行委員会」

主義・社会主義を基本原理とする連合）構想を提出した。本土のレジスタンス勢力の統一が自由フランスの統制が及ばないかたちで進むことを危惧したムーランは、一二月一一日にリヨンでボワイエ、ドフェール、ボリス・フルコーらと会見して、新生社会党こそがフランス労働者を代表し、民主主義を保障するのだと訴えられた。その三日後の一二月一四日、ムーランもついに数ヵ月前には拒否していた非集権的で連合的な「抵抗評議会」構想を受け入れ、ドゴールにも提案している。[86] もちろん、第三共和政期の旧政党を含む案にフレネは断固反対で、もしそうなれば「あなた［ムーラン］は、わが運動が旧政党内にもたらす革命的な力を窒息させることだろう。そして、あなたはレジスタンスの墓掘人になるだろう」と述べている。[87]

を提唱している。一二月にはピノーが、生まれ変わった政党を含めた「国民連合《ラサンブルマン・ナシオナル》」（解放・自由・共和政・民主

◉地下活動家の渡英

ノートルダム信心会の指導者レミは、社会党のピエール・ブロソレット、クリスチアン・ピノー、保守系の抵抗組織「民・軍組織（Organisation civile et militaire ＯＣＭ）」の指導者、さらには共産党系の国民戦線（一九四一年五月結成）とも接触することができ、自由フランスと占領地区の抵抗運動の媒介者となった。ノートルダム信心会のメンバーが四一年春にブロソレットと接触し、ブロソレットと自由フランスの情報組織との関係が始まった。[88] レミの斡旋によってピノーが四二年三月末に、ブロソレットが四月二六日に、民・軍組織代表者ジャック＝アンリ・シモンが七月にロンドンにやって来た。渡英前にブロソレットと会ったピノーは、ロンドンの自由フランスとフランス国内レジスタンスとの連絡を確立することの重要性についてブロソレットと同じ考えを持っていたと語っている。[89]「北部解放」はロンドンと連絡が取れた最初の国内レジスタンス組織であり、ピノー自身「わ

がグループがロンドンと最初に連絡を取れたのはピエール・ブロソレットのおかげだ」と記している。[90]

ピノーは、ロンドンでパッシー大佐やドゴール、プレヴァン、ディテルムと会見し、アンリ・オックやルイ・レヴィとも会っている。パッシーは、ピノーに国内レジスタンスの概要説明を求め、国内レジスタンスはドゴール将軍の権威を認めているのかといった質問を放った。ピノーは、初対面時のドゴールが聞き役に徹し、国内レジスタンスにかんする知識がほとんどなく、自由フランス軍やアフリカの部隊といった軍事面についてしか話さないことに失望を感じはしたが、ドゴールに国内レジスタンスに向けたメッセージを希望する旨を述べた。反ドゴール派のルイ・レヴィから、ピノーはドゴールが王党派のモーラス主義者だとか、将軍がＢＣＲＡのファシストに取り囲まれているとも告げられている。[91] ブロソレットのドゴールに対する第一印象も、ドゴールはあまり語らず、ひたすら耳を傾けていたというものであるが、彼はドゴールを「任に耐えうる人であり、自分に割りあてられた役割を引き受けることができる」人物とみていた。[92]

ピノーは、ドゴールとの会見で「民主主義の回復」や「共和国の再建」を力説する声明をドゴールに求め、さらに「閣下、あなたは第三共和政を非難しすぎです。現に［第三共和政の指導者を裁く］リオン裁判は、多くの人びとに動揺を与えています。もしあなたが第三共和政を非難するなら、あなたはヴィシーを利するだけです」と助言していた。[93] アンリ・オックやアドリアン・ティクシエらの助けも得て、ピノーとドゴールとの二度目、三度目の会見で草案が練られ、一九四二年四月二七日にドゴールは民主的な信念を表明した「レジスタンス運動への声明」をピノーに手渡している。[94] この声明は、後述するように、六月二三日にフランスの地下新聞によって広められただけでなく、六月二四日のＢＢＣ放送「名誉と祖国」のなかでモーリス・シューマンによっても抜粋が紹介された。[95] 八〇万フランと無線機と指令を持って帰国したピノーは、「そのときから、国内レジスタンスは概してレジスタンスの一構成分子となった」と一九九一年に回想している。[96]

　このように、ピノーとロンドンとの結びつきによって、国外レジスタンスと国内レジスタンスの関係も密になっていく。一九四二年四月二八日に中央情報軍事行動局の任務を帯びて帰国したピノーは、南部地区で地下情報網「ファランクス（Phalanx）」の構築に、占領地区では同志ジャン・カヴァイエス（ソルボンヌの哲学教授で四一年春に解放グループに参加）が地下情報網「コオール（Cohors）」の構築にいそしむことになる。ファランクスは政治・経済情報の収集、コオールは軍事情報の収集を任務としていた。コオールの情報は、四二年九月一五日からノートルダム信心会を経由してロンドンに定期的に届けられた(97)。コオールには毎月、三〇〇〇～五五〇〇フランが支給されていたという(98)。

　また、渡英したブロソレットはドゴールに社会党の支持を伝えている。この結果、一九四二年七月二五日に社会党員のアンドレ・フィリップがイギリスにやって来て、フランス国民委員会の内務委員に任命され、自由フランスと国内レジスタンスの連絡を担当した。ドゴール将軍付副官のクロード・セルールは、ドゴールとフィリップが「互いに魅了された」ことを記し、ＢＣＲＡのパッシーは、ドゴールがフィリップを内務委員に任命した素速さを、ドゴールがフィリップを優れた行政官にして有能な組織者と評価した証だとみている(99)。フィリップも八月一四日に、政府はさまざまな徒党の群にすぐに分裂するようなレジスタンス諸組織から生まれるのではなくて、「ドゴールをトップに据えた政府以外の可能性はありません」と語っていた(100)。

　自由地区ではジャン・ムーランがレジスタンス組織の統一に向けた行動を起こしており、「南部解放」のエマニュエル・ダスティエ・ド・ラ・ヴィジュリが、一九四二年五月中旬にロンドンでドゴールと会っている。そのほか、四二年中にフェリックス・グーアン（レオン・ブルムの使者となった社会党員）、ルイ・ヴァロン（北部解放）、ポール・アンティエ、ピエール・マンデス・フランス（急進党員）、マックス・イマン（ネオ・ソシアリスト）、ジャン・ピエール＝ブロック（社会主義行動委員会）らが渡英している。

ドゴールがピノーに手渡した先述の「声明」は、ムーランを介して一九四二年六月二三日にフランスの地下新聞によって印刷され、フランス全土で配布された。前日の二二日には、ヴィシー政府の首相ピエール・ラヴァルが、ボルシェヴィズムの進出から世界を守るために「ドイツの勝利を望む」とラジオから演説していた。ドゴールの「声明」は、国民委員会とレジスタンス組織との将来的な政治・経済・社会の綱領となるべきものであった。声明のなかでドゴールは、戦争目的を領土や主権の回復だと明確にし、勝利の暁には国の将来を決する国民議会を招集すべく、フランス人男女による選挙を実施し、戦犯や裏切者を処罰し、安全保障や社会保障を充実させ、民主主義を擁護し、民族自決・正義・自由が勝利する国際社会でフランスが卓越した地位を占めることなどを訴えた。[101] この声明が、四〇年六月一八日のアピール以降、最重要な文書だと言われるゆえんだが、ドゴールの独裁的気質を懸念するフラン＝ティルールは、「声明」を機関紙の第一面にではなくて第三面に掲載してドゴールの「民主的転回」に留保を示した。[102] こうした反応もあったが、ピノーはドゴールのメッセージの配布に努め、エドアール・エリオ元首相、ルイ・ジャキノ、スパニアン、社会党のアンドレ・フィリップ、労働総同盟書記長レオン・ジュオーらと会い、スパニアンを通じてレオン・ブルムや国内レジスタンスの主要リーダーにも渡るように手配した。エリオやジャキノやジュオーからは、メッセージに好意的反応がもたらされ、フィリップは「統制的技術(technique dirigée)」という言葉に関心を寄せたという。[103]

◉自由フランスの三組織

一九四二年の春から夏にかけて、自由フランス内部に三つの組織が設けられている。ひとつは、内務委員部に所属する「プロパガンダ実行委員会(Comité exécutif de propagande)」である。この委員会は四月一日にロンドンで発足し、フランス解放までラジオやビラをとおして政治宣伝の指導機関となった。創設時のメンバーはジョルジュ・ボリス、ボゼル（ジャン・リシュモン）、ジャン＝ルイ・クレミュー＝ブリヤック、アンリ・オック、ジュール・ロワ、モーリス・シューマンの六人からなった。しかし、ＢＣＲＡの活動と重なる面があり、リーダー格のボゼルが政治情報をＢＣＲＡに送る課報員をみずからの管理下に置こうとし、さらにはＢＣＲＡ局長パッシーがボゼルの地下活動能力をまったく評価せず、極秘情報を直接内務委員ディテルムにのみ知らせると言い張ったように、プロパガンダ実行委員会とＢＣＲＡとのあいだには争いやら緊張があった。(104)

ほかの二つは、ジャン・ムーランの指導でフランス国内に設けられた。一九四二年四月に発足した「報道出版局（Bureau d'information et de presse ＢＩＰ）」と四二年七月に誕生した「全国専門家委員会（Comité national d'experts）」である。自由地区のレジスタンス組織コンバの幹部会員でもあったジョルジュ・ビドーが指揮する報道出版局は、フランス国内の地下新聞に情報を提供し、ロンドンに国内の情勢を伝える諜報機関であった。ムーランは毎月平均して一五万フランを報道出版局に渡し、全国専門家委員会は四二年一二月に二〇万フランを受け取っている。(105) 全国専門家委員会は、四二年六月にコンバのフランソワ・ド・マントンがムーランに設立を提起し、六月二三日にムーランがロンドンに設置を提案して誕生した組織である。(106) 全国専門家委員会は、四二年一一月に設立された南部レジスタンス運動の調整委員会と協働することとされたが、両組織の役割について、コンバのアンリ・フレネや南部解放のエマニュエル・ダスティエから異議が出されもした。フレネはムーランの公明正大さや勇気を認めつつも、ムーランが諸抵抗運動体の内部に干渉してくることには反対であった。ムーランと国内レジスタンス指導者との見解の相違の例であるが、全国専門家委員会は、四三年二月に「総合検討委員会（Comité général d'études）」と改称し、解放時にとるべき行政的立法的措置や「将来の政治・経済・社会の制度」についての検討を任務とした。

総合検討委員会は、一九四三年春には拠点をリヨンからパリに移し、「レジスタンスの九賢人」（ディアヌ・ド・ベレシズ）と称される九人の委員から構成された。フランソワ・ド・マントン（キリスト教民主系のコンバ創設者で法学教授）、元急進党議員のポール・バスティッド（元商相、法学教授）、社会党員のロベール・ラコスト（南部解放）、ピエール゠アンリ・テトジャン（キリスト教民主系の法学教授、コンバ）、アレクサンドル・パロディ（国務院請願委員）、ミシェル・ドブレ（四三年夏に加入、国務院請願委員、「抵抗の人びと」所属）、ルネ・クルタン（経済学教授、コンバ）、弁護士会長のジャック・シャルパンティエ（四三年夏に加入）、ピエール・ルフォシュー（四三年冬に加入、民・軍組織所属の技師）の九人である。反ヴィシーの法律家にしてリベラルな共和主義者が多かった。

この委員会は、経済社会問題、新聞雑誌の問題、司法と粛清、制度上の問題などを扱った。(107) フレネは、法学者の数が多いとか、ムーランが総合検討委員会をとおしてレジスタンスを官僚化しようとしていると非難し、さらには、「ムーランが二ヵ月前から私よりも頻繁にマントン、テトジャン、ビドーと会って、彼らに私を非難させようと願うのは明らかにムーランの策略である。彼らは、ムーランに直属する総合検討委員会や報道出版局を統率していない」と批判を記している。(108) このように、総合検討委員会への批判は、当初の委員には社会主義者がいなくて法律家や高級官僚に偏っており、一九四三年夏まで北部占領地区の代表者もおらず、全レジスタンス組織との接点がなく、レジスタンス組織に諮られないで決定がなされる点にあった。(109) 委員のマントンが、四三年一〇月にフランス国民解放委員会（本章第3節参照）の司法委員に就き、パロディが四四年四月に解放委員会の本土総代、さらには臨時政府代理になったことで、総合検討委員会の威信も高まるが、この委員会の委員構成は解放まで不変であり、ムーランや《戦うフランス》に従属する組織だという印象はレジスタンス指導者のあいだには根強かった。

◉中央情報行動局（ＢＣＲＡ）

一九四二年六月、自由フランスのなかにＢＣＲＡが設けられた。ＢＣＲＡこそ、ドゴールの庇護のもと、国内レジスタンスと自由フランスを結びつけるのに貢献した組織であった。(110) ＢＣＲＡは、パッシー大佐を指導者とする諜報組織である。前身は、四二年一月一七日にロンドンで設立された中央情報軍事行動局（ＢＣＲＡＭ）であった。ＢＣＲＡＭは、四課（情報、軍事行動、防諜、技術・暗号・資金調達）からなっており、四二年春に、脱走、研究と調整、資料と配付という政治部門を付加している。ＢＣＲＡの組織名に見られるように、前身組織ＢＣＲＡＭから軍事（Ｍ）が抜け落ちたことは、政治志向をより強める意志表示でもあった。それゆえ、ＢＣＲＡは政治部門をもち、アンドレ・フィリップの内務委員部がＢＣＲＡの後見となって、フランス国内の地下活動を調整した。四二年初めに五三人の体制で発足したＢＣＲＡは、四三年初めには一五一人、四三年末には三五〇人（軍人一五七人、文民一九三人）まで増加した。これは、自由フランスの影響力の拡大とレジスタンス活動の活性化を示している。四四年八月末時点でのロンドンのＢＣＲＡ職員は五七〇人を数えるにいたった。(111)

ドゴール同様にパッシーも、イギリス情報部と協力せざるをえなかったが、イギリス情報部の二組織が競合関係にあり、事態を複雑にしていた。ひとつは一九〇九年に設立され外務省に属する秘密情報部（Secret Intelligence Service ＳＩＳ、別名ＭＩ６）、もうひとつは四〇年七月にチャーチルによって急造された特別作戦実行部（Special Operations Executive ＳＯＥ）で、それぞれドイツに占領された諸国の軍事情報の収集と破壊活動を任務としていた。フランス情報部はこれらイギリス二組織のライヴァル関係の影響を受けたのである。(112) ドゴールも四一年一二月二二日付でイーデン外相に、「遺憾ながら関係するフランス機関と英国機関とのあいだに、国民委員会が希望するごとき協力を実現することができなかったように思えるのであります」とか、四二年七月一八日にもイーデンに「イギリスとフランスの秘密情報機関同士の協力は、まったく満足のゆくものとは申せません」と不満をしたためていた。この結果、ＢＣＲＡとＳＯＥとの調整委員会が四二年九月に設けられることになった。[113] ＳＯＥ内のフランス班とドゴール班がフランスを担当しており、ドゴール班との協力がなければ、ＢＣＲＡは戦場に武器や戦闘員を送る手段を持ちあわせてはいなかった。[114]

図 3-6　1944 年の BCRA。向かって右から２人目がパッシー大佐、座っているのはケーニグ将軍
出典　Éric Branca, *De Gaulle et les français libres*, Paris, 2010, p.163.

ＢＣＲＡは、情報の収集や連絡、国内レジスタンスに必要な物資・武器・資金を供給する任にあたった。ＢＣＲＡからフランス国内に送り込まれた無線通信士モーリス・ド・シュヴェニェの回想録に寄せた跋文のなかで、セバスチャン・アルベルテリは、ＢＣＲＡは一九四三年前半には一日平均一三通の電報（その半々が地下情報網と行動課課報員からのもの）を受け取ったが、四四年七月には電報数は一八〇通（その三分の二が行動課宛のもの）に達したという。もちろん無線通信士は、危険と背中合わせの地下活動をしており、ドイツ防諜部の電波探知機によって四三年夏以前に送り込まれた通信士の八割が逮捕されたが、技術改良もあってその後一二ヵ月では逮捕者は一五パーセントに激減したという。[115] さらに、資金援助といった財政的圧力によって、自由フランスは抵抗組織への影響力を強めていく。たとえばムーランは、アンリ・フレネ率いるコンバへの資金援助を月額五〇〇万から三〇〇万フランに減額して財政的締めつけを行い、コンバの行動を統制しようとしたことがあった[116]。スーステルによれば、諸組織の財政的必要に応えるのはムーランの権限であったという[117]。なお、四三年一一月一七日政令によって、ＢＣＲＡとジロー将軍の特殊任務部隊とが融合して特殊任務総局（Direction Générale des services secrets ＤＧＳＳ）となり、ジャック・スーステルが局長となった。四三年一一月は、ジロー将軍がフランス国民解放委員会から排除されたときでもあった（本章第3節参照）。また四三年一一月、内務委員が南部解放のエマニュエル・ダスティエ・ド・ラ・ヴィジュリになってから、方針をめぐってエマニュエル・ダスティエとパッシーとの反目が深まりもした。エマニュエル・ダスティエは、ＢＣＲＡによる内務委員部への干渉を排除し、ＢＣＲＡ政治部を内務委員部の直轄とすることを求めた。それゆえ四四年には、エマニュエル・ダスティエとパッシーの関係はさらに悪化した[118]。

◉ドゴール支持の高まり

一九四二年九月一四日に、ピエール・ブロソレットがシャルル・ヴァランを連れてロンドンにやって来た。ヴァランは、ヴィシー政権の国民評議会議員で極右団体クロワ・ド・フーの元指導者フランソワ・ド・ラロックが結成したフランス社会党（Parti social français ＰＳＦ）の副総裁であった。それゆえドゴールは、四二年七月二九日にイーデン外相に、ヴァランの自由フランスへの参加は右翼世論への影響という点できわめて重要であるので、ヴァランの脱出に対する協力を要請していた。ヴァランの脱出は、とりわけＰＳＦの支持者が多い北アフリカで影響力を発揮すると思われた[119]。連合軍の北アフリカ上陸は、ヴァランのロンドン到着二ヵ月後であったことを想起しよう。

シャルル・ヴァランは、一九四二年九月一七日の「名誉と祖国」の番組でこう述べた。「ヴィシー政府は心身ともに敵の軍門に降った」がゆえに、敗北を認めず、フランスの名誉を救ったドゴール将軍の名前のもとでこそ、「今、父祖が獲得した独立と自由に執着するフランス人の和解が生まれているのです」。ブロソレットも、九月二一日に「フランス人がフランス人に語る」の番組に登場して、「シャルル・ヴァランと自分自身のロンドン到着の教訓」を告げていた。[120] しかし、九月二六日のジャン＝ジョレス・グループの集まりで、ブロソレットやアンドレ・フィリップを前にして、ルイ・レヴィは「ヴァランはファシストだ」とか、ゴンボーも「ブロソレットとわれわれのあいだには深刻な対立がある」と批判していた。[121] そこで、九月二七日にブロソレットは、フィリップもヴァランも自分もドゴール主義者であり、「ドゴール主義者たらずして抵抗派たりえない」と述べる反論「フランスの政治的復活」を『ラ・マルセイエーズ』に掲載して、「ますます普遍性を持つ『ドゴール主義』による諸政党の抵抗分子全員の統合《フュジヨン》」を求めた。[122] この主張は、フィリップがドゴール主義を支持する中産階級左派を代表し、ヴァランがドゴール主義を支持する中産階級右派を代表するという、ブロソレットの六月二七日付BCRA宛書簡の再確認でもあった。[123]

また書簡にて、保守派政治家のジョルジュ・マンデルとルイ・マラン、社会党のレオン・ブルム、元上院議長ジュール・ジャンヌネーらがドゴールへの支持を表明している。拘留中のジョルジュ・マンデルからドゴールに一九四二年八月二〇日付の手紙が届けられた。それには、ドゴールを臨時政府の「異論の余地なき首班」として認め、ドゴールとの「緊密な協力」がしたためられていた。[124] ジャンヌネーは、四二年一〇月に国民委員会宛に臨時政府に向かってルビコン川を渡るように訴えたが、ブルムも一〇月に同様の覚書（ドゴールを中心とする代理政府の樹立）を国民委員会に送っている。これ以外にもブルムは、ロンドンの自由フランスに宛てた四二年五月五日付の覚書のなかで、「臨時政府が作られるのは、ただ一人の人物、ただ一人の名前、すなわちドゴール将軍の周りでしかありません。彼は、フランスでいの一番に抵抗の意志を呼び覚まし、その意志を体現しつづけています」とか、八月一五日付の覚書でもドゴール将軍を中心とした政府の即時樹立を求め、民主主義に対するドゴールの約束は信頼できると記していた。八月二八日には社会党員に宛てて、「政党なくして民主主義なし」「ドゴール将軍は［臨時政府の］当然にして必然の指導者だ」と書き送っている。さらに一一月にブルムはドゴールの求めに応じて、解放されたフランスの統一を体現するドゴール将軍の「共和主義的精神」が信頼できると、ローズヴェルトとチャーチルに働きかける覚書まで作成しているほどである。(125)

ドゴール自身も一九四二年一〇月二六日に、ローズヴェルト大統領に「フランス国内では何人も私どものことを独裁の野望があるといって非難しなかったのは注目に値することであります」と、個人権力や独裁への懸念や疑念を払拭すべく手紙をしたためている。また七月三〇日には、渡英していた社会党のアンドレ・フィリップが「名誉と祖国」のラジオ番組のなかで、私が内務委員に任命されたことは「われわれがドゴール将軍を軍事的政治的指導者として認めていることを意味しています」と語っていた。(126)

◉共産党の支持

一九四二年三月頃、レミの副官フランソワ・フォールが、共産党の軍事組織、義勇遊撃隊の指導者マルセル・プレナンをとおして、フランス共産党中央委員会の代表とコンタクトができた。しかし共産党との連絡ルートは、五月末にＢＣＲＡの諜報員ジョルジュ・ヴェイユとフォールが逮捕されたことで、いったんは途絶を余儀なくされたが、ジャン・ムーランがコンバを介して、六月初めに自由地区の共産党代表ジョルジュ・マランヌと会うことができた。こうして一一月二八日、レミと共産党中央委員会の代表は、「国民的蜂起」の準備に向けた協力体制の構築について、《戦うフランス》と共産党系レジスタンスとの主要方針を明示する確認書を交わすにいたる。

義勇遊撃隊の地下新聞は、八月以来みずからを本国における「《戦うフランス》の前衛」と称していた[127]。ここにも、共産党の自由フランスに対する肯定的な姿勢が表れている。こうした関係の深化とともに、共産党中央委員の渡英が実現する。

一九四三年一月一一日、共産党の中央委員フェルナン・グルニエがレミとともに渡英した。翌日出されたコミュニケには、フランス解放の戦いのために共産党はドゴールを支持することが記されていた。これは、共産党の《戦うフランス》への参加、共産党のドゴール承認を意味した。独ソ戦が始まる四一年六月まで共産党は、ドゴール派の運動に期待を寄せるフランス人に「国民解放のためにフランス国民の統一を実現しうるのは、イギリス帝国主義と瓜二つの反動的で植民地主義的［大文字］なこの運動の背後にではない」と自由フランスを攻撃していた[128]。ところが、ソ連が自由フランスを承認した直後の四一年一〇月二日、共産党の機関紙『ユマニテ』は、「必要なこと、それは、ほかの従属国民・イギリス人・ドゴールの部隊・英雄的な赤軍兵士などの側に立ったフランス人民の団結と行動である[129]」と、ドゴールに触れた。さらに四二年六月二三日には、「ドゴール将軍の背後であれ、わが党ないし他組織の周りに結集していようと、すべての愛国者は団結すべきである。アフリカにいる自由フランスの兵士が戦うように、戦いのために団結すべきであり、《戦うフランス》の表現を用いれば、祖国の土の上で義勇遊撃隊が戦っているように、戦いのために団結すべきだ」と記していた[130]。

このように、ドゴールを英米帝国主義の手先として非難してきた共産党のドゴール支持によって、これ以後、反ドゴール派は自由フランスが右翼的組織だと主張できなくなった。第2章第3節で触れたように、一九四三年一月はドゴールがジローと覇権を争っているときだけに、グルニエの渡英による共産党の支持は意義深いものであった。一月一四日にモーリス・シューマンは、「フェルナン・グルニエは、本国であれ、本国から遠いところであれ、ひとつの祖国のために、ただひとつの戦闘を遂行するすべての同胞を《戦うフランス》に結集させます」

とラジオから称え、翌一五日にはグルニエ自身が、「私はフランス共産党中央委員会の代表として、ドゴール将軍とフランス国民委員会に数万のわが党員の支持を与えるためにロンドンに到着したところです」とマイクに向かって語った。(131)

ドゴールも、スターリングラード（現ヴォルゴグラード）を赤軍が奪還して八日後の一九四三年二月一〇日、共産党中央委員会に宛てて国民委員会への支持に感謝すると同時に、北アフリカの共産党議員が釈放されていないことに遺憾の意を表明し、「勇敢なロシア軍の攻撃のもと、ドイツ軍の支配が揺らごうとしているときに、フランス人愛国者がロシアやアングロ＝サクソンの連合国の側で国土の解放に加わることが重要であります。私は、《戦うフランス》が共産党をあてにできることを知っています」と記した。(132) 共産党を懐柔するためにドゴールは、四二年後半に共産党が一番ほしがっている武器を二度引き渡している。(133) そのほか、四二年のクリスマスに、クロード・エチエ・ド・ボワランベールから《戦うフランス》への参加を求められた急進党の政治家アンリ・クーユは、四三年四月一四日にロンドンでドゴール陣営に加わった。共産党の勢力拡大に対して四三年三月一二日には、社会党のフェリックス・グーアンが「《戦うフランス》を支持する議員グループ」を組織し、共産党に対抗する政党を糾合していた。(134)

◉ムーランとドゴール

南部自由地区のレジスタンス組織は、ジャン・ムーランの活動もあって一九四二年一月にはロンドンの自由フランスと連絡を取ることができたが、北部占領地区では四二年四月のピノー訪英まで関係構築が遅れただけでなく、自由フランスが北部地区のレジスタンスの再編に着手したのは四三年初めであった。(135) それは、南北両地区のレジスタンス組織への助成金の差となって表れている。四三年一月一日から三月三一日まで、ムーランが南部地区のレジスタンス組織に配分した額は五〇〇〇万フランであったのに対して、北部地区のレジスタンス組織には六〇〇万フランしか与えていなかった。[136] このように、南部自由地区のレジスタンスの統一が北部占領地区よりも先行した。それでは、統一に向けた経緯を南部地区から検討しよう。

南部自由地区のレジスタンス組織の統一と自由フランス代表部の設置は、ジャン・ムーランに託された。ムーランは、ドゴール将軍の代理、国民委員会の代表として、一九四二年一月二日午前三時頃、[137] アルピーユ（ローヌ川とデュラン川のあいだの山間部、サロン＝ド＝プロヴァンスの北方）にパラシュート降下して活動を始めた。人民戦線期の空軍省は民衆飛行の組織化に尽力しており、ムーランは空軍大臣官房に勤務していたことを忘れてはならない。[138] 彼は、兵役検査で空軍搭乗員として適格と判断されていた。

図 3-7　ジャン・ムーラン
出典　絵葉書

ムーランは、ウール県知事の職を辞して以後、南フランスに住む家族と一緒に過ごすという理由で、南北境界線を渡る通行許可証をもらっていた。[139] ムーランが、フランスを脱出して一九四一年九月一二日にリスボンに着くことができたのは、元上司の空軍大臣で、ボストンに亡命中のピエール・コット夫妻による渡米用のビザ取得（ジョゼフ・メルシエ教授名でコロンビア大学における行政法の講義名目で交付）や資金面（三〇〇〇ドル）での助けがあった。[140] ムーランは、リスボン滞在中の九月二一日にイギリスの情報機関（SOE）と接触して、国内レジスタンスの動向をまとめた報告を手渡しただけでなく、[141]九月二三日のドゴールの記者会見を知り、ドゴールの政策について知ることができた。

ドゴールは、一九四一年九月二四日に国民委員会が設立されることを述べた九月二三日の記者会見のなかで、共和国の憲法と法を侵犯したヴィシー政府を糾弾し、「国民主権」がありえない現下のフランスで、「フランス解放」をめざして「国益」のために「事実上の権力」を臨時に行使するが、解放後に自由な選挙をとおして新権力が設立されるや、「国民代表」に権力を委譲すると述べていた。[142]共和主義者のムーランに安心を与える会見であった。かくしてムーランは、国内レジスタンス三組織の代理としてロンドンに行くことを決意し、四一年一〇月一九日に水上飛行機にて渡英する。[143]ムーランは、一〇月二五日にドゴールとの初会談に臨んだ。それは、自由フランスの首長と国内レジスタンスとが相まみえた歴史的な会談となった。ムーランは、ドゴールに自分が左翼の人間であり、共和政体と民主的制度の信奉者だと率直に語り、昼食を交えた二時間に及ぶ会談でお互いに良い印象を持ち、理解し信頼しあえたという。[144]共和主義を明確にしたドゴールのアルバート・ホール演説は、ドゴールとムーランの会談後の一一月一五日のことであり、ドゴールが民主的原理への賛同を再表明したのは、ドゴールがムーランに政治的使命を与えた一二月二四日のことである（第1章第3節参照）。

◉ムーランの使命

ドゴールはムーランに三つの使命（軍事的使命・情宣の使命・政治的使命）を与えた。まず一九四一年一一月五日に、南部地区の三つの地下組織と連絡を取ってそれらを軍事組織に変えつつ自由フランスに結びつけること、すなわち、政治組織と軍事組織を分離するというドゴール将軍の考えをこれら地下組織に説明し、「すべての軍事作戦はドゴール将軍個人の命令によって始められる」という軍事的使命、および情報を収集し宣伝を強化するという情宣の使命を与えた。ついで一二月二四日に、ムーランを自由地区で敵および対独協力者と戦うレジスタンスの統一を実現するドゴールの名代にして国民委員会代表に任命するという政治的使命を付与した。ドゴールは、その一一日前にイーデン外相宛に「圧制者に対する憎しみと国の解放に協力せんとの意志に燃えている数百万のフランス人を、厖大で堅固に結びあった組織にまとめあげることが実際重要なのであります」としたためていた。(145) 当時のイギリス政府も、「国民的規模の組織が、共通の敵に対する抵抗のなかで団結を実現し、かつ侵略者からのフランス解放を目的として、もし可能ならばフランス国内に樹立されることを非常に重要だと考えていた」が、それはドゴールを全面的に支持することを意味せず、連合軍最高司令部による戦略の調整、およびイギリスの情報組織や破壊活動組織との連携を重視すべきということであった。(146) ドゴールがムーランとの会見後二ヵ月あまりでムーランを国民委員会の代表に据えたのは、ピエール・ペアンも指摘するように、ムーランを介してフランス左翼を自由フランスに結集しうることや、国外レジスタンスと国内レジスタンスとの結合を推し進める好機と考えたことによるだろう。(147) それは、自由フランスが「国民的規模の組織」となるための必須条件であった。

フランスに戻ったムーランの最重要な任務は、南部地区の運動の統一から南北の運動の統一へと駒を進め、CNRを創設することであった。一九四二年一月二日のパラシュート降下地が降下予定地から一五キロメートルほどずれるというアクシデントがあって送信機の回収に手間取り、ロンドンと連絡が取れたのは四二年三月、定期的に通信可能となったのは四月からであったが、一〇月末まで通信のやりとりは不十分なままであった。(148) しかも、ダニエル・コルディエが来仏する四二年七月末まで、ムーランには連絡員《クーリエ》も秘書もタイピストもついておらず、個人用無線機も持っていなかったので、暗号文の解読から会合場所の設定や資金の配分まですべて一人でこなさねばならない状態であった。[149]

◉ムーランと南部三大レジスタンス運動

フランスに降下したムーランは、ただちにコンバの指導者アンリ・フレネと会い、元『オーブ』編集者ジョルジュ・ビドーとも知り合った。一九四二年一月初めにはレーモン・オブラック、[150] そして南部解放のエマニュエル・ダスティエ、また二月末にフラン＝ティルールの存在を知り、五月にその指導者ジャン＝ピエール・レヴィと出会った。さらに、社会主義者のロベール・ラコストやダニエル・マイエルをも見出した。国内レジスタンスの指導者は、ムーランがマッチ箱に隠し持っていたマイクロ写真に記されたドゴールの署名入りの命令書をすぐには信用しなかったが、[151] ムーランはロンドンから持ってきた一五〇万フランのうちの二五万フランをフレネに与えた。また、無線機もレジスタンスに割りあてた。しかし、反ドゴール派レジスタンスのレオン・ド・ラ・ロランシー将軍が、四一年七月から二度にわたって、スイスのアメリカ情報機関（アレン・ダレス機関）から得た資金のうちの二五万フランをフレネに与えており、国内レジスタンスに自由フランスが浸透する障害になっていた。そこでムーランは、フレネとダスティエにラ・ロランシーからの新たな資金援助を拒否し、関係を絶つように命じた。[152]

ヴィシー軍の参謀本部第二課に配属されていたフレネは、一九四二年一月末から二月初めにかけて二度ヴィシー政府の内相ピエール・ピュシューと会っており、五月に「元帥への手紙」を公表してやっとペタンと決別していた。このように、ヴィシーに「奇妙な寛大さ」（ピノー）を示し、「ヴィシーというセイレンの歌声に呼応しようとしている」（エマニュエル・ダスティエ）フレネは、ピノーやエマニュエル・ダスティエから批判されることになる。それでも、秘密軍のアイデアを最初に出したのもフレネであり、南部三大抵抗組織の融合にかんしてムーランと一致に達した点でもフレネのほうがほかの指導者より早かった。[153]

一九四二年一二月初めにコンバに加わった元王党派のギラン・ド・ベヌヴィルによると、フレネはすでに四一年八月のリヨンでエマニュエル・ダスティエやマントンと会ったとき、レジスタンス組織の統一について話し、その後も一貫して統一を主張しつづけたという。[154] さらに、フレネは、四二年八月一四日にジロー将軍にドゴールのもとに馳せ参じるよう促す手紙を送ったり、一〇月一六日には共産党との関係を構築して、南部三大レジスタンス運動と国民戦線・共産党とともに、ヴィシー政府の交代制（三人の労働者をドイツに送り出すことと引き換えに一人のフランス人捕虜を帰還させる政策）に反対するビラを撒いてもいた。[155] もっとも、レジスタンス組織の統一をめざすという点ではフレネとムーランは共通するが、統一の文法を異にしていた。コンバを中軸とした統一を志向するフレネは、同志ジャック・ボーメルに、自分からは抵抗運動の統一をムーランには決して提案しないつもりであり、ムーラン型の「統一は時間とエネルギーの無駄だ」と述べている。[156] それでも、コンバが南部地区の最重要なレジスタンス組織であることに変わりはなく、四三年二月にムーランはコンバに五〇〇万フラン（南部解放一五〇万フラン、フラン＝ティルール九五万フラン）を支給し、統一レジスタンス運動幹部会（後述）にコンバから六人、南部解放二人、フラン＝ティルール一人の幹部会員が割りあてられていた。[157]

フラン＝ティルールの機関紙『フラン＝ティルール』がドゴールに言及したのは、一九四二年三月の第五号であるが、ドゴールが南部地区の三大レジスタンス運動（コンバ、南部解放、フラン＝ティルール）に記者会見で触れたのは、四二年五月二七日のことであった。[158] ムーランの姉ロールによると、四二年四月以降、南部三大レジスタンス運動の指導者は、ムーラン主宰のもと、週一回ほど定期的に会っていたという。[159] この南部三大レジスタンス運動とロンドンの自由フランスとの結合を雄弁に示すのは、四二年一一月一一日の示威運動に向けたアピールだろう。すでに一〇月二〇日、ドゴールはロンドンのラジオから「国民的な蜂起という大闘争にフランス人大衆を組織し指導する任務を持ったレジスタンス諸集団」を激励していた。一一月七日にモーリス・シューマンは、「名誉と祖国」のラジオ番組のなかで、「ドゴール将軍とレジスタンス運動とのあいだで決められた」スローガンにしたがって、一一日正午に非占領地区の諸都市の集合地点に集まれと「勝利の結集」を呼びかけた。ドゴールも連合軍の北アフリカ上陸後の一一月一〇日に、一一日の正午から三〇分間フランスのために祈りを捧げるようにラジオから訴えている。ドゴール自身は、一一月一一日にアルバート・ホールでロンドン在住のフランス人を前に《戦うフランス》を中心にした敵との戦いと共和国の再建を述べていた(160)。

◉南部自由地区のレジスタンスの統一

一九四二年七月にエマニュエル・ダスティエ（南部解放）がロンドンから戻ったことで、南部三大レジスタンス組織の統一に向けたムーランの行動が再開する。八月一二日に国民委員会内務委員のアンドレ・フィリップは、ムーランに南部自由地区でレジスタンス調整委員会を設置するように伝えていた。調整委員会の設立と軍事組織の統合問題が話し合われたが、エマニュエル・ダスティエとジャン＝ピエール・レヴィ（フラン＝ティルール）は、アンリ・フレネ（コンバ）の活力にフランソワ・ド・マントンの「自由」グループが飲み込まれたように、自分たちもコンバに従属をしいられるのではないかというおそれや、コンバの右翼的体質への反感から秘密軍の結成には反対であったが、統一を求める下部組織の声を無視できなかった。八月八日付の報告のなかでムーランは、「あらゆる所で闘士《ミリタン》たちが統合《フユジヨン》を求めている」と記している。ムーランは、エマニュエル・ダスティエとレヴィの説得に成功したが、後者の二人はフレネが秘密軍の指導者にはならず、その指導者はレジスタンス組織の外部から選ばれるという条件をつけた。二人の反対に直面したフレネは、コンバの地方指導者が秘密軍の指導者にシャルル・ドレストラン将軍を推したこともあり、ドレストランを受け入れざるをえなかった[161]。

このように、ムーランは三人の南部地区レジスタンス指導者との協議を進め、三人を渡英させて、調整委員会の設立に向けた最終協議をロンドンで行うことにした。悪天候のため、ムーランとフラン＝ティルールの指導者ジャン＝ピエール・レヴィが渡英できなかったが、アンリ・フレネとエマニュエル・ダスティエは九月末に渡英できた。そこで、一九四二年一〇月上旬のロンドンにて、自由フランスは、フレネとエマニュエル・ダスティエとのあいだで、ドゴール将軍の政治的軍事的権威を承認する南部地区三大レジスタンス運動調整委員会の設置（一〇月二日）とシャルル・ドレストラン将軍率いる秘密軍の創設（一〇月九日）で合意を得ることができた[162]。一〇月二日、BCRA政治部が起草し、三大レジスタンス運動の指導者も受け入れた調整委員会の覚書には、三大レジスタンス運動は「《戦うフランス》の政治と軍事の最高責任者としてドゴール将軍の権威を承認した。それゆえ、これら運動指導者の合意を得つつ、この調整委員会の骨組を定める使命は国民委員会にある」とあった[163]。ここにも《戦うフランス》の主導性を読みとることができる。とはいえ、この調整委員会と先述の総合検討委員会とのあいだの任務の仕分けは、争いの種でもあった[164]。

この結果を受けてドゴールは、一〇月二二日に手紙を二通送っている。一通はこの間のムーランの努力を称え、いっそう奮闘するように激励するムーラン宛の手紙、もう一通は、「フランス軍を再建しましょう」と、ドレストラン将軍に協力を求めるドレストラン将軍宛の手紙であった。さらに、ドゴールは、一〇月二九日には秘密軍の役割を規定した「フランスにおける行動のための個人的で秘密の訓令」をムーランに与えてもいる[165]。

ともあれ、南部三大レジスタンス組織の統一と秘密軍の創設は、一〇月二日の合意で軌道に乗ったかと思われたが、一一月八日の連合軍による北アフリカ上陸後の政局の展開や、帰国直前のフレネがロンドンで会ったミュズリエなどの反ドゴール派の意見に影響されたのか[166]、フレネは強気の態度をとるにいたった。つまり、フレネはダルランとジローの登場により、ドゴール派の力が弱体化すると予測したのである。そこでフレネは、秘密軍の司令官には自分がなると言い出したり、一一月一六日には、軍事面ではドゴールに従うが、政治面での自立を求めて、ドゴールにこう述べた。


フレネ／われわれがムーランと意見の一致に達しなければ、どうなりますか。

ドゴール／あなたは、ここにやって来、われわれは解決策を見出そうと試みました。

フレネ／それが不可能とわかったなら。

ドゴール／えっ、その場合にフランスは、あなたか私かのどちらかを選ぶことになるでしょう。(167)


フレネとダスティエは、一一月一七日に帰国の途についた。フレネの異論はあったものの、一一月二七日、リヨン郊外にあるカトリック左派の活動家ルイ＝マルタン・ショフィエの家にジャン・ムーラン、エマニュエル・ダスティエ、アンリ・フレネ、ジャン＝ピエール・レヴィ、ドレストラン将軍が一堂に会し、ムーランを議長とする「南部地区調整委員会」が設立された。(168)これ以後、調整委員会は週一回の割合で開かれることになる。第一回調整委員会に参加していたコンバのジャック・ボーメルが、会議の模様を記している。この場で秘密軍にかんして、フレネとドレストランのあいだで激しいやりとりが交わされたが、各レジスタンスの準軍事組織を秘密軍に組み込むというのが最初の決定であった。しかしフレネは、秘密軍が自立性を強めると、成員のかなりの部分が奪われることでその影響をもっとも被るのがコンバであり、その結果、コンバが自由フランスの政治支部・作戦支部と化すことを懸念していた。(169)最終的に、ドレストラン将軍が地下組織の幹部と面識がないこともあり、フレネが調整委員会の秘密軍担当に指名された。

パッシーは、一九四三年一月時点の南部三大レジスタンス組織の人員を、フラン＝ティルール一万六〇〇〇人、コンバ二万六〇〇〇人、南部解放二万三三〇〇人とみているが、[170] この一月二六日、ムーランは苦労の末に南部三大組織を「統一レジスタンス運動」にまとめあげ、南部地区調整委員会は統一レジスタンス運動幹部会と名称を変える。[171] そこではムーランが議長となり、フレネは軍事部門を、エマニュエル・ダスティエが政治部門を、ジャン＝ピエール・レヴィが治安と情報を担当した。ここに南部レジスタンス組織の統一をみたが、フレネとダスティエの不和で、南部のレジスタンス組織をまとめるのは大変であった。フレネとダスティエは互いに非難しあうが、ダスティエがムーランを「有給の小役人[172]」と蔑視していたように、ムーラン批判では両者は共闘するという複雑な関係にあり、ジャン＝ピエール・レヴィが「三者のあいだで調停者の役割を果たすように気を遣っていた[173]」という。

このように指導者間の人間関係は良好ではなく、クロード・セルールによれば、エマニュエル・ダスティエはムーランとブロソレットに嫌悪感を抱き、ブロソレットはムーランを毛嫌いしていたという。[174] ダスティエは一九四三年四月一三日にムーランの解任を要求し、フレネも六月にムーランをペタン派将校のデュノワイエ・ド・スゴンザックと取り替えようと企てた。[175] さらに、パッシーがブロソレットの知的影響下にあったことで、ムーランとブロソレット＝パッシーとの競合関係があり、後者の二人は、ムーランを出し抜いて北部レジスタンスの統一や軍事組織を作りあげようとしていた。パッシーは、ムーランが四二年秋から南北両地区へと活動の場を広げたことが「ブロソレットとムーランとの不和の種であった」と回想している。[176] ブロソレットは、北部地区における《戦うフランス》の政治代表の地位に意欲を燃やしていたようだが、四三年二月二一日にジャン・ムーランが、北部も含めたフランス本国の「ドゴール将軍と国民委員会の唯一の常任代表者」に任命されたことで、ブロソレットの野望は打ち砕かれることになる。[177]

◉北部占領地区のレジスタンスの統一

ＢＣＲＡは、情報網や脱出網、伝達網の構築という仕事のほかに、多様なレジスタンス組織の統一の仕事も受けもった。北部占領地区で五大レジスタンス組織（退役したトゥニー大佐が率いる民・軍組織、クリスチアン・ピノーの北部解放、ジャック・ルコント＝ボワネが率いる「抵抗の人びと」、ルノルマンやメデリックが指導する「解放の人びと」、ジョゼフが代表の国民戦線）の統合を図ったのは、レミやＢＣＲＡ局長のパッシー、それにＢＣＲＡ局長補佐のブロソレット（一九四二年一〇月二〇日任命）である。ＢＣＲＡとムーランは、国内レジスタンス組織の統一という同じ目的を持ったが、北部はＢＣＲＡが担当し、南部はムーランが責任を負うといった分業と協業があったわけではない。あったのは競合である。ムーランが北部地区にアンリ・マネスを送り込んで統一工作を進めていたが、そのマネスが四三年三月三日に逮捕されて、ムーランの活動に空白が生じた。功を急いだブロソレットとパッシーは、その機会に乗じて北部の統一を推し進めたのである。[178]

ブロソレットは、一九四三年一月二七日の夕刻、三つの任務を帯びて占領地区のフランスに戻った。[179] 三つの任務とは、情報と活動（軍事・非軍事）の分離、「解放をめざした国民的な決起《スーレヴマン・ナシオナル》」のために動員可能な団体や組織の精査、解放後に臨時行政を担う人材の発掘であった。パッシーは、ブロソレットと同様の任務を帯びて二月二六日の夜フランスにパラシュート降下し、ブロソレットに「新指令」をもたらした。ピエール・ビヨットが記すように、ＢＣＲＡのトップが直接フランスに潜入するという、前例のない危険な行動であったことにも留意しよう。[180] パッシーがもたらした指令には、「抵抗評議会を設立するために、ムーラン、パッシー、ブロソレットはあい協力して交渉にあたり、その交渉をまとめあげる任務を持つ」ことや、ムーランが両地区のドゴールの代表になることが記されていた。かくして、レジスタンスの統一にとって決定的な三ヵ月が始まる。ブロソレットは、「抵抗の人びと」や「解放の人びと」、民・軍組織、国民戦線と連絡を取って任務を遂行していた。国民戦線のピエール・ヴィヨンは、四三年二月初めにムーランの側近ピエール・ムニエを介して、パリのマイヨ門でブロソレットに会ったという。(181) こうしてブロソレットは、新指令を受け取る前の二月二〇日、調整委員会の設立をロンドンに伝えてきた。しかし、三月九日にロンドンのアンドレ・フィリップから、ブロソレットの行動が任務の範囲を超えており、ムーランが到着するまで調整委員会の設立決定を遅らせるように打電してきた。ブロソレットは、三月一二日に長文の反論をフィリップに送る。(182)

◉ムーランとブロソレットの対立

図 3-8　ピエール・ブロソレット

出典　Pascal Le Pautremat, *Les agents secrets de la France libre,* Paris, 2013, p.68.

ブロソレットはロンドンの指示を無視する。ブロソレットは、ムーランの側近ムニエやマネスたちが、ムーランをトップにいただく南北両地区の統一調整委員会の設置工作を進めていることを知り、これは自分の任務と矛盾すると一九四三年二月一七日にロンドンに伝えている。すでに四二年五月八日、ブロソレットは、ムーランがフランス全土の代表になることには反対で、北部地区の政治代表にみずから名乗り出ていた。四二年一一月一六日にも、南北境界線が再建される可能性に触れて、調整委員会設立を含めたムーランの行動を自由地区にとどめるようにムーランに通知している。これはＢＣＲＡの見解でもあり、一二月一四日付のドゴールからの電報でムーランは、翌一月にドゴールの代理（ブロソレット）が占領地区に送り込まれることを知らされた。四三年一月二日、ムーランは、側近たちの働きで統一工作が進捗しており、自分がロンドンに戻るまで占領地区に代理を送らないようにドゴールに返電している。ブロソレットが反対したのは、ムーランが進める両地区のレジスタンス司令部の統一であった。彼は、二月一七日付の報告のなかで「フランス全体のレジスタンス諸組織の統一的な指導部は、時期尚早と思われる」と記している。(183)

こうした曲折の末の一九四三年三月二三日、ブロソレットはヌイイーの町に北部地区のレジスタンス指導者を集め、三月二六日に「本土と植民地の全フランス人の連合《ユニオン》を実現し、フランスを解放し、フランス国民に言葉を取り戻させるために、ドゴール将軍と国民委員会に全幅の信頼を繰り返す」という決議をあげさせた。(184)かくして、五大レジスタンス組織のメンバーが加入した北部地区調整委員会が非公式に誕生し、南部地区と同様の軍事部門と政治部門を持った。三月三〇日にブロソレットは、北部地区の調整委員会を開いて、解放後の新たな中央権力と地方権力について議論させてもいる。もっとも、ブロソレットは南北両地区の連絡の困難さゆえに南北のレジスタンス組織の統一は時期尚早と考えており、さらに社共以外の政党の加入にも否定的であった。北部地区の調整委員会も、ブロソレットと同様の見解、すなわち両地区のレジスタンス組織の拙速な統一や政党の加盟には否定的であった。

しかも「ブロソレットは、ジャン・ムーランの意見やアンドレ・フィリップの命令に反して、国民戦線を占領地区調整委員会の五大メンバーとして加えていた」（ダニエル・コルディエ）(185)。一九四三年二月初めのリヨンでブロソレットは、ムーランから国民戦線は共産党系組織であり、それゆえ国民戦線との話し合いを拒んでいると告げられていた。ムーラン同様にブロソレットも本心では国民戦線の加入に反対であり、かつてフィリップにレジスタンスの統一組織には国民戦線を含めないという提案をし、フィリップの賛同を得ていたが、三月一〇日以降の共産党代表との会談で譲歩したのである。[186] 三月一〇日にブロソレットは、共産党地下指導部から準軍事組織の義勇遊撃隊に代えて国民戦線をCNRに加え、その代表を指名する用意があると伝えられ、一八日にもピエール・ヴィヨンから同様の説明を受けている。ブロソレットは、国民戦線がCNRに席を占め、北部地区調整委員会に他組織と同じ資格と同じ地位で加盟するのかを問いただし、二五日にヴィヨンからブロソレットの提案を受諾する旨の回答がなされた。[187] しかし、多くのレジスタンス組織は国民戦線を共産党から独立した組織とみていなかった。さらに、調整委員会に国民戦線が加わると、義勇遊撃隊とあわせて、共産党の勢力拡大が懸念された。事実、五月末に結成されるCNRにおいて、共産党は政党代表と国民戦線の二票を得ている。

一九四三年三月二一日にフランスに戻ったムーランは、フィリップのブロソレット宛書簡と月末にパリに着くのでそれまで決定を延期するように求めるメッセージをブロソレットに送った。[188] フィリップの手紙には、抵抗評議会内に「常任行動委員会」を設置することや、ムーランが「政治的な連絡を行う唯一の資格を持つドゴール将軍の正式代表」となった旨がしたためられていた。三月三〇日にパリに到着したムーランは、調整委員会の設立という既成事実に直面した。彼は、ブロソレットとパッシーのイニシアチヴに憤り、政党を排除する北部地区の動向に苛立ちを感じ、翌三一日、ブーローニュの森で持たれたムーラン、ブロソレット、パッシーとの三者会談では口論になった。話し合いの場に同席していたピエール・ムニエ（のちのCNR書記局長）は、こう回想している。「ムーランは、ブロソレットが個人的な政治活動のためにレジスタンスの統一を打ち砕こうとしていると荒々しく非難し」、ブロソレットの上司のパッシーに対しても、「ムーランは、パッシーが部下の策略に反対しなかったと激しい非難を浴びせた」。さらにムーランは、執行機関のBCRAは、フィリップや自分の管轄であるレジスタンスの政治問題に容喙すべきではないとパッシーに釘を刺した[189]。というのは、ムーランは軍事についてはBCRAと、政治については内務委員と連絡を取ることになっていたからである[190]。ムーランは、ブロソレットとパッシーに対して、抵抗評議会に政党を入れる必要性、抵抗評議会は政府の萌芽ではなくて国民代表の萌芽だという点では譲らなかったが、北部地区調整委員会は受け入れざるをえなかった。

一九四三年四月三日、ムーランはパッシーとブロソレットに補佐されて、正式の第一回の北部地区調整委員会を開いた。ムーランは、この委員会は北部地区レジスタンスの執行機関であり、この委員会が将来の「国民代表機関」として、八人のレジスタンス代表（南部の三代表と北部の五代表）、二人の労組代表と六人の政党代表からなることを認めさせた。さらに四月一二日に、ムーランとドレストランは五大組織の軍事委員会の議長となった。レジスタンス組織内には、政党への不信や即時の軍事行動に移らないムーランへの不満が残った。ブロソレットとパッシーは、四月一六日に占領地区の抵抗運動の力量にかんする調査結果を携えて帰英するが、実質的には召還であり、ムーランやフィリップの指示を無視して行動した二人はほかのBCRA幹部の非難含みの沈黙に直面した。ムーランを支持するBCRA局長補佐のアンドレ・マニュエルにいたっては、パッシーに辞表を提出すらした[191]。マニュエルは、南北両地区をムーランの管轄とし、北部地区に調整委員会を設立したのち、両地区の調整委員会をムーランが主宰する委員会に統合し、その委員会には政党も含めるという意見を持っていた[192]。

◉自由フランスと国内レジスタンスの齟齬

以上のように、南部と北部のそれぞれの地区でレジスタンス組織の統一がもたらされたが、自由フランスと国内レジスタンスの関係は、月日とともに相違が際だち、軋轢や摩擦を惹起した。かなりの国内レジスタンス組織は、ドゴールを盟主と認めてはいなかった。アンリ・フレネは、国内レジスタンスに対するロンドンの自由フランス代表部の「無理解の壁」について語り、クリスチャン・ピノーは、「われわれの大半はドゴールの権威を認める覚悟ができている」と言いつつも、「われわれはロンドンからのラジオ演説によってドゴールを知ったが、彼はわれわれの指導者ではなかった。こちらはドゴールがいなくとも率先して行動を開始したのであり、たとえ六月一八日のアピールがなくとも、どのみちそうしただろう。彼は国内におらず、したがってわれわれと危険をともにしていない」と回想し、アンドレ・フィリップも「身をもって敵の存在に耐えたのでなければ、説明を聞いても理解しがたい事情がある。体験していない人にわからせることはたいそうむずかしい」と発言している。[193] ピノーの回想は、北部解放の機関紙『解放』（一号～七三号、一九四〇年一二月～四二年五月）が、「ドゴールと自由フランス」に触れたのが三度でしかなかったという事実によっても裏づけられている。[194] また、義勇遊撃隊の司令官シャルル・チヨンは、「国内レジスタンスの民衆的出自がまったく認知されておらず、とりわけ、その重要性が認識されていない」と、共産党員らしい不満を書き記していた。[195] 同じくフラン゠ティルールのジャン゠ピエール・レヴィも、「レジスタンスとはおおいなる希望であった」、そのレジスタンスがなければ、「ドゴール将軍は勇敢な一亡命者集団の不屈の指導者でしかなかった。レジスタンスのおかげで、彼はフランスを象徴しえたのだ」とレジスタンスの重要性について戦後記している。[196]

これに対して、自由フランスの指導者のルネ・プレヴァンは、「国内レジスタンスと国外レジスタンスの対立」について、国外レジスタンスは命の危険度が国内レジスタンスよりも低いことを認めつつも、海軍に志願した若者は潜水艦による撃沈の危険と背中合わせであったことに触れつつ、「戦闘形態は異なれど戦いは常に同じだ」と一九九〇年に語っている。[197]

内外レジスタンスの齟齬は、ドゴールの性格に一斑の理由があった。南部解放の指導者ジャン・カヴァイエスは「彼には人間味がない」と語り、ピエール・ブロソレットはドゴールへの私信（一九四二年一一月二日）のなかで、「あなたの人の扱い方、人に問題を扱わせせないやり方はたいそう気がかりで胸が痛みます。……あなたを助け、今後もそのつもりでいる人びとに傲岸不遜な態度は感心しません。……今の態度を改めてくださらないかぎり、国民の信頼は一ヵ月で失われます」と諫めていた。[198] 自由フランスの従軍司祭ルネ・ド・ノーロワは、「ブロソレットは、ドゴールの前でも歯に衣着せず言うことで知られていた」と回想している。[199] また、フレネは「抵抗運動はドゴールの知らない現象だった。理解はしても、決して実感することはなかった」と記しているし、フレネ同様にコンバの一員で「統一レジスタンス運動」の書記長でもあったジャック・ボーメルも、二〇〇四年ですら「フランス国内のレジスタンスは、最初、自由フランスが関知しないフランスで作り出された運動であった」と回想している。[200] 四二年八月にムーランがピエール・ムニエに述べた発言は、例外に属するものである。「ドゴールは、われわれが従うべき偉大な人間である。彼はわれわれに勝利をもたらし、共和国を再建してくれるだろう！」[201]。

◉自由フランスと国内レジスタンスの齟齬の理由

自由フランスと国内レジスタンスのあいだに齟齬が生じた理由は、なんであろうか。第一の理由は、自由フランスがレジスタンスの規模と意義を過小評価していたことにある。一九四二年半ばにレジスタンスが、情報収集をしてそれをイギリス政府に伝えているだけでなく、ドイツ軍とヴィシー政権と戦う自由人の運動だと気づいてから無関心が消えた。それでも、四三年二月九日の記者会見での発言にあるように、ドゴールは「臨時中央政権（un pouvoir central provisoire）」に成長すべく「全国諮問会議（Conseil national consulatif）」の代表にレジスタンスの代表を含めていなかった。[202] もっとも、諮問会議の代表に本土レジスタンスの代表を多数含めるように主張したムーラン（二月一五日にロンドン着）の意見をドゴールが受け入れ、二月二三日には諮問会議の代表にフランス本土のレジスタンス代表を含めている。この二日前には、ドゴールはムーランにCNRの創設を命じてもいた。[203]ムーランは、国内レジスタンスのみがドゴールの正統性を根拠づけ、フランスを代表して交渉する資格をドゴールに付与するとか、「アルジェの取り決めは、フランスの状況をなんら解決しません。ここ本土にこそ、ドゴール将軍は支持を求めるべきです」（六月四日）と考えていた。[204]ジョン・F・スウィーツが記すように、国内レジスタンスは、武器や資金面で自由フランス（ドゴール）を必要としていたが、ドゴール自身も国内レジスタンスの支持を必要としていた。その支持がなければ、ドゴールは「イギリスに雇われた外国人傭兵」（ヴィシーのプロパガンダ）でしかなかったからである。[205]

第二の齟齬の理由は、南部三大運動体の軍事部門を統合して秘密軍を創設した一九四二年一〇月に始まる。秘密軍の司令官は内部をよく知るフレネではなくて、地下生活の経験が全然なく、ドゴールに共感するドレストラン将軍であった。フランス国内軍（Forces Françaises Intérieures FFI）の最高指揮官にはケーニグ将軍が四四年一月に任命されたが、彼はフランス国内で一度も指揮を執ったことがなかった。[206]軍事部門のトップが国内の事情に疎かったことが、レジスタンス活動家の不満につながったのである。

解放にいたるまで齟齬が続いた第三の理由は、レジスタンス側に十分な武器と資金が送られなかったからである。フレネは、イギリスの情報機関（SOE）のために一九四一年九月から働いていた青年ジャーナリストのギラン・ド・ベヌヴィルを四三年四月にスイスに派遣してアメリカの情報機関と接触したことがあった（後述）。フレネは、ベヌヴィルに「以前イギリスの援助を受けたように、おそらくわれわれはスイスでアメリカの援助を得るだろう」と語っている。[207]四三年六月頃には自由フランスから国内レジスタンス宛に月四〇〇〇万フランが送られていたが、資金不足ゆえにヴィシー政府の強制労働徴用（Sevice du travail obligatoire STO）を逃れてマキ（対独抵抗運動）に加わった若者の数は、二ヵ月間で三万人から九〇〇〇人に減ったという。[208]

◉自由フランスと政党

一九四三年二月一五日から三月二一日まで、ジャン・ムーランはドレストラン将軍とともにロンドンに滞在し、対独抵抗運動の統一に向けた最終的な調整をしていた。フランスを発つ前にムーランは、反ドイツ・反独裁・自由の擁護・ドゴール支持という統一のための四原則を明らかにしている。二月九日にドゴールは、ムーランに権限の拡大を告げ、それによってムーランの行動がより進展し、「われわれは目的に近づいている」がゆえに、掉尾を飾る「忍耐強い努力」を求めた。そして翌一〇日にはドゴールは、先述の共産党中央委員会に加えて、「抵抗の人びと」「解放の人びと」「民・軍組織」などのレジスタンス諸組織に書簡を送って、解放において国内の愛国者の重みが増していることを称え、自分は共和主義の枠内で行動しており、「《戦うフランス》の代表は規律ある貴組織の協力をあてにできる」などと述べた。[209]

一九四三年一月一五日にドゴールが受け取ったレオン・ブルムからの手紙には、古い政党は死に絶えたが、「政党のない民主国家はありません。政党を排除するのではなくて、作り替え蘇らせるべきです。……政党のない国家は全体主義国です」としたためられていた。[210] 二月一〇日付のブルムへの返信のなかでドゴールは、政党幹部の重みが増したこと、ＣＮＲの結成が間近であり、そこには政党も含まれることを伝えていた。[211] 同じく二月一〇日にドゴールは、レオン・ブルムに記した言葉を社会党のダニエル・マイエルにも繰り返してこう語った。「レジスタンスが統一と緊密な結びつきを保ちつつ、伝統的でさまざまな政治党派の色合いを帯びるのは当然であり望ましくすらあります」[212]。ここでも、政党を否認しないドゴールの姿勢が明らかにされている。ドゴールは、二月二一日に政党も含む抵抗評議会の設立にかんする訓令を発した。ジャン・ムーランがフランス本国の全領土における「ドゴール将軍と国民委員会の唯一の常任代表者となる」こと、「ムーランを議長とする単一の抵抗評議会が本国の全領土で創設されるべき」こと、「この抵抗評議会は、諸抵抗団体、抵抗に参加せる諸政治組織および諸労働組合」からなり、その行動原則は既述の四原則（反ドイツ・反独裁・自由の擁護・ドゴール支持）であった。[213]

レオン・ブルムも、収容所に移送される直前の一九四三年三月一五日付のドゴール宛書簡のなかで、「私は、あなたが民主的原理を完全に支持したことを認めます。民主主義国は、憲法がどうあれ、代議制に委ねられる部分がなんであれ、政党の存在なくして生きることはできず、合理的に着想されることもできません。政党の純然たる否定は、民主主義の否定と同じです」と、ドゴールに政党の重要性を書き記して、ドゴールを後押ししている。[214] 社会党が正式に自由フランスを承認したのは、ブルムからドゴール宛のこの手紙においてであった。

◉レジスタンスと政党との関係

ＣＮＲに政党を含むことについては反対もあった。大半の政党がペタンに賛成投票していたからである。ＣＮＲ第一回総会に中道右派政党の民主同盟の代表として出席したジョゼフ・ラニエルは、一九四〇年七月一〇日、ペタンの授権に賛成票を投じた議員であった。それゆえ、その後、民主同盟はＣＮＲにとどまるためにラニエルを代表の座から退けざるをえなかった。[215] こうしたこともあり、南部の三大レジスタンス組織は政党に不信感を抱きつづけた。[216]

政党再建の動きは、一九四二年春に左右両翼で始まっていた。ひとつは保守派のジョルジュ・マンデルに近いフィリップ・ロックの行動であり、もうひとつはマルセイユの社会主義者の行動であった。フィリップ・ロックは、四二年八月一〇日に八人の抵抗派議員を集め、ドゴールを「万人が認める今現在と将来の指導者」と承認する書簡をロンドンに送っている。(217)

社会党は、レジスタンス活動においても取るに足らぬ勢力とみなされていた。一九四一年三月三〇日、ダニエル・マイエルがマルセイユで社会主義行動委員会（ＣＡＳ）を組織していたが、南部地区ではフレネやエマニュエル・ダスティエの勢力が強くて、政党はなかなか浸透できなかった。四一年夏のマルセイユで、マイエルとエマニュエル・ダスティエが話し合ったとき、ダスティエはマイエルに南部解放の名でマルセイユ地区のＣＡＳ組織を掌握する提案を行っている。(218)ＣＡＳは、南部三大レジスタンス運動の指導者によって調整委員会への加入を拒否されもした。(219)

このように、社会党の党再建への道のりは遠かった。一九四二年八月二八日にレオン・ブルムは「わが友への一種の指示概要」という覚書を社会党指導部に送って、即時の行動が記された「共同綱領への広範な同意、人民連合《ラサンブルマン・ポピュレール》」が党再建の要諦であることを訴えている。(220)国民委員会には抵抗運動と政党と労組の三つの要素が必要だと信じる「北部解放」の指導者クリスチアン・ピノーが、四三年一月下旬にふたたびロンドンにやって来て、これら三要素からなる国民連合《ラサンブルマン・ナシオナル》の結成をドゴールに進言し、国民連合によるドゴール支持は連合国に対する将軍の立場を強化するだろうと訴えた。(221)

同時期のアンファ会談（第2章第3節参照）で、英米両国の支持がジロー将軍にあることを思い知らされたドゴールにとって、ジローに対抗するうえで政党や労組も含む本国からの支持の必要性を説くピノーの提言は、現実味のあるものとして重く受けとめられたはずである。当初、自由フランスも政党の復活は第三共和政の悪しき慣習の復活と考えたが、フランスの全社会層からの支持を外に示す必要がその反対を押し切った。ドゴールも「政党を排除するつもりはなかった」し、「政党が入るということは不可避なこと」だと認識していた。というのは、ドゴールが回顧録で述べたように、連合国は依然として政党人の態度に注意を払いつづけたがゆえに、「フランスの統一を築きあげるのに私〔ドゴール〕が無視できない事実がそこにはあった」からである。(222)

そこでドゴールは、一九四三年二月二一日、ジャン・ムーランに政党代表を入れるように訓令した。ムーランは、すでに四二年一一月末（ないし一二月初め）にジャック・ボーメルに政党を含めることが連合国との関係上不可欠になったと話している。(223) 先述したように、この時期のムーランは、社会党から政党も含めたレジスタンスの統一を幾度も提案されていた。クロード・ブルデも、統一レジスタンス運動幹部会があるにもかかわらず、政党や労組を加えた新組織を作る必要性についてムーランに正したとき、ムーランは英米連合国がレジスタンスを承認していないので、われわれが設立するCNRはドゴール将軍の立場をさらに強化するだろうと答えていた。(224) 国内レジスタンスの一員であった外交官のアルベール・シャンボンは、ドゴールが旧政党どころか政党人の復権まで認めたことや、四二年四月一日のドゴール演説との相違（「まったく新しいフランスが、新しい人間によって指導されるフランスが、今この瞬間にも誕生しつつある」）に言及して不満をのちに記している。シャンボンも、英米政府がドゴールをフランス国民の代表と認めようとしなかったことにその理由を見出している。(225) 四三年四月に訪英したフラン＝ティルールのジャン＝ピエール・レヴィは、政党をCNRに含めることに強い留保をドゴールに表明したと記しているが、同時にここロンドンでは、ドゴールはドイツよりも連合国と戦わねばならなかったことに理解も示している。(226)

◉ムーランとフレネ

一九四三年三月二一日、ジャン・ムーランはフランス国民委員会の代理総代として、CNRを樹立する命を受けてロンドンをあとにした。ムーランの三月三一日パリ着と四月上旬の行動については先述したが、四月二六日にフレネが南部地区の抵抗運動幹部会で秘密軍の統制とレジスタンスの資金調達についてムーランを非難した。秘密軍の統制にかんして、「統一レジスタンス運動」の軍事部門の責任者であるフレネは、蜂起の任務を担う秘密軍をレジスタンスの管轄下に置こうとし、ドレストラン将軍は地下活動には不向きだと考えていた。ドレストラン将軍は、四月一二日にパリで開かれた軍事調整委員会の会合で、南部三大レジスタンス組織のフラン＝ティルールと共産党系の軍事組織である義勇遊撃隊《フラン＝ティルール・エ・パルチザン》とを混同し、地下組織についての知識不足を露呈していた。(227)

資金調達については、コンバは常に南部解放の二倍の資金をムーランから得ていたが、一九四三年二月に連絡の遅延とマキと呼ばれる若者の抵抗運動への大量流入とが重なって、資金不足が生じていた。フレネがベルン（スイス）のイギリス情報部員と接触したとき、スイスのアメリカ情報機関が、南部地区のレジスタンス組織によってロンドンに伝達される最新の軍事情報と引き替えに、「自由フランス」より三倍も多い月額一〇〇〇万フランを「統一レジスタンス運動」に提供すると申し出てきた。これらの情報は当然ジローにも伝えられることになる。(228) この闇取引は二ヵ月続いた。それゆえ、四月二五日にムーランは「あなたがドゴールにしたことは真の裏切行為」だとフレネを叱責している。(229) なお、四三年三月分としてムーランがダニエル・コルディエに託した《戦うフランス》からの配分予定金額は、コンバに四〇〇万フラン、南部解放に二〇〇万フラン、フラン＝ティルールに九〇万フラン、秘密軍に一二〇万フランであったという。(230)

フレネにとって組織上の問題は、「国外レジスタンス」による「国内レジスタンス」の支配であった。一九四二年一一月一六日のロンドンでフレネは、第三共和政を踏襲するような政党を含めることに難色を示したのち、ドゴールにこう述べていた。秘密軍の任務についてはドゴールに従うが、「ほかの点では、われわれは思想と行動において自由な市民です。われわれは、この判断の自由を手放すことはできません。それが意味するものは、ある領域ではあなたの命令に従うこともあれば、従わないこともあるということです」[231]。フレネは、四三年四月八日にムーランに宛てて「ドゴール将軍の代理という資格で、あなたはレジスタンスの政治方針にかんするわれわれの決定に圧力を加えるべきではない」と非難し、「政治と思想の次元における完璧な自由」を要求した[232]。フレネは、七月八日の報告のなかでも自由フランスとの関係についてこうしたためている。「われわれは、仲間としてではなくて、下位に置かれ、子ども扱いされている。その後見人は、子どもの行動を指図するが、腹のなかを子どもには明かさないのである」[233]。

フレネは、一九四三年八月にもドゴールに宛てて不満をしたためている。「《戦うフランス》と《抵抗するフランス》は同一の目的を追求すべきであります」が、ロンドンは政治を主にして戦闘を従とし、《抵抗するフランス》はその逆を志向し、「《戦うフランス》は《抵抗するフランス》のことをますます考えなくなっています。……《戦うフランス》と《抵抗するフランス》の関係が改善されるのは、ロンドンでレジスタンスの代表がただちに任命され、権限を有する組織とともにレジスタンスにかかわるすべての問題を論じるときだけです」[234]。フレネは、レジスタンス精神によるフランス再建を構想していた。すなわち、レジスタンス諸組織による秘密軍の統御と、レジスタンス諸組織の政治的自立を要求し、レジスタンス運動の官僚化を嘆いた。それゆえにムーランを非難した。フレネのムーラン批判はさらにエスカレートし、戦後にはムーランを「隠れ共産主義者（crypto-communiste）」とか「共産党シンパ（compagnon de route）」として非難することになる[235]。

ムーラン批判は、民・軍組織の指導者からも出されていた。ムーランが諸組織の集権化を推し進め、レジスタンス組織の指導者から統制権を奪い、政治家を復権させたこと、ムーランの独裁などが非難された[236]。それゆえ、後述するムーランの逮捕後にレジスタンス組織が自立性を高めようとしたのも当然のことだろう。民・軍組織の

図3-9　クロード・セルール

出典　Pascal Le Pautremat, *Les agents secrets de la France libre*, Paris, 2013, p.53.

指導者マキシム・ブロック＝マスカールは、ムーランの臨時代理となったクロード・セルールに、「レジスタンスは大人になりました。もはや後見人を必要としません」と述べ、新しいレジスタンス中央執行委員会によって「一度も実体のなかった」ＣＮＲは無用と化すと断言した。セルールは、ブロック＝マスカールがロンドンやアルジェの状況、連合国との関係などに無知であることをさらけ出したとみているが、ここにも、自由フランスと国内レジスタンスとの微妙な関係を窺うことができる。[237]

南部解放のエマニュエル・ダスティエとフラン＝ティルールのレヴィは、一九四三年五月一九日にドゴールに、「あなたの代理人《アジャン》ないし中央部局が、あなたとわれわれとのあいだに浸透不可能の壁を作りあげないこと、逆にレジスタンスの代表があなたに信用状を与えること」を求めた。[238] コンバのクロード・ブルデは、回想録の第九章を「レジスタンスと自由フランスとの対立」にあて、「たとえムーランの独裁主義《オトリタリスム》がフレネのそれより柔軟でニュアンスに富んでいようとも、ムーランはこのうえなく独裁的《オトリテール》であった」とか、「レジスタンスの自主性《オートノミー》を消し去ろうというドゴール派の欲求」について述べている。[239] ブロソレットも四三年九月のロンドンで、アンドレ・ジロワに急進党系のジャン・ムーランを念頭に置いて、レジスタンスの統一が「もし急進党系の内閣をもたらすためのものであったとすれば、それを行う必要はなかったのだ」と怒気を含んだ声で述べたという。[240]

◉全国抵抗評議会（ＣＮＲ）第一回総会

こうして艱難辛苦の末に、一九四三年五月二七日の一四時三〇分にパリ第六区フール街四八番地にて開かれた第一回総会からＣＮＲが誕生した。本来は五月二五日に予定されていたが、ルイ・マランと連絡が取れずに延期

図3-10　CNR第1回総会が開かれた建物と記念プレート
（筆者撮影）

されていた。安全上の理由から、四四年三月まで総会は開かれることはなかった。会場のアパートを提供したのは、当時、ロワレ県の財務部長で、ピエール・ムニエの旧友でコットの空軍省官房にもいたルネ・コルバンである。

会議には、ムーラン以外に抵抗運動や政党の代表一六人が集まった。南部三団体（コンバのクロード・ブルデ、フラン＝ティルールのウジェーヌ・プチ、南部解放のパスカル・コポー）と北部の五組織（国民戦線のピエール・ヴィヨン、「解放の人びと」のロジェ・コクアン、「抵抗の人びと」のジャック・ルコント＝ボワネ、北部解放のシャルル・ローラン、民・軍組織のジャック＝アンリ・シモン）、六政党（共産党のアンドレ・メルシエ、社会党のアンドレ・ル・トロケ、急進党のマルク・リュカール、人民民主党のジョルジュ・ビドー、民主同盟のジョゼフ・ラニエル、共和連盟のジャック・ドビュ＝ブリデル）、二労組（労働総同盟のルイ・サイヤン、キリスト教労働者同盟のガストン・テシエ）の一六人である。(241)

ムーランの開会の挨拶から総会は始まった。彼は、ドゴール将軍の呼びかけに応えて参集してくれたことに謝意を述べ、《戦うフランス》の目的（戦争遂行・国民の発言権の回復・国家と共和的自由の再建・国際協力を樹立するために連合国と努力）を確認し、そして、本評議会に旧政党の代表がいるからといって、休戦以前のような政党の再建が公認されたわけではないと語った。これは、レジスタンス内部に存在する政党への反感を斟酌した発言であった。ついで、ドゴールが五月一〇日に送ったメッセージが読みあげられた。そこには、抵抗評議会の創設を称えると同時に抵抗評議会を「《戦うフランス》の不可欠な一部であり、まさにそのことによって国内において敵とその協力者と戦う本然的な勢力全体を体現している」と位置づけていた。(242)この点は、組織の自立性を主張する国内レジスタンスとの争点となるだろう。

最後に、ムーランがビドーに読みあげさせた宣言案が問題となった。(243)それには、「真の臨時政府の創設」および「この政府がレジスタンスの魂であるドゴール将軍に託されること」、「ジロー将軍は蘇ったフランス軍の指揮を執ること」などが記されていた。内容的には次節で触れる一九四三年五月一五日のＣＮＲ声明と同じであり、統一したレジスタンス運動をドゴールの政治的軍事的権威に服せしめようというドゴールとムーランの強い意志を読みとることが可能である。しかし、共産党のヴィヨンとメルシエはドゴールとジローの双頭制を強く求め、「全レジスタンス勢力がドゴール将軍の背後にひかえている」という宣言文に異を唱え、会議は中断した。ドビュ＝ブリデルは、アルジェで解放された共産党議員を介して共産党がジローとの関係を築いたことに異議の理由を見出している。[244] のちにヴィヨンも、宣言案よりも「ドゴール将軍とジロー将軍の和解に向けたアピールが好ましい」と考えたと記している。ところが、共産党の主張に他組織の支持が得られず、CNRの結成が戦いの発展に貢献すると説得されたこともあり、ヴィヨンとメルシエも宣言案に賛意を表明した。[245] フランス国民の権益の管理をドゴールに委ねることに反対もあったが、一七人全員が警察やゲシュタポの監視下にあるという状況下で安全上の配慮が優先され、ビドーがとりまとめた原案に全員一致の賛同が得られ、合意が成立した。総会が始まって二時間が経過していた。宣言案について八日後にムーランは、合意にいたるまでに原則・人事・物的という三つの困難に直面したことを国民委員会に報告している。まず、旧政党との協力に反感を抱く北部地区のレジスタンス組織の敵意を乗り越える必要があった。また、労働総同盟による評議会内の二議席要求を封じて、単一代表者という原則を確認する必要があった。[246]

こうして誕生したCNRではあったが、争いの火種は残ったままであり、団結力に脆さがあったのも事実である。さらに通信事情が悪く、この歴史的会議の電報がロンドンに届いたのは六月二日のことであり、しかも参加者名に判読不能の文字があった。したがって、会議の詳細については、六月一九日にロンドンに届いたムーランの報告を待つほかなかった。そのうえ、英米当局はCNRの情報が伝えられることを禁止しており、自由フランス側も記者会見を開いて公表することができなかった。[247] また、CNRの成立によって、国内レジスタンスに重大な変化がもたらされたことも見逃すわけにはいかない。これ以後、国内レジスタンスの影響力が勝っていた時期は終わりを告げ、国内レジスタンス組織は《戦うフランス》の支配下に置かれて、独自性や自立性を失うことにもなった。[248]

◉ドレストランとムーランの逮捕

CNRが発足した一九四三年五月二七日、ドイツ保安警察長官のエルンスト・カルテンブルンナーがリッベントロップ外相に、フランスの秘密軍にかんする報告書を送っている。[249]ドイツの防諜機関がフランス・レジスタンスの中枢に迫っていた。フランス人の裏切行為によって、四三年六月九日のパリで秘密軍司令官のドレストラン将軍が逮捕・移送された。六月二一日にはドレストラン将軍の後任問題を協議するためにリヨン近郊のカリュイールで会合が持たれたが、その情報がゲシュタポに漏れており、ジャン・ムーランが逮捕され、移送途中のメッスで七月八日に死亡するにいたった。[250]半月ほどのあいだに、国内レジスタンスの軍事部門と政治部門のトップが捕らえられてしまった。

ドゴールが、ムーランの逮捕を知ったのは一九四三年六月二八日のことである。チュニジア視察からアルジェに戻ったドゴールは、六月二七日にアルジェに着いたパッシー大佐からムーラン逮捕を知らされた。ドゴールは「あー！」とだけ発し、しばし沈黙ののち「戦いを続けよう」と述べたという。[251]ドレストランとムーランの逮捕は、自由フランスと国内レジスタンス組織との関係において大打撃であるのみならず、フランス解放の進路にとっても大きな危機であった。自由フランスにとってさいわいであったことは、ドゴール将軍付副官のクロード・セルールが、六月一六日に北部地区におけるジャン・ムーランの補佐（四三年二月任命）としてパラシュート降下し、六月一八〜一九日にリヨンでムーランと政治や軍事の問題、共和国の再建などについて協議していたことだ。[252]セルールは、六月二一日からロンドンと連絡を取って秘密軍やCNR指導部の立て直しに尽力し、南部地区では八月一五日にパラシュート降下したジャック・バンジャン（BCRA政治部次長）が指導にあたることになった。セルールとバンジャンは、八月一六日のパリで意見交換をし、両者はジョルジュ・ビドーをCNRの議長候補として推薦することで一致をみた。[253]

一九四三年九月二三日にフォレスト・イェオ＝トーマス（英国情報機関SOEドゴール班のフランス作戦における軍備担当者）、ブロソレット、セルール、バンジャンらが落ち合ったが、後者の二人が管轄地域の軍事行動に無知であることがわかった。そこで一〇月二七日に、イェオ＝トーマスとブロソレットは占領地区の軍事委員会のメンバーを集め、今後、命令は代理総代からではなくて直接ロンドンのBCRAから地域の指導者に伝達されると告げて、迅速な行動を可能にした。この会議に参加していたセルールは、もちろん、これに反対したが、この措置はBCRAと代理総代との確執につながった。[254]BCRAが、一〇月三一日に安全上の理由からクロード・セルールとジャック・バンジャンに、地域圏軍事指導者・航空作戦地域圏将校・地下情報網との接触をやめるように求めたため、四三年一二月に臨時代理総代となるバンジャンは、辞任をちらつかせてBCRAに抗議している。セルールは、四三年九月末以降のイェオ＝トーマスによる緊急事態報告は、自分とバ

図3-11　ジャン・ムーランが逮捕されたカリュイールのデュグジョン医師宅

出典　Éric Branca, *De Gaulle et les français libres,* Paris, 2010, p.171.

図 3-12　ジャック・バンジャン
出典　Pascal Le Pautremat, *Les agents secrets de la France libre*, Paris, 2013, p.23

ンジャンの排除を狙っていたと回想しているが、九月二五日にセルールが拠点としていたパリのアジトがゲシュタポに襲われて、「ほとんどが普通文で書かれたスーツケース三個分」の内部文書が押収され、その後逮捕が相継いだように、イェオ＝トーマスはセルールの軽率で素人的な地下活動を非難する電報をロンドンに送っていた[255]。なおイギリスは、四二年半ばの秘密軍の人員を約一五万人と推定し、そのうちの三万五〇〇〇人にしか装備が行き渡っていなかったとみている[256]。

ムーランCNR議長の逮捕後、「ドゴールの代理」とCNR議長とは兼任しえないという決定がなされ、CNRはドゴールの後見からの自立をめざす。また、内務委員のアンドレ・フィリップが、CNRの代表一六人が集まる全体会議よりも五人からなる機動的な政治局の設置を求めたこともあり、一九四三年一一月二六日の第二回CNR全体会議の場で設立が承認された。こうして、ビドー、マキシム・ブロック＝マスカール（民・軍組織）、サイヤン（労働総同盟）、ヴィヨン（国民戦線）、パスカル・コポー（南部解放）の五人からなる政治局が置かれ、ここがロンドンとの交渉にあたった。ドゴール将軍の代理も政治局の会議に出席するが、投票権はなかった[257]。政治局の任務は、解放後の各省の事務局長の選任や計画書の立案、フランス国内軍の規約作りなどであった。政治局では共産党が優位を占めた。

共産党に反感を持つ民・軍組織や「抵抗の人びと」やコンバなど八つの抵抗組織は、一九四三年八月二五日に

「レジスタンス中央委員会（Comité central de la Résistance CCR）」を組織してCNRの後見を拒み、政党やドゴール派からの自立をめざした。ジャン・ムーランの逮捕一週間後の六月二八日にジャン・ド・ヴォギュエ（抵抗の人びと）が、アルジェのフランス国民解放委員会は、戦争遂行と植民地の行政を担い、レジスタンス執行委員会がフランスのレジスタンスを代表して臨時政府を創設し権力を行使するという案を提出したところにも、国内レジスタンス組織の意向が表れている。こうした主張はドゴールの受け入れるところではなく、CCRは四四年初頭には消滅する。(258)

◉CNRの位置づけをめぐる齟齬

CNRの位置づけをめぐって、最初から齟齬が存在していた。ドゴール派はCNRに全権代表を送り込んでいることからも、CNRを政府ではなくてドゴールの正統性を示す道具とみていたが、レジスタンス組織や政党はCNRを解放後の政府の原型と考えていた。さらに、CNRは県解放委員会の結成を決定し、県内の抵抗運動の統一を進めようとした。じつは県解放委員会の設立は、一九四三年の夏に「統一レジスタンス運動」の代表が提案し、ドゴールもその提案を承認していた。その理由は、連合軍による軍政を阻止し、地方の解放を勝ちとって権力基盤を安定化させるためにも、県解放委員会の設置が有効と判断されたからである。しかし、県解放委員会の位置づけをめぐってもCNRとフランス国民解放委員会とのあいだで問題が生じた。というのは、四三年九月、カトリック左派のフランシス＝ルイ・クロゾン（BCRAの協力者）は、自由フランス代表部のもとで県解放委員会の設置を準備するようにフランス国民解放委員会から命じられて行動を開始したが、統一レジスタンス運動傘下のコンバ・解放・フラン＝ティルールなどの組織は、県単位の組織構造をとっておらず、県単位ではなくて地域圏単位の解放委員会を要求したからである[259]。さらに政党に不信感を抱くレジスタンス各派は、県解放委員会に政党を加えることに難色を示し、コンバのクロード・ブルデは、政党の代表はレジスタンス組織の指名によることを要求した。四四年初頭にはこの問題をめぐって共産党との対立が深まったが、結局、県解放委員会の構成員を一〇人程度に限定し、レジスタンス組織の代表者数と政党・労組の代表者数をほぼ同じにすることが決められた。それでも、県解放委員会を知事の諮問機関とみなす国民解放委員会と、県解放委員会を蜂起の準備から解放後の県民代表機関と位置づけるＣＮＲとの見解の相違は続いた[260]。

このように、ＣＮＲと自由フランス代表部との組織的な二重構造は解消されず、管轄の重複やら論争が絶えなかった。たとえば、共和国委員や県知事などの解放時の人事権をめぐって争いが生じた。ＣＮＲも指名権を主張したが、フランス国民解放委員会にとっても譲ることのできない権限であった。結局、人事問題はＣＮＲの総合検討委員会が検討し、それを自由フランス代表部が提案して、フランス国民解放委員会が承認するという手順がとられた[261]。

さらに、共産党のＣＮＲへの影響が強まるとともに、ドゴールとＣＮＲとの不和が芽生えた。共産党はこれ以後、国民戦線の活性化を主要任務とし、一九四四年にはレジスタンスの一大組織となり、県解放委員会や地方解放委員会などに浸透していく。四四年には北部地区にある県解放委員会メンバーの二六パーセント、南部地区では県解放委員会メンバーの三五パーセントが共産党員で占められるにいたる。さらに、国内レジスタンスの軍事部門の指導的ポスト三八のうち、臨時のポストも含めて二二のポストに共産党員が就いていた[262]。これは、上からの国づくりをめざすドゴールと下からの国家形成をめざす共産党との対立をもたらすだろう。

◉ムーランの後継者をめぐる争い

ムーランの後任人事でも、ＢＣＲＡの親ブロソレット派と反ブロソレット派のあいだで、および自由フランスとＣＮＲのあいだで悶着があった。前者の悶着とは、ドゴールの本土代理を誰にするかという争いであり、ブロソレットをムーランの後任に押すパッシーと、それに反対するジョルジュ・ボリスやアンドレ・マニュエルとの対立である。パッシーは、「一人の男のみがムーランに取って代わって彼の仕事を継続しうるだろうと考えていた。その男とはピエール・ブロソレットのことであった」[263]。そこでパッシーは、一九四三年六月下旬にアルジェに赴き、ドゴールに直接ブロソレットの任命をかけあいもした。そのパッシーが不在のロンドンでは、六月二六日にフランソワ・ダスティエ将軍（ロンドンにおけるドゴールの代理）が主宰し、マニュエル、ボリス、エマニュエル・ダスティエ、ジャック・バンジャン、アンリ・フレネ（六月一九日、ロンドン着）、ジャン＝ピエール・レヴィ、メデリック（解放の人びと）らが集まった会議で、ピエール・ムニエを北部地区の、クロード・セルールを南部地区の暫定的なムーランの後任とすることが決議された[264]。

後者の悶着とは、ＣＮＲの議長を誰にするかという争いである。ＣＮＲ中央委員会は、一九四三年九月一〇日に開いた全体会議の場で、第二代ＣＮＲ議長として社会カトリシズム系のジョルジュ・ビドーに決定していた（賛成一二票、反対一票、棄権三票）[265]。本章第３節で述べるように、この時期のドゴールはアルジェでジローとの指導権争いに精力を集中していた。それに加えて、九月八日からジローのイニシアチヴによるコルシカ蜂起が始まり（第4章第1節参照）、ドゴールにはフランス国内の動向に注意を払う余裕がなかった。八月二五日にアルジェでドゴールと会ったブロソレットは、「ドゴールの関心の九五パーセントはここ［アルジェ］の政府問題によって占められている。……彼がいわゆるフランスにおける行動について考えるのは、気まぐれとしか言いようがない」と観察している。[266] ドゴールは、「ドゴールの代理」とCNR議長とは兼任しえないというCNRの決定を承認できなかっただろうが、CNR議長については黙認せざるをえず、本土代理を決定したのはムーラン逮捕後七〇日余の九月二日のことであった。この日、ドゴールはエミール・ボレール（ヴィシー政府によって最初に罷免された前ローヌ県知事）をドゴール将軍の代理にして国民解放委員会代表に任命した。ドゴールは、解放後をにらんで行政官を選んだのである。[267] ところが、ボレールは国内レジスタンスの組織・人員・心理についての知識を持っておらず、バンジャンとセルールが「夜間講義」をしなければならなかったという。[268] 南部解放のコポーも、四四年一月二四日にエマニュエル・ダスティエに宛てた手紙のなかで、「ボレールはレジスタンスのことがわかっていないし、決してわからないでしょう」と記していた。[269] しかし、そのボレールも、悪天候ゆえに空路を断念して海路でロンドンに向かう途上の四四年二月初めに、レンヌ近郊でブロソレットとともに逮捕されてしまった。ボレールがブッヘンヴァルト収容所に移送されたので、四四年四月にアレクサンドル・パロディが解放委員会の本土総代となった。また、CNR議長候補の一人でもあったブロソレットは、四四年三月二二日にパリのフォッシュ通り八六番地にあるゲシュタポ本部五階の尋問室の窓から飛び降りて死亡するにいたり、四三年一二月から四四年三月まで代理総代であったバンジャンも、五月一二日にクレルモン＝フェランで逮捕され服毒自殺を遂げてしまった。[270] こうした有力候補の不運も重なり、第二代CNR議長にビドーが選ばれたが、ビドーがドゴールの指名によってではなくて、四三年九月一〇日のCNR全体会議の場で投票によって選出されたことも、CNRの自立化傾向を高めることになる。

◉CNR第二回総会

CNRは、一九四四年三月一五日に第二回総会を開いて綱領を採択する。CNR綱領は二部からなり、第一部がフランス解放に向けた当面の行動計画、第二部が解放後の社会改革の提言であった。即時の行動を求める綱領案は、四三年一一月二六日のCNR全体会議の場で、国民戦線のピエール・ヴィヨンが「レジスタンス憲章案」として提案していたものでもあった。共産党のジャック・デュクロが起草した憲章案は、即時の戦いと県や地方の解放委員会に権限を付与する内容を持ち、下からの権力構築をめざす共産党の方針と合致していた。とはいえ、CNR綱領は権力奪取をめざす革命綱領ではなくて、三五年の人民連合（人民戦線）綱領に近かった。[271]

CNR綱領の第二部は五項目からなっている。第一にドゴール将軍によって作られた臨時政府の樹立、第二に対独協力者の粛清、第三に裏切者や闇商人の財産没収と戦時利得者への累進課税、敵の財産の没収、第四に人権の尊重が謳われた。第五項目が経済改革と社会改革にあてられた。経済面では、炭鉱・電力・保険会社・大銀行の国有化とトラストの廃止、労働者の経営参加、生産者代表との討議ののちに国家による経済プランの策定、農業や手工業の生産・購入・販売の協同組合への助成などの経済民主主義とディリジスム（計画経済）が主張された。社会面では、人民戦線期の労働協約制度の再施行、賃金の改善と通貨の安定、組合運動の自由の回復、社会保障、雇用の確保と職場代表制の復活、農村の機械化や小作料の改定、十分な退職年金、戦災者への損害賠償とファシストの犠牲者への手当と年金、教育の機会均等とメリトクラシー（能力主義）などが提唱された。[272]

孤立し分散したレジスタンスは、犠牲を払いつつもムーランとBCRAのイニシアチヴのもと、以上のような過程を経て統一を達成した。レジスタンスの統一と連合軍の接近によって解放への気運が高まる。敵を前にして小異を捨てて大同についたレジスタンスではあったが、勝利が近づくにつれてレジスタンス内部の対立が表面化する。国内レジスタンスと国外レジスタンスとの温度差も縮まらないままであった。

第3節　フランス国民解放委員会

◉ドゴールを待ち受けるアルジェ

フランス解放の戦いは三つの戦いであった。ひとつは、フランスの国土からドイツ軍を駆逐しドイツを敗北に追い込むという軍事的戦いであり、ほかの二つは、フランス政府の樹立とその国際的承認という政治的外交的戦いであった。中央政府を樹立する戦いは、国内的にはドゴール派と反ドゴール派との覇権争いであり、国際的には自由フランスと連合国との争いであった。戦争の後半にはこれら三つ巴の戦いが同時進行する。

霧のロンドンで蒔かれた国家の種子は、北アフリカの陽光のもとで大きく成長した。前章で、一九四三年三月二五日以降、カトルー将軍がアルジェに赴いてジローと交渉を重ね、四月二七日に双頭制の評議会を樹立することで合意が交わされたことを述べた。しかし、その後三週間にわたって協議の場所が定まらなかった。ドゴールは、五月七日に「ジローがわれわれを待たせれば待たせるほど、足場を失うだろう」と述べている。[273] 事態が進展しないことに苛立ったドゴールは、五月四日、《戦うフランス》に加入するために最近渡英してきたフランス人の歓迎式典（ロンドンのグロスヴェナー・ハウスで開催）で次のように述べて、ジローの欺瞞的な統治を非難していた。民・軍総司令官は「ペタン元帥に忠実でなおその地位にとどまっている四人の高官によって選出」されたこと、北アフリカでは「元帥の肖像画の下に民主的で共和的な最良の声明が掲示されていた」こと、政治犯が釈放されなかったこと、人種差別の法律を非難しつつユダヤ人には厳格に適用したこと、ペタンの法律を否認しつつも官報はそれらを公布しつづけていたことなどである。そしてドゴールは、植民地の団結のために「ただちにアルジェに赴く用意がある」と訴えた[274]。ロンドンにいた急進党上院議員のアンリ・クーユが、ドゴール演説を「ジローに対する一種の最後通牒[275]」と受け取ったように、強硬なスピーチであった。

この二日前の一九四三年五月二日、アルジェの戦没者記念碑前でコンバも参加した集会（五～六〇〇〇人参加）が初めて開かれた。ジロー派の抵抗組織が多い北アフリカでは、コンバは唯一のドゴール系のレジスタンス組織であり、ルネ・カピタンが中心になって、北アフリカの世論をドゴール支持に変えるべく五万部の新聞を発行して世論に働きかけていた[276]。戦没者記念碑前にはロレーヌ十字がはためき、聴衆からは「ドゴール万歳」「共和国万歳」「ドゴールをアルジェに」「刑務所解放」などの声があがり、「ジロー万歳」という叫びはかき消されてしまった。これは、アルジェに不満がみなぎっていたことの証左だろうが、アルジェにはラバルトやミュズリエ（五月六日着）のような反ドゴール派も集合していたことを忘れてはならない。ジローは、こうした自由フランスからの離脱者を要職に就けてドゴールを挑発した。五月七日にジローはラバルトを情宣担当顧問に任命し、六月二日にはミュズリエを治安担当の民・軍総司令官補佐に任命した。ミュズリエは「ドゴールとジローの統合《フュジョン》に反対することは、国民の第一の義務である」と述べ、ラバルトも「ドゴールとジローの統合《フュジョン》は破局であり、すべての自由主義者はまもなく排除されるだろう」と語っていた[277]。ドゴールは、四月二四日付のカトルー宛の極秘電報のなかで「ラバルト、ムーレック、ミュズリエといった《戦うフランス》の脱走者をジローが任用することは、彼とわれわれの団結を重大な危険にさらすものだと伝えるように」述べ、六月三日にはロンドンの国民委員会に「このほどミュズリエがジローによってアルジェにおける警察権を委嘱されました。ジローは……北アフリカにいる《戦うフランス》の帰休兵すべてを逮捕するようにとの命令を発しました」と警戒心を募らせている[278]。

もっとも、ロンドンの国民委員会内部にも反米反ジローの強硬派（情報委員のスーステル、ピエール・ビヨット、官房長ガストン・パレウスキ）とカトルー将軍を支持する穏健派（外務委員のマシリ）があった。ジローへの譲歩を拒否する前者と、アルジェ開催にこだわらず、一九四三年五月四日のドゴール演説を非難し、カトルーの交渉成功に期待する後者である。(279)ドゴール演説があった翌五月五日のアルジェで、ジロー、マクミラン、カトルー、モネ、マーフィーらが一堂に会してドゴールの五月四日演説が検討された。カトルーは、ドゴール演説と直近のドゴールの電文を読みあげて、自分の交渉者としての役割は終わったと発言している。(280)こうした事情をキャッチしていたからなのか、五月七日にドゴールはカトルーに宛てて、「私はあなたの譲歩しがちな個人的気質をまったく非難しません。それはあなたには自然なことであり、そのうえ全般的な利益にとっても、とりわけここ数ヵ月あなたが進めねばならなかった状況下では利点を持っており、私もそれを認めます。しかし、解決策の責任は……本質的に私自身にあることをお考えください」と記していた。(281)

一九四三年五月から六月にかけてのドゴールの非妥協的態度について、レーモン・アロンは「ボナパルトの影」（『自由フランス』四三年八月）と題する論文を公表して、ボナパルティズムとドゴール主義の類縁性に警鐘を鳴らした。アロンは、ドゴールのなかにルイ＝ナポレオンと同様の絶対権力志向を認め、「民主主義の本質は一人の人間において人格化するところにある」というナポレオン三世の言葉をエピグラフに用いて、次のように結論づけた。短期的にはボナパルティズムは、王政の消滅と議会の無力によって穿たれた空隙を埋めるべく「感情の統一」を作り出すための必要な解決策であり、長期的には国民にとって大惨事であることが明らかになった。ボナパルティズムは人民主権をくすね取り、主権者たる国民を隷属させるのである。(282)おそらくドゴールの非妥協性の理由のひとつは、ジャン・ムーランの奔走によって五月中旬にはＣＮＲの結成が確定的になり、ドゴールが優位に立ったことにあるだろう。ドゴールは、五月一〇日にＣＮＲ宛にメッセージを送っている。(283)

◉一九四三年五月の駆け引き

一九四三年五月一三日にチュニジアのドイツ軍が降伏し、チュニジアの町々でルクレールやラルミナ率いる自由フランスの兵士たちは歓呼の声で迎えられた。五月一二日にエドアール・エリオ元首相から、ドゴール首班の政府に入閣する用意があるというメッセージが届けられたことについて第2章で触れた。その三日後、偶然の一致とはいえコミンテルンの解散が宣言された五月一五日、CNRの声明がロンドンで発行されている新聞『フランス』に掲載された。そこには、「ドゴール将軍を首班とする臨時政府」の樹立と「ジロー将軍は軍司令官たるべきこと、およびドゴール将軍が「フランス抵抗運動唯一の指導者」たることが記されてあった[284]。五月七日のドゴール宛報告のなかでもムーランは、「まさしくドゴール主義者と呼ばれる人びとは、一人の政治指導者しか持つべきではありませんし、事実一人しか持っていません。それは、あなたです[285]」とドゴールを激励していた。CNR声明を受けてドゴールは、ただちにアルジェのカトルーに宛てて、政党も含む全国抵抗評議会が結成されたこと、ルイ・マラン、エリオ、ブルム、ジュオーらの支持も得ていること、ジローに対する態度にいささかの変更もない旨をジローに伝えるように打電している[286]。

ムーランの逮捕直前にムーランと会ったクロード・セルールが、CNR声明について記している。セルールによれば、CNR声明はCNRの主要メンバーの個人的同意を得てはいたが、レジスタンス指導者との協議で一致した点をもとにムーランが単独で起草し、全員に諮る時間もなかったために一九四三年五月八日付でロンドンに送ったという[287]。つまり、CNRの声明はドゴールが唯一の指導者であると連合国に認めさせるために、ドゴールと見解の一致をみたジャン・ムーランが単独で作成したものであった。それは、当時ロンドンに滞在していた国内レジスタンスの指導者ジャン＝ピエール・レヴィとエマニュエル・ダスティエが、五月一九日に声明にかんする抗議書簡をドゴールに送ったところにも窺いうる。両者は、この声明が連合国やジローに向けられた外交上の宣伝目的を持って公表されたとみており、「われわれがロンドンにいることを知っている同志たちは、われわれに［声明の］責任があるとみなしているに違いない」とドゴールに抗議した。[288] 共和連盟のジャック・ドビュ＝ブリデルも、五月一五日時点では国民戦線も民・軍組織も自分もCNRに最終的な支持を与えていなかったと回想しているし、ムーランの助手ダニエル・コルディエは、戦後に「誤報（une fausse nouvelle）」とすら述べている。[289] ジローに対する「切札」がCNRであり、ドゴールはCNRの声明を欲したのである。もっとも、カトルーは「国民委員会が抵抗評議会の声明を公表したことは、ジローに圧力を加える術策だと解釈されると確信し」、アルジェ問題にかんしてジロー将軍に「名誉ある妥協」をもたらすべく努めることに専念した。[290] 後述するようにドゴールの賭けは成功した。

ちょうどこの頃、一九四三年五月一一日に訪米したチャーチルは、ローズヴェルトとともにドゴール抜きの国民委員会とジローとの連合を画策しようとしていた。大統領とその顧問たちから反米的なドゴール派への批判を聞かされたこともあり、チャーチルはますますドゴールに反感を抱き、アメリカとの友好関係を維持することに努めた。[291] それゆえチャーチルは、五月二一日に「五月四日の尊大な演説」などのドゴールの行動は「許しがたい」とロンドンに打電し、ドゴールを外すという「アメリカの主張」を内閣で検討するよう命じた。チャーチルは、同日、ホワイトハウスでアレクシス・レジェと会談し、ドゴールが「身勝手なエゴイストで、このうえなく高慢で、無分別な自惚れ屋だ」と最大級の非難を浴びせ、それに対してジローは「名誉を重んずる人間、フランスの紳士」だと称賛していた。[292] このように、チャーチルのドゴールに対する怒りはおさまっておらず、アメリカはドゴール外しの急先鋒のままであった。しかし、前節で触れたように、この五月にフランス国内レジスタンスの大同団結が達成されたのである。

ドゴールとジローとの会談にいたるには、第2章第3節で触れたようにジロー派とドゴール派の駆け引きがあったが、一九四三年五月半ばに事態が動いた。国内レジスタンスがドゴール支持を表明したＣＮＲ声明が、ジローへの圧力になったことは言うまでもない。アンドレ・カスピは、五月にジロー軍から自由フランス軍に加わる兵士がピークに達したことも、ジローを落胆させ、モネに「合同《ユニオン》をこれ以上後回しにはできない」と確信させる一因であったという[293]。それは、コーデル・ハルが五月一七日にマーフィーに送った電文、つまり「ジローとドゴールとの会談の遅延は、ドゴール派宣伝機関の巧みな活動のおかげもあり、ますますドゴールに有利に作用している」とか、アルジェの「軍内外の若者がドゴールに強く引き寄せられている」という電文と一致している[294]。

かくして、ＣＮＲ声明が公表されて二日後の五月一七日、ジローがカトルー将軍に手紙をしたためて、ドゴールをアルジェに迎える用意がある旨を伝えた[295]。しかし、ドゴールの覚書には、暫定政府の長に自分がつく意向が記されていた。政治的再編を行おうとする意志は、モネには許しがたかった。この意志は、チャーチルやローズヴェルトがドゴールに抱いていた懸念を確認するものでもあった。ドゴールは、すでに一九四二年一二月二九日、エルヴェ・アルファンに、進むべき道は共和政しかなく、ジローは司令官であり、自分が率いる拡大国民委員会がフランスの舵取りをするのだと語り、アルファンの双頭制提案を「座りの悪い解決策（solution boiteuse）」として拒否していた[296]。既述のように、四三年四月一九日と二七日にカトルーがジローと会談を行い、双頭制の評議会をジローも承諾したが、五月七日でもドゴールは、ジロー自身の政治的軍事的目的、新しい国民委員会の構成、植民地総督の処遇などに対するジローの回答が不十分だとこぼしている[297]。もっとも、ドゴールは五月四日にジロー批判の演説を行いつつ、エルヴェ・アルファンをアルジェに送り出して水面下での交渉にあたらせてもいた。アルファンは、五月六日にロバート・マーフィー、七日にジロー、元アルジェ市長シャルル・ブリュネル、カトルー、マクミラン、再度マーフィーと精力的に会談をこなして、ロンドンとアルジェの統一の必要性を訴えた。[298]

こうした経緯のなかで、カトルーの建設的提案がジローに送られたのである。すなわち、中央評議会のメンバーはジローとドゴールが選ぶ七人とし、その議長については二人の将軍が交互に務め、儀式には民・軍総司令官であるジローが出席するという提案である。この提案にかんして、一九四三年四月中旬のロンドンでカトルーは、エルヴェ・アルファンから双頭制と七人の委員からなる執行機関というアイデアを伝えられていたことを付言しておこう。ともあれ、この提案に対し、交代制・双頭制を提案するジローの五月一七日付書簡を、カトルーとイギリス公使マクミランの説得の甲斐もあってドゴールが五月二五日に受け入れ、事態が進展した。ただし、ジローは執行委員会は集団責任体制をとり、かつ委員の任期は有限であること、七人からなる執行委員会は中央政権はあるがフランス政府ではないなどと条件をつけ、ドゴールも集団責任や有限の任期などを受け入れたのである。[299]

◉ドゴールのアルジェ到着

ドゴールとジローは、これ以外にも自由フランス軍とジロー軍との統合や文民統制の問題、高官の罷免問題などで対立していたが、一九四三年五月三〇日の正午前にドゴールは、ルネ・マシリとアンドレ・フィリップの国民委員、それに政治顧問のガストン・パレウスキと軍事顧問のピエール・ビヨット大佐らをともなってアルジェ郊外のブファリク空港に到着した。前日にはモーリス・シューマンとフランシス＝ルイ・クロゾンが現地からのラジオ報道のために飛来しており、数日前にはエチエ・ド・ボワランベールがチュニスから密かに戻り、会談の成功のためにドゴール派や共産党幹部に冷静な行動を求めていた。[300] 五月三一日、丘の上に建てられたフロマンタン高校にて、ドゴールが選んだ社会党のアンドレ・フィリップ、外交官のルネ・マシリ、ジローが選んだジョゼフ・ジョルジュ将軍とモネ、それに、双方が希望したカトルーの七人が一堂に会した。これが再建されるフランス政府の初会合であった。午前の会合でドゴールは、解放委員会が政府の役割を果たし、その政府に軍の指揮権を従属させること、およびヴィシー派の三総督（ノゲス、ペイルートン、フランス領西アフリカ総督ボワソン）と四将軍（ベルジュレ、プリウー、マンディガル、ミシュリエ提督）の罷免を要求したが、ジローが拒否して話し合いは膠着状態に陥った。怒り心頭に発したドゴールが、無言で立ちあがり、扉を手荒く締めて退出したため、会議は休会となった。[302] 六月一日午前八時、マクミランは、ペタン派の粛清を求めるドゴールは間違っていないとジローに述べている。[303]

しかし一九四三年六月一日二一時、ジローに任命されたアルジェリア総督ペイルートンが、ドゴールに辞表を提出したことは権威の所在を物語っていた。ペイルートンは、四〇年八月から四一年二月までヴィシー政府の内務大臣を務めた人物でもあった。カトルー将軍は、ドゴールとジローの統合協定が結ばれた暁には、ペイルートン総督に辞任の意志があることを四月二六日に把握していたが、辞表の真相をジャン・モネが記している。それによると、ドゴール派の情報部員（元アルジェ市長の息子で弁護士のジャック・ブリュネル）がアルジェリア総督の身の安全のためにドゴールに辞表を出させたという。ドゴールは辞表をいったん受理し、ジローに相談せずにペイルートンがレヴァント方面植民地歩兵部隊に編入されると六月一日二三時に発表し、その後でジローに経緯を知らせる手紙を午前一時に送りつけた。ペイルートンはジローにも辞職願を一日二三時三〇分に書いたが、ジローのもとに届いたのは翌朝であった。これはドゴールのジローに対する勝利を意味したが、ドゴールの独断専行を許せないカトルーとマシリはドゴールのペイルートンに対する命令に抗議し、カトルーにいたっては「ドゴールの信義則違反と不法なやり方を非難した」[304]。

さらに、ラバルトやミュズリエから入れ知恵されたジローは、六月二日、ドゴールを糾弾する手紙を送りつけてきた。その手紙は、ドゴールの独断専行を非難し、ドゴールが解放後に「全体主義的政治体制を組織」し、「ナチズムを模倣した体制を樹立」しようとしていることに原理的反対を書き連ね、パッシー率いるBCRAが「ゲシュタポの方法を採用した」ことを批判していた。反ドゴール派のアンリ・ド・ケリリスも、「パッシーは、ドゴール派内部に築きあげたフランス版ゲシュタポの絶対的な指導者となった」と語っている。[305] パッシーは、極右組織カグール団と関係があり、冷淡にして寡黙で、幾何学的精神（合理的精神）を持ち、組織にかんしては法外な要求をする人物であったと言われる。[306] 同じく六月二日、ジローがミュズリエ副提督をアルジェ地域の治安担当者に任命して、道路の封鎖や集会禁止令が出されたことで、ドゴールその人と主要なドゴール派の逮捕の噂やドゴール派の蜂起の噂が飛び交って緊迫した事態となった。[307]

◉フランス国民解放委員会の成立

このように執行委員会結成の先行きは危ぶまれたが、一九四三年六月二日午後四時、ドゴールがハロルド・マクミランに会談を申し込んだことで事態は急転した。ドゴールが七人委員会の再開を語ったとき、マクミランは、ペイルートンの辞任問題についてはドゴールを批判しつつもドゴールの思想と行動を称え、ドゴールの目的を達成するためには国民委員会のなかでジローと名誉ある協力体制を築く好機を逸してはならないとドゴールに熱く説いた。[308] その結果、同日、ドゴールはジローに会談の再開を呼びかけ、六月三日午前九時、フロマンタン高校で再度会談が行われることになった。こうして、ロンドンとアルジェが一体となった委員会創設が決定され、「フランス国民解放委員会」が組織された。ここにロンドンの国民委員会とアルジェの民・軍総司令部の組織的統合がなされた。ドゴールとジローという二人の議長のもとに、カトルー将軍、ジョルジュ将軍、ルネ・マシリ、ジャン・モネ、アンドレ・フィリップがこの七人委員会のメンバーであった。ドゴールは、議長が二人という変則的事態を余儀なくされたが、七人委員会の過半数はドゴール寄りの委員であった。

解放委員会は以下の声明を発表する。「国民委員会はフランスの中央政権である。したがって、本委員会は……フランスの戦争遂行努力を指導し、敵の権力外にあるすべての領土に対してフランスの主権を行使し、……世界中のフランスの権益の管理と防衛にあたる。今日まで、フランス国民委員会ないしは民・軍総司令部に帰属していた領土および陸・海・空軍部隊に対する権威を引き受ける。……本委員会は領土の全面的解放後、ただちに共和国の法律に準じて組織される臨時政府にその権限を渡すものとする。……本委員会は、この国に押しつけられた個人権力と専断的な体制を完全に破壊しつつ、フランスのすべての自由と共和国の法律と共和政体とを再建せんことを厳粛に誓約する」[309]。六月七日に新委員会のメンバーは一四人になった。マシリが外務、フィリップが内務、モーリス・クーヴ・ド・ミュルヴィルが財務、ルネ・マイエルが運輸逓信・海運、ルネ・プレヴァンが植民地、ディテルムが生産・商業、ジュール・アバディが司法・国民教育・厚生、アンリ・ボネが情報、モネが軍備・調達、カトルーとジョルジュは国務委員（カトルーはアルジェリア総督も兼務）、ティクシエが労働・社会福祉を担当した[310]。なお、クーヴ・ド・ミュルヴィルとルネ・マイエルとアバディは、ジローの民・軍総司令部でも要職に就いていた。とはいえ、彼らはジロー派というわけではなく、ジローの民主的演説（第2章第3節参照）の結果、ジローが採用せざるをえなくなったと考えたほうが良いだろう。また、マシリがマーフィーに語ったように、一四人の委員の過半数は独立心の強い委員（モネ、マシリ、カトルー、アバディ、クーヴ・ド・ミュルヴィル、ルネ・マイエル、ボネ）、ないしモネの友人（プレヴァン）であり、アンドレ・フィリップもモネの影響を被っていたという。それゆえ、ドゴールを無条件に支持する委員は数人（ティクシエ、ディテルム、フィリップ）と少なく、「委員の顔ぶれからするとドゴールの優位が保証された」というマーフィーの見立てとは異なり、国民解放委員会には穏健な委員が多かった[311]。

◉指揮権をめぐる争い

新任委員の七人がまだアルジェに到着していない一九四三年六月八日、旧委員七人による委員会が開かれたが指揮権をめぐって紛糾した。総司令官と議長職の兼務に固執するジローと、両職を分離して総司令官は文民統制に従うというドゴールとの対立である。ドゴールはこの頃、ジローとジロー派の面々への不満をロンドンにいるカサンとスーステルに打電している。「ジョルジュに支持されたジロー将軍の抵抗、……ミュズリエ、ラバルト、マンガン、プリウー、リゴーらによる妨害、……私を無力化するための連合国の圧力などが、現状での統治を不可能にしています」。「モネは当然ながら外国の代弁者です」。「ジローの周囲にいるミュズリエ、オディク、リナレスといった狂信者の一団が反乱や恐慌の雰囲気を漂わせている」と非難した[312]。外国暮らしが長くて国内の動向を軽視しがちなモネに、同僚のルネ・マイエルは「もしあなたが、レジスタンスをかくも無視しつづけるなら、あなたも私もフランスには戻れないでしょう」と忠告している[313]。親米的なモネとともに仕事をしてきた駐英大使のピエール・ヴィエノと駐米大使アンリ・オプノも、四四年に入ってマシリ宛に「モネが犯した誤りと手を切る」必要性や、「モネのやり方に対する批判」を書き送るだろう[314]。

モネによると、ジローは「軍を活かすことに命をかけていた。彼の本領は戦場にあって会議ではなかった。会議には彼はいやいや出席した」という[315]。こうしたジローの姿勢をドゴールは逆手に取った。一九四三年六月九日、ドゴールは各委員に現状では責任を果たせないので、自分はもはや委員でも議長でもないと「引退書簡」を送りつけた。ただし、ドゴールの「引退書簡」の真意は七人委員会にのみあてはまるものであり、彼は一四人委員会を招集するつもりであった。[316]「引退書簡」が委員会に投じた波紋の大きさを、六月三日にアルジェに到着したピエール・ドニが記している。ドニによると、ジローに影響力を行使しうるという幻想を抱いていたモネが、ジローにドゴール抜きの政府はありえないと説得にあたったり、フィリップも辞任の考えを表明したり、ドゴールとジローがいない政府を構想する委員がいたりと揺れていたという。さらに、ドニは引退の撤回をドゴールに訴える委員会の書簡草案を用意し、「あなたの引退は、われわれにとって致命的な危機、国家の破局と思われます」としたためていた。[317]

モネやマーフィーは、ドゴールの辞任が軍の再編に否定的なジローを浮き彫りにすることでジローの威信低下を招きかねないことを恐れ、辞任を受け入れないようにジローに働きかけた。[318]一九四三年六月一〇日、モネはマーフィーにジローが時代遅れの将軍たちの首を切れなかったことやフランス軍の組織改編に進めなかったことでジローを非難し、ジロー一人ではフランス軍の再編に着手できないと語っている。こうしたモネの対応が、マーフィーとの会談中に「モネは自分を裏切った」（六月一六日）とジローに言わしめたのだろう。[319]一方、チャーチルは、分裂をも辞さないように見えるドゴールに対して、六月一二日にイギリス紙に極秘の回状を送り、ドゴールは物心ともにイギリスに依存しているにもかかわらず信頼できる友人ではなく、「明らかにファッショ的で独裁的な性癖の持主」ゆえ、英国各紙はジローとドゴールの争いに「冷静にして公平な態度を保つ」ことを求めて、親ドゴール的な新聞に警告を発した。[320]六月一四日には、チャーチルは国民委員会への資金援助の停止をちらつかせて圧力をかけてきた。当局の意を受けた英米両国の新聞は、ドゴールの「非妥協性と不寛容」を非難し、反ドゴール・キャンペーンを展開する。[321]マクミランは六月一五日の日記のなかで、「英米政府は（大統領が主導し、首相が従っているのだが）、ドゴールが今軍隊に影響力を及ぼすことに反対している。なぜなら両政府は、ドゴールがやりそうなことに心から信頼を置いていないからだ」と書きつけている。[322]六月一七日にローズヴェルトは、チャーチルに「ドゴールにはうんざりであり、……彼とは協働できない。……われわれはドゴールとは袂を分かつべきです」と打電し、同日、ローズヴェルトは連合軍総司令官アイゼンハワーに、アメリカが賛成しない決定はありえず、ボワソンの解任も認めないこと、「ジローとドゴールに私の決定を伝えるように」訓令し、「数日中にわれわれは多分ドゴールと手を切るでしょう」と述べた[323]。

この訓令を受けて六月一九日午前一〇時、アイゼンハワーはドゴールとジローを呼びつけ、「フランス軍の指揮権および組織に関連する諸問題について」、ジローが指揮権を持つという現状維持を主張した。シチリア上陸作戦に専念したいアイゼンハワーにとって、出撃拠点である北アフリカのトラブルは早急に収拾すべき問題であった。六月二〇日、アイゼンハワーは一九日の主張を公電としてドゴールとジローに送付した。そのなかで、アイゼンハワーが「先に英米両政府が与えた、北アフリカおよび西アフリカのフランス領土において、フランスの主権が尊重されかつ維持されることの保障と確約」を再確認した点は評価できた。しかし、現状維持という主張に対して、国民解放委員会はジローにフランス政府への従属を受諾するか、政府の一員たることをやめて総司令官の地位を去るかの選択を突きつけた。六月二二日、妥協案としてジローの議長職と総司令官の兼務を認めることと引き換えに、ドゴールを議長とする軍事委員会の設置が決定された[324]。ドゴールは、六月二四日付の妻への私信のなかで憤懣を書きつけている。「当地で予想されたように、私はアメリカと向き合っていること、アメリカとのみ向き合っていることがわかりました。ほかのことは重要ではありません。アメリカは、ここかしこのどのフランス人ももはや望んでいないジローを保持しようとごり押ししています。アメリカは私が統治するのを妨げようと願っています[325]」。

一九四三年九月にドゴールは、双頭制の廃止を視野に入れつつ、解放委員会の構成を手直しした（第4章第1節参照）。その改組案は、軍を統括する司令官の地位をジローに委ねつつ、軍事委員会を軍事政策を調整する任

リ・ボネらは、モネ同様にジローの政治的センスの欠如に苛立ち、その分ドゴールに引きつけられていった。[326]

務を持つ国防委員会に変えることでジローの職権を縮小することを狙っていた。その結果、ドゴールが政治面では優位に立った。しかも、解放委員会の中立系委員のクーヴ・ド・ミュルヴィルやルネ・マイエル、それにアン

◉ジローの訪米

ジロー将軍へのアメリカの支持はなお続く。それは、一九四三年七月二日にジローがワシントンに招待されたところにも窺うことができる。コーデル・ハル長官からの訪米招待状は、ドゴールとジローのアルジェ会談が間近に迫った五月二七日にジローに届けられていた。[327]ドゴールは、半年ほど前に訪米延期を言い渡されている。ドゴールが米国を訪問するのは一年後の四四年七月のことだ。ところが、ジロー訪米によってドゴールとの差別化を図り、ジローの威信を高めようというワシントンの思惑は裏目に出ることになる。というのは、マクミランが日記にしたためたように、[328]ジローは無邪気とはいえ生来の自尊心を極度に肥大化させて帰国しただけでなく、ジローが七月二七日までの約一ヵ月、米・加・英三国を訪れてアルジェを留守にしたことは、ドゴールの政治力を高める結果となったからだ。六月二五日にチャーチルは、ローズヴェルトに「ドゴールに行動の自由を与えるのは危険だと思います」と打電していたが、その懸念が的中したのである。

さらに、アメリカとカナダでジローが行った講演や会見で、ジローは政治センスの欠如を露呈していた。アメリカの陸軍士官学校で、聴衆からの質問「いつ戦争が終わりますか」に対して「何もわからない」と答え、「戦後のフランス政治」にかんする質問には「名誉あるのみ」と的外れな回答をし、「シチリアへの軍派遣」についての質問には「それはまったくない」と答えて失望を与えていた。また、一九四三年七月一五日のオタワでの記

者会見でジローは、ルターとゲーテを生んだドイツは偉大な国であり、国民社会主義にも「良いところがある」と答えて騒ぎを起こしていた。(329) 英米の反ドゴール派に、ドゴールと対抗するにはジロー以外の誰かを探さねばならないという思いを抱かせたのである。ドゴールは、回想録の草稿段階では訪米時のジローについて手厳しい判断を下している。ジローが「外国の意図に仕える手先でないとしても、彼は尊敬すべき付属品以外のものではありえなかった」と。(330)

アルジェでドゴールとジローの政治的綱引きが行われていた一九四三年六月末に南米のギアナが、七月初めにはカリブ海のマルチニックとグアドループが《戦うフランス》陣営に加わり、インドシナ以外のフランス領の大半が自由フランス陣営についた。

◉フランス国民解放委員会の承認

英・米・ソ連がフランス国民解放委員会を承認したのは、一九四三年八月二六日である。ローズヴェルトは、七月二〇日にフランス国民解放委員会をフランス政府として「承認（recognition）」するのではなくて、植民地の地方民政当局として「承諾・容認（acceptance）」する旨を述べ、二日後にも同様の趣旨をチャーチルに伝えていた。(331) 八月二七日に国民解放委員会の承認を伝えるコミュニケが発表された。そのなかでイギリス政府は、解放委員会をフランスの海外領土を統治し、連合国と協同して戦争を遂行する団体として承認した。同日、アメリカ政府も同様の声明を発したが、フランス政府の承認を意味しないこともあわせて述べていた。それに対してソ連は、解放委員会を「フランス共和国の国益を保障し、ヒトラー・ドイツと戦うフランス愛国者の唯一の代表」だと宣言した。(332)

このように、ソ連とアメリカの解放委員会への対応の違いは明白であった。ローズヴェルトは、一九四三年八月二六日、総司令官に「フランス軍にかかわるすべての問題を、解放委員会とではなくて、フランス軍当局と直接検討する」よう命じていた。ドゴールよりもジローを重視しているのは明白であった。このように英米両国は、解放委員会を海外フランス領土の行政組織、ないしフランスの戦争遂行上の権限を持つ組織としかみていなかった。九月二一日にチャーチルは、「イギリスもアメリカも、フランス国民解放委員会を臨時の道具以上のものと考えるつもりはない」と語り、米国のハル国務長官も、「フランス国民解放委員会はフランス政府と認められない」と述べており、解放委員会の前途は多難であった。[333] ローズヴェルトは、四四年一月五日ですら、アルジェのアメリカ代表エドウィン・ウィルソンに「フランス国民の九〇パーセント以上が政治的権利を行使する自由がない限り、いかなる個人であれ集団であれ、アメリカ合衆国によってフランス政府ないしフランス帝国として承認されないでしょう」と書き送っていた。[334]

それでも、一九四三年一二月三一日までに解放委員会は、三七ヵ国から承認された。[335] デュロゼルによると、英・米・ソ三国よりも前に一一ヵ国（六月七日にベルギーとルクセンブルク、六月一〇日にオランダ、チェコスロヴァキア、ユーゴスラヴィア、ギリシア、ポーランドなど）が解放委員会を承認し、三大国と同じ八月二六日に二ヵ国、八月二六日以後に一九ヵ国（イギリス自治領、ブラジル、中国など）が承認したという。[336]

また、解放委員会の結成がドゴールの立場に与えた影響も見逃すわけにはいかない。ドゴールが伝統的エリートを擁するジロー派を糾合するにつれて、自由フランスもその影響を被った。ドゴールの口から、もはや「革命」という言葉は聞かれない。彼は、以前にはラジオ（一九四〇年一一月二九日）やロンドンのアルバート・ホールでの演説（四一年一一月一五日）、ロンドンの国防公益委員会における演説（四二年四月一日）などで、レトリックとはいえこの戦争を「革命」、さらには「フランス史上最大の革命」と位置づけ、四二年五月二七日の記者会見では、解放後に招集される議会をフランス革命を想起させる「国民公会」という名で呼んでもいた。六月二三日にも「フランス国民《プープル》は、勝利のために団結するとともに、革命のためにも結集するのです」とか、一一月一一日には「国民《ナシオン》は、大革命時に国家救済《サリュ・ピュブリック》の指導者しかもはや受け入れなかったように、国民を解放する幹部しかもはや認めません」と語っていた。[337]

ドゴールの演説・書簡・覚書などを調査したイヴ・ラヴォワヌによると、第二次世界大戦中の「革命」の使用頻度は一七回で、「フランス革命」のそれは一一回であり、そのうち、一九四一年一〇月から四二年六月の時期に「革命」一一回、「フランス革命」七回と集中して用いられたという。しかし、四三年夏以降、とりわけコルシカが共産勢力によって解放された四三年一〇月以降、「革命」より「革新《レノヴァシオン》」「再生《ルヌーヴォー》」が多用されるようになる。四三年六月一八日のアルジェでドゴールは、「民主主義による国の革新」を語り、七月一四日にも「わが国民《プープル》は国の革新のためにも前もって団結しています」と演説していた。[338] ドゴールの主張が穏健になった。

第4章　フランス解放と主権の回復

第1節　コルシカ解放と諮問議会の成立

◉コルシカ解放

訪米のためジロー将軍が不在のアルジェで、一九四三年七月一四日の祭典が三年ぶりに祝われた。「三年にわたる言い知れぬ試練ののちに、フランス国民《プープル》がふたたび現れたのであります」という言葉でドゴールはスピーチを始め、「フランス第四共和政」に言及した。ついで彼は、「戦争のために団結し、革新のために団結するとともに、フランス国民《プープル》はさらにまた、世界のなかで自国にふさわしい地位と偉大さをともに奪還せんとの意志において団結しております。……国民解放委員会は国の名誉と権益にかんする責任を負い、他人が犯した過失の重荷を担いつつ、フランスに奉仕するために統治の任にあたる委員会として、そのことを真っ先に認めるものであります」と語っていた(1)。この祭典に臨席していたアルジェ駐在イギリス弁理公使ハロルド・マクミランは、「ドゴールは二〇～二五分のすばらしい演説を行った。よく通る声でユーモアに富み警句を織り交ぜ、熱のこもった演説を行った。群衆は熱狂していた。そして『哀れな老翁』「イタリック」ジローはワシントンにいる」と日記にしたためた(2)。この日の祭典に出席していたスーステルも、ジローの不在によって、ドゴール将軍こそが政務を率いる真の指導者だという印象が強まったと記している(3)。

アルジェの祭典から一〇日後の一九四三年七月二四日、枢軸の一角が崩れる。ムッソリーニが失脚した。七月一〇日から連合軍によるシチリア島上陸作戦が始まっており、イタリアが占領するコルシカ解放への期待が高まる。[4] コルシカは、四二年一一月以降、七万二〇〇〇人のイタリア兵と一万人のドイツ兵によって占領され、サルディニア島には三万人のドイツ軍も駐屯していた。コルシカには二つのレジスタンス組織があった。ひとつは、県庁職員のフレッド・スカマローニが創設し、ＢＣＲＡとも結びついていた諜報組織「Ｒ２コルシカ」と、もうひとつは共産党系の国民戦線である。スカマローニは、ダカール攻撃にも参加し、ボワランベールとともに逮捕された人物でもあった。スカマローニは、四三年一月六日から七日の深夜にコルシカに上陸し、「Ｒ２コルシカ」を組織して活動していたが、三月一八日に逮捕され、翌日、自害して果てた。かくして、コルシカの抵抗組織はアルチュール・ジョヴォニ率いる国民戦線のみとなった。

一九四三年四月二日、ジローの使者が国民戦線と接触し、コルシカ解放計画が練られていった。四三年九月にジロー将軍の独断的行動ではあったが、コルシカがジローに協力した国民戦線によって解放された。ドゴールとジローの競合関係が国民戦線を利したのである。英米連合軍参謀本部はジローに自重を求めたが、九月八日の深夜、イタリアの降伏（九月三日）を奇貨として、ジロー将軍から武器援助を得ていた国民戦線が蜂起した。[5] その夜、国民戦線県委員会は、県都アジャクシオから攻撃命令の檄を飛ばした。その檄文は軍事と政治の二面からなり、のちのフランス本土解放時の雛形となった。「いたる所でただちにドイツ軍に対する戦闘を開始し障害を作り待ち伏せを行い、ドイツ軍車両に銃火を浴びせ彼らの移動を妨げ、あらゆる手段によって絶滅しなければならない。……反愛国的市会の更迭、略式のパージ、県議会のために一村あたり二人の代表の選出等に関連する指令は即刻実施されねばなら

図 4-1　フレッド・スカマローニ
出典　Pascal Le Pautremat, *Les agents secrets de la France libre,* Paris, 2013, p.100.

ない」[6]。つまり、ドイツに対する戦いと対独協力派の粛清、新しい代表の選出を呼びかけた。かくして一〇月四日、コルシカはフランス人の手によって最初に解放された県となった。ジローは「コルシカ解放は、連合軍の介入の必要もなしに、フランス人によって行われたフランスの県の解放であった」と回想している[7]。ジローのイニシアチヴでコルシカが解放されたとはいえ、アジャクシオにある中心広場の「ダイヤモンド広場」が一〇月上旬に「ドゴール広場」と改称されたように[8]、事実上の勝者はドゴールであった。一〇月八日、ドゴールはアジャクシオから「コルシカ住民の英雄性とわが陸・海・空軍兵士の勇猛さ」によって、「コルシカはフランスで真っ先に解放された土地という幸運と名誉とを得たのであります」と解放を祝った[9]。

戦意を喪失していたイタリア軍を相手に行われたコルシカ解放は、「国民の蜂起《アンスュレクシオン・ナシオナル》」というスローガンを正当化する象徴として、国民戦線や共産党によって利用されることになる。ドゴールは、すでに一九四二年四月一八日にラジオから「フランス人男女各人の義務は、敵それ自体と同時に敵の共犯者たるヴィシー派に対して、可能な範囲内であらゆる手段を用いて積極的に戦うことです。……国民の解放は、国民の蜂起と切り離すことはできないでしょう」と述べていたが[10]、実力行使に移らない自由フランスに批判が向けられた。共産党系の義勇遊撃隊司令官シャルル・チヨンの批判がその例である。彼は、「コルシカの教訓」として「コルシカの経験が明らかにしたことは、日和見主義の誤りと人民の率先した行動力の過小評価にあった」と回想している[11]。以上のように、コルシカ解放はドゴール派と共産党との覇権争いが顕在化したケースとなったが、翌春には両派の闘争的同盟が構築されることになる（後述）。

◉双頭制の終焉

一九四三年九月九日、ジローからコルシカ蜂起の状況を知らされたドゴールは、ジローの独断的行動に立腹する。緊急に招集された国民解放委員会は、ジローに部隊の派遣を許可すると同時に作戦失敗の際の全責任をジローに負わせ、さらにドゴール派のシャルル・リュイゼをコルシカ県知事に、フランソワ・クーレ（ロンドンでドゴールの民事官房長）を事務総長に任命して形勢を挽回しようとした。ドゴールにとって、国民戦線県委員会が自由フランスへの参加を表明したことは良いとしても、県委員会が治安の維持や糧食の確保、反愛国的組織の解散とその指導者の逮捕や行政組織の粛清、それに新しい県議会の招集を矢継ぎ早に決めていったことは、国民戦線に影響力を持つ共産党の勢力伸張と映った。ドゴールは、本土解放時の問題がコルシカ解放に凝縮して示されたと考えた。彼は、ジローを退けるためにこの機会を利用する。ドゴールは、コルシカ解放の過程で解放委員会が政府としての機能を果たしえなかったことを確認し、双頭制の廃止にとりかかった。九月二五日の解放委員会で、国防委員会の設置とジローの新たな権限縮小が決定された。[12] 約一ヵ月後の一一月九日には、解放委員会にジローとジョルジュ将軍の席はなくなることになる。

一九四三年一〇月から一一月にかけて解放委員会が改組され、一一月九日デクレ（命令）によって議長はドゴール一人となり、政党と抵抗運動の指導者それぞれ四人が加えられた（以下のRは抵抗運動家、Pは政党人の新委員を示す）。改組後の委員は、エマニュエル・ダスティエ・ド・ラ・ヴィジュリ（内務、R南部解放）、アンリ・ボネ（情報）、ルネ・カピタン（国民教育、Rコンバ）、カトルー（ムスリム担当）、アンドレ・ディテルム（食糧・生産）、アンリ・フレネ（捕虜・流刑者・避難民、Rコンバ）、ルイ・ジャキノ（海軍、P保守系）、アンドレ・ル・トロケ（陸・空軍、

P社会党)、ルネ・マシリ(外務)、ルネ・マイエル(運輸逓信・輸送)、ピエール・マンデス・フランス(財務、P急進党)、フランソワ・ド・マントン(司法、Rコンバ)、ジャン・モネ(在外勤務)、アンドレ・フィリップ(諮問議会連絡担当、社会党)、ルネ・プレヴァン(植民地)、アンリ・クーユ(委員会間の調整担当、P急進党)、アドリアン・ティクシエ(労働・社会保障、社会党)という顔ぶれであった。(13) ジロー将軍とジョルジュ将軍が委員会から去った。元ジロー派はルネ・マイエルとモネであったが、両者とも確信犯的なジロー派ではなかった。

かくしてドゴールは、親米的で親ヴィシー的なジローとの戦いに勝利を収め、名実ともにフランスの代表としての地位を確立した。ドゴールは、一九四四年四月八日にジローを三軍総監に任命し、公文と私信の二通を送ってジローに就任を要請したが、ジローはそれを辞退し、四月一五日に完全に引退するにいたる。(14) カトルー将軍は、後述するピュシュー元内務大臣の粛清裁判(四四年三月)で、ジローがピュシューを擁護したことは、ジローの威光に傷をつけ、軍人や一般人を失望させたと記している。(15) ジローに引退を決断させる一因になったことであろう。

◉諮問議会の成立

ジローが解放委員会から排除されて双頭制が解消し、ドゴールの権威が高まる。解放委員会は政府の陣容を整えるための組織強化に着手する。こうして、内閣あるいは行政機構の骨格がかたちをなしていった。次は立法機関、すなわち議会の設置である。

フランス本土の外に臨時議会を置くという構想は、一九四一年にルネ・カサンから出された。(16) それは、国民委員会の設立を謳った四一年九月二四日政令(オルドナンス)第九条に書き込まれた。九条には「のちほどの政令によって諮問議会（une Assemblée consultative）の設置が定められる」とあった。[17] フランス本土のCNRの設立と並んで、国外の議会構想は四三年二月に具体化が進められた。その目的は《戦うフランス》を中心にフランス人抵抗派の団結を指し示すことであった。ロンドンの国民委員会では、フェリックス・グーアンを長とする国家改革委員会がその構想案を練っており、四三年一月二〇日に公権力の再編案を提出していた。[18] 既述のように、ロンドンの国民委員会は二月二三日のジロー宛の覚書のなかで、「臨時中央政権の樹立」と「フランス抵抗運動の諮問会議（un conseil consulatif）の創設」を謳っていた（第2章第3節参照）。同年九月一七日、解放委員会は「国民世論のできるだけ広範な表明を任務とする臨時諮問議会（une Assemblée consultative provisoire）」の構成と権限にかんする政令を公布し、一一月三日に諮問議会を招集することを告げた。[19] 諮問議会は、臨時政府の任命を任務とする議会が創設された暁には解散されるものとされた。

かくして一九四三年一一月三日一五時、のちの国民議会に成長すべく臨時諮問議会が招集された。[20] それは、共和的合法性を再建するために必要不可欠の行動であった。臨時諮問議会は、アルジェ港沿い、カルノー通りにあるアルジェリア議院に置かれた。社会党のフェリックス・グーアンが議長を務め、エミール・キャッツ＝ブラモン、ジャック・ラセニュ、フランシス・ラウルら両院の元議会職員が議長を補佐した。ドゴールとジローも出席していた。傍聴席には、イギリス弁理公使ハロルド・マクミラン、ソ連のアレクサンドル・ボゴモロフ大使、ローズヴェルトの個人代表ロバート・マーフィーの姿もあった。議会には、フランス国内から四九人のレジスタンス代表と二〇人の政党代表、アルジェで抑留されていた一〇人ほどのセーヌ県選出の共産党議員、植民地の抵抗組織代表一二人、アルジェリアの県会議員一二人が集まった。政党代表は、三九年九月一日の議席数に比例し、かつペタンの授権に賛成しなかった議員から選ばれた。その内訳は、社会党五人、急進党と中道左派五人、共産党三人、中道右派と右翼七人であった。国内レジスタンス代表が全体のほぼ半数、国外レジスタンスを含めると六割に達

図 4-2　1943 年 11 月 3 日、臨時諮問議会で挨拶するドゴール

出典　Éric Branca, *De Gaulle et les français libres,* Paris, 2010, p.230.

した。それは、抵抗運動が重視されていることの現れである。一八人の政党代表は、一〇月四日にイギリス軍機によってフランス国内を脱出し、ロンドンを経由して月末にアルジェに着いた。議会構成員の多くは左翼の人間であったので、ドゴールは空席の五つをヴィシー政府に反対投票した保守派に割りあててバランスをとった。女性に参政権のなかったこの時代に、ただ一人の女性議員リュシー・オブラック（南部解放）も出席していた。[21] モーリス・シューマンは、四四年三月二四日の「名誉と祖国」の番組のなかで、「国内の《戦うフランス》が諮問議会に送った最初の女性」だと称え、オブラック自身も四四年二月八日に渡英して以降、自由フランスの広告塔としての役割を演じつつ、ＢＢＣのマイクに向かうだろう。[22]

ドゴールは諮問議会の開会演説でこう述べた。[23]「軍事上の大敗という災禍に茫然自失した民衆《プープル》の悲嘆につけ込みつつ、さらにみずからの誓約を破りつつ、若干の人びとが本国の大地に敵の合意を得て、個人権力・虚偽・異端審問にもとづく厭わしい体制を築いた」とヴィシー政府を糾弾し、「レジスタンスは多種多様な形態をとりつつ、フランス国民大衆《マス》の根源的反応となった」とか、「今日レジスタンスは国民の意志の基本的な発露」だと絶賛した。そして「国民解放委員会は、諮問議会に対して本委員会の行くべき道を照らし出し、本委員会を支持するように呼びかけつつ、臨時の公権力にできるだけ民主主義的性格を与えることが必要であると判断した」ので議会を招集したと、その意義を訴えた。さらにドゴールは、「諮問議会の開催《レユニオン》はまさしくフランス代議制の復活の端緒である」ことを力説した。

◉粛清問題

諮問議会は、粛清やレジスタンスへの援助や解放後の公権力の性格を協議する。さまざまな議論がなされたが、結局、一九四四年四月二一日の政令によって、政府のパリ帰還後に捕虜の帰国を待って、女性も参加した地方選挙と国政選挙を行い、新たなフランス国家の枠組を決定することが告げられた[24]。

ここではとくに司法問題としての粛清裁判に一瞥を加えよう。というのは、それは国家の権限とかかわる問題であるからだ。ドゴールも前述した諮問議会の開会演説のなかで粛清問題にかんして、「唯一の妥当かつ容認しうる司法たる国家の司法を迅速かつ厳正に確立する義務」について語っていた[25]。彼は、すでに一九四三年八月八日のカサブランカで対独協力派や降伏の責任者を非難し、「国民《ペイ》はいつの日か、復讐を経験するだろう」と語っていた。これを受けて解放委員会は、九月三日の政令でこれらの人士を速やかに裁判にかけることを公布した。こうして、九月一一日に五人のメンバーからなる粛清委員会が設けられ、北アフリカにおける粛清作業に着手した。ただし、北アフリカには大規模なユダヤ人や政治犯の移送および人質の処刑があったわけではなく、そのうえ、厳罰を求める者もおれば参謀本部や地元名士のように寛大な措置を求める者もあり、結局、委員会が審議した一四七三件のうち、判決が下されたのは九三件であった。このような状況下で一二月二三日、国民解放委員会はコミュニケを発し、ヴィシー政府の新旧構成員およびヴィシー派の植民地高官を軍事法廷でも裁くことを公表した。また諮問議会は、四四年一月一二日に満場一致で「裏切者と対独協力派の処罰の遅延」を遺憾とし、迅速かつ完全な裁判を保証する「特別な訴訟手続」を要求した。(26)

こうした空気のなかで処刑されたのが、ヴィシー政府の元内務大臣ピエール・ピュシュー（一九四一年二月～四二年四月在任）である。ヴィシー政府に見切りをつけたピュシューは、四二年一一月にバルセロナへ脱出し、ジローの許可を得て四三年五月九日にカサブランカに上陸したものの捕らえられてしまった。四一年一〇月に共産党政治犯の銃殺に関与したピュシューの軍事裁判が始まったのは、粛清問題で人びとが熱くなっていた四四年三月五日のことである。(27)ジローは、三月七日に裁判の証言台に立って被告を弁護したが、ピュシューに死刑が宣告された。三月一七日にジローは、ピュシューの減刑とフランス解放まで刑の執行を猶予するように求める手紙をドゴールに送ったが、ドゴールは特赦を拒んで、三月二二日に刑が執行された。(28)処刑前夜にチャーチルの意を体したダフ・クーパーが、ピュシューの助命のためにドゴールと会っている。助命が聞き入られなかったチャーチルは、処刑日の二二日にローズヴェルトに宛てて、ドゴールに権限を与えないという大統領の決定を承認すると記していた。(29)

一九四四年二月二一日、《戦うフランス》の本土代理総代ジャック・バンジャンがドゴールにこう打電してきた。ここ数日、数千のマキ（対独抵抗派）戦士が民兵団によって殺戮されているので、大半のフランス国民がピュシューの処刑を望んでおり、「もしピュシューが処刑されなければ、あなたは民兵団指導者や警察官にさらなる犯罪を奨励することになるでしょう」(30)。ドゴールは、ピュシューの処刑についてルイ・ジョックス国民解放委員会事務総長にこう述べている。「亡きピュシューは勇敢に死にました。[31] もし私が彼を特赦すれば、この種の犯罪者は次から次とアルジェへの道をたどることでしょう。たちまち刑務所は一杯になり、犯罪者はそこを借宿として、終戦と忘却を静かに待つことでしょう。われわれは、二股をかけていると非難されることに我慢できません。フランス人がフランス人に対して故意に行った裏切と密告と悪行以外は、最終的には赦されます[32]」。ドゴール自身は粛清対象者を「ヴィシーの政策決定に顕著な役割を演じた要人および敵の直接共犯者となった人物」と限定していたが、憎悪の感情が横溢しており、ピュシューの処刑にいたった。そこでドゴールは、「原初的な懲罰の衝動」を抑えにかかろうとする。[33]

一九四四年三月一八日、ドゴールは、「政府」という言葉を発しつつ諮問議会でこう述べた。「国家をその本来の道に反する方向へ導こうと企てた一握りの人たちにかんして、国家の正義による裁きが下される一方、フランス国民全体はこの正義に助けられつつ、心をひとつにし、意気込みをひとつにし、規律をひとつにして、みずからの救済にまたみずからの未来に向かって進んでゆかねばなりません。多くの人びとが囚われた誤謬や幻想は、ああ！　まったく釈明可能なのであります。とりわけほとんどすべての場合に、再起が計画せられているものと密かに期待をかけたればこそ、かような誤謬も幻想も生じ来たったからなのであります。……政府はみずからの神聖な任務をなし遂げるために、議会の緊密な協力と支持とを賜るように訴えかけるものであります。政府は国のために戦いまた働こうと欲するすべての人びとの厖大な群れに訴えかけるものであります。利害・党派・グループ・階級などの争いを無視するよう、政府はこの人たちに切に願います。祖国の危険と試練と比べれば、かような争いは存在の余地がありえないからであります。……光栄にも私が指導にあたっている政府は、すべてのフランス人に国民連合《ラサンブルマン・ナシオナル》に加わるように呼びかけます[34]」。

対独協力を裁く法理は、一九四四年六月二六日と八月二六日の政令によって明示された。従来の対敵通謀罪に加えて新たに非国民罪が設けられた。粛清裁判は臨時政府が取り組む最優先課題となった。というのは、私刑の横行を許さず、司法上の国家意志を示すためにも対独協力派を裁く裁判の迅速な開廷が必要であったからである。パリ解放後の九月一三日、特別法廷の設置が告げられた。(35)

◉諮問議会による臨時政府支持

諮問議会は、一九四四年八月までに五〇回ほど開かれ、ドゴールはそのうちの二〇回ほどの会議に出席し、全体的な陳述を行ったり、議論の途中で発言したりした。政府委員として議会を担当したのはアンドレ・フィリップであり、ほかの政府委員も大臣として議会で説明にあたった。諮問議会は意見を表明する以外の権限がなかったにもかかわらず、連合国の出先機関員や新聞記者は熱心に傍聴していた。民主的制度の代表である議会が体勢を整えるにつれて、四四年三月にイギリス外務省もドゴールの独裁的手法に対するバランサーとしての役割を議会に期待する。

それは、こんなシーンにも垣間見られた。一九四四年五月一二日に社会党のヴァンサン・オリオールが、真のフランス政府としての解放委員会の正統性について正したことがあった。「連合国との関係において、事実上の権威、すなわち共和国政府に不可欠な独立および人民が認める主権が付与されることが重要であります。……法律上であれ事実上であれ承認された政府ないし事実上の権威について語ることは、煩瑣な法律論でしかありません。人民の未来に予断を下さないため、人民に自由に意見を表明させるために、解放委員会も諮問議会も承認されておりません。しかし、人民が投票するためには政府が人民に呼びかけ、選挙法を準備し、領土を統治せねばなりません。いかなる権威がそれをなしうるのでしょうか。……事実上の政府こそがこの任務を遂行しうるのです」。オリオールは「人民こそが政府を決めるのだ」と述べたうえで、ＣＮＲの最近の声明を読みあげた。そこには「全国抵抗評議会は、戦う国民を忠実に映し出しているフランス国民解放委員会がフランスと緊密に結ばれた政府であり、この政府はフランスを代表して語る資格を持っていると改めて告げます」とあった。結果的にオリオールは、解放委員会の正統性を認める議論を展開したわけだが、議会でこうした問題が正々堂々と論じられたことは、逆にドゴールの対外イメージのアップにつながった。かくして三日後の五月一五日、議会は「フランス国民解放委員会がフランス共和国臨時政府を公然と名乗ること」を満場一致で承認した。[36]

すでにドゴールは、一九四三年一一月二五日の諮問議会でフランス共和国臨時政府に触れていた。彼は、国民解放委員会が「実際、わが国の歴史上もっとも厳しい時代のフランス共和国臨時政府という名誉に浴し、かつその責任を負っています」と述べたのである。これ以後ドゴールの口から「政府」という言葉が頻出するようになる。一二月一二日、数万人のムスリムへの市民権付与を伝えたコンスタンチーヌ演説では「政府」という言葉が発せられた。ドゴールは「フランスの戦時政府」とか、「政府はこのほどアルジェリアにかんして重要な決断をいたしました」などと発言していた。後述する四四年一月三〇日のブラザヴィル会議では、ドゴールは開口一番「フランス政府がこのアフリカ会議を招集すると決定したことに驚く人がいるかもしれません」とスピーチを始めている。三月一八日の諮問議会でもドゴールは「政府」や「臨時政府」の名で語り、三月二七日の諮問議会では「共和国臨時政府は、一九四〇年六月以来たえず戦争と同時に民主主義の土俵にしっかりと立ちつづけてきたのであり、……この政府こそはフランス国民を指導する資格を有する唯一のもの」だと断言した。[37] このように、正式に共和国臨時政府が宣言される前に、その実質化をめざすプロパガンダが展開されていたのである。

立法府の核になる諮問議会を成立させたドゴールは、植民地との関係強化に乗り出す。それは、英米政府との対抗上、自由フランスが植民地を束ねて帝国の一体化を図り、帝国を経営しうる能力を示すためにも不可欠な問題であった。それに加えて、中東のみならず、モロッコやアルジェリアでも独立への気運が高まっていた。解放委員会は改革に着手して、先住民の地位向上や生活環境の改善を図る必要性に迫られた。一九四三年一二月に数万のムスリム・アルジェリア人に市民権を付与し、四四年三月にムスリム・エリートのアルジェリア人に参政権を付与したのもそうした動きのひとつである。さらにはアメリカ政府が、チュニジアのビゼルトやセネガルのダカールを連合国の基地にするとか、インドシナを国際管理下に置くという構想を抱いていたことや、アメリカ政府内には民族自決を主張する反植民地主義者もいた。こうした動きを阻む必要があっただけでなく、植民地は人口・資源・食糧供給力の点でフランス解放戦争への貢献が期待された。そこで解放委員会は、本土解放前にもかかわらず、フランスとアフリカ植民地との一体性を強めるために、四三年一〇月にアフリカ会議の開催を告げたのである。植民地担当委員ルネ・プレヴァンの発案で作業が進められ、四四年一月三〇日にブラザヴィルで開催されるにいたった[38]。第四共和政下で組織されるフランス連合の始まりである。開催場所としてブラザヴィルが選ばれたのは、「この都市が最悪の歳月のあいだフランスの主権の避難所として役立ち」、「われわれの名誉と独立との避難所であった[39]」からである。フェリックス・エブーエをはじめとした植民地総督や行政長官二〇人と、諮問議会の代表一〇人が出席した[40]。

◉ブラザヴィル会議

開会演説でドゴールはこう述べた。この戦争における植民地の貢献を高く評価したうえで、「フランス国民は、

図4-3　1944年1月30日のブラザヴィル会議
出典　Éric Branca, *De Gaulle et les français libres,* Paris, 2010, p.112.

みずからの主権を保持しつつ、いつかは植民地の構造改革を決定するでありましょうが、時機が熟してこれを実行するのはフランス国民の仕事であり、ひたすらフランス国民のみの仕事なのであります」と語り、「わが領土が、みずから発展しながら、またその住民を進歩させながら、その人員・利害・熱望・将来ともどもフランス共同体のなかに組み込まれるようにするためには、いかなる精神的、社会的、政治的、経済的その他の条件をわが領土のおのおのにおいて徐々に適用していくことができるように思えるのかを、この会議において研究」するように求めた[41]。しかし、同化か連邦制かをめぐる対立などもあって、ブラザヴィル会議の成果は乏しかった。アフリカ人エリートに市民権を拡大することを確認しはしたが、民族独立や脱植民地化のうねりに対抗できる内容からはほど遠かった[42]。

第2節　フランス共和国臨時政府

◉英米政府との摩擦

コルシカが解放されたとはいえ、連合国のフランス国民解放委員会への対応は変わらなかった。ドゴールはその状況をこう述懐している。「公的にはドゴールは敬意をもって遇せられはしても、決して熱意をもって遇せられはしない。非公式にはドゴールを相手どって語られ、書かれ、企まれる事柄を、彼ら〔連合国〕は奨励しているのである」。自由フランスは一貫して過小評価され、各種協議においても蚊帳の外に置かれつづけていた。一九四三年九月二七日のイタリア休戦協定の締結、およびイタリア問題を処理する英・米・ソ連外相会議、さらには一一月二八日に英・米・ソ連首脳が初めて一堂に会したテヘラン会談からも自由フランスは締め出されていた。九月一七日に解放委員会は英・米・ソ連政府に対して「イタリア問題にかんする何ごともフランスを抜きにして処理せられることがないようにするのは、フランスにとって生死にかかわる事柄なのであります」と抗議している(43)。

軍事的貢献の必要性をドゴール自身熟知していた。それゆえ、一九四三年一二月にアイゼンハワーの要請があったとはいえ、解放委員会はフランス派遣軍の先発隊をイタリアに送ったのである。ドゴールは、「軍事面での参加が増大してゆくにつれて、われわれは政治の分野においてもより声高に語るようになった」とその意義を記している。ただし、イタリア戦役で連合軍司令部が、フランスの兵力を解放委員会に相談なく使用しようとしたことに対してドゴールが異議を申し立て、一二月二七日に英・米・仏三国の会談がもたれるにいたった。出席者はアメリカのエドウイン・ウィルスン大使、イギリスのマクミラン、アイゼンハワーの代理としてビーデル・スミス将軍、フランス側からはドゴールとマシリとジロー将軍であった。会談の目的は、連合軍の作戦にフランス軍部隊を参加させる条件についての協定締結にあった。ドゴールは、「戦争遂行にあたっての三国政府の協力および戦略における三国司令部の協力」を主張した。その結果、三国司令部の協力態勢や連合国司令部から解放委員会への意見聴取や報告の回路が整えられた(44)。

イギリスとの争いはまたもや中東のレバノンで生じた。一九四一年八月の大西洋憲章で民族自決が宣言されたことや、フランスが中東諸国の将来的な独立を容認したこともあって、ナショナリズムが高まっていた。こうした背景のなかで、四三年八月に行われた選挙で誕生したレバノン議会と政府は、スピアーズ将軍の後押しもあって、フランスの委任統治権に反旗を翻したのである。四三年一一月七日にベイルート政府と議会は憲法を修正して、委任統治権を廃止する挙に出た。そこで、ベイルート駐在フランス大使ジャン・エルーは一一月一〇日に議会の解散と憲法修正の無効を命じ、翌一一日にはレバノン大統領や首相などを逮捕するにいたる。ベイルートの住民が通りにバリケードを築き、商人もストライキを始めた。これにフランス軍が発砲して一三人の死者と三二人の負傷者が出た。一一月一一日にスピアーズは、「エルーの権柄ずくで容認しえない手段」に抗議する書簡を大使エルーに送った。一一月一三日、イギリス政府はレヴァント情勢の悪化を首肯できないがゆえに、「イギリス軍部隊は無秩序を防止するために行動する権威筋と、それがいかなる権威であれ共同して行動するでありましょう」と解放委員会に通知した。アメリカとソ連からもフランス批判の声があがる(45)。

エルーの強硬態度に理解を示しつつも、ドゴールは一九四三年一一月一六日にカトルー将軍を現地に派遣して善後策にあたらせた。翌一七日にカトルーはスピアーズと協議したが、議論は平行線をたどった。ことここにいたってイギリスが介入してきた。チャーチルは、一〇月に「私はフランスが好きなので、フランスのためにはなんでもするが、ドゴールのためには何ひとつとしてしないだろう」とイーデンに語っていた。イギリスは、一一月一九日、英・仏・レバノン三国会談の開催と同時に三六時間以内の大統領その他要人の釈放を要求した。さらに、この要求が入れられない場合には、戒厳令を敷いてイギリス軍部隊を派遣し、実力で釈放を勝ちとると威嚇した。イギリスの「最後通牒」に対して、一一月二一日にカトルーは大統領らを釈放して復職させ、事態の正常化に努めた。そして、イギリスの干渉を排除しつつ、問題をフランスとレバノンのあいだで解決する姿勢を貫き、一二月二二日にはフランスとレバノン政府とのあいだで暫定協定が結ばれてことなきを得た。(46) ただし、レバノン問題の処理をめぐって解放委員会内に波乱が生じた。カトルーがレバノンの首相まで復職させたことで、それに反対する強硬派のドゴールと穏健派のマシリとが対立し、一一月二三日にマシリが辞表を提出するという騒ぎも起きた。しかし、この日の解放委員会で、カトルーの方針は一二票対三票（ドゴールを含む）で承認された。(47)

その後、英米両国のアルジェ代表者が、前任者よりもいっそう親仏的な外交官に交代した。すなわち、一九四三年一一月にマーフィーに代わってエドウィン・ウィルスンが、四四年一月にマクミランに代わってダフ・クーパーが後任大使になったことで事態は改善に向かい、四四年元旦にはアルジェで外交団が国家元首に行う新年の祝辞をドゴールに述べるまでになった。(48) これはドゴールの権威の高まりを示している。しかし、フランス国民解放委員会はフランス解放時の政権としてローズヴェルト大統領から依然として認知されなかった。

◉フランス解放をめぐる対立

すでに解放委員会は、一九四三年九月七日にフランス解放に際してフランス行政部と連合軍部隊との協力関係のあり方についての詳細な覚書を英米両政府に送ると同時に、一〇月二日政令で行政連絡将校団を組織し、四四年四月四日には本国解放領土行政委員としてアンドレ・ル・トロケを任命して本土解放に備えていた。九月七日の覚書のなかで解放委員会は、上陸後のフランスを三つの地域（戦闘地域・武装地域・国内地域）に分けて、戦闘地域は軍政下に、国内地域は権限を有するフランス当局の治政下に置かれ、武装地域では軍事活動に便宜を保証しつつ、フランス当局が衝にあたることを提案していた。しかるに、四三年七月一七日にローズヴェルト大統領はシチリア島を軍政下に置くべく、「占領地区連合国軍事政府（Allied Military Government of the Occupied Territories ＡＭＧＯＴ）」を発足させていた。解放後のフランス行政の雛形がここに示された。それゆえ、英米両国がフランスの九月覚書を無視したのは当然であった。クラーク＝ダルラン協定（四二年一一月二二日）がその根拠となっていた。クラーク＝ダルラン協定は、「戦争遂行に必要」とあらば、「戦闘地域」に指定された北アフリカの行政権を米軍が行使することを明記しており、米軍は「占領軍」として北アフリカを「保護領」の状態に置くことが可能になった(49)。ローズヴェルト大統領は、四三年五月八日、フランスに新政府が成立するまでフランスを軍政下に置くという覚書をチャーチル首相に送っている(50)。解放委員会の駐米代表アンリ・オプノが、一二月二日付でアルジェに送ってきた電報も不安をかきたてた。そこにはこう記されていた。アメリカ国務省ヨーロッパ局長のジェイムズ・ダンが「フランスへの進攻軍部隊に連合軍司令部が発行する貨幣を供給するという決定は……撤回不可能だ」と述べたことに対して、オプノは「貨幣というものは、おそらく国民の独立と主権との一番目につきやすく一番広まった表徴」だと反論したが、ダンは聞く耳を持たなかった(51)。

もちろん、解放委員会はクラーク＝ダルラン協定の無効を宣言し、一九四三年九月一〇日に協定の修正を求めたが、修正協定が締結されたのはノルマンディー上陸後の四四年七月のことであった(52)。四三年九月にアメリカ政府は、「連合軍最高司令官は、フランスには主権を体せる政府は存在していないという基礎に立って行動するものとする」という覚書をイギリス政府に手交していた。四四年四月にはローズヴェルトは、フランスにおける最高権力をアイゼンハワー総司令官に帰属せしめた。アイゼンハワー自身は、四三年一二月三〇日のドゴールとの会談で「近く迫ったフランス作戦のためには、将軍のご支持、お国の官公吏の協力、フランス世論の支援が必要です。本国政府が将軍と私との関係においてどのような理論的立場を取るように私に命ずるか、私にはまだわかりません。……是非とも申し上げておきますが、私はフランス国内において将軍の権威以外の権威を認めません」と語っていた。ドゴールにとっては心強い発言であったが、ドゴールは四四年四月二一日にアルジェで行った記者会見でも、「連合軍司令部に共同作戦のための最大眼の便宜を提供し、フランス領土におけるフランスの主権を完全に尊重するという二条件」を力説している(53)。

アイゼンハワーの姿勢はローズヴェルトとは異なるものであり、連合軍最高司令部は、一九四四年五月二五日にノルマンディー上陸をめざす英米軍に対して、解放されたフランスに軍政はありえず、軍事作戦地域においてもフランス人自身が民政を担当することを指令していた(54)。フランス国内軍（ＦＦＩ）やレジスタンス勢力との協力を必要とする現場と、ワシントン政府の違いが鮮明になった。

◉ヴィシー政府高官の逮捕とデュフール事件

その後もドゴールと英米首脳とのぎくしゃくした関係は続く。一九四三年一二月半ばに解放委員会が、ペイルートン、ボワソン、フランダンらヴィシー政府の高官三人を逮捕したことも、関係悪化の一因となった。彼ら高官を作戦遂行のために利用してきたチャーチルは逮捕を知って激怒し、ローズヴェルトも「ドゴールを排除するときが来た」と述べている。さらに大統領は、一二月二六日、フランス共和国が再建されるまで「これらの人士の裁判は開かれないという正式の保証がフランス委員会から得られねばならない」とアイゼンハワーに訓令した。(55)両首脳の高圧的な態度がもたらす状況の悪化を憂える英米の外交官たち、すなわちアルジェ駐在アメリカ大使エドウィン・ウィルソン、イギリス弁理公使マクミラン、イーデン外相などの説得もあって、両首脳は怒りの拳を降ろさざるをえなかった。ウィルソンとマクミランは、ドゴールから三人の裁判は解放後にしか開かれず、予審のあいだは快適な別荘で勾留されるという保証を得ていた。(56)マクミランは、「外交官にこそ政治訴訟問題を扱う配慮が委ねられているのだ。大勝利！」と日記に書き記している。(57)イーデンも四四年二月には、「フランスのレジスタンス運動は、じつを言うとフランス世論の圧倒的多数はドゴールを支持しており、もしわれわれが国民解放委員会をぞんざいに扱ったり、あるいは明々白々の不信感を抱いて処遇するのであれば、英仏関係が世界でふたたび影響力ある役割をまもなく演ずるかもしれないまさにそのときに、われわれは英仏関係に打撃を与えるだろう」と確信していた。(58)

またチャーチルは、ローズヴェルトとドゴールのあいだを仲介しようとして、一九四四年一月一二日、マラケシュでドゴールと会談し、米国大統領に従うように求めた。そのあいだも、ドゴールと《戦うフランス》はフランスに独裁政治を樹立しようとしているという新聞キャンペーンがアメリカで起きていた。さらに四三年一〇月に持ちあがったデュフール事件が、四四年三月にふたたび燃えあがって、ドゴールを追い詰めようとした。イギリス情報部のスパイで自由フランス軍に志願したモーリス・デュフールが、ＢＣＲＡによって拷問を受けたとして、ドゴールとパッシーを四三年八月にイギリスで訴追しており、裁判が四四年三月末に始まらんとしていた。しかし、四三年二月に自由フランスの召喚に応じてイギリスにやって来たフランス人が、イギリス情報部によって監禁され、尋問の末自死するという事態が発生していた。自死に疑問を抱いた息子がドゴールにチャーチルを提訴したい旨の手紙を送ってきた結果、四四年六月に予定されていた裁判はチャーチルが取りさげさせて終止符が打たれた。[59]

◉Dデー（ノルマンディー上陸作戦決行日）前夜のドゴールとチャーチル

デュフール問題が収束しつつあった一九四四年三月二七日の諮問議会でドゴールは、「フランスには、自国内に自由を再建する方法を決定するうえで、国境外からやって来るさまざまな意見と相談する必要はないのであります」と演説している。[60]また四月中旬、ドゴールが訪米希望書をアメリカ政府に提出するというチャーチル案をドゴールが拒んだため、四月一七日、表向きはDデーを前にした安全保障上の理由により、イギリス政府は英国と海外との暗号電報の通信を禁じた。この影響をまともに受けたのは自由フランスである。アルジェとロンドン駐在外交・軍事代表部とのあいだの暗号電報が今後送受信できなくなるからである。約一ヵ月後の五月二三日、アルジェ駐在イギリス大使ダフ・クーパーがドゴールに暗号電報の利用再開を伝えると同時に訪英を招請した。三日後にはワシントンから戻ったアメリカ駐在海軍使節団長レーモン・フェナール提督は、ローズヴェルト大統領がドゴール訪米を歓迎する旨を伝えた。五月一〇日には、諮問議会の社会党議員一八人が、フランス人が解放時に受け入れる唯一の組織はフランス国民解放委員会であることを認めるようにローズヴェルト大統領に催促する書簡を送っていた。五月二七日から六月二日にかけてイギリス政府は、ドゴールにロンドン招請を再度伝えてきた。六月三日、ドゴールは機上の人となり、四日朝にロンドン近郊に着陸した。[61]ドゴールが政府委員を随行しなかったのは、訪英の目的を具体的な交渉にではなくて軍事的および象徴的目的に限定していたからである。連合軍のノルマンディー上陸は二日後に迫っていた。

ドゴールのイギリス到着後ただちにポーツマスにて、チャーチルはドゴールとフランス国内での協力方式について協議を始めた。チャーチルは、英仏両国が合意した協力内容をドゴールの渡米後にローズヴェルトに付託すると良いとも述べた。ドゴールは、自分がフランス国内における政権担当者として立候補する旨をローズヴェルトに届けるとは論外であり、フランス政府は実在していると抗議した。そして、アメリカの代表がいないこの場では何ごとも締結できないし、ましてや上陸態勢を整えつつある部隊および諸機関は外国で製造された自称フランス貨幣を用意しており、「共和国政府はこれを絶対に承認しない」と断言した。ドゴールの強硬な態度に対してチャーチルは、「あなたとローズヴェルトのいずれかを選ばねばならなくなるたびごとに、私はいつでもローズヴェルトを選ぶのです」と言い切った。[62] さらに反共主義者のチャーチルは、[63] 五月七日にドゴールがチュニス解放一周年を祝って行った演説、すなわち、暗号電報の途絶に遺憾の意を表明し、「敵がひとたび駆逐されるや、フランス人は西欧において、恒常的な同盟国たる親愛にして強大なロシアをはじめとした東欧との直接かつ実際的な協力の中心たらんと望んでいます」[64]という演説にも立腹していた。また、アメリカが用意していた上陸に際して読みあげる宣言文もことフランスにかんしては、アイゼンハワーの命令を実行し、新たな訓令が出るまで官吏は職務を遂行し、解放後にフランス国民はみずからの代表と政府を選択することを語りはしたが、臨時政府についてはー言も触れてはいなかった。[65]

これが、フランス解放の橋頭堡を築くノルマンディー上陸前夜の英・米・仏関係であった。一九四三年五月から「名誉と祖国」の放送を担当していたジャーナリストのアンドレ・ジロワは、この時期の三巨頭（ローズヴェルト、チャーチル、ドゴール）の争いを、「二人のゴリアテ［巨人］に立ち向かうダヴィッド」にたとえている。[66] もっとも、四四年五月一五日にチャーチルはイーデンの意見を受け入れて、ローズヴェルトに連合軍と解放委員会との協定の必要性を訴えたが、大統領はアメリカの参加はありえないとにべもなく断ったという事実があった。[67] こうして、フランス行政当局との協定も結ばれないまま、ノルマンディー上陸作戦は開始された。英・米・仏三国による交渉を主張するドゴールとの溝は埋まらないままDデーを迎えたのである。

非妥協的なドゴールに怒り心頭に発したチャーチルは、ドゴールをアルジェに送り返そうとすらした。一九四四年六月五日の深夜から六日未明にかけて、フランス上陸にあわせて放送予定の演説をドゴールが拒否した問題と行政連絡将校の派遣問題にかんして、チャーチルが激しくドゴールを難詰したことについて、媒介者として両者のあいだを二往復した解放委員会の駐英大使ピエール・ヴィエノは、外務委員マシリに宛てて「私は首尾よくやり遂げたが、それにしても、なんという夜であったことか！」と記し、また困難な交渉経緯を記した未刊メモも残している(68)。しかし、チャーチル首相の過度の親米的態度についてイーデン外相は完全に同意しているわけではなく、ベヴィン労働相にいたっては、先のチャーチルの発言（「私はいつでもローズヴェルトを選ぶのです」）は、個人的感情の表明であってイギリス政府の公式立場ではないとドゴールに言明するほどであった(69)。イーデンは戦後、「私もベヴィン氏もこうした［チャーチルの］意見が気に入らず、ベヴィン氏は脇で［ドゴールに］その旨を伝えた」と回想している(70)。このようにイギリス政府内でも、臨時政府に対する態度は留保的態度と好意的態度のあいだで割れていた。ドゴールも、六月四日の英国側との会談結果について、「イギリス政府内に重大な不一致がある」ことをアルジェに知らせている(71)。

一九四四年三月末から六月中旬にかけて、イギリスのマスコミや議会でも政府を批判する声があげられていた。『デイリー・ヘラルド』『タイムズ』『デイリー・メール』『マンチェスター・ガーディアン』『エコノミスト』などの新聞・雑誌は、解放委員会との交渉や同委員会を臨時政府として承認するよう求めて政府の対応を批判し、六月にはドゴール運動の即時承認や連合国通貨のフランスでの使用に抗議した。五月二四日のイギリス下院ではハロルド・ニコルソンが、アメリカに追随して解放委員会を承認しない政策は「おおいなる誤り」だと非難し、六月一四日の下院でも臨時政府の承認・通貨問題・フランス行政との連携について議論がなされていた(72)。ドゴールおよび解放委員会に好意的になりつつあったイギリス世論を、チャーチルも無視できなくなるだろう。

◉共産党の解放委員会参加とフランス共和国臨時政府の樹立

一九四三年一一月の解放委員会の再編によって、内閣の骨格は堅固になった。新しい解放委員会には、有力な国内レジスタンス組織の代表および急進党と社会党という重要政党の代表も委員として参加していた。ヴィシー政府を支持し、ペタン主席に従った保守政党は論外であるがゆえに、残る重要な政治団体は国民戦線を率いる共産党のみであった。解放委員会に共産党が加われば、反ヴィシー政権の政治集団がすべて出そろうことになる。ドゴールは、共産党との対決姿勢を強めつつ、共産党を懐柔する作戦に出る。

一九四三年八月二五日、ドゴールは共産党のフェルナン・グルニエに解放委員会に参加する意志があるか否かを打診していた。一〇月初めに届いた返信には、党中央委員会に諮る必要が記されていた。一一月九日の解放委員会の改組では共産党に席はなかったが、どのポストをグルニエに割りあてるのかで交渉がまとまらなかったという。一一月一六日、共産党は生産委員や厚生委員のポストを持つ政府に参加を表明した。(73) 共産党は四四年の元旦、フランソワ・ビュー、フロリモン・ボント、アンドレ・マルティの連名でドゴールに「全面的支援を保証」し、一月二一日にはモスクワに亡命中のモーリス・トレーズ書記長も共産党は権力奪取を考えておらず、政府内で責任を果たすことを確約した。(74) かくして、政治的統一と軍事的統一をめぐる共産党とドゴールの争いが本格化する。

ドゴールは、一九四四年三月一八日の諮問議会で国民解放委員会の基本姿勢を訴えた。「わが国の民衆《プープル》が心から呼び求めているものは、機構面で、またなかんずく実践面で一新された民主主義であります」と決意を表明し、政府が解決すべき当面の諸問題を列挙していた。それらは、「全員一丸となって戦うこと」、戦争の遂行、ヨーロッパ休戦協定への参加、公的秩序の維持、行政組織の粛清、司法制度の運行、食糧補給、本質的自由の回復に加えて「第四共和政を建設すべき憲法制定国民議会を選出するための総選挙に備えて、物質面における準備を進めること」などであった。そして政府は、「各人が生活に不可欠な消費財の割当を受け取りうるように、配給・物価・通貨・予算にかんして絶対必要な厳正な措置を講ずる義務を有する」と難局を想定しつつ決意を新たにしていた。(75)

このドゴール演説のなかの「全員一丸となって戦うこと」に反応したのが共産党であった。「フランス解放のために戦っているあらゆる勢力の代表者を政府に結集せしめたい」というドゴールの演説を受けて、一九四四年三月二四日、フランス共産党中央委員会はドゴールに「わが党は、フランス国民解放委員会に参加する用意がある」と伝えた。この結果、三月二八日のアルジェで、ドゴールとフランス共産党中央委員会北アフリカ代表部（フランソワ・ビュー、フロリモン・ボント、アンドレ・マルティ）との話し合いが実現した。(76)話し合いの結果はすぐに実を結んだ。四四年四月四日政令によって、フランソワ・ビュー（国務委員）とフェルナン・グルニエ（空軍委員）という二人の共産党員も解放委員会に加わった。かくして内外のレジスタンス組織の統一が達成されたが、それはゴーリストと共産党との覇権争いという闘争的同盟の始まりでもあった。

かくしてＤデーの三日前、一九四四年六月三日政令によって、「フランス国民解放委員会はフランス共和国臨時政府と名乗る」ことが公布された。これは解放後をにらんだドゴールの戦略であった。連合国による軍政を阻止すべく、フランス独自の中央政府を樹立させた。とはいえ、「フランス共和国臨時政府」のすべての声明が、アルジェの連合軍司令部プロパガンダ放送局によって入念に検閲されていたことも指摘しておこう。(77)

◉本土解放後の行政システム

フランスにとってさいわいなことに、一九四四年初めの連合国内には対フランス政策についてコンセンサスがなかった。とはいえアメリカ軍は、すでに四三年七月二三日からフランスを軍政下に置く準備を始めていた[78]。そうした動きを封ずるためにも国民解放委員会は、四四年一月一〇日に本国領土を共和国地方委員管区に分割し、各管区に共和国委員を置く政令を発すると同時に、一八人の初代共和国委員名簿を公表していた[79]。共和国委員の任務は、フランス軍や連合軍の安全を確保し、地方委員管区の行政の仕事にあたり、共和政の合法性を回復し、住民の必要を満たすのに適当なあらゆる措置を講ずることであった。また、四三年九月に創設が決定され、「占領地の作戦指導を任務」とする行動委員会（Comité d'action en France ＣＯＭＩＤＡＣ）が、アルジェで本格的に始動しはじめた（四四年一月二一日政令）。アルジェのＣＯＭＩＤＡＣは、ドゴールが主宰し、エマニュエル・ダスティエが指導する組織であった。四月にはマリ＝ピエール・ケーニグ将軍がロンドンにおけるＣＯＭＩＤＡＣの軍事代表に任命され、彼はまもなくしてＦＦＩの最高指導者となる[80]。三月一四日政令では、解放が進行中のフランス本国領土で国民解放委員会の権限を代行する民・軍の代表を派遣することが宣言された[81]。

さらに一九四四年四月二一日には、解放されたフランスの公権力の組織を定める政令が出された。そのなかで、国土の全面解放後一年以内に男女両性による正規の選挙を実施して憲法制定議会を招集することを宣言し、それまでの過渡的措置として、三九年九月一日以前の市町村議会や県議会を復活することや、解放後ただちに知事を補佐する県解放委員会の設置（県内の抵抗組織・労組・政党の代表者各一人から構成）、および正規の選挙による市議会と県議会設置後には県解放委員会の職務を停止することなどが明示された[82]。四月二一日の記者会見でもドゴールは、「フランス政府は解放が進むにつれて解放領土における公行政の運営を司っていきます。これはひとつの事柄です。それからフランス領土における連合軍とフランス行政部および住民との協力のためには実際的な取り決めが必要です。これはまた別の事柄なのであります」と強調している。(83)

ヴィシーの行政組織に対する点検も始められていた。一九四三年一二月二二日にドゴールは、解放委員会の各委員にあてて、四〇年七月一〇日以降にヴィシーで発布されたそれぞれの委員会にかかわる諸法規を法務委員会との協力のもとに精査し、過去に遡及して無効・有効・効力を持つが廃止すべき法規に三分して整理するように求めていた。(84) 四四年五月一九日には、ヴィシー政府の各省はCNRの諮問を経た後に国民解放委員会が任命する臨時事務総長の指導下に置かれる旨の政令が出された。(85) この政令も解放後の行政組織再建への一手であった。七月一六日には解放時における経済・財政・社会政策にかんする臨時政府の決定が公表された。インフレーション・低賃金・窮迫する食糧配給などの問題が共有された。(86)

アメリカ・カナダ訪問（一九四四年七月五日～一三日、後述）から帰国したドゴールは、七月二五日、アルジェの諮問議会における最後の演説のなかでも、「民主主義と共和政」の「国家を再建し、国民《ナシオン》を生活させ、フランス革新の基礎となるべき大改革のために望ましい条件を作り出していかねばなりません」と決意を表明している。(87)

◉通貨発行権をめぐる対立

後述するノルマンディー上陸後の一九四四年六月八日から二〇日にかけて、共和国臨時政府はチェコスロヴァキア、ポーランド、ベルギー、ルクセンブルク、ユーゴスラヴィア、ノルウェーから承認を得た。(88) これらの政府は、英米連合国がフランス共和国臨時政府を認めず、フランスに軍政を敷こうとしていることに対して、自国も同様の運命になるのではないかと不安を感じたのである。事実、連合軍司令部はフランスに上陸するやいなやフラン紙幣を発行している。

アメリカは、四〇〇億フランの紙幣を印刷して上陸に備えていた。こうした情報をつかんでいたドゴールは、五月二五日に解放委員会のロンドン駐在大使ピエール・ヴィエノに宛ててこう記した。「われわれは、われわれの権力の行使にかんしていかなる監督もまたいかなる越権も受け入れないであろう。とくに外国の司令部がフランスにおいて通貨を発行することができるようにする旨の、ワシントンが主張している意向は、われわれの認めるところではない。それに同意するくらいなら、むしろいかなる協定も締結せぬほうが好ましい(89)」。

これが、解放委員会が英米両国と交渉する際の基本姿勢であった。それゆえ一九四四年六月八日、フランス共和国臨時政府はただちに英・米・ソ連政府に抗議公文を通達し、「通貨発行の権利はフランスにおいては伝統的に全国的な権威に、そしてこの権威のみに属していたのであるから、共和国臨時政府はみずからの意見を徴することなく発行された擬似紙幣になんら法的価値を認めることができない」と抗議した。さらに二日後には、ロンドンの独立フランス通信社とのインタビューのなかでドゴールは、「フランス政権からなんらの同意もなんらの保障も得ずに、いわゆるフランス通貨なるものがフランス国内で発行せられたことは、重大な紛糾をもたらすことでしかありません」と述べていた。もっとも、六月九日にイーデン外相が、イギリス政府の名において通貨問題も含めた解放後のフランス行政問題や連合軍との協力関係についての協議を提案し、事態が動きつつあった(90)。こうして、英仏両国のあいだで行政協力協定に向けた協議が六月一九日から始まった。フランス側の代表はヴィエノである。四三年九月のフランス案を交渉のベースとして始まった協議は、六月三〇日には行政上・法律上の問題、通貨、相互支援、情報の四分野で案がまとまっていた。イーデン外相はヴィエノ大使に、イギリス政府はドゴール派の同意なしにアメリカによる協定の修正要求を受け入れないとすら告げていた(91)。

臨時政府は英米政府に既成事実を押しつける。ドイツ軍の撤退とともに、共和国委員が任務につき、フランス軍と連合軍の安全の確保や、共和政の合法性の回復や住民の必要を満たす仕事に取り組んだ。ノルマンディー上陸前夜までに、フランス南西部で一一人の共和国委員（リヨン、マルセイユ、モンペリエ、トゥールーズ、クレルモン＝フェラン、リモージュ、ボルドー、アンジェ、レンヌ、ルーアン、ポワチエ）が職務に就いている。(92) 総合検討委員会の地方担当委員ミシェル・ドブレが解放後の地方行政官の人選にあたっており、Dデーまでにフランス全土で「共和国の新しい精神」を持った県知事候補者が指名できた。(93) ヴィシー政府によって廃止された議会が復活し、各県に県解放委員会が設けられた。一九四四年五月一〇日時点で七一の県解放委員会が結成されている。(94) 連合国の民政局も、地方解放委員会との協働に反対しなかった。また、知事などの行政官の更迭が公行政細胞（NAP）によって行われる。NAPは、クロード・ブルデがフレネと協力してコンバのために作った官庁・警察・国鉄・郵政などの職員を組織する新たな部門であり、四二年九月にブルデがムーランに提案して賛成を得ていた。(95) ドゴールは、労働者階級への共産党の影響力に鑑みて、臨時政府の委員に共産党員を加え、共和国委員一人（モンペリエ地域のジャック・ブナン）と知事二人（ロワール県知事リュシアン・モンジョヴィ、オート＝ヴィエンヌ県知事ジャン・シャントロン）(96)、数人の高級官僚にも共産党員を採用している。

◉軍事組織の統一と不和

一九四三年六月に秘密軍司令官ドレストラン将軍が逮捕されたことについて第3章第2節で触れたが、ドゴールは後任を指名できないでいた。というのは、四三年七月にコンバが南部地区の秘密軍参謀長に自派のピエール・ドジュシューを任命し、北部地区の秘密軍の指揮をアルフレッド・トゥニー中佐率いる民・軍組織が掌握したからである。しかし、トゥニー中佐が四四年二月にゲシュタポに捕らえられてから、秘密軍は共産党が勢力を有する軍事行動委員会（Comité d'action militaire ＣＯＭＡＣ）に名称を変えてゆく。ＣＯＭＡＣの前身はパリのＣＯＭＩＤＡＣであり、四三年一二月二二日、ジャック・バンジャンによって、解放委員会の庇護下に置かれた諸抵抗運動の軍事部門の統一体として提案されていた。四四年一月二二日に「抵抗の人びと」のヴァイヤン（ジャン・ド・ヴォギュエ）が、統一レジスタンス運動と南部五大組織からなる抵抗運動中央委員会にパリのＣＯＭＩＤＡＣの創設を提案している。[97]二月一日時点のパリのＣＯＭＩＤＡＣ指導部は、国民戦線代表のピエール・ヴィヨン、アンリ・フレネの初期の同志で保守派のモーリス・シュヴァンス＝ベルタン、それにヴォギュエの三人からなりたっていた。二月一六日に上記の三人がＦＦＩに加盟する六組織（統一レジスタンス運動、義勇遊撃隊、民・軍組織、解放の人びと、北部解放、抵抗の人びと）に呼びかけて、パリのＣＯＭＩＤＡＣの第一回集会が開かれた。解放委員会の南部地区軍事代表ブルジェス＝モヌリーも出席している。この場で、ドジュシューがＦＦＩの指揮を執ることが承認された。しかし、シュヴァンス＝ベルタンが四四年四月にアルジェに異動してフレネのもとに加わったことで、後任は「南部解放」出身の共産党員で統一レジスタンス運動のヴァルリモン（モーリス・クリージェル）が就任した。[98]

他方、一九四四年三月一〇日にドゴールが、アルジェのＣＯＭＩＤＡＣをフランス本土における軍事行動のための機関とし、名称の混乱を避けるためにパリのＣＯＭＩＤＡＣを全国軍事委員会（Comité militaire national ＣＭＮ）と命名していた。ドゴールは、ＣＭＮの役割を司令部にではなくて巡視と監視の職務を成員に割りあてることにみている。そこには、軍事指揮権を国内レジスタンス諸組織に領有させせまいという意図もあったが、ドゴールの命令はフランスでは実施に移されなかった。[99]

一九四四年五月一三日、ＣＮＲはパリのＣＯＭＩＤＡＣをＣＯＭＡＣに改称すると同時に、ＣＯＭＡＣをＣＮ

R直轄の軍事部門とし、COMACがFFIの最高司令部であることを承認した。五月一五日にピエール・ヴィヨンは、CNRのこの決定を公布し、COMACが敵との戦いにおいて国民の蜂起を準備するためにCNRの行動綱領を実施に移すこともあわせて述べた[100]。フランス本土の地下代表部も、COMACの指揮権をDデーまでとし、それ以降の指揮権はケーニグ将軍に帰属するという条件付でCNRの決定を認めた。COMACの三人の委員、つまりヴィヨン、ヴァルリモン、ヴォギュエのうち、ヴィヨンとヴァルリモンの二人が共産党員であった。とくに五月二日のドジュシューの逮捕後、ヴィヨンとヴァルリモンは共産党員で元秘密軍地域圏指導者のジョワンヴィル（アルフレッド・マルレ）をドジュシューの後任とし、マルレは六月にパリ地区のFFI司令官にアンリ・ロル＝タンギー大佐を任命した。しかも、COMAC委員長には共産党のヴィヨンが就任し、共産党色がいっそう強まることになる[101]。こうした事情もあり、ドゴールはCNRに無線機を引き渡すことに一貫して反対していた。無線機を持っていたのは、地方ではFFIに属する一二人の地域圏軍事代表（Délégués militaires régionaux）のみであり、彼らだけがケーニグ将軍や連合軍と交信しえた[102]。CNRが自立的行動を強化した四四年初めの状況について、解放委員会の全国軍事代表ジャック・シャバン＝デルマスは、BCRAとCNRという「並行的で補完的な二つの指揮命令系統《イエラルシー》」の存在を指摘している[103]。

先述したように、一九四四年二月にドジュシューがFFI参謀長に任命され、三月にはレジスタンスの武装勢力がFFIに統合される。FFIは四三年一二月二二日にジャック・バンジャンが抵抗運動中央委員会に提案して承認され、四四年二月一日デクレで正式に発足していた。四四年六月九日の政令で、FFIがフランス軍の一部であることが宣言され、一九〇七年のハーグ協定に従うことが定められた[104]。また、四四年二月一日にはCNR中央委員会も「レジスタンスの武装勢力がCNRの傘下に置かれる」ことを決定し、その参謀長はFFIの組織全般、当面の攻撃目標やDデーの軍事目標の割当および武器や資金の配分に責任を負うことも決めていた。

かくして、COMACとFFIを率いるケーニグ将軍との対立が引き起こされ、フランス解放をめぐる方針の違いも鮮明になる。しかも、COMACの会議に参加していた臨時政府の全国軍事代表シャバン＝デルマスは、[105] COMACのケーニグ将軍宛電報を取りつがなかったり、COMACに正確な情報を伝えなかったりして、事態を悪化させもした。COMACとケーニグ将軍との対立とは、国内レジスタンスと国外レジスタンスとの対抗意識の表れでもあり、一九四四年八月一四日に両者のあいだで和解をみるまで続いた。COMACとケーニグの論争に不安を抱く北部地区非共産党系レジスタンスの四組織（北部解放、抵抗の人びと、解放の人びと、民・軍組織）は、自分たちの代表であるヴォギュエが共産党と戦わないことに不満を感じ、「抵抗の人びと」の指導者ルコント・ボワネはヴォギュエに辞任を迫りさえした。四組織はCOMACの廃止すら主張したが、共産党が譲歩したこともあり、八月一四日にCOMACとCNRと軍事代表によって「ケーニグ将軍とCOMAC、それぞれの権限を定めた文書」が受諾され、争いに終止符が打たれた。[106]

◉蜂起をめぐる見解の相違

COMACとケーニグ将軍の見解の大きな相違は、蜂起をめぐって存在した。即時の全面的な武装蜂起を主張するマキや共産党系の組織と、それを時期尚早と考えて連合軍と連動した蜂起を主張する自由フランスとの対立である。[107] 事実、一九四四年三月二一日にBCRAは、フランス本土の地下代表部に「可能なあらゆる手段で国民の蜂起を阻止」せよと通達し、五月五日にも「われわれの計画達成にとって重要なことは、フランスで全面的蜂起も局地的な決起もゼネストも開始しないことだ」という同様の見解を示している。[108] これに対してロンドン駐在の共産党中央委員ワルデック・ロッシェは、五月一三日の「フランス人がフランス人に語る」のラジオ番組で「西部と東部で始まる連合国の攻勢とともに、すぐに国民の蜂起を告げる鐘が鳴るだろう」と述べて、敵との戦闘の強化や愛国民兵の組織化を訴えた。そして五月一九日には、彼はＦＦＩ司令官のケーニグに「国民の蜂起」を求める覚書を送付した。一週間後にロッシェは即時の蜂起を求めないと譲歩はしたものの、本土解放の達成には国民の蜂起が不可欠だという立場は撤回しなかった[109]。

ノルマンディー上陸に呼応して、フランス各地で不十分な装備のままレジスタンスが行動を開始してドイツ軍の報復を招いたこともあり、一九四四年六月二日にロンドンのラジオから「あらゆる蜂起が効果的であるためには周到に準備されねばなりません。現状では国民の蜂起について、すべての市民が同じやり方で行動に移せないし、すべての地域で同じ様相を呈さないことをも明言せねばなりません」と自制が求められた。さらに六月一〇日、ケーニグ将軍が「ゲリラ活動を最大限抑止せよ」と命じ、六月一二日にはジャン＝ジャック・マユーが臨時政府の名においてラジオから訴えた。「ゲリラ戦から公然たる戦闘への道を急ぎすぎるな。多分早すぎるほうが遅すぎるよりは良いでしょう。しかしながら諸君の個々の行動が完全に効果的で諸君に致命傷を与えないためには、その行動は分離され、全体的な戦略計画のなかに組み込まれねばならないことを思い出しなさい[110]」。事実、フランス東部の二つの蜂起、三月のグリエール高原と六月のヴェルコール高原の蜂起が失敗に終わったことは、早まった蜂起の弊害を指し示すものと思われた。逆にＣＯＭＡＣにとっては、二つの蜂起の失敗はロンドンやアルジェの待機主義の誤りの表れと思われた。それゆえ、こうした抑制指令はＣＯＭＡＣには受け入れがたいものであった。軍事方針をめぐるＣＯＭＡＣとＦＦＩの二元性、およびＣＯＭＡＣやＣＮＲ内部の共産党系と非共産党系の争いは八月半ばまで続く。

一九四四年三月一八日の諮問議会でドゴールも、「侵略軍に対する国民の蜂起が適切な時点において国内戦闘組織の行動を支援するとき、この行動が戦略的決定に重要な影響を及ぼすでありましょう」と語っていたが[111]、ノルマンディー上陸作戦が始まった日の演説ではドゴールは国民に蜂起を命じはしなかった。ただし、七月二五日の諮問議会でドゴールは「蜂起」ではなくて「総決起《スーレヴマン・ジェネラル》」という言葉を発している。しかし、それは政府の統制下における「総決起」ということであった。彼は、「国内におけるわが軍の努力は総決起の日にいたるまで、国土解放のための主要な貢献として絶えず増大してゆくでありましょう。総決起とともに国民は、共和国政府とその代表者の権威のもとで打って一丸となって立ちあがり、自国の軍隊および連合国の軍隊と連絡を取りつつ」、ドイツ軍を駆逐するだろうと述べていた[112]。ドゴールといえどもレジスタンス勢力を懐柔し、臨時政府の名において決起を敢行し、連合軍の到着前に権力を奪取する必要性からも、「蜂起」「決起」という言葉を用いざるをえなかった。これに対してCNRは、六月二〇日、国民にアピールを発し、七月一四日に国旗を掲げ、地元のレジスタンス組織の指示に従って行動し、「国民の蜂起によって自由を獲得する意志を示せ」とか、「国民の蜂起を準備する日」である「七月一四日が、国民の蜂起が勝利するのに有利な状況を作り出したとのちに言われる日にならんことを！」と訴えている[113]。蜂起をめぐる見解の相違は続いていた。

第3節　パリ解放

◉ノルマンディー上陸

ドゴールは、一九四三年末にフランス上陸をにらんで、フランス軍を参加させるためにも連合軍首脳との交渉を重ねていた。なぜなら、「フランス北部および南部における作戦計画に対するわが軍の参加」が重要なのは、「フランスの主権が問題となっているからである」[114]。四四年一月二三日、国防委員会は八師団（五歩兵師団と三機甲師団）の再軍備計画を決定した。これらの兵力がフランス解放の戦いに参加することになった[115]。

ＢＣＲＡは、フランス上陸の際に国内レジスタンスの行動を指揮する一連の計画を策定していた。ＢＣＲＡを吸収した特殊任務総局は、これらの計画を練り直して次の四つの計画とした。「緑計画」は戦闘地域において二週間のあいだに鉄道網を麻痺させる。「紫計画」はドイツ軍の通信を遮断する。「青計画」は配電妨害を行う。「亀計画」は橋梁や交通の要所などの限定的な破壊を行う[116]。

一九四四年六月六日のノルマンディー上陸から八月二五日のパリ解放にいたる戦いは、「国民の蜂起」という様相を呈しつつ戦われた。六月一日からロンドンのラジオは、フランス本土各地のレジスタンスに向けて、おびただしい数の暗号を発しはじめた。一番有名なのは、ヴェルレーヌの詩「秋の歌」の冒頭を暗号として使った事例だろう。六月一日から三日にかけて、詩の冒頭前半部「秋の日のヴィオロンのため息の」（「落葉」上田敏訳）が報じられた。これは、ブルターニュやノルマンディーにある鉄道の破壊工作の準備を命じる暗号であった[117]。六月五日に詩の冒頭後半部「ひたぶるに身にしみてうら悲し」が流され、四八時間以内の上陸作戦決行が知らされた。このように、軍事戦略と連携したラジオの放送戦術があったのである。

かくして、史上最大の作戦「オーヴァーロード」が始まった。ソ連が待ちに待った第二戦線が構築された。ノルマンディー上陸の二日前には、アルフォンス・ジュアン将軍率いるフランスのイタリア派遣軍先鋒部隊がローマに進軍し、ローマが解放されていた。ロンドンでオーヴァーロード作戦の開始に立ちあったドゴールは、六月六日夕刻、ＢＢＣのマイクからフランス国民に呼びかけた。「最大の戦闘が始まりました。あまたの戦いと怒りと苦しみの後に、決定的な突撃、希望をもたらす突撃が始まりました。もちろん、これはフランスの戦闘であります」とスピーチを始め、フランス人に用いうる限りのあらゆる手段で敵と戦うことを訴え、「フランス政府によって、またフランス政府がその資格を承認したフランス人指導者たちによって発せられる指令には、確実に服従せねばなりません。……フランスの戦いが始まりました。国民・植民地・軍隊のなかにはもはやひとつの同じ意志と希望しかありません。われわれの血と涙とのかくも重苦しい雲の背後から、今やわが国の偉大さという太陽がふたたび現れ出るのであります！」と演説を締めくくった。[118]国民に蜂起を訴えるのではなくて、フランス政府に従いつつ戦うように訴えたことがドゴール演説の特徴であった。

六月六日当日の午前と夕方の二つの演説、つまり、フランス人にアイゼンハワーの命令に従うように訴えたアメリカの宣言文と、フランス政府の指令に従うように求めたドゴールのアピールは、指示の二元性を際立たせた。ドゴールが演説原稿の事前点検を拒んだために、イギリス政府は録音盤による事後点検となった。原稿中に「フランス政府」としかなく、「臨時」が落ちていることに気づいたが、そのまま放送された。[119]かくして、ノルマンディー上陸によって軍事情勢は大きく転回したが、政治的な英仏合意にはいまだいたらなかった。

◉ドゴールのバイユー訪問

一九四四年六月一四日、ドゴールはチャーチルの反対を押し切って、一週間前の六月七日に解放されたノルマンディー地方のバイユーの町を訪れた。すでに六月八日の午後、モーリス・シューマンがバイユーを訪れて住民に演説をしていた。六月一〇日、ドゴールはアルジェにこう打電している。「英米によるAMGOT計画が展開中です。……バイユーでは、連合軍はヴィシー派の市長を職にとどめたままであります。しかしながら、解放された市町村からのすべての証言、とりわけバイユーにいるシューマンからの手紙が指し示していることは、住民が熱烈かつ全員一致してわれわれのほうを向いており、フランス政府の権威以外のいかなる権威も考えつかないということであります[120]」。

一九四四年六月一二日にはバイユー郡解放委員会が結成され、同委員会はドゴール将軍の名を持ち出すと同時に、ヴィシー派官吏の追放を求めるビラを貼り出した[121]。六月一四日午後四時、先遣隊によってドゴールの到着を知らされ、シャトー広場に参集した二〇〇〇人ほどの住民を前に、ドゴールは共和国臨時政府の名において戦いの継続を訴える演説をした。「今やわれわれの叫び声は、いつものように戦いの雄叫びであります。なぜなら、戦いの道は自由への道、名誉への道でもあるからです。それは母なる祖国の声であります。……われわれは一片一片のフランス領土に主権が再建されるまで戦争を続けると、私は皆さんに約束します。……われわれが勝ちとるであろう勝利は、自由の勝利であり、フランスの勝利であります。皆さん、わが国歌、ラ・マルセイエーズを一緒に歌ってください[122]」。

前日の六月一三日に出されたデクレで、ドゴールはバイユーの町に共和国委員を代行する民事（フランソワ・クー

図4-4　1944年6月14日のバイユー演説
出典　Max Gallo, *de Gaulle, les images d'un destin*, Paris, 2007, p.75.

レ）と軍事（ピエール・ド・シュヴィニェ大佐）の要員を任命し、フランスの主権を確立していく。二五〇〇万フランを持ってドゴールに同道していたフランソワ・クーレが、英米記者との会見で、住民と連合軍兵士との良好な関係を強調し、行政を掌握してフランスの主権を行使していることが、六月一九日のBBCの番組のなかで報じられた。(123) 一四日、ノルマンディーからイギリスに戻る船上でドゴールは、サン＝シール陸軍士官学校の同窓でもあったエミール・ベトゥアール将軍に「既成事実を連合国に突きつける必要があります。……［それによって］国民主権は事実上確保されるのです」と語っていた。(124)

こうした措置は、フランスを分割占領して軍政下に置こうという英米両国の方針を阻止するためにも必要であった。いまだに、解放領土におけるフランス行政部と連合軍との協力協定も結ばれていなかった。さらに、アメリカ政府に操作されたアメリカ紙は、ドゴール批判を強め、フランス人が政治にふけっているあいだにアメリカ人が戦死してゆくとか、ドゴールは相変わらず連合国の努力を妨害しているなどと攻撃していた[125]。それでも七月七日のBBCから、フランソワ・クーレが「解放されたシェルブールにフランスの主権を再建」したこと、およびシェルブールの軍政責任者が、フランスの法に従って公務を司る責任ある権威として承認する旨の書簡を市長に送ってきたことが報道された[126]。結局、連合軍最高司令部が軍政に否定的であったことや、臨時政府が解放された地域に委員を置いて行政を掌握していったことなどによって、AMGOTがフランスで樹立されることはなかった。自由フランスのプロパガンダ実行委員会で働いていたクレミュー＝ブリヤックは、「AMGOTの脅威」と言われるものは、大部分ローズヴェルトによって掻き立てられた「集団幻想」であり、解放委員会とレジスタンスの団結を打ち固める手段となり、主権をもぎ取り、主権を承認させるためにドゴールによって用いられたと回想している[127]。

◉ドゴールの訪米

一九四四年六月一六日にアルジェに戻ったドゴールは、六月末に解放が進むイタリアと教皇庁を訪問した。そしてついに、七月六日の午後、三〇時間のフライトののち、ドゴールはワシントンに降り立った。空港でドゴールを出迎えたのは軍の高官のみで、政府高官の姿はなかった。ドゴールは、依然として戦闘組織の指導者としてしか認知されていなかった。それゆえドゴールは、国家元首用の二一発ではなくて高位の軍人用の一七発の祝砲で迎えられた[128]。歓迎委員会にはアメリカ政府関係者は含まれていなかったが、国賓用のブレアハウスを宿舎にあてがわれたように、いわばドゴールは準国賓待遇で迎えられた。それは、ローズヴェルト政権のドゴールに対する態度が一部軟化したことを示していた。もっとも、ローズヴェルト個人の態度に大きな変化はなかった。というのは、コーデル・ハル国務長官が六月一日にワシントン駐在解放委員会代表のアンリ・オプノに「フランス問題はすべて、もっぱら大統領の決定によるものでした」と述べていたように、四四年の春ですらローズヴェルトは、アレン・ダレスを使者としてエドアール・エリオ元首相と接触させ、ドゴール以外の人物をフランス代表に擁立する工作を諦めておらず、八月のラヴァルやペタンの講和計画案にも通じていたからである。[129]

図 4-5　1944 年 7 月 10 日、訪米中のドゴール

出典　Éric Branca, *De Gaulle et les français libres, Paris*, 2010, p.222.

アメリカからの招待は一九四四年六月六日から七日の夜にも伝えられたが、それは、正式の外交ルートをとおしてではなく、前回同様にフェナール提督の手をとおしてという非公式のものであり、しかもドゴールが訪米を望めば受け入れるという内容であった。ドゴールが返答する間もなく、ロイター通信がドゴール訪米を伝える記事を配信した。ドゴールは、訪米計画を公表した「ローズヴェルトのまったく不正確で底意のあるやり方」や「自分から訪米を要求したと信じ込ませよう」というやり方、「フランス統治に必要な免状を大統領から得るために米国大統領の試験を受けにきた受験生」という扱いに憤慨した。[130] それゆえドゴールが訪米に込めた意図は、交渉による具体的な成果の獲得というよりも象徴的な効果を得るというものでしかなかった。ドゴール自身、訪米の目的を「ローズヴェルト大統領との個人的な接触、アメリカの国民と軍隊にフランスが寄せる敬意の表明、一般的な情報収集」に限定しており、大臣を随行することもなかった(131)。

首脳会談後にローズヴェルトが私信のなかで、「フランスを世界的基礎にもとづいて扱いさえすれば、ドゴールはまったく御しやすいように思えます」とか、「ドゴールはフランスの名誉にかかわることでは非常に神経質ですが、本質的には利己主義者です」と記していたように、訪米によってローズヴェルトのドゴール観が改善したわけではなかった。それでも訪米の結果、一九四四年七月一三日、「解放期間中」の「事実上の権威」としてという限定つきであったとはいえ、「アメリカ合衆国はフランス国民解放委員会がフランスの行政を司る資格を有することを承認」した(132)。

しかも、訪米前の一九四四年六月三〇日にドゴールは、臨時政府の事実上の承認・フランスの主権確立・臨時政府と連合国政府との完全平等などについて、イーデンとの交渉で「九〇パーセントの成功に達した」とヴィエノから報告を受けており、さらに訪米中の七月七日には、ヴィエノがイギリスと取りまとめた政治的合意の協定案にかなり近い協定文にローズヴェルトの賛成が得られたことも通知されていた(133)。こうして、英・米・仏三国間で解放領土における行政協力協定のための交渉が始まった。協定文はすぐにまとまったが、調印はかなり遅れ、アイゼンハワーとケーニグ将軍とのあいだで八月二二日に、イーデン外相とマシリ外務委員とのあいだで八月二五日に執り行われた。英米両政府は、解放委員会が公権力を行使し、貨幣発行の権限を持つことを認めた。臨時政府とのあいだではなくて、解放委員会とのあいだで調印されたことを銘記しよう。

◉臨時政府の承認

このように、臨時政府の承認には英米首脳の反対が根強いままであった。パリ解放の戦い（次項）が繰り広げられている一九四四年八月二一日から、アメリカのダンバートン・オークスで国際連合憲章にかんする会議がもたれていた。「選挙で選ばれた［フランス］政府」ではなくて、「承認された［フランス］政府」にも安全保障理事会の常任理事席を割り振る案に、ローズヴェルトは異議を唱えた。選挙を経ていない政権を、ローズヴェルトは認めるわけにはいかなかった。それゆえ、九月のケベック会議でもチャーチルとローズヴェルトは承認に否定的であった。九月二一日にローズヴェルトは、「私は、イギリス首相とフランス臨時政府の承認問題について長時間協議した。現時点では彼も私も承認には断固反対である。臨時政府は国民《ピープル》の委任をなんら受けていない。……承認は時期尚早である」とハル国務長官に告げていた[134]。ケベックに同道していたイーデンは、ドゴールに激しい非難を繰り出す両首脳に臨時政府の承認問題で説得を試み、チャーチルから「共産主義のフランスよりはドゴールのフランスのほうが好ましく、それはかなりの進歩だ！」と言わしめていた。それでも、一〇月一二日段階のチャーチルの不承認の考えに変更がなかったことを、イーデンが記している[135]。

ところが、一九四四年九月末以降、連合国側のフランス臨時政府ではなくて、連合国と戦ったイタリア政府を承認するという連合国の動きに、英国下院やイギリス紙は非難の声をあげていた。こうした非難に押されてか、一〇月一四日、チャーチルはローズヴェルトに「ドゴール将軍の行政機関をフランス臨時政府として認めるよう提案します」と書き送った。チャーチル以外にもハル、リーヒ提督、アイゼンハワーなどからの説得を受け[136]、ローズヴェルトも臨時政府を正式に承認せざるをえなくなった。大統領の盟友であったリーヒは、「公式にドゴールを認めることは、ローズヴェルトにとって困難な決定であったに違いない」と回想している。[137] かくして、パリ解放後の一〇月二三日、英・米・加・ソ連政府が臨時政府を正式に承認した。[138] 一〇月二五日の記者会見で政府承認についての印象を聞かれたドゴールは、「政府はその名前どおりに読んでいただけることを満足に思います」と簡単に答えている。[139] ドゴールは、中央政府の樹立をめぐる連合国との戦いに勝利した。フランス共和国臨時政府の国際的承認とともに、フランス解放と主権の回復を目的としてきたレジスタンスの歴史も終わりを迎えることになる。

もちろん、臨時政府の承認には、パリ解放とその後の臨時政府による迅速な共和国再建への取り組みがあったことは言うまでもない。少し先を急ぎすぎたので、八月まで遡ってパリ解放の戦いを検討しよう。

◉パリ進撃

パリ解放をめぐってもドゴールと国内レジスタンス、ドゴールと連合国のあいだに意見の相違があった。一九四三年一二月三〇日のアルジェで、ドゴールはアイゼンハワーと会談し、「繰り返し申し上げますが、『フランス軍部隊をともなわずにパリに到着なさってはいけません』」と訴え、アイゼンハワーから「貴国の部隊をともなわずにパリに入ろうなどとは思ってもいませんので、安心なさってください」との回答を得ていた。[140] しかし、アイゼンハワー連合軍総司令官は、パリを迂回して進軍し、パリのドイツ軍守備隊の退路を断つ戦術を考えていた。なぜなら、市街戦による犠牲の大きさや退却するドイツ軍による破壊、解放後のパリ市民への糧食の確保と輸送などにトラックやガソリンを割く必要から生じる終戦の遅れなどを心配したからである。これに対してドゴールは、できるだけ早くパリを解放することをケーニグ将軍に命じた。ドゴールは首都パリが持つ象徴性を知悉していた。パリを支配する者がフランスを支配するからだ。それは、共産党に対して先手を打ち、臨時政府の権威をパリに確立するという意味でも必要であった。

一九四四年八月七日、アルジェのラジオ局からドゴールは呼びかけた。「単純かつ神聖な義務が、国民による至高の戦争努力にただちに参加することなのを感じないフランス人、それを知らないフランス人はいません。誰でも戦うことができるし、そうすべきです。戦うことができる人は国内軍に入らねばなりません。それ以外の人は、どこにいようと、わが戦士を助けることができます。……フランス人の皆さん、起て！　戦え《オ・コンバ》！」。八月三日の晩には、ケーニグ将軍がブルターニュ地方のレジスタンスに全面的なゲリラ活動を命じ、一二日にはロワール川からガロンヌ川の地域に蜂起の指令が出された。(141)

一九四四年八月一五日、フランス第一軍とアメリカ第六軍団の先発部隊が地中海岸のプロヴァンス地方の海岸に上陸した。ド・ラットル将軍が指揮を執るフランス軍は北上を続け、八月二六日にはリヨンの共和国委員イヴ・ファルジュが、フランス南東部ローヌ＝アルプ地域八県の市町村の壁に「わが地域は解放された」と告げる声明書を貼り出すにいたる。(142)ドゴールは八月一六日にまだアルジェにいた。彼はアルジェ駐在の連合軍司令部に帰国の許可を求めた。表向きの理由は連合軍が解放したフランスの視察であったが、真の理由はパリに行くことであった。八月二〇日午前、ドゴールは飛行機でノルマンディー地方のサン＝ロー近郊に降り立った。彼はアイゼンハワーの司令部に赴いて、パリへの進撃を要請する。アイゼンハワーはドゴールの要求を拒絶した。ドゴールはフランス軍の単独行動も辞さないつもりであった。フランス軍の第二機甲師団を率いるルクレール将軍も独自の行動を考えていた（ルクレール師団は八月一日にフランスに上陸）。

国内レジスタンスも蜂起を望んだ。連合軍のパリ接近をラジオで知り、自力による解放を欲した。ロル＝タンギー大佐がパリ蜂起の責任者である。彼は、スペイン内戦にも参加した筋金入りのコミュニストであった。パリ解放委員会（一九四三年一〇月二三日結成）の指導部には共産主義者が多かったが、彼らも即時の共産主義革命を志向してはいなかった。内務省事務総長に就任することになるエミール・ラフォンは、四四年七月二〇日に「近い将来、共産主義のいかなる危険もありえない」と記し、シャバン＝デルマスも、八月一〇日にパリの秩序維持と義勇遊撃隊の協力について楽観していた。[143] CNRに集う各組織の代表一六人のうち、共産党系が三～四人（国民戦線のピエール・ヴィヨン、南部解放のピエール・エルヴェ、コンバのマルセル・デリアム、共産党のオーギュスト・ジヨ）を占めていたとはいえ、CNRの亀裂は共産党系と非共産党系のあいだにではなくて、蜂起貫徹派と条件付蜂起派のあいだにあった。それは、蜂起貫徹派に共産主義者のみならず、保守政党の共和連盟代表ジャック・ドビュ＝ブリデルも加わっていたことに示されている。[144] パリの抵抗派は一日も早くドイツ軍の占領状態に終止符を打ちたかったのである。このような情勢を、パリの臨時政府代表部は押しとどめることができない。なお、この頃のパリ地域のＦＦＩの人数は二万八七〇〇人で、そのうちの六分の一にしか武器が行き渡っていなかったという。また、共産党系の義勇遊撃隊員は四〇〇〇人程度で、全国軍事代表のシャバン＝デルマスは、八月一一日にロンドンにいるケーニグ将軍に義勇遊撃隊の危険性はないと告げている。[145]

◉パリ解放

パリ市民が立ち向かうドイツ軍パリ地区司令官ディートリッヒ・フォン・コルティッツは、一九四四年八月九日に着任したばかりであり、パリの破壊命令を受けていた。パリの鉄道員は一〇日からストに突入しており、地下鉄も一二日から業務を停止した。[146] 一四日に郵便局員、一五日に警察官のストが続く。二万一〇〇〇人の警察官を擁するパリ警視庁管内には、「警察の名誉」（ドゴール派、一五〇〇人）と警察国民戦線（共産党系、一〇〇〇人）

と「警察と祖国」（北部解放に近い社会党系、二〇〇〇人）の三つの抵抗組織があった。[147] 八月一八日に共産党主導のパリ解放委員会は、翌日の蜂起を決定した。パリの臨時政府代理アレクサンドル・パロディや軍事代表シャバン＝デルマスは、時期尚早の蜂起には反対であった。ドゴールの「抵抗派への指令」（八月一二日）も、蜂起を命じてはいなかった。[148] しかし、蜂起の既成事実に直面したドゴール派は先手を打った。二〇〇〇人のドゴール派は、八月一九日午前八時にパリ警視庁の奪取を敢行する。[149] これは治安機構を共産党に渡さないという意志表示であった。新たな警視総監にドゴール派のコルシカ県知事シャルル・リュイゼが就任する。ここにも首都解放のヘゲモニーをめぐる国内レジスタンスの勢力争いがみられた。なお、パロディは八月一四日のデクレで被占領地域派遣委員に任命され、被占領地域が解放されるまで政府の権威を行使する責任を負っていた。半月ほど前の七月三一日に、ドゴールはパロディにこう通知している。国内レジスタンスは戦う手段であり、国家はレジスタンス諸組織の上に位置しているがゆえに、「国家の名において常に誰にも憚ることなく、おおいに明瞭に語るように忠告」していた。[150] ここにも、臨時政府の指令や意志を威厳をもって非国家組織のレジスタンスに語る必要性を、ドゴールが自覚していたことがみてとれるだろう。

さて、共産党はドゴール派より一時間の遅れをとった。それでも一九四四年八月一九日未明、パリのいたる所に「総動員」を告げるポスターが貼られた。蜂起が始まる。パリ蜂起軍は、警視庁や市庁舎、区役所などを占拠し、それらの建物に三色旗が翻った。異変を知ったドイツ軍との衝突が起きる。パリ生まれのスウェーデン総領事ラウル・ノルトリングの仲介で、二〇日に休戦協定が結ばれた。レジスタンス内部で、休戦派の臨時政府代表部と蜂起派のＣＯＭＡＣとが対立する。二〇日午後、ＣＮＲは全体会議を開いて「休戦」問題を協議したが、臨時政府代理のパロディがドイツ軍に逮捕されたこともあって、何も決まらず、問題は翌日に持ち越された。[151] 二〇日の晩、モンパルナス墓地近くのシュルシェール街五二番地で会議を開いた「ＣＯＭＡＣは、休戦交渉が権限のない人物によって行われたことに驚きをを表明し」、敵の降伏をともなわない休戦はありえないと不快感を隠さなかった。二一日午前にバスチーユ街でパリ解放委員会の会議、午後にモンスーリ公園通り八番地でCNRの全体会議が開かれ、休戦問題がとりあげられた。パリ解放委員会の会議を主宰したアンドレ・トレは、休戦に反対し戦闘の継続を訴えていた。CNRの全体会議にはCOMACのメンバーも参加している。その場で繰り広げられたシャバン＝デルマスとヴィヨンとの激論（ヴィヨンがシャバン＝デルマスを「臆病者」と侮辱）、それにヴォギュエの休戦に反対する愛国的雄弁（「この八月二一日のパリで戦い《リュット》を放棄しようとすることは、津波に岸へ戻れと命ずるのと同様にナンセンスである。……パリの民衆が四年前から準備してきた闘い《バターユ》を彼らから奪う権利は誰にもない」）の結果、休戦を支持するダニエル・マイエル案が七票対八票で否決され、休戦派も停戦の破棄に同意した。COMACは、パリ市民に蜂起を再度呼びかけ、八月二二日に戦闘が再開された(152)。

二二日午前、アインゼンハワーもついにルクレール将軍のパリ進撃に同意した。ルクレール師団は、兵員一万六八〇〇人と約五〇〇〇の車両（四五〇両の戦車を含む）を持ち、パリまで二〇〇キロメートルの地点にいた(153)。他方、ドイツ軍の援軍がパリに向かっていた。援軍とルクレール師団のどちらが先にパリに到着するかによって、パリの運命は決まる。時間との戦いが始まる。ドイツ軍が先着すれば徹底抗戦とパリの破壊が待っていた。二三日午前六時にルクレール師団は二手に分かれて進軍し、二三日の晩にランブイエに到着してドゴールと合流した。二四日午後九時過ぎにルクレール師団の先遣隊（戦車三両、ジープ一台、ハーフ＝トラック一五両、一三〇人）がパリに到着する。パリは救われ、破壊を免れた。フランス軍到着のニュースは、ただちにラジオで報じられた。パリ蜂起による死者数は、ルクレール師団の兵士が七六人、FFIの兵士が九〇一人、ドイツ軍が三二〇〇人であった(154)。

◉ドゴールとパリ解放

一九四四年八月二五日、ドイツ軍司令官コルティィッツ将軍とのあいだで降伏文書が交わされ休戦が成立した。ドゴールも、同日午後四時過ぎにパリのモンパルナス駅に着いた。彼は、降伏文書に共産党系のパリ地域国内軍司令官ロル＝タンギー大佐の名が後から加えられたことを認めない。ドゴールにとって、降伏文書はフランス国家を体現する自由フランス軍とのあいだで調印されねばならなかった。しかも、CNRがその日の朝に公表した宣言は、政府にもドゴールにも言及していないのみならず、CNRが「『フランス国民』の名を僭称」しており、ドゴールには許しがたかった。[155] 国づくりをめぐるドゴールと共産党の争いが本格化する。

ドゴールはレジスタンスが待ちかまえる市庁舎には直行せず、まず陸軍省にある大臣室へ行き、そこに本部を設けた。大臣室が一九四〇年六月一〇日のままであることを知る。「家具ひとつ、壁掛ひとつ、カーテンひとつ、とり除かれてはいない。テーブルの上には電話機が同じ場所にとどまっている。そして呼鈴のボタンの下にはまったく同じ名が記されているのが見られる。しばらくしてから、共和政を縁取っていたほかの官庁の建物でもここと同様だということを、私は聞かされるであろう。国家をのぞいて、そこには欠け落ちているものは何もない。国家をそこに据え直すのは私の仕事である。それゆえ、私はまずそこに腰を据えた」[156]。臨時政府代理のパロディが陸軍省に駆けつけ、レジスタンスの代表が市庁舎で待っている旨を伝える。しかし、ドゴールは市庁舎へ直行しない。

ついでドゴールは午後七時前に車にて警視庁へ赴き、中庭でパリ警察の閲兵を行う。それは、警視庁が国家機関であると同時に首都の解放に重要な役割を演じたためであった。ドゴールは、蜂起の権力の象徴的な場であ

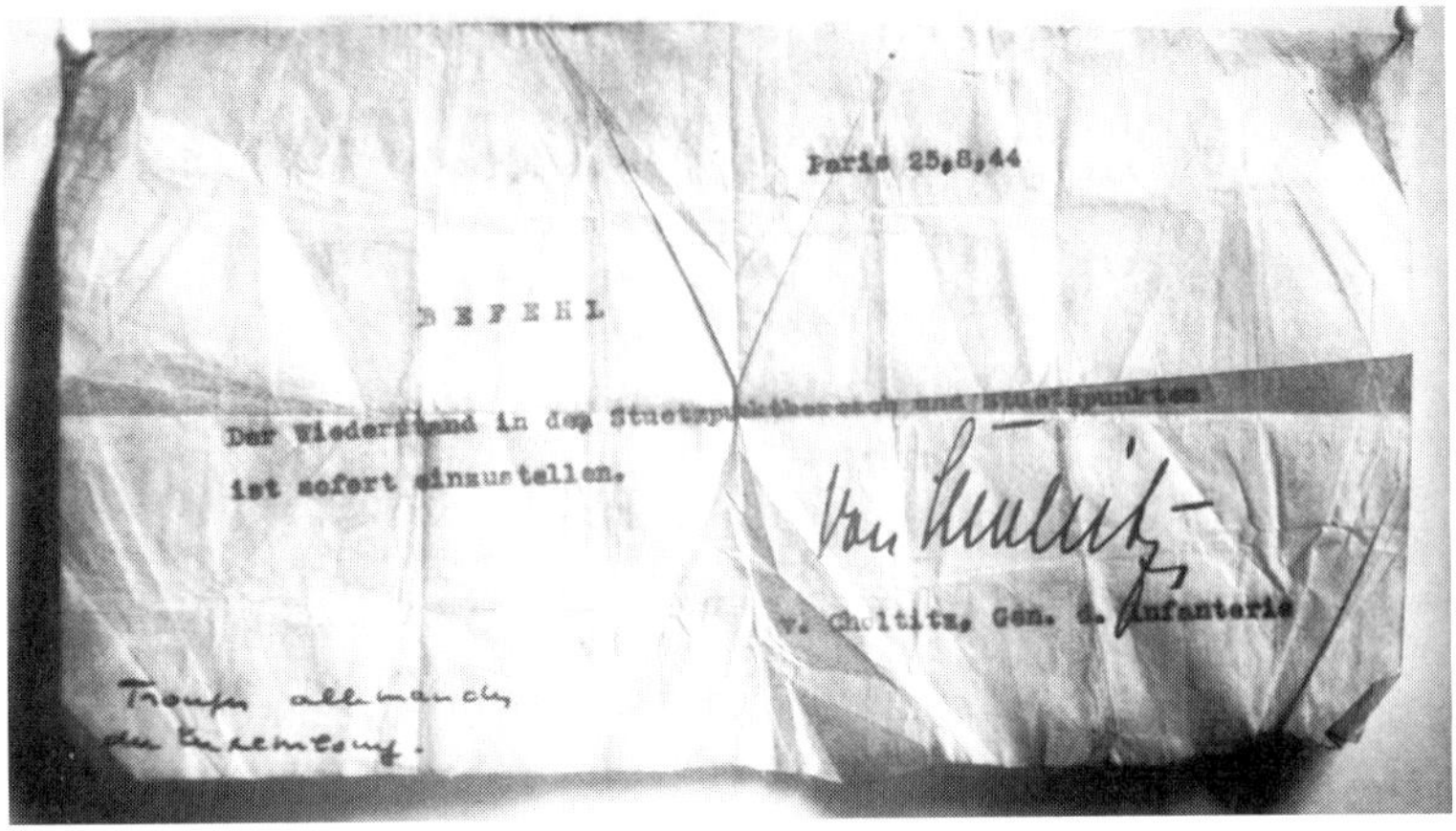
Paris 25.8.44

BEFEHL

Der Widerstand in den Stuetzpunktbereichen und Stuetzpunkten ist sofort einzustellen.

v. Choltitz, Gen. d. Infanterie

図 4-6　1944 年 8 月 25 日に調印された降伏文書。左下にロル＝タンギーの署名

出典　Patrice Gélinet, *La délivrance de Paris*, Paris, 2014, p.92.

る市庁舎ではなくて、警視庁でCNR代表と会う意向をパロディを介してCNRに伝えたが、CNRに拒否された[157]。かくして、ドゴールは最後に市庁舎を徒歩にて訪問する。ドゴールが陸軍省に向かってから、すでに二時間が経過していた。市庁舎にはCNRとパリ解放委員会のメンバーが集まっていた。ドゴールの市庁舎までの経路には、国外レジスタンス指導者ドゴールの国内レジスタンスへの対決姿勢が表れている。

CNR議長ビドーが、ドゴールに市庁舎前に集まった市民に「共和国の宣言」をするよう要請する。フランス史上、パリ市庁舎のバルコニーから共和政宣言がなされる慣行であった。CNRのドビュ＝ブリデルは、「この慣例は多くの同志にとってきわめて重要だと思われた」と語り、社会党のダニエル・マイエルも「われわれにとって市庁舎とは、コミューンの自治であり、住民であり、革命の伝統であった。共和政が宣言されたのはそこである。……ドゴール将軍はわれわれの勧めを無視した」と記している[158]。このように、ドゴールは共和政宣言を拒んだ。「共和国は一度も存在をやめたことがなかった」「私自身が共和国政府の首班である」とドゴールは言う[159]。自由フランスから臨時政府へと、共和政の血は流れているというのだ。このやりとりをビドーの傍らで聞いて

いた民・軍組織のジャン・モランは、「ジョルジュ・ビドーにとって栄光の一日になるはずの日に、ドゴールの拒否はまともに食らった平手打ちのごとく、一種の屈辱であった」と述べている[160]。

ドゴールは、市庁舎のバルコニーから次のようにパリを称え、「国民の統一」を求めはしたが、ＣＮＲにもパリ解放委員会にも言及しなかった。ドゴールは「パリ！　侮辱されたパリ！　打ち砕かれたパリ！　殉難のパリ！　しかし今や解放されたパリ！　自分自身によって解放され、フランス軍の協力のもとに、フランス全体の、戦うフランスの、唯一のフランスの、真のフランスの、永遠のフランスの支援と協力のもとに、解放されたパリ！」を市民に語っただけであった[161]。

図 4-7　1944 年 8 月 25 日、パリ市庁舎のバルコニーから演説するドゴール

出典　Éric Branca, *De Gaulle et les français libres*, Paris, 2010, p.240.

ＣＮＲとパリ解放委員会は八月二五日の夜に合同会議を持ち、共和政宣言についてドゴールに再考を促す決定を下したが、二六日にもドゴールから断固たる拒否が繰り返された[162]。ドゴールはレジスタンスによる叙任を拒否した。彼は翌日行われる凱旋行進にＣＮＲを招きもしなかったし、ＣＮＲに政府の建物をあてがうことも断った。任務遂行のために、CNRはパリ市庁舎を、COMACは陸軍省を拠点にしようと考えていたようだ[163]。九月一七日のトゥールーズで、ドゴールはレジスタンスの地方指導者セルジュ・ラヴァネルから今後のレジスタンスの役割について聞かれたとき、「レジスタンスの役割は終わりました。今日の主要な問題は『秩序の再建』です」と答えている[164]。回顧録のなかでもドゴールは、フランスが統治されるためには、「私の権力に並存する一切の権力が排除されねばならない」と断言し、「パリを敵から奪還して以降、CNRは栄えある解放史のなかに入り、もはや行動機関としての存在理由を持たない。政府こそが全責任を引き受けるのである。……私はCNRを諮問議会のなかに組み入れるつもりでいる。……COMACは消滅せねばならない」と記している[165]。CNRのダニエル・マイエルも、一九九五年に「解放とともに、CNRの軍事的任務と占領軍に対する闘争は終わった」と述懐している[166]。こうしてドゴールは、フランスを統治するのはレジスタンスではなくて中央政府であることを明瞭に示した。中央政府の樹立をめぐるドゴールと国内レジスタンスの第一ラウンドは、ドゴールの勝利に終わった。

八月二六日午後三時、ドゴールはシャンゼリゼを行進した。車道の両側と屋根は黒山の人だかりであった。窓という窓には人と三色旗が鈴なりに連なっていた。ドゴールはこの光景を「目路の届く限り、陽光に照らされつつ三色旗のもとにうねりつづける生きている波濤」と形容した[167]。彼は銃声の鳴り響くノートルダムでミサをあげ、全世界にパリ解放を知らしめた。

◉ドゴールの攻勢

一九四四年八月末までに、フランス南西部二八県以上がレジスタンスの手によって解放された。武装親衛隊ダス・ライヒ部隊が虐殺行為を働いたのもこのときである。四四年六月上旬、コレーズ県の首邑チュルでは民兵団の支援を得て一〇〇人以上の市民が虐殺され、オラドゥール＝シュル＝グラーヌでは村民六四二人が犠牲になった。

解放のリズムは速く、ノルマンディー上陸から四ヵ月でアルザス以外のフランスはほぼ解放された。戦争のゴーリズムから統治のゴーリズムへの転換が求められる。一九四四年八月二六日に総辞職した臨時政府は、九月八日に挙国一致内閣を組閣し、翌九日、その陣容が公表された。ドゴールを首班とする総勢二二人からなる新政府であった(168)。総合検討委員会のメンバー四人が大臣になっている（フランソワ・ド・マントン司法相、テトジャン情報相、ラコスト工業生産相、パロディ労相）。国内レジスタンスの指導者で入閣したのは、アンリ・フレネ（捕虜問題担当大臣）やビドー（外務大臣）ら六人で、前内務大臣エマニュエル・ダスティエは閣外に去った。九月八日に会議を開いたCNRは、任務遂行のために大臣職にはつかないと満場一致で決議したが、議長のビドーが入閣したことで、早くもCNRの前途に暗雲が垂れ込めはじめた(169)。臨時政府は国家を再建する仕事に取りかかる。臨時政府は日常生活の正常化や連合国による政府の承認、単一の陸軍の創設、レジスタンス権力の解体、連合国の一員としてフランスの完全解放からドイツ占領に参加することなどをめざす。ドゴールは、九月一二日にCNRを含むレジスタンス組織、政・財・官・労組、法曹界、ジャーナリズム、パリ大学、パリ市議会などの代表者八〇〇〇人をシャイヨー宮に招いて政府の基本姿勢を説明した。男女普通選挙による国民議会の招集まで、CNRのメンバーが中核となる諮問議会の協力を得て政府が任務を遂行すること、利益団体連合の廃止、大公共事業体や大企業の国家管理などが述べられた(170)。

「地方で国家の権威を確立するためには、パリにおいてもそうしたように、さしあたり私［ドゴール］は、私の人気を利用しなくてはならなかった(171)」。そこで、一九四四年九月中旬、ドゴールは解放された地域を順次凱旋行進する。[172]リヨン、マルセイユ、トゥールーズ、ボルドー、オルレアンと、それは国王の巡幸のごとく、政府の主人がレジスタンスではないことを印象づけた。九月下旬にはナンシー、リール、一〇月にはノルマンディー地方とシャンパーニュ地方、一一月上旬にはアルプスへ赴いた。こうした巡幸をとおして、ドゴールは、秩序の回復と同時に「国の解放は底の深い社会変革をともなわねばならない」ことを再確認した。[173]それは社会政策と国有化を含むものであった。国家の再建は秋にゆっくりと開始される。また、レジスタンスから現れた地方権力たる県解放委員会はたんなる諮問会議となり、二重権力状況はドゴールが主宰する臨時政府によって収拾された。もっとも、二重権力状況が収拾されるにはかなりの時間を要し、左翼のあいだでは「革命」が囁かれていた。アルベール・カミュは、パリ解放四日前の八月二一日、『コンバ』紙上で「レジスタンスを始めたフランス人は、革命で終わることを望んでいる」と「レジスタンスから革命へ」の移行を呼びかけていた。[174]共和国委員を務めたジャン・カスーも、「地下活動中のわれわれの夢のひとつは、レジスタンスから革命へという公式で表現された」と回想している。[175]

ドゴールのレジスタンス勢力への攻勢が始まる。ドゴールは八月二六日以降、ＦＦＩを正規軍に編入する規定に署名し、八月二八日にはＦＦＩの司令部を解散させた。ドゴールは、「ＦＦＩを新しい軍隊の中核」にしようと考えていたヴィヨンたちの機先を制したのである。[176]こうして、九月一九日デクレでマキとＦＦＩを正規軍に編入し、それ以外の者には復員が命じられた。さらに一〇月二八日には共産党が力を持つ愛国民兵の解散を命令した。この時点でパリ地域には約六万人の愛国民兵がいた。[177]共産党はパリ解放後に、反逆者の追及や第五列（敵の内部に紛れ込んで諜報や破壊に従事する部隊。スペイン内戦から生まれた用語）からの防衛を目的とする愛国民兵を設けていた。一九一七年にレーニンが創設した愛国民兵は、ＣＮＲ綱領のなかで承認されてもいた。[178]共産党支持のＣＮＲは、愛国民兵の解散反対を決議し流血の事態も生じた。危機が深まる。そのとき救い の 神《デウス・エクス・マキーナ》として登場したのが、トレーズ共産党書記長である。彼は、三九年一〇月に戦線離脱してソ連に亡命し、軍法会議で逃亡罪の宣告を受けていた。そのトレーズにドゴールは特赦を与えた。それは、四四年一二月のドゴールによるモスクワ訪問の地ならしという意味もあった。ドゴールは英米両国との対抗上、ソ連カードを活用してきた。ソ連も国益に一致する場合には、ドゴールを支持してきた。冷戦が始まり、ソ連は国際的階級利益よりも国益を重視する。フランス共産党は、そのようなクレムリンに忠実でありつづけた。

一九四四年一一月二七日にソ連から帰国したトレーズが、愛国民兵の解散を受諾したことによって緊張も終息した。共産党は合法性を尊重し、三〇年代の人民戦線の歴史を再開する。今回は政府に閣僚を送っていた。ソ連を発つ前日の一一月一九日、トレーズはスターリンから新しい指令を受け取っていた。新指令は、フランスの状況がドゴールにとって有利に展開しているので、共産党に合法的な態度をとるように指示していた[179]。ドゴールは回顧録のなかで、「彼ら［共産主義者］はなんら蜂起的な動きを試みはしないであろう。もっといいことには私が統治しているあいだ、一度としてストライキが行われないであろう」とか、「私が退陣するときまで、私の権威を無視したり、私の人格を侮辱したりすることを、彼らは常にさしひかえるであろう」と自信に満ちた言葉を書きつけた[180]。ドゴールと国内レジスタンス勢力との戦いの第二ラウンドも、ドゴールの勝利に終わった。国づくりをめぐる戦いにドゴールは勝利した。

むすび

◉英雄ドゴール

本書は、ドゴールを中心とした自由フランス（戦うフランス）の歴史を「主権回復」の戦いに着目して分析してきた。対象とした時期は、一九四〇年六月にドゴールがレジスタンスを宣言し、四四年一〇月に英米連合国によって臨時政府が承認されるまでの四年四ヵ月である。

ドイツに占領された四年間のフランスは、フランス本土が占領地区・自由地区・併合地区・立入禁止地区などに分割され、植民地も当初はヴィシー政府陣営と自由フランス陣営に色分けされ、連合軍の北アフリカ上陸以降のアフリカ植民地はジロー陣営とドゴール陣営に分かたれた。さらに、政治的な立場もペタン派、ドゴール派、反ペタン・反ドゴール派などに分裂し、文字通り「引き裂かれたフランス」であった。この「引き裂かれたフランス」を結びつけ、解放と主権を勝ちとったのが国内外のレジスタンス勢力を統一に導いた自由フランスであり、その中心にいたのがシャルル・ドゴールであった。

本書で明らかにしてきたように、解放と主権回復にいたる道は平坦ではなかった。英米連合国によるドゴール外しの企てのみならず、米軍の後ろ盾を得たダルラン提督やジロー将軍との主導権争い、ミュズリエ副提督の離脱に象徴されたような自由フランス内部の不和、それに、国外レジスタンス（自由フランス）と国内レジスタンスとの路線対立、国内レジスタンス内部の共産党系と非共産党系の争いなど、さまざまな対立・軋轢・論争が重層的に絡まりあっての解放達成と主権回復であった。そうした対立を乗り越え、ときには実力で粉砕し、統一をなし遂げることができたのは、ドゴールの非妥協的にして強力なリーダーシップに負っている。国民委員会穏健

派の外務委員ルネ・マシリも、「《戦うフランス》のすべての力は彼［ドゴール］の非妥協性にあった」と回想している。(1)

自由フランスが、中央情報行動局（BCRA）とジャン・ムーランの二つのルートによって、自発的に生まれた国内レジスタンス諸組織を包摂し、解放と主権を勝ちとりえたのも、国内レジスタンスは眼前の敵との戦いという軍事を優先せざるをえなかったのに対して、自由フランスは政治と軍事の両輪で活動を展開しえたことによるだろう。そのうえ、軍事面においても国内レジスタンスは、資金と武器を自由フランスに頼らざるをえなかった。もちろん、総合検討委員会のように、政治問題も含めた戦後の諸問題をフランス国内でも議論していたが、この委員会を統括していたのはジャン・ムーランであり、同委員会の「九賢人」も自由フランスとの結びつきが強かった。

ジャン＝ピエール・アゼマが記すように、フランスのレジスタンスは数が多いうえに多様な形態をとっていた。(2)パリ解放の一週間を描いた書物のなかで、ジャン＝フランソワ・ミュラシオルも「パリでは、フランスの他地域以上にレジスタンスの決定機関が増えたことで、意見の衝突の根底には責任の重複問題があり、その結果、かなりの混乱が生じた」と述べている。(3)こうした否定的要因をも孕んだ多様で多数のレジスタンス組織を、単一のレジスタンス運動にまとめあげたのが自由フランスであり、統一とともにレジスタンス諸組織の自立性や独自性が薄められていったことも否定できない。それでも、ドゴール・BCRA・ムーランなかりせば、第二次大戦下のフランスに複数の抵抗運動体（des résistances）はありえても、団結した単一のレジスタンス（la Résistance）は生まれなかっただろう。それを領導したのがドゴールであった。

それゆえ、フランス国内にドゴールの名を冠した通りや広場が三六三三(4)もあると聞いても、驚く人はいないだろう。日本からの直行便が降り立つロワシーの空港名がシャルル・ドゴールであることはよく知られている。これらのことが如実に示しているものは、自由フランスを率いてフランス共和国を再建したドゴールへのオマージュである。もちろん、一九五八年のアルジェリア危機（アルジェリア独立戦争）を解決に導き、フランス第五共和政の初代大統領に就いたドゴールへの称賛もあるであろうが、(5)何よりもドゴールが四〇年六月にただ一人、抗戦の意志を示してフランスの名誉を救ったこと、そして、孤立無援の状況のなかで孤軍奮闘しつつ同志を募り、ドゴール個人の不屈の精神力と行動力でもって、フランスの解放とフランスの主権を戦いとったことによるだろう。だからこそ、一九八〇年と八七年と九九年にフランスの雑誌『歴史』が行った同一のアンケート、「フランス史の著名人と一時間話をすることができるとするなら、あなたは誰を選びますか」という質問項目で、第一位となったのはドゴールであった。(6)「感性の歴史学」を切り開いたアラン・コルバンは、何よりも「六月一八日の男」として知られるドゴールの英雄性について、ドゴールの洞察力、一徹さ、自身をフランスの化身として呈示したこと、雄弁などにみている。(7)

◉無念の退陣

それでは、最後に一九四四年秋以降のドゴールの行動に触れつつ、結びとしよう。一〇月一四日デクレ（命令）で、新たな諮問議会の構成が発表された。構成員二四八人中、一七六人が抵抗組織の代表者（一九人がCNRのメンバー）、六〇人が国会議員、一二人が海外の県会議員であった。(8)一一月七日、リュクサンブール宮で議会が招集された。議長はフェリクス・グーアンである。翌四五年五月に市議会議員選挙が行われ、四五年一〇月には女性が初めて参加した国政選挙と国民投票があり、憲法制定国民議会の招集が決められた。一一月、ドゴールは改めて政府首班に選ばれ、臨時政府は正式の政府へと羽ばたく。一〇月の総選挙で勝利したのは、レジスタンスの正統性を権力資源とした三党（共産党、人民共和運動、社会党）であった。ドゴールは、選挙で八割の議席を占めた三党から入閣者を増やすために内閣改造を余儀なくされる。第一党になった共産党は、主要閣僚（内務・外務・国防）を含む大臣ポストの三分の一を要求したが、ドゴールに拒否された。ドゴールは、重要な省庁を共産党の手に渡す気はなかったし、冷戦という状況下で英米連合国との関係上もそれはできなかった。共産党は、経済閣僚四ポストと国務大臣の計五ポストで我慢せざるをえなかった。一二月には社会党が軍事予算の二割削減を要求して政府案に反対し、ドゴールに難題を突きつけた。

　強力な執行権を望むドゴールは、行政府に干渉する第三共和政的な「排他的政党支配体制の再現」を許すことができず、「個別利益《アンテレ・パルティキュリエ》」に執着する政党《パルティ》の復活に業を煮やして、一九四六年一月二〇日に辞任する。ドゴールは、「再編成されつつあった諸政党のことで私をもっとも驚かせたのは、彼らが機会のありしだい共和国の全権力を自分たちのものにしたいと熱望していたことであり、しかも、政権を有効に行使する能力がないのを前もってさらけ出していたことである」と断罪している。[9]

　フランスは対内的には対独協力派の裁判に加えて、憲法制定と経済の再建という重要問題を抱え、対外的には冷戦の進行とインドシナ独立戦争やアルジェリア独立戦争の本格化という事態に直面していた。一九四六年一月二〇日の首相辞任で政治家ドゴールは終わりを迎えたと思われていたが、雌伏の一二年を経て、ドゴールは五八年五月のアルジェリア危機でふたたび政界に復帰し、第五共和政初代大統領に就任した。五八年の政界復帰に寄与したのが、四〇年六月の記憶、すなわち、国難に陥ったフランスを救済したというドゴールの英雄像、ないしドゴール神話であった。

注

はじめに

（1） Antoine Prost dir., "Pour une histoire sociale de la Résistance," *Mouvement social,* no.180, 1997.

（2） 筆者の手元にあるのは、一九八三～八四年に出た三巻本である。Rémy, *Mémoire d'un agent secret de la France libre,* 3 tomes, Paris, 1983-1984.

（3） Guy Perrier, *Rémy: l'agent secret no 1 de la France libre,* Paris, 2001.

（4） 一九七〇年に淡徳三郎『レジスタンス―第二次大戦におけるフランス市民の対独抵抗史―』（新人物往来社）が出版されている。本書は、一九六〇年代までの研究成果を摂取した研究であり、自由フランスについても触れてはいるが、副題が示すように国内レジスタンスに軸足が置かれている。また、二〇一六年に宮下雄一郎『フランス再興と国際秩序の構想―第二次世界大戦期の政治と外交―』（勁草書房）が刊行された。本書は、自由フランスとは銘打っていないものの、自由フランスの戦後国際秩序構想を分析した力作である。ただ、宮下氏の関心がヨーロッパ統合や国際関係史にあり、国内レジスタンスと国外レジスタンスとの関係、自由フランス内部の覇権争い、英米首脳との関係などについては掘り下げた分析は少ない印象である。

（5） アンリ・ミシェル、淡徳三郎訳『レジスタンスの歴史』白水社、一九五二年（原著一九五〇年）、七頁。

（6） Institut Charles de Gaulle, *De Gaulle en son siècle,* 7 tomes, Paris, 1991-1992.

（7） Jean-Louis Crémieux-Brilhac, *La France libre: de l'appel du 18 juin à la Libération,* Paris, 1996.

（8） Henri Michel, *Bibliographie critique de la Résistance,* Paris, 1964, pp.12, 45-64.

（9） Jean-Marie Guillon, "La Résistance, 50 ans et 2000 titres après," in Jean-Marie Guillon et Pierre Laborie dir., *Mémoire et Histoire: La Résistance,* Toulouse, 1995, p.33.

(10) François Bédarida, "L'histoire de la Résistance, lectures d'hier, chantiers de demaine," *Vingtième Siècle,* no.11, 1986, p.76.

(11) Laurent Douzou, *La Résistance française: une histoire périlleuse,* Paris, 2005, pp.12-13.

(12) Pierre Hervé, *La Libération trahie,* Paris, 1945, 217p. ピエール・エルヴェは「南部解放」のメンバーで、戦後に共産党に再入党する。

(13) Daniel Cordier, *Jean Moulin, La République des catacombes,* t.2, Paris, 1999, pp.1425-1430.

(14) エマニュエル・ダスティエ・ド・ラ・ヴィジュリ、山崎庸一郎訳『七日七たび』冨山房、一九七八年、二六六、二七四、二八二頁。

(15) Pierre Hervé, *op. cit.,* p.147.

(16) Dominique Veillon, *Le Franc-Tireur: un journal clandestin, un mouvement de Résistance 1940-1944,* Paris, 1977, p.367. フラン＝ティルールは、一九四一年一二月にリヨンで誕生した抵抗組織で、前身は四〇年一一月に結成された「フランス＝自由（France-Liberté）」である。四二年四月に発足した共産党系の軍事組織、義勇遊撃隊（Francs-Tireurs et Partisans ＦＴＰ）とは別組織であるので注意されたい。最新のＦＴＰ研究は、Franck Liaigre, *Les FTP: Nouvelle hsitoire d'une résistance,* Paris, 2015.

(17) Olivier Wieviorka, "Le MLN et le rétablissement de la légalité républicaine," in Fondation Charles de Gaulle, *De Gaulle et la Libération,* Paris, 2004, p.165.

(18) Jean Cassou, *La mémoire courte,* Paris, 1953, pp.7, 51, 72-73.

(19) Charles de Gaulle, *Mémoires de guerre,* 3 tomes, Paris, 1954-1959. ド・ゴール、村上光彦・山崎庸一郎訳『ド・ゴール大戦回顧録』全六巻、みすず書房、一九六〇〜六六年。

(20) Robert O. Paxton, *Vichy France, Old Guard and New Order 1940-1944,* New York, 1972. 仏訳は、*La France de Vichy 1940-1944,* Seuil, Paris, 1973. ロバート・O・パクストン、渡辺和行・剣持久木訳『ヴィシー時代のフランス』柏書房、二〇〇四年、「訳者あとがき」参照。

(21) 渡辺和行『ホロコーストのフランス――歴史と記憶――』人文書院、一九九八年。

(22) Jacqueline Sainclivier et Christian Bougeard dir., *La Résistance et Français: Enjeux stratégiques et environnement social,* Rennes, 1995, p.9.

(23) ピエール・ペアンのミッテラン伝が契機になったことは言うまでもない。Pierre Péan, *Une jeunesse française: François Mitterrand 1934-1947*, Paris, 1994; Johanna Barasz, "Les Vichysto-résistants: choix d'un sujet, construction d'un objet," in Julien Blanc et Cécile Vast dir., *Chercheures en Résistance: Pistes et outils à l'usage des historiens*, Rennes, 2014; Bénédicte Vergez-Chaignon, *Les vichysto-résistants de 1940 à nos jours*, Paris, 2008. 渡辺和行「ナチ占領下フランスにおけるグレーゾーン」『史潮』新七八号、二〇一五年、四～二四頁。

(24) Claire Andrieu, Philippe Braud, Guillaume Piketty, *Dictionnaire de Gaulle*, Paris, 2006; François Marcot dir., *Dictionnaire historique de la Résistance: résistance intérieure et France libre*, Paris, 2006; François Broche et Jean-François Muracciole dir., *Dictionnaire de la France libre*, Paris, 2010.

(25) Charles de Gaulle, *Discours et Messages*, t.1 1940-1946, Paris, 1971, p.201.

(26) Colloque, *Les juifs dans la Résistance et la Libération*, Paris, 1985; S. Courtois, D. Peschanski et A. Rayski, *Le sang de l'étranger: les immigrés de la MOI dans la Résistance*, Paris, 1989; Denis Peschanski, *Des étrangers dans la Résistance*, Paris, 2002. 一九九三年一二月にトゥールーズ大学で開かれたシンポジウムでも、移民（ドニ・ペシャンスキ）、スペイン人（ジュヌヴィエーヴ・ドレフュス＝アルマン）、ユダヤ人（ルネ・ポズナンスキ）が関与した抵抗運動の報告があった（Jean-Marie Guillon et Pierre Laborie dir., *op. cit.*）。

(27) Jean-Louis Crémieux-Brilhac, *La France libre: de l'appel du 18 juin à la Libération*, t.1, Paris, 2013, pp.708-709. ミュラシオルによれば、自由フランスに参加した外国人の上位三国は、スペイン人五〇〇人（一七パーセント）、ポーランド人二七〇人（九・六パーセント）、ベルギー人二六〇人（九・四パーセント）であったという（Jean-François Muracciole, "Les Français libres étrangers," in Sylvain Cornil-Frerrot et Philippe Oulmont dir., *Les Français libres et le monde*, Paris, 2015, p.203）。

(28) Eric Jennings, *La France libre fut africaine*, Paris, 2014, p.16. 本書のタイトルは、ジャック・スーステルの一文から採られているが、英語版のタイトルは少し異なる（Eric Jennings, *Free French Africa in World War II: The African Resistance*, New York, 2014）。スーステルの一文は、Jacques Soustelle, *Envers et contre tout*, t.1 De Londres à Alger 1940-1942, Paris, 1947, p.125.

(29) Jean-François Muracciole, *Les Français libres: l'autre Résistance*, Parsi, 2009, pp.21-24, 31-33.

(30) Julien Blanc et Cécile Vast dir., *op. cit.*

(31) Olivier Wieviorka, *Histoire de la Résistance 1940-1945*, Paris, 2013, p.16.

(32) Actes du colloque international, *La France libre*, Charles Lavauzelle, 2005. 本論集には、ミュラシオル、クレミュー＝ブリヤック、セバスチアン・アルベルテリやフランソワ・ケルソディなど、それぞれの分野の第一人者が報告者として名を連ねている。

(33) Jean-Jacques Gauthé, "La France libre et le scoutisme," in Patrick Harismendy et Erwan Le Gall dir., *Pour une Histoire de la France Libre*, Rennes, 2012.

(34) Sylvain Cornil-Frerrot et Philippe Oulmont dir., *op. cit.*

(35) Olivier Rochereau dir., *Mémoire des français libres: Du souvenir des hommes à la mémoire d'un pays*, Paris, 2006, pp.27-28.

(36) Jean Cassou, *op. cit.*, p.8.

(37) Jean-Marc Regnault et Ismet Kurtovitch, "Les ralliements du Pacifique en 1940," *Revue d'histoire moderne et contemporaine*, t.49, no.4, 2002, p.71.

(38) 篠田英朗『「国家主権」という思想』勁草書房、二〇一二年。本書は、主権概念の歴史を知るうえでは便利であるが、英米系の主権概念に偏りがちであり大陸系のそれについては手薄である。

(39) 石井三記「一七八九年フランス人権宣言のテルミノロジーとイコノロジー」『法政論集』第二五五号、二〇一四年、四三〜四四頁。

(40) Charles de Gaulle, *Discours et Messages*, t.1, p.194.

第1章

(1) 六月二二日にレノーの協力者二人が、一八〇〇万フランを持って渡米したことと比べると、一〇万フランは多いとは言えないだろう（Michèle et Jean-Paul Cointet, *La France à Londres, Renaissance d'un Etat 1940-1943*, Bruxelles, 1990, p.31）。一〇万フランは、二〇一一年の貨幣価値で換算すると四万ユーロになるという（Michel Tirouflet, *André Diethelm 1896-1954*, Éditions Nicolas Chaudun, 2012, p.202）。

(2) Charles de Gaulle, *Vers l'armée de métier*, Paris, 1934. シャルル・ド・ゴール、小野繁訳『職業軍の建設を！』不知火書

房、一九九七年。

（3）Jean Touchard, *Le gaullisme 1940-1969*, Paris, 1978, p.40; Paul Reynaud, *Le problème militaire français*, Paris, 1937, 107p.

（4）Winston Churchill, *The Second World War*, Abridged Edition, London, 2013, p.308. ウィンストン・チャーチル、佐藤亮一訳『第二次世界大戦』第二巻、河出書房新社、一九七五年、九〇頁。

（5）以上、ジャン・モネ、近藤健彦訳『回想録』日本関税協会、二〇〇八年、九頁。

（6）Charles de Gaulle, *Lettres, notes et carnets*, t.1 1905-1941, Paris, 2010, p.941.

（7）Charles de Gaulle, *Mémoires de guerre*, t.1 l'appel 1940-1942, Paris, 1960, C1954, p.59. ド・ゴール、村上光彦・山崎庸一郎訳『ド・ゴール大戦回顧録Ⅰ』みすず書房、一九九九年、五八頁。

（8）Christiane Rimbaud, *L'affaire du Massilia, été 1940*, Paris, 1984.

（9）Jean Touchard, *op. cit.*, pp.53-58.

（10）Charles de Gaulle, *Mémoires de guerre*, t.1, p.269.『ド・ゴール大戦回顧録Ⅰ』一七一頁。

（11）René Cassin, *Les hommes partis de rien: le réveil de la France abattue 1940-41*, Paris, 1975, p.77.

（12）Charles de Gaulle, *Discours et Messages*, t.2 1946-1958, Paris, 1970, p.617.

（13）渡辺和行『ド・ゴール―偉大さへの意志―』山川出版社、二〇一三年。

（14）Gaston Palewski, *Mémoires d'action 1924-1974*, Paris, 1988, p.143.

（15）Éric Roussel, *Pierre Brossolette*, Paris, 2014, p.134.

（16）Charles de Gaulle, *Le fil de l'épée*, 2010, C1932, p.103. シャルル・ド・ゴール、小野繁訳『剣の刃』葦書房、一九八四年、五九頁。

（17）Charles de Gaulle, *Discours et Messages*, t.2, pp.599-600.

（18）エマニュエル・ダスティエ・ド・ラ・ヴィジュリ、山崎庸一郎訳『七日七たび』冨山房、一九七八年、八八、九三頁。

（19）Charles de Gaulle, *Mémoires de guerre*, t.1, p.1.『ド・ゴール大戦回顧録Ⅰ』六頁。

（20）アンドレ・マルロー、新庄嘉章訳『倒された樫の木』新潮社、一九七一年、一二二頁。

（21）スタンレイ・ホフマン、天野恒雄訳『フランス現代史2　政治の芸術家ド・ゴール』白水社、一九七七年、六六頁。

（22）Charles de Gaulle, *Le fil de l'épée*, p.77. ド・ゴール『剣の刃』三七頁。

(23) André Gillois, *Histoire secrète des français à Londres de 1940 à 1944*, Paris, 1973, p.59.

(24) Pierre Denis, *Souvenirs de la France libre*, Paris, 1947, p.34.

(25) Jacques Bernot, *Gaston Palewski: Premier baron du gaullisme*, Paris, 2010, p.105.

(26) Charles de Gaulle, *Mémoires de guerre*, t.1, p.70. 『ド・ゴール大戦回顧録Ⅰ』六九頁。

(27) Charles de Gaulle, *Vers l'armée de métier*, p.170. ド・ゴール『職業軍の建設を!』一三四頁。Aurélie Luneau, *Radio Londres 1940-1944*, Paris, 2010, p.37.

(28) Gaston Palewski, *op. cit.*, p.142; Charles de Gaulle, *Lettres, notes et carnets*, t.1, p.1062.

(29) 当時のロンドンとパリの時差は二時間であったという（Aurélie Luneau, *op. cit.*, pp.39-40）。推測の限りではあるが、フランスがサマータイム制を導入し、イギリスが導入していなければ、時差は二時間になる。

(30) Charles de Gaulle, *Mémoires de guerre*, t.1, pp.267-268. 『ド・ゴール大戦回顧録Ⅰ』一七〇頁。この演説の下書き草稿については、Charles de Gaulle, *Lettres, notes et carnets*, t.1, p.943.

(31) ジェルメーヌ・ティヨン、小野潮訳『ジェルメーヌ・ティヨン―レジスタンス・強制収容所・アルジェリア戦争を生きて―』法政大学出版局、二〇一二年、一一六、一三三頁。

(32) 以上、Jean Guéhenno, *Diary of the Dark Years, 1940-1944*, Oxford, 2014, p.1. ジャン・ゲーノ、内山敏編『深夜の日記』三一書房、一九五一年、三三頁。Pierre Servent, *La mythe Pétain*, Paris, 1992, p.238.

(33) 新聞の発行部数は一九三九年のデータである。Claude Bellanger, Jacques Godechot, Pierre Guiral et al., *Histoire général de la presse française*, t.3, 1871-1940, Paris, 1972, p.604; François Broche, *L'Épopée de la France libre 1940-1946*, Paris, 2000, p.54.

(34) Dominique Veillon, *Le Franc-Tireur: un journal clandestin, un mouvement de Résistance 1940-1944*, Paris, 1977, pp.31-32; Michèle et Jean-Paul Cointet, *op. cit.*, pp.38-39.

(35) Charles de Gaulle, *Mémoires de guerre*, t.1, pp.268-269. 『ド・ゴール大戦回顧録Ⅰ』一七一～一七二頁。

(36) Jean-Louis Crémieux-Brilhac, *La France libre: de l'appel du 18 juin à la Libération*, t.1, Paris, 2013, pp.62-64.

(37) Charles de Gaulle, *Mémoires de guerre*, t.1, pp.269-270. 『ド・ゴール大戦回顧録Ⅰ』一七二頁。

(38) Michèle et Jean-Paul Cointet, *op. cit.*, pp.104-108; Jean-Baptiste Duroselle, *L'abîme 1939-1945*, Paris, 1982, p.195.

(39) アレクザンダー・ワース、内山敏訳『ドゴール』紀伊國屋書店、一九六七年、四〇頁。

（40）Charles de Gaulle, *Mémoires de guerre*, t.2 l'unité 1942-1944, Paris, 1956, p.321. ド・ゴール、村上光彦・山崎庸一郎訳『ド・ゴール大戦回顧録Ⅳ』みすず書房、一九九九年、一五五頁。

（41）Charles de Gaulle, *Mémoires de guerre*, t.1, p.268.『ド・ゴール大戦回顧録Ⅰ』一七一頁。

（42）Charles de Gaulle, *Mémoires de guerre*, t.1, pp.271-272, 274.『ド・ゴール大戦回顧録Ⅰ』一七四～一七七頁。

（43）Charles de Gaulle, *Mémoires de guerre*, t.1, p.272.『ド・ゴール大戦回顧録Ⅰ』一七四頁。ノゲスに送信されなかった六月二四日付の草案には、ノゲスを「終わりのないフランスの抵抗運動の中心にして最重要な構成員」だとまで記していた（Charles de Gaulle, *Lettres, notes et carnets*, t.1, p.945）。

（44）Jean-Louis Crémieux-Brilhac, *Georges Boris: Trente ans d'influence*, Paris, 2010, p.112.

（45）Charles de Gaulle, *Lettres, notes et carnets*, t.1, p.993.

（46）マルク・ブロック、平野千果子訳『奇妙な敗北』岩波書店、二〇〇七年、一二二頁。レミ、築島謙三訳『メモワール』法政大学出版局、一九八五年、二三頁。

（47）Charles de Gaulle, *Mémoires de guerre*, t.1, pp.275-277.『ド・ゴール大戦回顧録Ⅰ』一七八～一七九頁。

（48）Charles L. Robertson, *When Roosevelt planned to govern France*, Amherst & Boston, 2011, p.16.

（49）Crémieux-Brilhac, *La France libre*, t.1, pp.109-113, 116, 120; Michèle et Jean-Paul Cointet, *op. cit.*, p.62. ピエール・アコスは七月末時点でのイギリス本土の兵員数を二五四八人としている（Pierre Accoce, *Les Français à Londres 1940-1941*, Paris, 1989, p.130）。

（50）Jacques Soustelle, *Envers et contre tout*, t.1 De Londres à Alger 1940-1942, Paris, 1947, p.38.

（51）Vice-Amiral Muselier, *De Gaulle contre le gaullisme*, Paris, 1946, pp.13-14.

（52）フランソワ・モーリヤック、岡部正孝訳『ドゴール』河出書房新社、一九六六年、九二頁。Crémieux-Brilhac, *La France libre*, t.1, p.121.

（53）Jean-François Muracciole, *Histoire de la France libre*, Paris, 1996, pp.57-60. 自由フランス軍人会は、一九四三年七月以降に戦闘に参加した者の入会を認めていない。アンリ・ミシェル、中島昭和訳『自由フランスの歴史』白水社、一九七四年、一〇～一一頁。

（54）Olivier Rochereau dir., *Mémoire des français libres: Du souvenir des hommes à la mémoire d'un pays*, Paris, 2006, pp.104, 129-134.

(55) Préface de Jean-Louis Crémieux-Brilhac, in Jean-Mathieu Boris, *Combattant de la France libre*, Paris, 2012, p.10.

(56) ジャン・モネ、前掲書、一三一頁。

(57) Christopher S. Thompson, "Prologue to Conflict: De Gaulle and the United States, From First Impressions through 1940," in Robert O. Paxton and Nicholas Wahl ed., *De Gaulle and the United States: A Centennial Reappraisal*, Oxford, 1994, p.29.

(58) Crémieux-Brilhac, *La France libre*, t.1, p.74. ジャン・モネ、前掲書、一三二～一三三頁。Charles de Gaulle, *Mémoires de guerre*, t.1, pp.270-271.『ド・ゴール大戦回顧録Ⅰ』一七三～一七四頁。

(59) Philippe Oulmont, *Pierre Denis: Français libre et citoyen du monde*, Paris, 2012, p.243; Charles de Gaulle, *Lettres, notes et carnets*, t.2 1942-mai 1958, Paris, 2010, p.5.

(60) Christian Bougeard, *René Pleven: un français libre en politique*, Rennes, 1994, pp.83-84.

(61) Charles de Gaulle, *Discours et Messages*, t.1 1940-1946, Paris, 1971, pp.6-7.

(62) G. E. Maguire, *Anglo-American Policy towards the Free French*, London, 1995, p.6.

(63) Crémieux-Brilhac, *La France libre*, t.1, pp.97-100.

(64) G. E. Maguire, *op. cit.*, pp.118, 120.

(65) Charles de Gaulle, *Mémoires de guerre*, t.1, pp.81, 279-281.『ド・ゴール大戦回顧録Ⅰ』七九、一八一～一八三頁。Muracciole, *op. cit.*, p.58.

(66) René Cassin, *op. cit.*, p.77; Crémieux-Brilhac, *La France libre*, t.1, p.83. 協定案の交渉経緯については、*Ibid.*, pp.86-88, 96-105.「自由フランスの法学者」カサンが、その後中枢ポストから外れていく経緯については、Antoine Prost, "Un français libre à part: René Cassin," in Sylvain Cornil-Frerrot et Philippe Oulmont dir., *Les Français libres et le monde*, Paris, 2015, pp.286-290.

(67) Charles de Gaulle, *Mémoires de guerre*, t.1, pp.278, 282-283.『ド・ゴール大戦回顧録Ⅰ』一八一、一八三～一八四頁。

(68) Michèle et Jean-Paul Cointet, *op. cit.*, pp.50-52, 133; René Cassin, *op. cit.*, p.115.

(69) Charles de Gaulle, *Discours et Messages*, t.1, pp.17-19.

(70) Jean-Louis Crémieux-Brilhac, "La France libre et l'État républicain," in Marc Olivier Baruch et Vincent Duclert dir., *Serviteurs de l'État*, Paris, 2000, p.539.

(71) Crémieux-Brilhac, *La France libre*, t.1, pp.246-250; Muracciole, *op. cit.*, pp.20-21; Michèle et Jean-Paul Cointet, *op. cit.*, pp.125-127; Dorothy Shipley White, *Les origines de la discorde: de Gaulle, La France libre et les Alliés 1940-1942*, Paris, 1967, pp.181-183.

(72) Crémieux-Brilhac, *La France libre*, t.1, p.252; André Gillois, *op. cit.*, p.298; Serge Berstein, *Histoire du gaullisme*, Paris, 2002, p.43.

(73) Charles de Gaulle, *Lettres, notes et carnets*, t.1, p.1161.

(74) 以上、Charles de Gaulle, *Discours et Messages*, t.1, pp.103, 137, 179, 194, 262; Charles de Gaulle, *Mémoires de guerre*, t.1, pp.632-633. ド・ゴール、村上光彦・山崎庸一郎訳『ド・ゴール大戦回顧録Ⅱ』みすず書房、一九九九年、二三〇～二三一頁。Charles de Gaulle, *Lettres, notes et carnets*, t.1, p.1357.

(75) Frédéric Turpin, *André Diethelm 1896-1954: De Georges Mandel à Charles de Gaulle*, Paris, 2004, p.102.

(76) Guy Perrier, *Le colonel Passy et les services secrets de la France libre*, Paris, 1999, pp.12-13.

(77) Crémieux-Brilhac, *La France libre*, t.1, p.226.

(78) Crémieux-Brilhac, *Georges Boris*, p.140.

(79) レーモン・アロン、三保元訳『レーモン・アロン回想録 1 政治の誘惑』みすず書房、一九九九年、一八三、一八六頁。

(80) Charles L. Robertson, *op. cit.*, pp.27-36; Raoul Aglion,"The Free French and the United States from 1940 to 1944," in Robert O. Paxton and Nicholas Wahl ed., *op. cit.*, p.48.

(81) Fondation et Institut Charles de Gaulle, *Avec De Gaulle: Témoignages*, t.1 La Guerre et la Libération, Paris, 2003, p.98.

(82) Pierre Laroque, *Au service de l'homme et du droit: souvenirs et réflexions*, Paris, 1993, p.136.

(83) Jean-Baptiste Duroselle, *op. cit.*, p.352.

(84) Hervé Alphand, *L'étonnement d'être, Journal 1939-1973*, Paris, 1977, pp.42, 142, 144.

(85) Raphaële Ulrich-Pier, *René Massigli 1888-1988*, tome I, Bruxelles, 2006, pp.759-760.

(86) Saint-John Perse,"Lettre au président Roosevelt," in *Œuvres complètes*, Paris, 1972, pp.619-627; Jeffrey Mehlman, *Émigré New York: French Intellectuals in Wartime Manhattan 1940-1944*, Baltimore, 2000, pp.168-169.

(87) Raoul Aglion, *Roosevelt and de Gaulle: Allies in Conflict, A Personal Memoir*, New York, 1988, p.190.

(88) Eric Roussel, *De Gaulle*, t.1 1890-1945, Paris, 2006, pp.226-227.

(89) アンドレ・マルロー、前掲書、一八～一九、一九二頁。

(90) Charles de Gaulle, *Le fil de l'épée*, p.166.『剣の刃』一一三頁。

(91) Bernard Crochet, *Franck Bauer et l'épopée de Radio Londres*, Rennes, 2013, p.39.

(92) Crémieux-Brilhac, *La France libre*, t.1, pp.273-274, 289-291.

(93) Philippe Pétain, *Discours aux Français*, Paris, 1989, p.95.

(94) Crémieux-Brilhac, *La France libre*, t.1, pp.274, 293.

(95) Aurélie Luneau, *op. cit.*, p.78.

(96) Charles de Gaulle, *Lettres, notes et carnets*, t.1, pp.1131-1132; Crémieux-Brilhac, *La France libre*, t.1, p.298; Muracciole, *op. cit.*, p.25; Jérôme Ollander, *Brazzaville, capitale de la France libre: Histoire de la résistance française en Afrique 1940-1944*, Paris, 2013, pp.161-170.

(97) Aurélie Luneau, *op. cit.*, p.225.

(98) 以上、Crémieux-Brilhac, *La France libre*, t.1, pp.274-275, 277, 285, 291. 渡辺和行『ホロコーストのフランス――歴史と記憶――』人文書院、一九九八年、一二七～一二八頁。

(99) Charles de Gaulle, *Discours et Messages*, t.1, pp.50-53, 124-125.

(100) Michèle et Jean-Paul Cointet, *op. cit.*, pp.95-100; Crémieux-Brilhac, *La France libre*, t.1, pp.282-283; Jacques Pessis, *Radio Londres, la guerre en direct*, Paris, 2014, pp.63-74, 86-87.

(101) Pierre Mendès France, *Œuvres complètes*, t.1 S'engager 1922-1943, Paris, 1984, p.541.

(102) Jean Guéhenno, *op. cit.*, p.101.

(103) Charles de Gaulle, *Discours et Messages*, t.1, p.213; Aurélie Luneau, *op. cit.*, p.203.

(104) Aurélie Luneau, "La BBC, Vecteur d'une Résistance civile," in Actes du colloque international, *La France libre*, Charles Lavauzelle, 2005, p.119; Aurélie Luneau, *Radio Londres 1940-1944*, pp.304-305; Olivier Wieviorka, *Histoire de la Résistance 1940-1945*, Paris, 2013, p.23.

(105) Jean-Paul Brunet, *Histoire du front populaire 1934-1938*, Paris, 1991, p.98. 一九三七年のフランスのラジオ所有台数は、米国二六〇〇万台、ドイツ八四一万二八四八台、英国八三四万七〇〇〇台よりも少ないだけでなく、人口あたりの台数でもデンマーク、スウェーデン、オランダ、スイスよりも少ないヨーロッパ第一三位であった（Joelle Neulander, *Program-*

ming National Identity, the Culture of Radio in 1930s France, Baton Rouge, 2009, p.72)。

(106) Aurélie Luneau, *Radio Londres 1940-1944*, p.22.

(107) Jacques Soustelle, *Envers et contre tout*, t.1, p.324.

(108) Olivier Wieviorka, *Nous entrerons dans la carrière: De la Résistance à l'exercice du pouvoir*, Paris, 1994, p.364.

(109) Pierre Giolitto, *Henri Frenay, Premier résistant de France et rival du Général de Gaulle*, Paris, 2004, pp.387-388, 392-393, 417.

(110) Jacques Attali, *Verbatim*, t.3 Chronique des années 1988-1991, Paris, 1995, pp.333, 515. 渡辺和行「ナチ占領下フランスにおけるグレーゾーン―ムーニエとミッテラン―」『史潮』新七八号、二〇一五年、一九～二〇頁。

第2章

(1) Charles de Gaulle, *Mémoires de guerre*, t.2 l'unité 1942-1944, Paris, 1956, p.580. ド・ゴール、村上光彦・山崎庸一郎訳『ド・ゴール大戦回顧録Ⅳ』みすず書房、一九九九年、一九七頁。

(2) Charles de Gaulle, *Mémoires de guerre*, t.1 l'appel 1940-1942, Paris, 1959, C1954, pp.285-286. ド・ゴール、村上光彦・山崎庸一郎訳『ド・ゴール大戦回顧録Ⅰ』みすず書房、一九九九年、一八五頁。

(3) Gilles Ragache, *L'Outre-mer français dans la guerre 1939-1945*, Paris, 2014, p.49.

(4) G. E. Maguire, *Anglo-American Policy towards the Free French*, London, 1995, pp.115-116.

(5) Gilles Ragache, *op. cit.*, pp.54-55.

(6) Charles de Gaulle, *Mémoires de guerre*, t.1, p.292.『ド・ゴール大戦回顧録Ⅰ』一九一～一九二頁。

(7) 以下、Kim Munholland, *Rock of Contention: Free French and Americans at War in New Caledonia 1940-1945*, New York, 2006, chap.2; Kim Munholland, "The Trials of the Free French in New Caledonia 1940-1942," *French Historical Studies*, vol.14, no.4, 1986, pp.548-552; Jean-Louis Crémieux-Brilhac, *La France libre: de l'appel du 18 juin à la Libération*, t.1, Paris, 2013, pp.136-140.

(8) Charles de Gaulle, *Mémoires de guerre*, t.1, p.288.『ド・ゴール大戦回顧録Ⅰ』一八八頁。

(9) Charles de Gaulle, *Mémoires de guerre*, t.1, pp.294-295.『ド・ゴール大戦回顧録Ⅰ』一九三～一九四頁。

(10) Charles de Gaulle, *Mémoires de guerre*, t.1, p.297.『ド・ゴール大戦回顧録Ⅰ』一九五〜一九六頁。

(11) Crémieux-Brilhac, *La France libre*, t.1, p.162.

(12) Jacques Soustelle, *Envers et contre tout*, t.1 De Londres à Alger 1940-1942, Paris, 1947, pp.125-126.

(13) Eric T. Jennings, *Free French Africa in World War II*, New York, 2015, pp.2, 3, 8.

(14) Charles de Gaulle, *Mémoires de guerre*, t.1, pp.285-290.『ド・ゴール大戦回顧録Ⅰ』一八五〜一八九頁。

(15) 以下、Crémieux-Brilhac, *La France libre*, t.1, pp.140, 144-145; Christian Bougeard, *René Pleven: un français libre en politique*, Rennes, 1994, pp.90-94.

(16) Charles de Gaulle, *Lettres, notes et carnets*, t.1 1905-1941, Paris, 2010, p.1017.

(17) 以下、Crémieux-Brilhac, *La France libre*, t.1, p.147; Eric Jennings, *La France libre fut africaine*, Paris, 2014, pp.41-43; Christian Bougeard, *op. cit.*, p.94.

(18) Charles de Gaulle, *Lettres, notes et carnets*, t.1, p.1020.

(19) Charles de Gaulle, *Mémoires de guerre*, t.1, p.96.『ド・ゴール大戦回顧録Ⅰ』九三〜九四頁。

(20) Charles de Gaulle, *Mémoires de guerre*, t.1, p.308.『ド・ゴール大戦回顧録Ⅰ』二〇五頁。

(21) Charles de Gaulle, *Mémoires de guerre*, t.1, pp.115-117, 300.『ド・ゴール大戦回顧録Ⅰ』一〇九〜一一一、一九八頁。Eric Jennings, *La France libre fut africaine*, pp.49-50.

(22) Dorothy Shipley White, *Les origines de la discorde: de Gaulle, La France libre et les Alliés 1940-1942*, Paris, 1967, p.209.

(23) Charles de Gaulle, *Mémoires de guerre*, t.1, pp.290-292.『ド・ゴール大戦回顧録Ⅰ』一九〇〜一九一頁。

(24) 以下、Charles de Gaulle, *Mémoires de guerre*, t.1, pp.97-110.『ド・ゴール大戦回顧録Ⅰ』九四〜一〇五頁。Crémieux-Brilhac, *La France libre*, t.1, pp.149-153; Dorothy S. White, *op. cit.*, pp.218-223.

(25) Charles de Gaulle, *Lettres, notes et carnets*, t.1, p.1034.

(26) Charles de Gaulle, *Lettres, notes et carnets*, t.1, p.1041.

(27) Charles de Gaulle, *Mémoires de guerre*, t.1, p.295.『ド・ゴール大戦回顧録Ⅰ』一九四頁。

(28) Charles de Gaulle, *Lettres, notes et carnets*, t.1, p.1043-1044.

(29) ボワランベールは二度目の脱走に成功して、一九四二年末の北アフリカでドゴールに迎えられた。Dorothy S. White, *op. cit.*, p.232.

(30) ロバート・マーフィ、古垣鐵郎訳『軍人のなかの外交官』鹿島研究所出版会、一九六四年、八七頁。
(31) Crémieux-Brilhac, *La France libre*, t.1, pp.154-156.
(32) Charles de Gaulle, *Mémoires de guerre*, t.1, p.108.『ド・ゴール大戦回顧録Ⅰ』一〇四頁。
(33) Winston Churchill, *The Second World War*, Abridged Edition, London, 2013, p.303. ウィンストン・チャーチル、佐藤亮一訳『第二次世界大戦』第二巻、河出書房新社、一九七五年、八四頁。
(34) Charles de Gaulle, *Lettres, notes et carnets*, t.1, p.1046.
(35) Charles de Gaulle, *Mémoires de guerre*, t.1, p.110.『ド・ゴール大戦回顧録Ⅰ』一〇五頁。
(36) Charles de Gaulle, *Mémoires de guerre*, t.1, p.298.『ド・ゴール大戦回顧録Ⅰ』一九七頁。
(37) Crémieux-Brilhac, *La France libre*, t.1, pp.155-156. チャーチルは、ウェーガンに親書を送って、アフリカにフランス政府を設立するように勧めていた（マーフィ、前掲書、九六頁）。
(38) Jacques Soustelle, *Envers et contre tout*, t.1, p.48.
(39) 以下、Charles de Gaulle, *Mémoires de guerre*, t.1, pp.111-115.『ド・ゴール大戦回顧録Ⅰ』一〇六～一〇九頁。Crémieux-Brilhac, *La France libre*, t.1, pp.158-164.
(40) Charles de Gaulle, *Lettres, notes et carnets*, t.1, p.1054.
(41) Charles de Gaulle, *Mémoires de guerre*, t.1, p.112.『ド・ゴール大戦回顧録Ⅰ』一〇七頁。
(42) 以下、Crémieux-Brilhac, *La France libre*, t.1, pp.163-164.
(43) Général Catroux, *Dans la bataille de Méditerranée 1940-1944*, Paris, 1949, p.20.
(44) Charles de Gaulle, *Mémoires de guerre*, t.1, pp.365-366.『ド・ゴール大戦回顧録Ⅰ』二五六～二五七頁。
(45) カトルーはのちに、「ドゴールはフランスであったがゆえに、私の上官であった。私はフランスの命じるままに行動したがゆえに、彼の命令に従った！ 軍隊の階級制については、ドゴールは六月一八日にすべての階級の上に立ったのだ」とか、「《戦うフランス》の目的と手段について、ドゴールと私は一致した」と回想している。Général Catroux, *op. cit.*, pp.53, 55.
(46) René Cassin, *Les hommes partis de rien: le réveil de la France abattue 1940-41*, Paris, 1975, p.268.
(47) Charles de Gaulle, *Lettres, notes et carnets*, t.1, pp.1066-1069.
(48) Crémieux-Brilhac, *La France libre*, t.1, p.168.
(49) François Kersaudy, *De Gaulle et Roosevelt, le duel au sommet*, Paris, 2004, p.95.

(50) Crémieux-Brilhac, *La France libre*, t.1, p.167.

(51) Jean-François Muracciole, *Histoire de La France libre*, Paris, 1996, p.12.

(52) Eric Jennings, "La France libre en AEF et au Cameroun," in Sylvain Cornil-Frerrot et Philippe Oulmont dir., *Les Français libres et le monde*, Paris, 2015. p.229.

(53) Olivier Wieviorka, *Nous entrerons dans la carrière: De la Résisitance à l'exercice du pouvoir*, Paris, 1994, p.89.

(54) 報告書の全文は、Francis Louis Closon, *Le temps des passions: De Jean Moulin à la Libération 1943-1944*, Paris, 1998, pp.76-91. 引用は、p.90.

(55) アンドレ・マルロー、新庄嘉章訳『倒された樫の木』新潮社、一九七一年、四四頁。

(56) Jean-Louis Crémieux-Brilhac, *Georges Boris: Trente ans d'influence*, Paris, 2010, p.142.

(57) Churchill, *op. cit.*, p.646. チャーチル、佐藤亮一訳『第二次世界大戦』第三巻、河出書房新社、一九七五年、一八四〜一八五頁。アレクザンダー・ワース、内山敏訳『ドゴール』紀伊國屋書店、一九六七年、一〇六頁。

(58) Jean-Louis Crémieux-Brilhac, *L'étrange victoire: De la défaite de la République à la libération de la France*, Paris, 2016, pp.104, 196. シャルルと名がつく国王は、復古王政期のシャルル一〇世以来であることによる。

(59) Jacques Debû-Bridel, *De Gaulle et le CNR*, Paris, 1978, p.192.

(60) ピエール・ムニエ、福本秀子訳『我が友ジャン・ムーラン』東洋書林、一九九六年、三七頁。

(61) Henri de Kerillis, *De Gaulle Dictateur, Une grande mystification de l'histoire*, Montréal, 1945. もっともケリリスは、一九四二年に出した『フランス人よ、ここに真実がある』のなかでは、ドゴールを絶賛していた（Raoul Aglion, *Roosevelt and de Gaulle: Allies in Conflict, A Personal Memoir*, New York, 1988, pp.85-87）。

(62) François Kersaudy, *De Gaulle et Roosevelt*, pp.84, 91.

(63) William D. Leahy, *I was there*, New York, 1979, pp.43, 235; Anthony Eden, *The Eden Memoirs: the Reckoning*, London, 1965, p.447; Charles L. Robertson, *When Roosevelt planned to govern France*, Amherst & Boston, 2011, pp.24-25; François Kersaudy, *Churchill and De Gaulle*, New York, 1983, p.320.

(64) Charles de Gaulle, *Mémoires de guerre*, t.1, pp.201, 207. ド・ゴール、村上光彦・山崎庸一郎訳『ド・ゴール大戦回顧録Ⅱ』みすず書房、一九九九年、一九、二四頁。

(65) Charles de Gaulle, *Mémoires de guerre*, t.1, p.88.『ド・ゴール大戦回顧録Ⅰ』八五頁。

（66） Charles de Gaulle, *Mémoires de guerre*, t.2, p.86. ド・ゴール、村上光彦・山崎庸一郎訳『ド・ゴール大戦回顧録Ⅲ』みすず書房、一九九九年、八二頁。

（67） 邦語文献には、杉本淑彦「第二次世界大戦占領下フランスにおける帝国プロパガンダと帝国意識」『静岡大学教養部研究報告』（人文・社会科学編）第二九巻第一号、一九九三年、一二〇～一二四頁。

（68） 以下、Charles de Gaulle, *Mémoires de guerre*, t.1, pp.124-127, 333-336.『ド・ゴール大戦回顧録Ⅰ』一一九～一二一、三二八～三三〇頁。Crémieux-Brilhac, *La France libre*, t.1, pp.227-228.

（69） 以上、Vice-Amiral Muselier, *De Gaulle contre le gaullisme*, Paris, 1946, pp.148-150; Sébastien Albertelli, *Les services secrets du général de Gaulle: Le BCRA 1940-1944*, Paris, 2009, pp.28-30.

（70） André Gillois, *Histoire secrète des français à Londres de 1940 à 1944*, Paris, 1973, p.224.

（71） 杉本淑彦、前掲論文、一六三～一六六頁。

（72） Hervé Coutau-Bégarie et Claude Huan, *Darlan*, Paris, 1989, p.395; Pierre Chandelier, *De Gaulle 1939-1946: Entre légende et réalité*, Paris, 1999, p.111.

（73） 以上、Charles de Gaulle, *Mémoires de guerre*, t.1, pp.158-159, 398-399.『ド・ゴール大戦回顧録Ⅰ』一四九～一五〇、二八九頁。Jean-Luc Barré, *Devenir de Gaulle 1939-1943*, Paris, 2009, p.205; Crémieux-Brilhac, *La France libre*, t.1, pp.191-193. ベルヒテスガーデンにおける会見については、Hervé Coutau-Bégarie et Claude Huan, *op. cit.*, pp.401-404.

（74） 以上、Charles de Gaulle, *Mémoires de guerre*, t.1, pp.160-161, 413, 423-426.『ド・ゴール大戦回顧録Ⅰ』一五〇～一五二、三〇三～三〇四、三一三～三一六頁。Général Catroux, *op. cit.*, pp.137-138; Charles de Gaulle, *Lettres, notes et carnets*, t.1, pp.1216-1217, 1226; Charles de Gaulle, *Discours et Messages*, t.1 1940-1946, Paris, 1946, pp.89-90.

（75） 以上、Charles de Gaulle, *Mémoires de guerre*, t.1, pp.161-165, 427-433.『ド・ゴール大戦回顧録Ⅰ』一五二～一五四、三一六～三二三頁。Charles de Gaulle, *Lettres, notes et carnets*, t.1, pp.1238-1239.

（76） 双方の犠牲者数は、ヴィシー軍の死者一〇六六人と負傷者二〇〇〇人、連合軍の死傷者三七〇〇人（オーストラリア人一一五〇人、イギリス人とインド人一九〇〇人、ドゴール派六五〇人）だったという。Michel Bédrossian, *Histoire de la France libre au Levant: Les fronts renversé*, Paris, 2009, p.250.

（77） Antoine Prost et Jay Winter, *René Cassin et les droits de l'homme*, Paris, 2011, p.179.

（78） Michèle et Jean-Paul Cointet, *La France à Londres, Renaissance d'un Etat 1940-1943*, Bruxelles, 1990, p.135.

(79) Daniel Rondeau et Roger Stéphane, *Des hommes libres: Histoire de La France libre par ceux qui l'ont faite*, Paris, 1997, p.205.
(80) Charles de Gaulle, *Mémoires de guerre*, t.1, p.468.『ド・ゴール大戦回顧録Ⅰ』三五六頁。
(81) Charles de Gaulle, *Lettres, notes et carnets*, t.1, p.1241.
(82) 以上、Charles de Gaulle, *Mémoires de guerre*, t.1, pp.165-170, 440-459.『ド・ゴール大戦回顧録Ⅰ』一五五～一五九、三三〇～三四八頁。スピアーズも後年、休戦協定文は「まったく馬鹿げていた」と記している（François Kersaudy, *Churchill and De Gaulle*, p.139）。
(83) Charles de Gaulle, *Mémoires de guerre*, t.1, pp.172-173.『ド・ゴール大戦回顧録Ⅰ』一六〇～一六一頁。Dorothy S. White, *op. cit.*, p.298; Winston Churchill, *op. cit.*, p.446. チャーチル『第二次世界大戦』第二巻、二三二頁。
(84) René Cassin, *op. cit.*, p.361.
(85) Charles de Gaulle, *Mémoires de guerre*, t.1, pp.454-455, 467.『ド・ゴール大戦回顧録Ⅰ』三四三～三四四、三五五頁。Vice-Amiral Muselier, *op. cit.*, pp.223-224.
(86) Crémieux-Brilhac, *La France libre*, t.1, p.212.
(87) 一九四一年六月五日、ドゴールはカイロのアメリカ公使にフランス領アフリカの基地使用にかんする覚書を手交したが、アメリカからの回答はなかった（Charles de Gaulle, *Lettres, notes et carnets*, t.1, pp.1223-1226）。
(88) Crémieux-Brilhac, *La France libre*, t.1, pp.215-217, 293-294; François Kersaudy, *Churchill and De Gaulle*, pp.146, 151; Jean-Luc Barré, *op. cit.*, pp.221-224.
(89) Charles de Gaulle, *Lettres, notes et carnets*, t.1, pp.1285-1286, 1290-1293; Michèle et Jean-Paul Cointet, *op. cit.*, pp.137-138; François Kersaudy, *Churchill and De Gaulle*, pp.155-159.
(90) Charles de Gaulle, *Lettres, notes et carnets*, t.2 1942-mai 1958, Paris, 2010, pp.128-129; Charles de Gaulle, *Mémoires de guerre*, t.2, p.346.『ド・ゴール大戦回顧録Ⅲ』一五六頁。Général Catroux, *op. cit.*, pp.192-194. チャーチルは、フランス語にも堪能なスピアーズを「彼は頭のよい将校であると同時に国会議員で、第一次大戦のときから私の友人だった」と記している（Winston Churchill, *op. cit.*, p.269. チャーチル『第二次世界大戦』第二巻、五一～五二頁）。
(91) Charles de Gaulle, *Mémoires de guerre*, t.2, pp.353-354, 361-362.『ド・ゴール大戦回顧録Ⅲ』一六四～一六五、一七二～一七三頁。

(92) Charles de Gaulle, *Mémoires de guerre*, t.1, p.204.『ド・ゴール大戦回顧録Ⅱ』二一一頁。

(93) Charles de Gaulle, *Mémoires de guerre*, t.1, p.205.『ド・ゴール大戦回顧録Ⅱ』二一三頁。Crémieux-Brilhac, *La France libre*, t.1, p.396. 一九四一年一二月一六日付の英国首相への働きかけの史料については、Jean-Luc Barré, *op. cit.*, pp.310-311.

(94) Charles de Gaulle, *Mémoires de guerre*, t.1, pp.594-597.『ド・ゴール大戦回顧録Ⅱ』一九四～一九七頁。

(95) Charles de Gaulle, *Mémoires de guerre*, t.1, pp.604-608.『ド・ゴール大戦回顧録Ⅱ』二〇四～二〇八頁。François Kersaudy, *Churchill and De Gaulle*, pp.187-190.

(96) Charles de Gaulle, *Mémoires de guerre*, t.1, p.258.『ド・ゴール大戦回顧録Ⅱ』六八頁。パリの地下鉄六号線のグルネル駅が、一九四九年六月一八日にビルハケム・グルネル駅に改名されたのも、ビルハケムの戦いを顕彰するためであろう。

(97) Charles de Gaulle, *Lettres, notes et carnets*, t.2, pp.78-79.

(98) Charles de Gaulle, *Mémoires de guerre*, t.1, pp.608-609.『ド・ゴール大戦回顧録Ⅱ』二〇八～二一〇頁。

(99) Charles de Gaulle, *Mémoires de guerre*, t.1, pp.207, 602-603.『ド・ゴール大戦回顧録Ⅱ』二四、二〇二～二〇三頁。

(100) Crémieux-Brilhac, *La France libre*, t.1, pp.402-403.

(101) Charles de Gaulle, *Mémoires de guerre*, t.2, pp.32-33.『ド・ゴール大戦回顧録Ⅲ』三二～三四頁。François Kersaudy, *Churchill and De Gaulle*, pp.202-209.

(102) Charles de Gaulle, *Mémoires de guerre*, t.2, pp.392-393, 395.『ド・ゴール大戦回顧録Ⅲ』二〇二、二〇五頁。

(103) Crémieux-Brilhac, *La France libre*, t.1, p.561.

(104) Jean-François Muracciole, *op. cit.*, pp.102-103.

(105) Charles de Gaulle, *Mémoires de guerre*, t.1, pp.498-499.『ド・ゴール大戦回顧録Ⅱ』一〇〇～一〇一頁。Crémieux-Brilhac, *La France libre*, t.1, pp.360-364. サン＝ピエール島の住民投票の結果は、有権者九九〇人中、自由フランス支持が六五一票、自由フランスに反対が一一票、棄権一八八票、白票・無効票が一四〇票であり、ミクロン島では、有権者一七二人中、自由フランス支持六九票、反対四票、棄権二七票、白票・無効票が七二票であったという（Gilles Ragache, *op. cit.*, p.118; François Broche, *L'Épopée de La France libre* 1940-1946, Paris, 2000, p.185）。サヴァリについては、“Maryvonne Prévot, “Alain Savary dans La France libre,” in Pierre Guidoni et Robert Verdier dir., *Les socialistes en Résistance 1940-1944*, Paris, 1999, pp.101-112.

(106) Charles de Gaulle, *Mémoires de guerre*, t.1, p.184.『ド・ゴール大戦回顧録Ⅱ』四頁。

(107) Charles de Gaulle, *Mémoires de guerre*, t.1, p.294. 『ド・ゴール大戦回顧録Ⅰ』一九三頁。
(108) Dorothy S. White, *op. cit.*, p.13.
(109) Colonel Passy, *Mémoires de chef des services secrets de La France libre*, Paris, 2000, p.196; Pierre Billotte, *Le temps des armes*, Paris, 1972, p.187.
(110) Charles de Gaulle, *Mémoires de guerre*, t.1, p.267. 『ド・ゴール大戦回顧録Ⅰ』一七〇頁。
(111) 以上、Charles de Gaulle, *Mémoires de guerre*, t.1, pp.490-495. 『ド・ゴール大戦回顧録Ⅱ』九二〜九七頁。
(112) Charles de Gaulle, *Mémoires de guerre*, t.1, pp.495-496. 『ド・ゴール大戦回顧録Ⅱ』九七〜九九頁。
(113) Charles de Gaulle, *Mémoires de guerre*, t.1, p.185. 『ド・ゴール大戦回顧録Ⅱ』五〜六頁。
(114) François Kersaudy, *De Gaulle et Roosevelt*, pp.104-105.
(115) Charles de Gaulle, *Mémoires de guerre*, t.1, pp.499-500. 『ド・ゴール大戦回顧録Ⅱ』一〇一〜一〇三頁。
(116) コーデル・ハル、宮地健次郎訳『回想録』朝日新聞社、一九四九年、一八一頁。
(117) 以上、Crémieux-Brilhac, *La France libre*, t.1, pp.365-366; William D. Leahy, *op. cit.*, pp.471-472. コーデル・ハル、前掲書、一八三頁。Dorothy S. White, *op. cit.*, p.348.
(118) アメリカ紙の自由フランスへの好意的論評については、Raoul Aglion, *op. cit.*, pp.65-66.
(119) 以上、Charles de Gaulle, *Mémoires de guerre*, t.1, pp.500-505, 508-513, 519-520. 『ド・ゴール大戦回顧録Ⅱ』一〇三〜一〇七、一一〇〜一一四、一二〇〜一二二頁。Crémieux-Brilhac, *La France libre*, t.1, pp.367-370; François Kersaudy, *Churchill and De Gaulle*, pp.170-179.
(120) 宮下雄一郎『フランス再興と国際秩序の構想』勁草書房、二〇一六年、二二四〜二二六頁。
(121) Charles de Gaulle, *Mémoires de guerre*, t.1, pp.510-511. 『ド・ゴール大戦回顧録Ⅱ』一一二頁。
(122) Crémieux-Brilhac, *La France libre*, t.1, p.373; Dorothy S. White, *op. cit.*, p.380.
(123) Charles de Gaulle, *Lettres, notes et carnets*, t.1, p.1060.
(124) Vice-Amiral Muselier, *op. cit.*, pp.322-327.
(125) 以上、Charles de Gaulle, *Mémoires de guerre*, t.1, pp.221-223, 656-660. 『ド・ゴール大戦回顧録Ⅱ』三八〜四〇、二五三〜二五七頁。Crémieux-Brilhac. *La France libre*, t.1, pp.373-378; Charles de Gaulle, *Lettres, notes et carnets*, t.2, pp.62, 65, 67-68, 74.

(126) Charles de Gaulle, *Mémoires de guerre*, t.1, pp.471-472.『ド・ゴール大戦回顧録Ⅱ』七四〜七五頁。Charles de Gaulle, *Lettres, notes et carnets*, t.1, pp.1209-1210; Michèle et Jean-Paul Cointet, *op. cit.*, pp.196-197, 199.

(127) Charles de Gaulle, *Mémoires de guerre*, t.1, pp.480-481.『ド・ゴール大戦回顧録Ⅱ』八三〜八四頁。

(128) Jean-Baptiste Duroselle, *L'abîme 1939-1945,* Paris, 1982, p.321.

(129) 以上、Raoul Aglion, *op. cit.*, pp.37-41.

(130) Charles de Gaulle, *Mémoires de guerre*, t.1, pp.484-485.『ド・ゴール大戦回顧録Ⅱ』八七〜八八頁。

(131) Charles de Gaulle, *Mémoires de guerre*, t.1, pp.488-489.『ド・ゴール大戦回顧録Ⅱ』九〇〜九一頁。

(132) Crémieux-Brilhac, *La France libre*, t.1, p.349.

(133) Charles de Gaulle, *Lettres, notes et carnets*, t.1, pp.1356-1358.

(134) Raoul Aglion, "The Free French and the United States from 1940 to 1944," in Robert O. Paxton and Nicholas Wahl ed., *De Gaulle and the United States: A Centennial Reappraisal,* Oxford, 1994, pp.37-38.

(135) Raoul Aglion, *Roosevelt and de Gaulle*, p.78. アグリオンは、ティクシエがドゴールへの態度を改めるのは、ドゴールが全国抵抗評議会や共産党の支持を得た一九四三年末頃であったという（*Ibid.*, p.77）。

(136) Crémieux-Brilhac, *La France libre*, t.1, p.349.

(137) Raoul Aglion, *Roosevelt and de Gaulle*, pp.45-46; François Kersaudy, *De Gaulle et Roosevelt*, pp.127-129.

(138) G. E. Maguire, *op. cit.*, p.32.

(139) Guillaume Piketty, "Les voies douloureuses de la reconquête," in Sylvain Cornil-Frerrot et Philippe Oulmont dir., *op. cit.*, pp.53-59; Fondation et Institut Charles de Gaulle, *Avec De Gaulle: Témoignages*, t.1 La Guerre et la Libération, Paris, 2003, pp.95-96.

(140) Charles de Gaulle, *Mémoires de guerre*, t.1, pp.533-534.『ド・ゴール大戦回顧録Ⅱ』一三四〜一三五頁。

(141) Charles de Gaulle, *Mémoires de guerre*, t.1, pp.505-506.『ド・ゴール大戦回顧録Ⅱ』一〇七頁。

(142) Charles de Gaulle, *Lettres, notes et carnets*, t.1, pp.1358-1359.

(143) Charles de Gaulle, *Mémoires de guerre*, t.1, pp.527-528.『ド・ゴール大戦回顧録Ⅱ』一二八頁。

(144) Charles de Gaulle, *Mémoires de guerre*, t.1, pp.190-192, 534-539.『ド・ゴール大戦回顧録Ⅱ』一〇〜一一、一三五〜一三九頁。Kim Munholland, *Rock of Contention*, chap.4.

(145) Kim Munholland, "The Trials of the Free French in New Caledonia 1940-1942," *op. cit.*, pp.562-574; Crémieux-Brilhac, *La France libre*, t.1, p.395.

(146) Charles de Gaulle, *Lettres, notes et carnets*, t.2, pp.77-78.

(147) Charles de Gaulle, *Mémoires de guerre*, t.1, p.606.『ド・ゴール大戦回顧録Ⅱ』二〇六頁。

(148) Raoul Aglion, *Roosevelt and de Gaulle*, pp.113-117.

(149) 以上、Laurent Jeanpierre, "L'action de La France libre aux État-Unis: Une stratégie en réseaux," in Sylvain Cornil-Frerrot et Philippe Oulmont dir., *op. cit.*, pp.186, 192-196; Bernard Crochet, *Franck Bauer et l'épopée de Radio Londres*, Rennes, 2013, p.30.

(150) Charles de Gaulle, *Mémoires de guerre*, t.2, pp.337-338.『ド・ゴール大戦回顧録Ⅲ』一四八〜一四九頁。

(151) Charles de Gaulle, *Mémoires de guerre*, t.2, p.383.『ド・ゴール大戦回顧録Ⅲ』一九四頁。

(152) François Kersaudy, *De Gaulle et Roosevelt*, p.154.

(153) Charles de Gaulle, *Mémoires de guerre*, t.3 le salut 1944-1946, Paris, 1962, C1959, p.88. ド・ゴール、村上光彦・山崎庸一郎訳『ド・ゴール大戦回顧録Ⅴ』みすず書房、一九九九年、八五頁。

(154) Charles de Gaulle, *Mémoires de guerre*, t.2, p.3.『ド・ゴール大戦回顧録Ⅲ』七頁。

(155) ジャン・モネ、近藤健彦訳『回想録』日本関税協会、二〇〇八年、二〇四頁。

(156) ヴィシー軍の死者一三四六人（アルジェリアで三四七人、モロッコで九九九人）、負傷者一九九七人、米軍の死者四七九人、負傷者七二〇人であったという（Christine Levisse-Touzé, *L'Afrique du Nord dans la guerre 1939-1945*, Paris, 1998, p.259）。ミシェル・コワンテは、米軍の死者一五三四人、負傷者九三七人、行方不明者六三人という数字をあげている（Michèle Cointet, *De Gaulle et Giraud: l'affrontement 1942-1944*, Paris, 2005, p.112）。

(157) Charles de Gaulle, *Mémoires de guerre*, t.2, pp.360-361, 391-392.『ド・ゴール大戦回顧録Ⅲ』一七一〜一七二、二〇一〜二〇二頁。Jacques Soustelle, *Envers et contre tout*, t.1, p.450; Crémieux-Brilhac, *La France libre*, t.1, pp.515-516, 543.

(158) Charles de Gaulle, *Mémoires de guerre*, t.2, p.393.『ド・ゴール大戦回顧録Ⅲ』二〇三頁。

(159) アメリカは、北アフリカ軍総司令官になっていたウェーガン将軍に期待を寄せ、一九四一年二月にマーフィー＝ウェーガン協定を結んで、北アフリカを反枢軸陣営に加わらせようとしたが、ウェーガンの失脚によってアメリカの努力は水泡に帰した（マーフィ、前掲書、九一〜九三、一〇一頁。宮下雄一郎、前掲書、九三〜九九頁）。

(160) Général Giraud, *Un seul but, la victoire, Alger 1942-1944,* Paris, 1949, p.16; Anne Laurens, *Les rivaux de Charles de Gaulle: la bataille de la légitimité en France de 1940 à 1944,* Paris, 1977, p.244; Crémieux-Brilhac, *La France libre*, t.1, pp.519-520.

(161) Jacques Soustelle, *Envers et contre tout*, t.1, pp.441-442.

(162) Arthur L. Funk, "Negotiating the 'Deal with Darlan'," *Journal of Contemporary History,* vol.8, No.2, 1973, pp.81-82, 85-86, 95-96, 103. 宮下雄一郎、前掲書、一八〇～一八一頁。

(163) William D. Leahy, *op. cit.*, p.21.

(164) マーフィ、前掲書、一四〇～一四一、一四四頁。Christine Levisse-Touzé, *op. cit.*, p.237.

(165) ダルランとマーフィーとの交渉については、マーフィ、前掲書、一五六～一六三頁。Hervé Coutau-Bégarie et Claude Huan, *op. cit.*, pp.575-598; Bernard Costagliola, *Darlan: la collaboration à tout prix*, Paris, 2015, p.244.

(166) Hervé Coutau-Bégarie et Claude Huan, *op. cit.*, p.602.

(167) 翌日の会合では、ノゲスはジュアン将軍に促されてジローと握手するにいたる。Daniel Rondeau et Roger Stéphane, *op. cit.*, pp.327, 329-330; Michèle Cointet, *op. cit.*, p.135; Hervé Coutau-Bégarie et Claude Huan, *op. cit.*, pp.614-615.

(168) Christine Levisse-Touzé, *op. cit.*, p.257.

(169) G. E. Maguire, *op. cit.*, pp.64-65; François Kersaudy, *De Gaulle et Roosevelt*, pp.159-162; Hervé Coutau-Bégarie et Claude Huan, *op. cit.*, pp.616-623; Christine Levisse-Touzé, *op. cit.*, p.258.

(170) Anthony Eden, *op. cit.*, p.353. 宮下雄一郎、前掲書、一八九、一九七頁。

(171) Charles de Gaulle, *Mémoires de guerre*, t.2, pp.395-399.『ド・ゴール大戦回顧録Ⅲ』二〇五～二〇九頁。

(172) Charles de Gaulle, *Mémoires de guerre*, t.2, pp.403-406.『ド・ゴール大戦回顧録Ⅲ』二一三～二一六頁。Charles de Gaulle, *Lettres, notes et carnets*, t.2, pp.212-213, 216-217.

(173) Jean-Luc Barré, *op. cit.*, p.345; Pierre Giolitto, *Henri Frenay, Premier résistant de France et rival du Général de Gaulle,* Paris, 2004, pp.216, 220-221.

(174) Charles de Gaulle, *Mémoires de guerre*, t.2, pp.381-385.『ド・ゴール大戦回顧録Ⅲ』一九二～一九六頁。

(175) 以上、Charles de Gaulle, *Mémoires de guerre*, t.2, pp.399-403, 408-412.『ド・ゴール大戦回顧録Ⅲ』二〇九～二一三、二一八～二二三頁。Crémieux-Brilhac, *La France libre*, t.1, pp.563-566. アンリ・ミシェル、中島昭和訳『自由フランスの歴史』白水社、

一九七四年、二二四頁。

(176) 当初予定された一一月六日の大統領との会談に列車の二時間遅延などもあってフィリップが遅刻してキャンセルとなり、再度会談が設定されたことや、一一月二〇日のフィリップとローズヴェルトとの激しいやりとりについては、François Kersaudy, *De Gaulle et Roosevelt*, pp.169-173; Michèle Cointet, *op. cit.*, pp.151-152.

(177) Dominique Veillon, *Le Franc-Tireur: un journal clandestin, un mouvement de Résistance 1940-1944*, Paris, 1977, p.307.

(178) Charles de Gaulle, *Mémoires de guerre*, t.2, pp.406-407.『ド・ゴール大戦回顧録Ⅲ』二一六～二一七頁。Crémieux-Brilhac, *La France libre*, t.1, pp.553-555; Michèle et Jean-Paul Cointet, *op. cit.*, pp.212-213.

(179) Charles de Gaulle, *Lettres, notes et carnets*, t.2, pp.213-214; Charles de Gaulle, *Mémoires de guerre*, t.2, pp.406-408.『ド・ゴール大戦回顧録Ⅲ』二一六、二一八頁。

(180) Daniel Cordier, *Jean Moulin, L'inconnu du Panthéon*, t.1, Éditions J.-C. Lattès, 1989, pp.95-96.

(181) Georges Bidault, *D'une Résistance à l'autre*, Paris, 1965, p.40.

(182) Charles de Gaulle, *Lettres, notes et carnets*, t.2, pp.218-219.

(183) Arthur L. Funk, "De Gaulle, Eisenhower et la Résistandce en 1944," *espoir*, no.79, mars 1992, p.24.

(184) François Kersaudy, *De Gaulle et Roosevelt*, p.187.

(185) François Kersaudy, *Churchill and De Gaulle*, p.229.

(186) 暗殺の背景について諸説（王党派説、ドゴール派説、イギリス説、アメリカ説）が入り乱れ、真相はいまだに不明である。Hervé Coutau-Bégarie et Claude Huan, *op. cit.*, pp.690-728; Bernard Costagliola, *op. cit.*, pp.266-268. ミシェル・コワンテは、ダルラン暗殺が、アルジェにある外国の特務機関の一時的な支援を得て、アルジェの警察長官で五人組の一人アンリ・ダスティエ・ド・ラ・ヴィジュリによって企てられたと記していてる（Michèle Cointet, *op. cit.*, p.206）。

(187) Crémieux-Brilhac, *La France libre*, t.1, p.582; Jean-Luc Barré, *op. cit.*, p.382.

(188) Gaston Palewski, *Mémoires d'action 1924-1974*, Paris, 1988, p.196. 当然ながら官房長のパレウスキは、暗殺にドゴールがかかわったという説を完全に否認している（*Ibid.*, pp.196-201）。

(189) Charles de Gaulle, *Mémoires de guerre*, t.2, pp.429-430.『ド・ゴール大戦回顧録Ⅲ』二四〇頁。Michèle et Jean-Paul Cointet, *op. cit.*, pp.219-220.

(190) Charles de Gaulle, *Lettres, notes et carnets*, t.2, p.245.

(191) Général Catroux, *op. cit.*, p.321; Jacques Soustelle, *Envers et contre tout*, t.1, pp.433-434; Jean-Paul Cointet, *Pierre Laval*, Paris, 1993, pp.377-378; François Kersaudy, *De Gaulle et Roosevelt*, pp.192-193, 202-203, 237.

(192) Charles de Gaulle, *Discours et Messages*, t.1, pp.250-252.

(193) Jean-Louis Crémieux-Brilhac dir., *Les voix de la liberté, Ici Londres 1940-1944*, t.3, 8 novembre 1942-9 juillet 1943, Paris, 1975, p.60.

(194) Charles de Gaulle, *Mémoires de guerre*, t.2, pp.431-433.『ド・ゴール大戦回顧録Ⅲ』二四二～二四四頁。François Kersaudy, *De Gaulle et Roosevelt*, p.203.

(195) Jean-François Muracciole, *op. cit.*, p.47.

(196) 以上、Charles de Gaulle, *Mémoires de guerre*, t.2, pp.437-440.『ド・ゴール大戦回顧録Ⅲ』二四八～二五一頁。Winston Churchill, *op. cit.*, p.645. チャーチル『第二次世界大戦』第三巻、一八四頁。

(197) Louis Joxe, *Victoires sur la nuit 1940-1946*, Paris, 1981, p.87; Jean-Luc Barré, *op. cit.*, pp.398-400; Charles de Gaulle, *Mémoires de guerre*, t.2, p.440.『ド・ゴール大戦回顧録Ⅲ』二五一頁。

(198) マーフィ、前掲書、二〇一頁。

(199) Charles de Gaulle, *Lettres, notes et carnets*, t.2, p.267.

(200) Crémieux-Brilhac, *La France libre*, t.1, p.587; Michèle Cointet, *op. cit.*, p.279.

(201) Charles de Gaulle, *Mémoires de guerre*, t.2, p.455.『ド・ゴール大戦回顧録Ⅲ』二六七頁。

(202) Charles L. Robertson, *op. cit.*, p.75. 北アフリカ駐在イギリス公使ハロルド・マクミランによると、ロバート・マーフィーが主導したこの覚書にはジローを唯一の受託者とするなどの誤解を生む表現があったので、修正が施され、覚書の最終案は一九四三年三月二七日に作成された。英米によって正式の覚書がジローに手交されたのは同年五月二八日のことであったという。Harold Macmillan, *The Blast of War 1939-1945*, London, 1967, pp.257-258; Arthur Layton Funk, "The 'Anfa Memorandum': An Incident of the Casablanca Conference," *Journal of Modern History*, vol.26, no.3 1954, pp.253-254.

(203) Christine Levisse-Touzé, *op. cit.*, p.301.

(204) Harold Macmillan, *op. cit.*, pp.250, 256, 291.

(205) Charles de Gaulle, *Lettres, notes et carnets*, t.2, pp.210, 216.

(206) Charles de Gaulle, *Mémoires de guerre*, t.2, pp.440-441.『ド・ゴール大戦回顧録Ⅲ』二五一～二五二頁。

(207) Christine Levisse-Touzé, *op. cit.*, p.290.

(208) *Foreign Relations of the United States*, 1943, vol.II Europe, Washington D. C., 1964, pp.111-112; François Kersaudy, *Churchill and De Gaulle*, pp.262, 267 272-277; André Kaspi. *La mission de Jean Monnet à Alger, mars-octobre 1943*, Paris, 1971, p.170.

(209) Philippe Oulmont, "Les Free French et Albion," in Sylvain Cornil-Frerrot et Philippe Oulmont dir., *op. cit.*, p.25.

(210) François Kersaudy, *De Gaulle et Roosevelt*, p.254.

(211) Charles de Gaulle, *Lettres, notes et carnets*, t.2, pp.297-298.

(212) Jean-Luc Barré, *op. cit.*, pp.440-442.

(213) Charles de Gaulle, *Lettres, notes et carnets*, t.2, p.326.

(214) *Foreign Relations of the United States*, 1943, vol.II, pp.90-92.

(215) Harold Macmillan, *op. cit.*, pp.250-251; Charles de Gaulle, *Mémoires de guerre*, t.2, pp.83-84, 95-96, 450-452.『ド・ゴール大戦回顧録Ⅲ』七九、九〇～九一、二六一～二六三頁。アンリ・ミシェル、前掲書、一三五頁。

(216) 北アフリカ上陸時のフランス人政治犯は約七〇〇〇人を数え、外国人政治犯を加えるとほぼ倍になったという（Christine Levisse-Touzé, *op. cit.*, pp.296-297）。

(217) Raoul Aglion, *Roosevelt and de Gaulle*, pp.156-164; François Kersaudy, *De Gaulle et Roosevelt*, pp.193-199; Charles de Gaulle, *Mémoires de guerre*, t.2, pp.458, 469-470.『ド・ゴール大戦回顧録Ⅲ』二七〇、二八二～二八三頁。J＝F・ミュラシオル、福本直之訳『フランス・レジスタンス史』白水社、二〇〇八年、五六頁。

(218) Charles de Gaulle, *Mémoires de guerre*, t.2, pp.98, 463, 469-470, 473.『ド・ゴール大戦回顧録Ⅲ』九三、二七五、二八二～二八三、二八六頁。Henri Queuille, *Journal de guerre 1943-1944*, Paris, 1995, p.169. アンリ・ミシェル、前掲書、一三五、一三七頁。

(219) André Kaspi. *op. cit.*, pp.69-70. ロバート・シャーウッド、村上光彦訳『ルーズヴェルトとホプキンズ』未知谷、二〇一五年、八九〇～八九一頁。ハルの回答は、モネがプレヴァン（ドゴール派）と親しいので、元外交官のアレクシス・レジェないしロジェ・カンボンのほうが良いというものであった。

(220) マーフィ、前掲書、二一七頁。Michèle Cointet, *op. cit.*, p.257; G. E. Maguire, *op. cit.*, pp.83-86.

(221) Général Giraud, *op. cit.*, p.122. ジャン・モネ、前掲書、一七三～一七七頁。Crémieux-Brilhac. *La France libre*, t.1, p.593.

(222) *Foreign Relations of the United States,* 1943, vol.II, pp.73-74.
(223) Louis Joxe, *op. cit.*, p.106.
(224) André Kaspi, *op. cit.*, p.97; Michèle Cointet, *op. cit.*, p.291.
(225) Girard de Charbonnières, *Le duel Giraud-De Gaulle,* Paris, 1984, p.44; Charles de Gaulle, *Lettres, notes et carnets*, t.2, p.293.
(226) Général Giraud, *op. cit.*, p.121.
(227) モネは、埃にまみれたマリアンヌ像を苦労の末に探し出し、戦後、それを自分の執務室に飾っていた。ジロー演説の内容については、André Kaspi, *op. cit.*, pp.97-108, 126.
(228) Général Catroux, *op. cit.*, p.347; Charles de Gaulle, *Mémoires de guerre*, t.2, p.454.『ド・ゴール大戦回顧録Ⅲ』二六五〜二六六頁。
(229) Girard de Charbonnières, *op. cit.*, pp.50-51.
(230) Charles de Gaulle, *Mémoires de guerre*, t.2, pp.97, 458-460.『ド・ゴール大戦回顧録Ⅲ』九一、二七〇〜二七二頁。
(231) Général Catroux, *op. cit.*, pp.342, 350-351.
(232) 以上、Jacques Soustelle, *Envers et contre tout,* t.2 D'Alger à Paris 1942-1944, Paris, 1950, p.116; Jean-François Muracciole, *op. cit.*, pp.52, 99; Jean-Luc Barré, *op. cit.*, p.392.
(233) Charles de Gaulle, *Mémoires de guerre*, t.2, pp.446-448.『ド・ゴール大戦回顧録Ⅲ』二五七〜二五九頁。Jacques Soustelle, *Envers et contre tout,* t.2, pp.193-197.
(234) ミシェル・コワンテは、この覚書がカトルー将軍が関知しないあいだにジラール・ド・シャルボニエールによって渡されたと述べ、国民委員会内の穏健派と強硬派との対立を示唆している。なお、ジローとの交渉使節団の陣容は一九人で、団長がカトルー将軍、その補佐がダルジャンリュー提督、官房長が外交官のジラール・ド・シャルボニエール、軍事部門にかんして陸軍がペシュコフ大佐、空軍がモルレックス司令官、海軍がケルヴィル司令官ら、民事部門にかんして事務総長がレオン・マルシャル、その補佐がオフロワ、経済担当がル・プレヴォ、新聞・宣伝担当がブレアルとデジャルダン、民事部門付き武官がポンペイ大尉、海運担当がド・マルグレーヴなどであった（Michèle Cointet, *op. cit.*, pp.333-334）。
(235) Général Giraud, *op. cit.*, pp.134-137.
(236) Charles de Gaulle, *Mémoires de guerre*, t.2, pp.97-98.『ド・ゴール大戦回顧録Ⅲ』九二頁。

(237) Christine Levisse-Touzé, *op. cit.*, p.285.

(238) 以上、Général Catroux, *op. cit.*, pp.354-355; Charles de Gaulle, *Mémoires de guerre*, t.2, pp.463-467.『ド・ゴール大戦回顧録Ⅲ』二七六～二七九頁。André Kaspi, *op. cit.*, p.163; Jean-François Muracciole, *op. cit.*, pp.52-53. なお、四月二〇日と二八日、ジローの名代としてロンドンに来ていたルネ・ブスカ将軍が、ドゴールからジロー批判を聞かされていたことについては、宮下雄一郎、前掲書、二一四～二一五、二一七頁。

(239) Harold Macmillan, *op. cit.*, p.311. カトルーは、マクミランを「フランスの真の友」と評している（Général Catroux, *op. cit.*, p.361）。

(240) Général Giraud, *op. cit.*, p.126.

(241) Charles de Gaulle, *Mémoires de guerre*, t.2, pp.468-469.『ド・ゴール大戦回顧録Ⅲ』二八一～二八二頁。

(242) Charles de Gaulle, *Mémoires de guerre*, t.2, p.441.『ド・ゴール大戦回顧録Ⅲ』二五二頁。

(243) Charles de Gaulle, *Lettres, notes et carnets*, t.2, p.283.

第3章

(1) Charles de Gaulle, *Lettres, notes et carnets*, t.1 1905-1941, Paris, 2010, pp.943-944.

(2) Jean-Louis Crémieux-Brilhac, *La Frace libre: de l'appel du 18 juin à la Libération*, t.1, Paris, 2013, pp.70-71.

(3) Charles de Gaulle, *Lettres, notes et carnets*, t.1, p.945; Jean-Luc Barré, *Devenir de Gaulle 1939-1943*, Paris, 2009, pp.80-81, 88-89.

(4) René Cassin, *Les hommes partis de rien: le réveil de la France abattue 1940-41*, Paris, 1975, pp.81-82.

(5) Charles de Gaulle, *Mémoires de guerre*, t.1 l'appel 1940-1942, Paris, 1959, C1954, pp.270-271. ド・ゴール、村上光彦・山崎庸一郎訳『ド・ゴール大戦回顧録Ⅰ』みすず書房、一九九九年、一七三～一七四頁。

(6) Charles de Gaulle, *Mémoires de guerre*, t.1, pp.273-274.『ド・ゴール大戦回顧録Ⅰ』一七五～一七六頁。

(7) Dominique Veillon, *Le Franc-Tireur: un journal clandestin, un mouvement de Résistance 1940-1944*, Paris, 1977, p.32.

(8) Charles de Gaulle, *Mémoires de guerre*, t.1, pp.303-305.『ド・ゴール大戦回顧録Ⅰ』二〇一～二〇二頁。

(9) Charles de Gaulle, *Lettres, notes et carnets*, t.1, pp.985-986.

（10） François Kersaudy, *Churchill and De Gaulle*, New York, 1983, pp.106-113, 118-119; Marc Ferro, *Pétain*, Paris, 1987, pp.175-177. 一九四一年六月下旬にもチャーチルやイーデン、アメリカ大使ワイナント、中央情報行動局長パッシーや外務委員ドジャンらは、それぞれ、ペタンの非公式使節ジョルジュ・グルサールとロンドンで会談を持っている。グルサールは、極右カグールにも近く、のちにヴィシー派レジスタントとなる情報将校で、ヴィシーの情報網を自由フランスが利用するといった提案をしてきたが、肝心のドゴールは、シリア問題のためロンドンには不在であった（Georges A. Groussard, *Service secret 1940-1945*, Paris, 1964, pp.141-212; Sébastien Albertelli, *Les services secrets du général de Gaulle: Le BCRA 1940-1944*, Paris, 2009, pp.103, 106-108）。

（11） Charles de Gaulle, *Mémoires de guerre*, t.1, p.368.『ド・ゴール大戦回顧録Ⅰ』二五九頁。

（12） Antoine Prost et Jay Winter, *René Cassin et les droits de l'homme*, Paris, 2011, p.175.

（13） Charles de Gaulle, *Mémoires de guerre*, t.1, pp.307-308.『ド・ゴール大戦回顧録Ⅰ』二〇四～二〇五頁。

（14） Charles de Gaulle, *Mémoires de guerre*, t.1, pp.309-310.『ド・ゴール大戦回顧録Ⅰ』二〇六～二〇七頁。

（15） Charles de Gaulle, *Mémoires de guerre*, t.1, pp.313-317.『ド・ゴール大戦回顧録Ⅰ』二一〇～二一三頁。

（16） 以上、Charles de Gaulle, *Mémoires de guerre*, t.1, p.330.『ド・ゴール大戦回顧録Ⅰ』二二四～二二五頁。Crémieux-Brilhac, *La Frace libre*, t.1, p.180.

（17） *Journal officiel de la France Libre*, no.1, 20 janvier 1941, Paris, 2003, p.10.

（18） Charles de Gaulle, *Lettres, notes et carnets*, t.1, pp.1100-1101.

（19） Charles de Gaulle, *Lettres, notes et carnets*, t.1, pp.1142-1144.

（20） Crémieux-Brilhac, *La Frace libre*, t.1, pp.234-235; Charles de Gaulle, *Lettres, notes et carnets*, t.1, p.1223.

（21） Jean-Marc Binot et Bernard Boyer, *L'Argent de la Résistance*, Paris, 2010, p.38.

（22） *Journal officiel de la France libre*, no.14, 30 décembre 1941, pp.60-61; Crémieux-Brilhac, *La Frace libre*, t.1, pp.234-241; René Cassin, *op. cit.*, p.268. 予定された四つの委員会からなる戦後問題検討委員会の実態については、宮下雄一郎『フランス再興と国際秩序の構想』勁草書房、二〇一六年、一一九～一二二、一四八～一四九頁。

（23） Pierre Denis, *Souvenirs de la France libre*, Paris, 1947, pp.210, 214, 217, 223-226.

（24） Michèle et Jean-Paul Cointet, *La France à Londres, Renaissance d'un Etat 1940-1943*, Bruxelles, 1990, pp.132-133.

（25） *Journal officiel de la France libre*, no.3, 25 février 1941, pp.17-18; René Cassin, *op. cit.*, pp.245-248.

（26）Jacques Soustelle, *Envers et contre tout*, t.1 De Londres à Alger 1940-1942, Paris, 1947, pp.206-208.

（27）Michèle et Jean-Paul Cointet, *op. cit.*, p.169; René Cassin, *op. cit.*, pp.272-276, 391-393.

（28）Charles de Gaulle, *Lettres, notes et carnets*, t.1, p.1248.

（29）*Je suis partout*, 9 juin 1941, p.1.

（30）Charles de Gaulle, *Discours et Messages*, t.1 1940-1946, Paris, 1971, p.71. ドゴールは、一九四四年一〇月二五日の記者会見でも、「フランス人が持ちたいと思う民主主義という政治システムのなかでは、かつて機能していたような古い議会制の悪弊は廃止されるでしょう」と語っている（*Ibid.*, pp.466-467）。

（31）Daniel Cordier, *Jean Moulin, La République des catacombes*, t.1, Paris, 1999, p.395.

（32）Vice-Amiral Muselier, *De Gaulle contre le gaullisme*, Paris, 1946, p.226.

（33）Charles de Gaulle, *Lettres, notes et carnets*, t.1, pp.1292-1293.

（34）Vice-Amiral Muselier, *op. cit.*, pp.227-232; Claude Bouchinet-Serreulles, *Nous étions faits pour être libres: la Résistance avec De Gaulle et Jean Moulin*, Paris, 2000, pp.166-170; François Kersaudy, *Churchill and De Gaulle*, pp.161-164; Crémieux-Brilhac, *La Frace libre*, t.1, pp.261-263.

（35）Charles de Gaulle, *Lettres, notes et carnets*, t.1, pp.1299-1300.

（36）以上、Vice-Amiral Muselier, *op. cit.*, pp.233-236; Crémieux-Brilhac, *La Frace libre*, t.1, pp.264-265; Charles de Gaulle, *Lettres, notes et carnets*, t.1, pp.1298-1299, 1309.

（37）Charles de Gaulle, *Mémoires de guerre*, t.1, pp.616-620. ド・ゴール、村上光彦・山崎庸一郎訳『ド・ゴール大戦回顧録Ⅱ』みすず書房、一九九九年、二二五～二二八頁。

（38）Jean-François Muracciole, *Histoire de la France libre*, Paris, 1996, p.16.

（39）Christian Bougeard, *René Pleven: un français libre en politique*, Rennes, 1994, pp.113-114.

（40）Jean-François Muracciole, *op. cit.*, p.110.

（41）François Kersaudy, *Churchill and De Gaulle*, p.167; Crémieux-Brilhac, *La Frace libre*, t.1, p.267.

（42）レーモン・アロン、三保元訳『レーモン・アロン回想録１ 政治の誘惑』みすず書房、一九九九年、一九八頁。

（43）Charles de Gaulle, *Discours et Messages*, t.1, pp.137, 145; Crémieux-Brilhac, *La Frace libre*, t.1, pp.270-271.

（44）Charles de Gaulle, *Mémoires de guerre*, t.1, pp.545-546.『ド・ゴール大戦回顧録Ⅱ』一四五～一四六頁。

（45） François Lévêque, "Les relations entre l'Union soviétique et la France libre," in Maurice Vaïsse dir., *De Gaulle et la Russie*, Paris, 2012, pp.25-26.
（46） Charles de Gaulle, *Mémoires de guerre*, t.1, p.194.『ド・ゴール大戦回顧録Ⅱ』一三頁。Jean-François Muracciole, *op. cit.*, pp.97-98.
（47） Charles de Gaulle, *Mémoires de guerre*, t.1, pp.193, 541-544.『ド・ゴール大戦回顧録Ⅱ』一二、一四二～一四五頁。Charles de Gaulle, *Mémoires, Notices, notes et variantes*, Paris, 2000, p.1257.
（48） Vladislav Smirnov, "La France libre et l'Union Soviétique," in Actes du colloque international, *La France libre*, Charles Lavauzelle, 2005, p.170.
（49） Charles de Gaulle, *Mémoires de guerre*, t.1, pp.546-547.『ド・ゴール大戦回顧録Ⅱ』一四六～一四八頁。
（50） 以上、Crémieux-Brilhac, *La Frace libre*, t.1, pp.422-423; Charles de Gaulle, *Mémoires de guerre*, t.1, pp.197-198, 549-553.『ド・ゴール大戦回顧録Ⅱ』一六、一五〇～一五三頁。
（51） Charles de Gaulle, *Mémoires de guerre*, t.2 l'unité 1942-1944, Paris, 1956, p.371. ド・ゴール、村上光彦・山崎庸一郎訳『ド・ゴール大戦回顧録Ⅲ』みすず書房、一九九九年、一八二頁。
（52） Charles de Gaulle, *Mémoires de guerre*, t.1, p.652.『ド・ゴール大戦回顧録Ⅱ』二四九頁。
（53） Charles de Gaulle, *Lettres, notes et carnets*, t.2 1942-mai 1958, Paris, 2010, pp.80-81.
（54） Saint-John Perse, "Lettre au Général de Gaulle," in *Œuvres complètes*, Paris, 1972, pp.614-615.
（55） Jeffrey Mehlman, *Émigré New York: French Intellectuals in Wartime Manhattan 1940-1944*, Baltimore, 2000, p.175.
（56） Crémieux-Brilhac, *La Frace libre*, t.1, pp.408-410; Jean-Luc Barré, *op. cit.*, p.326; Charles de Gaulle, *Mémoires de guerre*, t.2, pp.336-338.『ド・ゴール大戦回顧録Ⅲ』一四七～一四九頁。ロバート・O・パクストン、渡辺和行・剣持久木訳『ヴィシー時代のフランス』柏書房、二〇〇四年、二九〇頁。
（57） Charles de Gaulle, *Mémoires de guerre*, t.2, p.340.『ド・ゴール大戦回顧録Ⅲ』一五〇頁。
（58） 以下、Crémieux-Brilhac, *La Frace libre*, t.1, pp.332-337.
（59） Jacques Soustelle, *Envers et contre tout*, t.1, pp.208, 217- 238.
（60） *Journal officiel de La France libre*, no.9, 28 août 1942, pp.43-44.
（61） ジョルジュ・ベルナノス、渡辺一民編『ベルナノス著作集５ 抑圧と抵抗―レジスタンス論集―』春秋社、一九八二年。

（62）以下、Crémieux-Brilhac, *La Frace libre*, t.1, pp.337-341.

（63）Daniel Rondeau et Roger Stéphane, *Des hommes libres: Histoire de La France libre par ceux qui l'ont faite*, Paris, 1997, pp.139-140.

（64）以下、Crémieux-Brilhac, *La Frace libre*, t.1, pp.341-345.

（65）Christian Bougeard, *op. cit.*, p.109; Crémieux-Brilhac, *La Frace libre*, t.1, p.346.

（66）Charles de Gaulle, *Mémoires de guerre*, t.1, pp.471-472.『ド・ゴール大戦回顧録Ⅱ』七四～七五頁。Charles de Gaulle, *Lettres, notes et carnets*, t.1, pp.1209-1210.

（67）*Les affaires étrangères et le corps diplomatique français*, t.II 1870-1980, Paris, 1984, pp.563, 574-575.

（68）ムーランの九頁にわたる報告については、Laure Moulin, *Jean Moulin*, Paris, 1982, pp.199-208; Daniel Cordier, *Jean Moulin, La République des catacombes*, t.1, pp.141-142, 178. なお、ムーラン報告のイギリス情報機関による英訳は、M. R. D. Foot, *SOE in France: An Account of the Work of the Britisch Special Operations Executive in France 1940-1944*, 2nd ed., London, 1968, pp.489-498. ムーランは、休戦時はウール県知事であり、レジスタンスの英雄で一九四三年六月にゲシュタポによって逮捕され、拷問死し、六四年一二月にパンテオンに移葬された。ジャン・ムーランの有名な写真（図3―7）は、四〇年一二月に南フランスの家族と過ごしたときのものである（ピエール・ムニエ、福本秀子訳『我が友ジャン・ムーラン』東洋書林、一九九六年、五〇頁）。

（69）Robert Chambeiron, "Mémoire de Jean Moulin," in François Berriot éd., *Autour de Jean Moulin*, Paris, 2013, p.42. シャンベロンは、一九四〇年一〇月半ばにムニエと連絡を取り、パリにやって来ていた（Robert Chambeiron, *Résistant*, Paris, 2014, pp.20-21）。

（70）Pierre Giolitto, *Henri Frenay, Premier résistant de France et rival du Général de Gaulle*, Paris, 2004, p.174; Guillain de Bénouville, *Le sacrifice du matin*, Paris, 1983, C1946, p.109; Olivier Wieviorka, *Histoire de la Résistance 1940-1945*, Paris, 2013, pp.89-90.

（71）Laurent Douzou, *La désobéissance, histoire d'un mouvement et d'un journal clandestins: Libération-Sud 1940-1944*, Paris, 1995, p.293. なお、一九四三年に南部解放は機関紙『解放』を一三万部発行しており、一号分の経費として一〇万～一三万フランを要したという（Jean-Marc Binot et Bernard Boyer, *op. cit.*, p.23）。

（72）ムーランに先立つレジスタンス組織の統一に向けた動き、つまりボリス・フルコー（ピエール・フルコーが一九四一年八月末に逮捕されたので弟のボリスが地下組織網を引き継いだ）と社会党グループ（フェリックス・グーアン、ダニエル・マイエル、ガストン・ドフェール）による動きについては、François Bédarida et Jean-Pierre Azéma dir., *Jean Moulin et le Conseil national de la Résistance*, Paris, 1983, pp.93-101.

（73）Colonel Passy, *Mémoires de chef des services secrets de La France libre*, Paris, 2000, p.192.

（74）Guy Perrier, *Le colonel Passy et les services secrets de La France libre*, Paris, 1999, pp.38-39, 40-43; Georges A. Groussard, *op. cit.*, p.151; Sébastien Albertelli, *op. cit.*, pp.44-45, 102-111; Dominique Lormier, *Histoires extraordinaires de la Résistance française 1940-1945*, Paris, 2013, pp.140-141; Crémieux-Brilhac, *La Frace libre*, t.1, p.304. ノートルダム信心会のメンバー一一三五人中、五三七人が逮捕され、そのうちの二五七人が銃殺ないし移送先で死亡したという（Guy Perrier, *op. cit.*, p.95）。

（75）Charles de Gaulle, *Mémoires de guerre*, t.1, pp.625-626.『ド・ゴール大戦回顧録Ⅱ』二二三頁。

（76）Crémieux-Brilhac, *La Frace libre*, t.1, pp.307-308, 748.

（77）Crémieux-Brilhac, *La Frace libre*, t.1, pp.310-311; Marie Granet, *Les jeunes dans la résistance: 20 ans en 1940*, Paris, 1996, pp.87-88.

（78）Crémieux-Brilhac, *La Frace libre*, t.1, pp.305-306, 311; Charles de Gaulle, *Mémoires de guerre*, t.2, p.342.『ド・ゴール大戦回顧録Ⅲ』一五二頁。

（79）Colonel Passy, *op. cit.*, pp.195-196, 253-257; Michel Tirouflet, *André Diethelm 1896-1954*, Éditions Nicolas Chaudun, 2012, pp.154-156, 161-162.

（80）以下、Daniel Cordier, *Jean Moulin, La République des catacombes*, t.1, pp.444-470.

（81）Daniel Cordier, *De l'Histoire à l'histoire*, Paris, 2013, pp.78, 103, 120; Daniel Cordier, *Alias Caracalla*, Paris, 2009, pp.404-414, 1100-1106.

（82）ブルータスについては、Jean-Marc Binot et Bernard Boyer, *Nom de code: Brutus, Histoire d'un réseau de La France libre*, Paris, 2007.

（83）ピノーによれば、北部解放の地下新聞『解放』第一号は、一九四〇年一二月一日にポータブル・タイプライターで作成された七部であったという（Christian Pineau, *La simple vérité 1940-1945*, Paris, 1983, p.89）。

（84）Henri Michel, *Jean Moulin, l'unificateur*, Paris, 1971, pp.187-188.

(85) "Un manifeste du Comité d'Action Socialiste," *Le Populaire*, 15 juin 1942, p.3.
(86) Daniel Cordier, *Jean Moulin, L'inconnu du Panthéon*, t.1, Éditions J.-C. Lattès, 1989, p.130.
(87) Henri Frenay, *La nuit finira*, Paris, 1973, p.290.
(88) Éric Roussel, *Pierre Brossolette*, Paris, 2014, p.132.
(89) Gilberte Brossolette, *Il s'appelait Pierre Brossolette*, Paris, 1976, p.127.
(90) Christian Pineau, *op. cit.*, p.129.
(91) *Ibid.*, pp.154-165.
(92) Gilberte Brossolette, *op. cit.*, p.145.
(93) Olivier Wieviorka, *Nous entrerons dans la carrière: De la Résistance à l'exercice du pouvoir*, Paris, 1994, pp.254-255. モーリス・シューマンも、一九四二年二月一九日にリオン裁判を「茶番裁判」と非難していた（Maurice Schumann, *La voix de couvre-feu 1940-1944*, Paris, 1964, pp.144-146）。
(94) ピノーとドゴールとの会見、および声明の作成過程については、Christian Pineau, "Le général de Gaulle et la Résistance intérieure française 1940-1943," in Institut Charles de Gaulle, *De Gaulle en son siècle*, t.1 Dans la mémoire des hommes et des peuples, Paris, 1991, pp.543-545; Christian Pineau, *La simple vérité 1940-1945*, pp.167-168, 174-175.
(95) Jean-Louis Crémieux-Brilhac dir., *Les voix de la liberté, Ici Londres 1940-1944*, t.2, 8 décembre 1941-7 novembre 1942, Paris, 1975, pp.151-152.
(96) Olivier Wieviorka, *Nous entrerons dans la carrière*, p.255.
(97) Alya Aglan, *La Résistance sacrifiée: Le mouvement «Libération-Nord»*, Paris, 1999, pp.143-145; Alya Aglan, "La Résistance," in Alya Aglan et Jean-Pierre Azéma dir., *Jean Cavaillès résistant ou la pensée en actes*, Paris, 2002, pp.95, 98. アリヤ・アグランは、ピノーとカヴァイエスがレジスタンスの二面を代表し、ピノーが軍事により傾きがちであり、カヴァイエスはレジスタンス組織の政治的な自立をより重視したという（*Ibid.*, p.117）。ピノーは、ナルボンヌに向かう途中、カヴァイエスとともに一九四二年九月に逮捕され、モンプリエの監獄に収監されたが、一一月中旬にリモージュに移送される列車からピノーのみ脱走に成功した（Christian Pineau, *La simple vérité 1940-1945*, pp.241-246, 266-267）。カヴァイエスは一二月末に脱走し、四三年二月下旬にロンドンでドゴールと会見した。カヴァイエスは、四月一五日にフランスに戻って軍事活動に専念したが、コオールに潜入していたスパイの情報によって八月二八日にパリで逮捕され、四四年二月一七日、アラスで銃殺刑に処せられた。コオールの活動家九九二人中、三三一人が逮捕され、一六人が銃殺、一五人が拷問死、二六八人が移送されそのうちの九九人が死亡している（Benoît Verny, "La chute," in Alya Aglan et Jean-Pierre Azéma dir., *op. cit.*, pp.144-150, 178, 182, 187-203）。

（98）Jean-Marc Binot et Bernard Boyer, *L'Argent de la Résistance*, p.14.

（99）Claude Bouchinet-Serreulles, *op. cit.*, p.213; Colonel Passy, *op. cit.*, p.352.

（100）Sébastien Albertelli, "André Philip et La France libre," in Colloque, *André Philip, socialiste, patriote, chrétien*, Paris, 2005, pp.128-129.

（101）Charles de Gaulle, *Discours et Messages*, t.1, pp.205-207; Charles de Gaulle, *Mémoires de guerre*, t.1, pp.678-680.『ド・ゴール大戦回顧録Ⅱ』二七五〜二七七頁。

（102）Crémieux-Brilhac, *La Frace libre*, t.1, p.476; Jean-Pierre Levy, *Mémoires d'un franc-tireur: Itinéraire d'un résistant 1940-1944*, Bruxelles, 1998, pp.75-76.

（103）Christian Pineau, *La simple vérité 1940-1945*, pp.224-226; Alya Aglan, *La Résistance sacrifiée*, pp.150-152.

（104）Jean-Louis Crémieux-Brilhac, *L'étrange victoire: De la défaite de la République à la libération de la France*, Paris, 2016, pp.112-113, 117.

（105）Henri Michel, *op. cit.*, pp.114, 137.

（106）以下、Diane de Bellescize, *Les neuf sages de la Résistance: le Comité Général d'Études dans la clandestinité*, Paris, 1979, pp.52-53, 71-74, 89-90.

（107）強力な執行権を説くミシェル・ドブレの憲法構想案は、第五共和政憲法によって日の目を見た（Diane de Bellescize, *op. cit.*, pp.170-171）。Francis Louis Closon, *Le temps des passions: De Jean Moulin à la Libération 1943-1944*, Paris, 1998, pp.55-58; Crémieux-Brilhac, *La Frace libre*, t.1, pp.296, 451-452; Michèle et Jean-Paul Cointet, *op. cit.*, pp.154, 186-188.

（108）Diane de Bellescize, *op. cit.*, pp.96-102; Laure Moulin, *op. cit.*, p.253; Henri Frenay, *op. cit.*, p.312.

（109）Diane de Bellescize, *op. cit.*, pp.123-124.

（110）Laurent Douzou et Dominique Veillon, "Les relations entre les résistances intérieure et extérieure françaises vues à travers le prisme des archives du BCRA 1940-1942," in Jacqueline Sainclivier et Christian Bougeard dir., *La Résistance et Français: Enjeux stratégiques et environnement social*, Rennes, 1995, pp.13-27.

(111) Jean-Louis Crémieux-Brilhac, *La France libre: de l'appel du 18 juin à la Libération*, t.2, Paris, 2013, p.1043.

(112) Crémieux-Brilhac, *La France libre*, t.1, pp.308-309. ＳＯＥの生みの親は、経済戦担当大臣ヒュー・ドルトンとＡ・Ｎ・チェンバレンであったという（M. R. D. Foot, *op. cit.*, p.9）。

(113) Charles de Gaulle, *Mémoires de guerre*, t.1, pp.646-647.『ド・ゴール大戦回顧録Ⅱ』二四四～二四五頁。Charles de Gaulle, *Mémoires de guerre*, t.2, pp.341-342.『ド・ゴール大戦回顧録Ⅲ』一五二～一五三頁。Crémieux-Brilhac, *La France libre*, t.1, p.523.

(114) M. R. D. Foot, *op. cit.*, p.23.

(115) Postface de Sébastien Albertelli, "Les pianistes," in Maurice de Cheveigné, *Radio libre 1940-1945*, Paris, 2014, pp.219, 221.

(116) Jean-Yves Boursier, *La politique du PCF 1939-1945*, Paris, 1992, p.188.

(117) Jacques Soustelle, *Envers et contre tout*, t.2 D'Alger à Paris 1942-1944, Paris, 1950, pp.144-145. パッシーのデータを修正したムーランの姉ロールは、一九四二年一二月から四三年五月まで、ジャン・ムーランが配分した額を六七二五万二二〇〇フランとみている。それによると、四二年一二月一七日から四三年一月一〇日が七八二万三九〇〇フラン、一月一一日から二月二八日までが一五八三万八四〇〇フラン、三月が一〇三二万五〇〇〇フラン、四月が一九一九万六九二〇フラン、五月が一四〇六万七九八〇フランであったという（Laure Moulin, *op. cit.*, pp.382-384; Colonel Passy, *op. cit.*, pp.749-752）。

(118) Sébastien Albertelli, *Les services secrets du général de Gaulle*, pp.409-410,420. 一九四四年三月でも二人の反目が続いていた（Henri Noguères, *Histoire de la Résistance en France de 1940 à 1945*, tome 4, Paris, 1976, pp.466-470）。

(119) Charles de Gaulle, *Lettres, notes et carnets*, t.2, p.131; Girard de Charbonnières, *Le duel Giraud-De Gaulle*, Paris, 1984, p.56. 剣持久木『記憶の中のファシズム』講談社、二〇〇八年、一七五頁。

(120) Crémieux-Brilhac dir., *Les voix de la liberté, Ici Londres 1940-1944*, t.2, pp.216-217, 220-221; Pierre Brossolette, *Résistance 1927-1943*, Paris, 2015, pp.131-134; Gilberte Brossolette, *op. cit.*, p.264.

(121) Jean-Louis Crémieux-Brilhac, *Georges Boris: Trente ans d'influence*, Paris, 2010, pp.182-184.

(122) Pierre Brossolette, *op. cit.*, pp.135-142.

(123) Daniel Cordier, *Jean Moulin, L'inconnu du Panthéon*, t.1, pp.114-115.

(124) Charles de Gaulle, *Mémoires de guerre*, t.2, pp.356-357.『ド・ゴール大戦回顧録Ⅲ』一六七～一六八頁。

(125) 以上、*L'Œuvre de Léon Blum*, t.V 1940-1945, Paris, 1955, pp.350, 359-360, 363, 366, 379-384; Charles de Gaulle, *Mémoires de guerre*, t.2, pp.377-380.『ド・ゴール大戦回顧録Ⅲ』一八七〜一九一頁。なお、ブルムはすでに一九四一年一二月頃には、ドゴールの反動的傾向に不安を抱く社会党員に対して、「ドゴール将軍が指導する自由フランス運動に、ためらうことなく参加すべきです」と述べていたという（Crémieux-Brilhac, *La France libre*, t.1, p.773, n.27）。ジョルジュ・ボリスは、四二年六月二二日にブルムに宛てて「ドゴールこそが、国《ペイ》の恒久的利益を代表しています」と書き送っていた（Crémieux-Brilhac, *Georges Boris*, p.146）。

(126) Charles de Gaulle, *Mémoires de guerre*, t.2, pp.383-384.『ド・ゴール大戦回顧録Ⅲ』一九四〜一九五頁。Crémieux-Brilhac dir., *Les voix de la liberté, Ici Londres 1940-1944*, t.2, p.176.

(127) 以上、Daniel Cordier, *Jean Moulin, L'inconnu du Panthéon*, t.1, pp.170-173, 176; Hervé Coutau-Bégarie et Claude Huan, *Darlan*, Paris, 1989, p.700.

(128) Olivier Wieviorka, *Histoire de la Résistance 1940-1945*, p.55.

(129) *L'Humanité*, no.131, 2 octobre 1941, in Germaine Willard dir., *L'Humanité clandestine 1939-1944*, t.1, Paris, 1975, p.477.

(130) *L'Humanité*, no.168, 23 juin 1942, in Germaine Willard dir., *L'Humanité clandestine 1939-1944*, t.2, Paris, 1975, p.76.

(131) Jean-Louis Crémieux-Brilhac dir., *Les voix de la liberté, Ici Londres 1940-1944*, t.3, 8 novembre 1942-9 juillet 1943, Paris, 1975, pp.76-78.

(132) Charles de Gaulle, *Lettres, notes et carnets*, t.2, pp.271-272.

(133) Jean-Yves Boursier, *op. cit.*, p.181.

(134) Michèle et Jean-Paul Cointet, *op. cit.*, pp.160-161, 182.

(135) Dominique Veillon et Olivier Wieviorka, "La résistance," in Jean-Pierre Azéma et François Bédarida dir., *La France des années noires*, t.2, Paris, 2000, pp.77-78.

(136) Henri Michel, *op. cit.*, p.184.

(137) Daniel Cordier, *De l'Histoire à l'histoire*, p.80.

(138) 渡辺和行『フランス人民戦線――反ファシズム・反恐慌・文化革命――』人文書院、二〇一三年、二八六〜二九〇頁。

(139) 県知事ムーランが、休戦直前に一般住民の殺戮をフランスのセネガル兵の仕業だとする書類に署名するようにドイツ軍から求められて、拒否したがために拷問を受け、署名しないですむようにガラス片で喉を掻き切って自殺を企てた話は有名であるが（Jean Moulin, "First Fight," in Charles Potter ed., *The Resistance 1940: an Anthology of Writings from the French Undergraound*, Baton Rouge, 2016, pp.71-83. ジャン・ムーラン「最初の闘い」海原峻編『ドキュメント現代史８　レジスタンス』平凡社、一九七三年、九四〜一一〇頁。Laure Moulin, *op. cit.*, pp.166-171）、その教訓としてムーランはジョルジュ・ビドーに「私は二度と［自殺を］繰り返さないつもりです。私は、死に逃げ場を求めることはもう決してしません」と打ち明けたという（Georges Bidault, *D'une Résistance à l'autre*, Paris, 1965, p.38）。

（140）Laure Moulin, *op. cit.*, pp.179, 186-187; Daniel Cordier, *Jean Moulin, La République des catacombes*, t.1, pp.95-103; Sabine Jansen, *Pierre Cot, un antifasciste radical*, Paris, 2002, pp.360-361. ピエール・ムニエ、前掲書、三〇、五〇、五一〜五四頁。

（141）Pierre Péan, *Vies et morts de Jean Moulin*, Paris, 2013, p.364; M. R. D. Foot, *op. cit.*, p.180; Pierre Giolitto, *op. cit.*, p.178.

（142）Charles de Gaulle, *Lettres, notes et carnets*, t.1, pp.1301-1303.

（143）Robert Belot, *Aux frontières de la liberté*, Paris, 1998, p.245.

（144）Daniel Cordier, *De l'Histoire à l'histoire*, pp.74, 80; Laure Moulin, *op. cit.*, p.215.

（145）Daniel Cordier, *Jean Moulin, La République des catacombes*, t.1, pp.245-255; Charles de Gaulle, *Mémoires de guerre*, t.1, pp.643-644, 647-648.『ド・ゴール大戦回顧録Ⅱ』二四一、二四五頁。

（146）Charles de Gaulle, *Mémoires de guerre*, t.1, pp.633-634.『ド・ゴール大戦回顧録Ⅱ』二三一〜二三二頁。

（147）Pierre Péan, *op. cit.*, pp.381-383.

（148）Crémieux-Brilhac, *La France libre*, t.1, pp.445-446. 一九四二年の三月一日付のムーランの最初の報告が、ベルンのイギリス公使館経由でロンドンに届いたのは四月七日のことであった（Sébastien Albertelli, *Les services secrets du général de Gaulle*, p.175）。

（149）Daniel Cordier, *Jean Moulin, La République des catacombes*, t.1, pp.310-311.

（150）Raymond Aubrac, *Où la mémoire s'attarde*, Paris, 1996, pp.71-72.

（151）Henri Frenay, *op. cit.*, p.143.

（152）Crémieux-Brilhac, *La France libre*, t.1, pp.447-448; Daniel Cordier, *Jean Moulin, La République des catacombes*, t.1, pp.282-286.

（153）以上、Crémieux-Brilhac, *La France libre*, t.1, p.450; Daniel Cordier, *Jean Moulin, La République des catacombes*, t.1, pp.296-306.

(154) Guillain de Bénouville, *op. cit.*, pp.141-143, 153-156. ギラン・ド・ベヌヴィルは、一九三〇年代には王党派の青年組織に属しており、スペイン内戦時にはフランコの側で戦った人物でもある（Pierre Péan et Laurent Ducastel, *Jean Moulin, l'ultime mystère*, Paris, 2015, pp.158-159）。

(155) Robert Belot, "Jean Moulin et Henri Frenay: les enjeux d'un affrontement," in Jean-Pierre Azéma dir., *Jean Moulin face à l'Hsitoire*, Paris, 2000, pp.169, 172; Marie Granet et Henri Michel, *Combat: Histoire d'un mouvement de Résistance de juillet 1940 à juillet 1943*, Paris, 1957, p.99; Daniel Cordier, *Jean Moulin, L'inconnu du Panthéon*, t.1, pp.98-99; Pierre Giolitto, *op. cit.*, pp.349-350.

(156) Jacques Baumel, *Résister: Histoire secrète des années d'Occupation*, Paris, 1999, p.222.

(157) Diane de Bellescize, *op. cit.*, p.90.

(158) Dominique Veillon, *op. cit.*, p.299; Charles de Gaulle, *Discours et Messages*, t.1, p.193.

(159) Laure Moulin, *op. cit.*, p.280.

(160) Crémieux-Brilhac dir., *Les voix de la liberté*, t.2, pp.250-251; Charles de Gaulle, *Discours et Messages*, t.1, pp.229-230, 232-240.

(161) 以上、Daniel Cordier, *Jean Moulin, L'inconnu du Panthéon*, t.1, pp.86-87.

(162) Daniel Cordier, *Jean Moulin, La République des catacombes*, t.1, pp.350, 353-357; Laurent Douzou, *op. cit.*, pp.329-330; Crémieux-Brilhac, *La Frace libre*, t.1, p.536.

(163) Colonel Passy, *op. cit.*, pp.374-375.

(164) Diane de Bellescize, *op. cit.*, p.116.

(165) Charles de Gaulle, *Mémoires de guerre*, t.2, p.376. 『ド・ゴール大戦回顧録Ⅲ』一八六〜一八七頁。

(166) Henri Frenay, *op. cit.*, pp.242-244.

(167) Daniel Cordier, *Jean Moulin, L'inconnu du Panthéon*, t.1, pp.100-101.

(168) Pierre Giolitto, *op. cit.*, p.204; Sébastien Albertelli, *Les services secrets du général de Gaulle*, p.271.

(169) Jacques Baumel, *op. cit.*, pp.217-221; Marie Granet et Henri Michel, *op. cit.*, p.281.

(170) Colonel Passy, *op. cit.*, p.477. ヴェイヨンとO・ウィエヴィオルカは、コンバの団員数を最大で七万人とみている（Do-

minique Veillon et Olivier Wieviorka, “La résistance,” in Jean-Pierre Azéma et François Bédarida dir., *La France des années noires*, t.2, p.102)。

(171) Henri Noguères, *Histoire de la Résistance en France de 1940 à 1945*, tome 3, Paris, 1972, p.56; Laurent Douzou, *op. cit.*, pp.343-344.

(172) Colonel Passy, *op. cit.*, p.362; Henri Michel, *op. cit.*, p.158.

(173) Jean-Pierre Levy, *op. cit.*, pp.73-74.

(174) Claude Bouchinet-Serreulles, *op. cit.*, pp.273-276, 288.

(175) Pierre Giolitto, *op. cit.*, pp.288-289.

(176) Colonel Passy, *op. cit.*, p.499.

(177) Pierre Péan, *op. cit.*, p.454; Crémieux-Brilhac, *La France libre*, t.1, p.666.

(178) Pierre Péan, *op. cit.*, pp.448-452; Bernard Zahra, *L'esprit de Résistance au Panthéon*, Paris, 2015, p.155. ムーランは、一九四二年一月に旧友のマネスを北部地区の自分の代表にしたという（Pierre Péan et Laurent Ducastel, *op. cit.*, p.125)。

(179) 以下、François Bédarida et Jean-Pierre Azéma dir., *Jean Moulin et le Conseil national de la Résisitance*, pp.118-120, 187-188; Gilberte Brossolette, *op. cit.*, pp.192-193, 279-280.

(180) Pierre Billotte, *Le temps des armes*, Paris, 1972, p.206.

(181) Pierre Villon, *Résistant de la première heure*, Paris, 1983, pp.70-72.

(182) Daniel Cordier, *Jean Moulin, L'inconnu du Panthéon*, t.1, pp.190-191; Guillaume Piketty, *Pierre Brossolette: un héro de la Résistance*, Paris, 1998, pp.259-260, 267-268.

(183) 以上、Daniel Cordier, *Jean Moulin, L'inconnu du Panthéon*, t.1, pp.184-186.

(184) 以下、Crémieux-Brilhac, *La France libre*, t.1, pp.662-664, 666-667; François Bédarida et Jean-Pierre Azéma dir., *Jean Moulin et le Conseil national de la Résisitance*, pp.123, 186; Daniel Cordier, *Jean Moulin, La République des catacombes*, t.1, pp.685-689.

(185) François Bédarida et Jean-Pierre Azéma dir., *Jean Moulin et le Conseil national de la Résisitance*, pp.25, 121-122; Crémieux-Brilhac, *Georges Boris*, p.203.

(186) Daniel Cordier, *Jean Moulin, L'inconnu du Panthéon*, t.1, pp.182-183, 191, 193.

(187) Éric Roussel, *op.cit.*, pp.252-253; Guillaume Piketty, *op. cit.*, pp.279, 282.

(188) François Bédarida et Jean-Pierre Azéma dir., *Jean Moulin et le Conseil national de la Résisitance*, p.121.

(189) *Ibid.*, p.67; Colonel Passy, *op. cit.*, pp.593-595; Daniel Cordier, *Jean Moulin, La République des catacombes*, t.1, pp.689-692.

(190) Pierre Giolitto, *op. cit.*, p.186.

(191) Colonel Passy, *op. cit.*, pp.595-598; Crémieux-Brilhac, *La France libre*, t.1, pp.668-669; Claude Bouchinet-Serreulles, *op. cit.*, p.288. マニュエルは、一九四二年一一月下旬にフランスに降下してムーランと会い、ムーランの称賛者になっていた (Sébastien Albertelli, *Les services secrets du général de Gaulle*, p.272-274)。

(192) Éric Roussel, *op. cit.*, p.231.

(193) Christian Pineau, *La simple vérité 1940-1945*, pp.156-157. アルベール・シャンボン、福元啓二郎訳『仏レジスタンスの真実』河出書房新社、一九九七年、二二五〜二二六頁。

(194) Alya Aglan, *La Résistance sacrifiée*, p.326.

(195) Charles Tillon, *Les F.T.P., Témoignage pour servir à l'Histoire de la Résistance*, Paris, 1962, p.11.

(196) Dominique Veillon, *op. cit.*, pp.366-367.

(197) Olivier Wieviorka, *Nous entrerons dans la carrière*, p.290.

(198) Pierre Brossolette, *op. cit.*, pp.145-146; Daniel Mayer, *Les socialistes dans la Résistance*, Paris, 1968, pp.189-190; Gilberte Brossolette, *op. cit.*, pp.267-268; Jean Lacouture, *De Gaulle*, t.1 Le rebelle, Paris, 2010, p.587; Crémieux-Brilhac, *La France libre*, t.1, pp.495-496. アルベール・シャンボン、前掲書、二二四頁。

(199) René de Naurois, *Aumônier de La France libre: Mémoires*, Paris, 2004, p.181.

(200) アルベール・シャンボン、前掲書、一四六頁。Jacques Baumel, "Témoignage: La France libre et la Résistance intérieure," in Actes du colloque international, *La France libre*, *op. cit.*, p.278; Claude Bourdet, *L'aventure incertaine: De la Résistance à la Restauration*, Paris, 1975, pp.196-199.

(201) ピエール・ムニエ、前掲書、六七頁。

(202) Charles de Gaulle, *Discours et Messages*, t.1, p.265.

(203) Charles de Gaulle, *Mémoires de guerre*, t.2, pp.445, 447.『ド・ゴール大戦回顧録Ⅲ』二五七、二五九頁。Daniel Cordier, "Les

rencontres décisives de Londres," in Jean-Pierre Azéma dir., *Jean Moulin face à l'Hsitoire*, p.115.

(204) Daniel Cordier, *Jean Moulin, L'inconnu du Panthéon*, t.1, p.137.

(205) John F. Sweets, "Oui mais...: les mouvements de Résistance et de Gaulle," *espoir*, no.80, mars 1992, p.20.

(206) アルベール・シャンボン、前掲書、一三二、一三四～一三五頁。

(207) Guillain de Bénouville, *op. cit.*, pp.119-127, 173-178, 190, 203-204, 206, 236, 245-248. 引用は、p.206.

(208) G. E. Maguire, *Anglo-American Policy towards the Free French*, London, 1995, p.126; Claude Bourdet, *op. cit.*, pp.195-196. STOとは一九四三年二月一六日にヴィシー政府が導入した政策で、ドイツの労働力不足を補うために、一九二〇～二二年生まれのフランス人の若者をドイツで働かせるというものであり、民心はますますヴィシーから離れていった。

(209) Crémieux-Brilhac, *La France libre*, t.1, p.656; Charles de Gaulle, *Lettres, notes et carnets*, t.2, pp.271-272.

(210) Crémieux-Brilhac, *La France libre*, t.1, pp.648-649.

(211) Daniel Cordier, *Jean Moulin, L'inconnu du Panthéon*, t.1, pp.138-139.

(212) Charles de Gaulle, *Lettres, notes et carnets*, t.2, p.273.

(213) Charles de Gaulle, *Mémoires de guerre*, t.2, pp.445-446. 『ド・ゴール大戦回顧録Ⅲ』二五六～二五七頁。

(214) *L'Œuvre de Léon Blum*, t.V 1940-1945, p.398.

(215) Serge Berstein, *Histoire du gaullisme*, Paris, 2002, p.63.

(216) Dominique Veillon, *op. cit.*, pp.353-356.

(217) Crémieux-Brilhac, *La France libre*, t.1, pp.641-642.

(218) Martine Pradoux, "Daniel Mayer, le secrétaire de Parti socialiste clandestin," in Pierre Guidoni et Robert Verdier dir., *Les socialistes en Résistance 1940-1944*, Paris, 1999, p.35.

(219) Daniel Cordier, *Jean Moulin, L'inconnu du Panthéon*, t.1, p.105.

(220) B. D. Graham, *Choice and Democratic Order, the French Socialist Party 1937-1950*, Cambridge, 1994, pp.253-259; *L'Œuvre de Léon Blum*, t.V 1940-1945, pp.363-368.

(221) Crémieux-Brilhac, *La France libre*, t.1, pp.644-645. このときドゴールは、ピノーにジョルジュ・ボリスとともに解放後のフランスにおける物資供給計画を練るように求めた(Christian Pineau, *La simple vérité 1940-1945*, p.285)。なおピノーは、一九四三年五月三日に逮捕されてブッヘンヴァルト収容所に送られ、戦後解放されて帰国した。

(222) Charles de Gaulle, *Memoires de guerre*, t.1, p.234.『ド・ゴール大戦回顧録Ⅱ』四八〜四九頁。
(223) Jacques Baumel, *op. cit.*, pp.225-226.
(224) "Note sur le témoignage de Claude Bourdet," in François Berriot éd., *op. cit.*, p.83.
(225) Charles de Gaulle, *Discours et Messages*, t.1, p.180. アルベール・シャンボン、前掲書、一三九〜一四〇頁。
(226) Jean-Pierre Levy, *op. cit.*, pp.104-105.
(227) Colonel Passy, *op. cit.*, p.599.
(228) ベヌヴィルによると、フランソワ・ド・リナレス大佐を介してクロード・ブルデは、フレネとコンバ幹部会を代表してジロー将軍と面会した。ブルデは、ペタン将軍を称賛するジローがドゴールの行動、つまりレジスタンスについて一言も触れなかったことに驚いたという（Guillain de Bénouville, *op. cit.*, p.180）。
(229) もっとも、一九四三年六月のムーラン逮捕後にアメリカは再交渉を行い、四三年九月から四四年八月までスイス経由で、統一レジスタンス運動の代表部に情報の代価としてではなくて、レジスタンスへの社会的支援と国境沿いの諸県のマキへの援助として月額四〇〇万フランを払い込んだ。以上、Henri Frenay, *op. cit.*, pp.311, 585-591; Crémieux-Brilhac, *La France libre*, t.1, pp.670-673.
(230) Daniel Cordier, *Jean Moulin, La République des catacombes*, t.1, p.640. なお、一九四三年三月にフラン＝ティルールに加わったのが、歴史家のマルク・ブロックである。彼は四四年三月八日に捕らえられ、六月一六日に処刑された（Dominique Veillon, *op. cit.*, pp.175-177）。
(231) Henri Frenay, *op. cit.*, pp.256-257.
(232) Daniel Cordier, *Jean Moulin, La République des catacombes*, t.1, p.731.
(233) Henri Michel, *op. cit.*, p.127.
(234) Jean-Luc Barré, *op. cit.*, pp.504-506.
(235) Henri Frenay, *La nuit finira*, *op. cit.*, p.565; Henri Frenay, *L'Énigme Jean Moulin*, Paris, 1977, p.221; Pierre Giolitto, *op. cit.*, pp.516-525.
(236) Crémieux-Brilhac, *La France libre*, t.1, pp.674-675.
(237) Claude Bouchinet-Serreulles, *op. cit.*, p.310.
(238) Daniel Cordier, *Jean Moulin, La République des catacombes*, t.1, p.745.

(239) Claude Bourdet, *op. cit.*, pp.184, 271.

(240) André Gillois, *Histoire secrète des français à Londres de 1940 à 1944*, Paris, 1973, p.333.

(241) 創設時のメンバー一七人のうち、一九四四年八月まで残っていたのは八人であったという。逮捕されたのがムーラン（後任ビドー）、シモン（後任ブロック＝マスカール）、コクアン（後任ミュッター）、ブルデ（後任マルセル・デリアム）の四人、諮問議会の代表として異動したのがル・トロケ（後任ダニエル・マイエル）、メルシエ（後任オーギュスト・ジヨ）、リュカール（後任ポール・バスティッド）、プチ（後任アントワーヌ・アヴィナン）、コポー（後任ピエール・エルヴェ）の五人である（Jacques Debû-Bridel, *De Gaulle et le CNR*, Paris, 1978, pp.147-149）。

(242) Charles de Gaulle, *Mémoires de guerre*, t.2, pp.473-474, 492.『ド・ゴール大戦回顧録Ⅲ』二八六〜二八八、三〇四頁。

(243) 以下、Daniel Cordier, *Jean Moulin, La République des catacombes*, t.1, pp.709-711; Georges Bidault, *op. cit.*, p.40.

(244) Jacques Debû-Bridel, *op. cit.*, p.37.

(245) Pierre Villon, *op. cit.*, p.73.

(246) Charles de Gaulle, *Mémoires de guerre*, t.2, pp.491-493.『ド・ゴール大戦回顧録Ⅲ』三〇二〜三〇四頁。

(247) François Bédarida et Jean-Pierre Azéma dir., *Jean Moulin et le Conseil national de la Résistance*, p.27.

(248) Dominique Veillon, *op. cit.*, p.356.

(249) Henri Noguères, *op. cit.*, t.3, p.404.

(250) 一九四三年五月三日にリヨンで逮捕され、モンリュック監獄に収容されていたクリスチアン・ピノーは、六月二四日にある男の髭を剃るように命じられた。その男とは、拷問を受けたジャン・ムーランであったというが（Christian Pineau, *La simple vérité 1940-1945*, pp.121-124）、ダニエル・コルディエはピノーの記憶違いだろうと考えている（Daniel Cordier, *Jean Moulin, La République des catacombes*, t.1, p.858）。

(251) Daniel Cordier, *Jean Moulin, La République des catacombes*, t.2, Paris, 1999, pp.1004-1005. パッシーが英国を出発してアルジェに向かったのは、一九四三年六月一八日のことである（Sébastien Albertelli, *Les services secrets du général de Gaulle*, p.292）。

(252) Claude Bouchinet-Serreulles, *op. cit.*, pp.295-300.

(253) Crémieux-Brilhac, *La France libre*, t.2, p.1080; Daniel Cordier, *Jean Moulin, La République des catacombes*, t.2, pp.997-1001, 1020-1022; Claude Bouchinet-Serreulles, *op. cit.*, pp.314-315.

(254) 以上、M. R. D. Foot, *op. cit.*, pp.241-242, 244; Gilberte Brossolette, *op. cit.*, pp.215-216; Guillaume Piketty, *op. cit.*, p.321.

(255) Claude Bouchinet-Serreulles, *op. cit.*, pp.338-341, 355; Éric Roussel, *op. cit.*, pp.294-295, 297; Guillaume Piketty, *op. cit.*, pp.312-313, 331; Sébastien Albertelli, *Les services secrets du général de Gaulle*, p.412.

(256) G. E. Maguire, *op. cit.*, p.105.

(257) Claude Bouchinet-Serreulles, *op. cit.*, pp.322-323.

(258) 以上、Jacques Debû-Bridel, *op. cit.*, pp.49, 52-53; Olivier Wieviorka, *Une certaine idée de la Résistance: Défense de la France 1940-1949*, Paris, 1995, pp.235-236.

(259) Francis Louis Closon, *op. cit.*, pp.129-131.

(260) J＝F・ミュラシオル、福本直之訳『フランス・レジスタンス史』白水社、二〇〇八年、七三～七四頁。

(261) 同書、七二頁。

(262) Philippe Buton, "La France atomisée," in Jean-Pierre Azéma et François Bédarida dir., *La France des années noires*, t.2, pp.431, 433.

(263) Colonel Passy, *op. cit.*, p.649.

(264) Claude Bouchinet-Serreulles, *op. cit.*, p.329.

(265) Jean Morin, "Témoignages: Le Général De Gaulle et la Résistance intérieure," in Actes du colloque international, *La France libre, op. cit.*, p.143. ビドーは、唯一の反対票はエマニュエル・ダスティエであったと述べている（Georges Bidault, *op. cit.*, p.48）。Jacques Debû-Bridel, *op. cit.*, p.43; Éric Roussel, *op. cit.*, p.287.

(266) Daniel Cordier, Jean Moulin, La République des catacombes, t.2, pp.1022-1023; Guillaume Piketty, *op. cit.*, pp.309-310.

(267) Daniel Cordier, Jean Moulin, La République des catacombes, t.2, pp.1035-1038; Crémieux-Brilhac, *La France libre*, t.2, pp.1084-1085; Charles de Gaulle, *Mémoires de g uerre*, t.2, pp.163-166. ド・ゴール、村上光彦・山崎庸一郎訳『ド・ゴール大戦回顧録Ⅳ』みすず書房、一九九九年、一六～一八頁。

(268) Claude Bourdet, *op. cit.*, p.257.

(269) Daniel Cordier, *Jean Moulin, La République des catacombes*, t.2, p.1122.

(270) Gilberte Brossolette, *op. cit.*, pp.234-254; Daniel Cordier, *Jean Moulin, La République des catacombes*, t.2, pp.1164-1165; Claude Bouchinet-Serreulles, *op. cit.*, pp.357-359. ブロソレットの死については自死説が多いが、ブロソレットの妻ジルベ

ルトは、逃走を試みて転落死したと考えている。なお、ブロソレットの遺灰は、二〇一五年五月二七日にペール・ラシェーズ墓地からパンテオンに移葬された。

(271) Stéphane Courtois, "Le Front national," in Jean-Pierre Azéma et François Bédarida dir., *La France des années noires*, t.2, pp.118-119; Henri Noguères, *op. cit.*, t.4, pp.420-422.

(272) 渡辺和行『ナチ占領下のフランス――沈黙・抵抗・協力――』講談社、一九九四年、二一五～二一六頁。

(273) Charles de Gaulle, *Lettres, notes et carnets*, t.2, p.342.

(274) Charles de Gaulle, *Discours et Messages*, t.1, pp.287, 290.

(275) Henri Queuille, *Journal de guerre 1943-1944*, Paris, 1995, p.24.

(276) Marie Granet et Henri Michel, *op. cit.*, pp.221-225.

(277) Crémieux-Brilhac, *La France libre*, t.1, pp.603-605; André Kaspi, *La mission de Jean Monnet à Alger, mars-octobre 1943*, Paris, 1971, p.166; Renaud Muselier, *L'amiral Muselier 1882-1965*, Paris, 2000, pp.227-229.

(278) Charles de Gaulle, *Lettres, notes et carnets*, t.2, p.334; Charles de Gaulle, *Mémoires de guerre*, t.2, p.488.『ド・ゴール大戦回顧録Ⅲ』三〇〇頁。

(279) Crémieux-Brilhac, *La France libre*, t.1, pp.607-609.

(280) *Foreign Relations of the United States*, 1943, vol.II Europe, Washington D. C., 1964, pp.108-110.

(281) Charles de Gaulle, *Lettres, notes et carnets*, t.2, p.342.

(282) Raymond Aron, *Chroniques de guerre, La France libre 1940-1945*, Paris, 1990, pp.763-776. レーモン・アロン、前掲書、一九九～二〇一頁。一九四〇年一〇月末に反ユダヤ人法によって罷免された元国務院傍聴官ピエール・ラロックは、四三年六月初めにアロンと会い、アロンが個人権力を行使する可能性がないジローやカトルーを好ましいと考えていたことを記している(Pierre Laroque, *Au service de l'homme et du droit: souvenirs et réflexions*, Paris, 1993, pp.126-127, 144)。

(283) Charles de Gaulle, *Mémoires de guerre*, t.2, pp.473-474.『ド・ゴール大戦回顧録Ⅲ』二八六～二八八頁。

(284) Charles de Gaulle, *Mémoires de guerre*, t.2, pp.101, 475.『ド・ゴール大戦回顧録Ⅲ』九五、二八八頁。

(285) Francis Louis Closon, *op. cit.*, p.90.

(286) Charles de Gaulle, *Lettres, notes et carnets*, t.2, pp.347-348.

(287) Claude Bouchinet-Serreulles, *op. cit.*, p.297.

(288) Daniel Cordier, *Jean Moulin, La République des catacombes*, t.1, p.720. ジョルジュ・ビドーは、回想録のなかでジャン・ムーランの求めで声明文を作成したのは自分だと記している（Georges Bidault, *op. cit.*, p.40）。ジャン＝ピエール・レヴィの回想録には、抗議書簡についての言及はない。

(289) Jacques Debû-Bridel, *op. cit.*, p.36; Daniel Cordier, *Jean Moulin, L'inconnu du Panthéon*, t.1, p.202.

(290) Michèle Cointet, *De Gaulle et Giraud: l'affrontement 1942-1944*, Paris, 2005, pp.368-372.

(291) ウィンストン・チャーチル、毎日新聞翻訳委員会訳『第二次大戦回顧録』第一六巻、毎日新聞社、一九五三年、二五五～二五六頁。

(292) Crémieux-Brilhac, *La France libre*, t.1, pp.689-691; Eric Roussel, *Charles de Gaulle*, t.1 1890-1945, Paris, 2006, p.506.

(293) André Kaspi, *op. cit.*, p.175.

(294) *Foreign Relations of the United States*, 1943, vol.II, p.118.

(295) Général Catroux, *Dans la bataille de Méditerranée 1940-1944*, Paris, 1949, pp.359-360. この手紙もモネとマクミランの点検を受けていた（André Kaspi, *op. cit.*, pp.178-179）。

(296) Hervé Alphand, *L'étonnement d'être, Journal 1939-1973*, Paris, 1977, pp.132-133.

(297) Charles de Gaulle, *Lettres, notes et carnets*, t.2, p.341; Charles de Gaulle, *Mémoires de guerre*, t.2, pp.464-467.『ド・ゴール大戦回顧録Ⅲ』二七六～二七九頁。

(298) Hervé Alphand, *op. cit.*, pp.152-157.

(299) Charles de Gaulle, *Mémoires de guerre*, t.2, pp.475-476, 478-479.『ド・ゴール大戦回顧録Ⅲ』二八八～二九〇、二九一～二九二頁。Hervé Alphand, *op. cit.*, p.150; Harold Macmillan, *The Blast of War 1939-1945*, London, 1967, p.327. ジャン・モネ、近藤健彦訳『回想録』日本関税協会、二〇〇八年、一七八～一七九、一八三～一八四頁。

(300) Michèle Cointet, *op. cit.*, pp.375-376. ミシェル・コワンテの本には、五月三一日から始まる会談が詳細に描かれている。

(301) ジョルジュ将軍はチャーチルの友人であり、チャーチルはジローを助けるように彼を説得し、フランスを発つのを助けた。一九四三年五月二九日のアルジェでチャーチルは、マーフィーに「ジョルジュはおおいに寄与してくれるだろう」と期待を表明している（*Foreign Relations of the United States*, 1943, vol.II, p.127）。

(302) Général Giraud, *Un seul but, la victoire, Alger 1942-1944*, Paris, 1949, pp.162-169; Général Catroux, *op. cit.*, pp.365-366.

(303) Michèle Cointet, *op. cit.*, p.387.

(304) 以上、Harold Macmillan, *op. cit.*, pp.332-333; Charles de Gaulle, *Mémoires de guerre*, t.2, pp.467, 485.『ド・ゴール大戦回顧録Ⅲ』二七九、二九六〜二九七頁。ジャン・モネ、前掲書、一八七頁。Michèle Cointet, *op. cit.*, pp.389-392, 396; *Foreign Relations of the United States*, 1943, vol.II, p.132. ボワソンは六月二四日に辞任を余儀なくされた。

(305) Charles de Gaulle, *Mémoires de guerre*, t.2, pp.487-488.『ド・ゴール大戦回顧録Ⅲ』二九九〜三〇〇頁。Henri de Kerillis, *De Gaulle Dictateur, Une grande mystification de l'histoire*, Montréal, 1945, p.57. パッシーは、一九九〇年に受けたインタビューのなかで、「ロンドンの外国大使館で作られた［BCRAの拷問にかんする］風説は、さまざまな立場の反ドゴール派のあいだに大量に広まっていた」と答えている（Olivier Wieviorka, *Nous entrerons dans la carrière*, p.429）。

(306) Sébastien Albertelli, *Les services secrets du général de Gaulle*, pp.118-119.

(307) Jean-Luc Barré, *op. cit.*, pp.480-481.

(308) Harold Macmillan, *op. cit.*, pp.334-336. マクミランについて、穏健派の外務委員ルネ・マシリは、「アルジェで、マクミランと私のあいだに友情の絆が結ばれ、その絆はさらに深まり、イギリスにおける私の任務終了後も弱まることはなかった。……イーデンがロンドンにおり、アルジェにマクミランがいたことは、われわれにとって最たる幸運であった」と回想している（René Massigli, *Une comédie des erreurs 1943-1956*, Paris, 1978, pp.22-23）。

(309) Charles de Gaulle, *Mémoires de guerre*, t.2, pp.488-489.『ド・ゴール大戦回顧録Ⅲ』三〇〇〜三〇一頁。

(310) Charles de Gaulle, *Mémoires de guerre*, t.2, p.493.『ド・ゴール大戦回顧録Ⅲ』三〇五頁。

(311) *Foreign Relations of the United States*, 1943, vol.II, pp.152, 157; André Kaspi, *op. cit.*, p.201.

(312) Charles de Gaulle, *Lettres, notes et carnets*, t.2, pp.361-362; Jacques Soustelle, *Envers et contre tout*, t.2, pp.254-255.

(313) Louis Joxe, *Victoires sur la nuit 1940-1946*, Paris, 1981, p.100.

(314) Raphaële Ulrich-Pier, *René Massigli 1888-1988*, tome II, Bruxelles, 2006, p.843.

(315) ジャン・モネ、前掲書、一八九頁。

(316) Charles de Gaulle, *Mémoires de guerre*, t.2, pp.493-494, 498.『ド・ゴール大戦回顧録Ⅲ』三〇五〜三〇六、三〇九頁。

(317) Pierre Denis, *op. cit.*, pp.135-139.

(318) André Kaspi, *op. cit.*, pp.194-195.

(319) *Foreign Relations of the United States*, 1943, vol.II, pp.148, 152.

(320) François Kersaudy, *Churchill and De Gaulle*, pp.286-287.

(321) Charles de Gaulle, *Mémoires de guerre*, t.2, pp.497, 502-503.『ド・ゴール大戦回顧録Ⅲ』三〇八頁、三一三〜三一四頁。
(322) Harold Macmillan, *War Diaries 1943-1945*, London, 1984, p.124.
(323) *Foreign Relations of the United States*, 1943, vol.II, pp.155-157; François Kersaudy, *De Gaulle et Roosevelt, le duel au sommet*, Paris, 2004, pp.315-317.
(324) Charles de Gaulle, *Mémoires de guerre*, t.2, pp.114-119, 500-501.『ド・ゴール大戦回顧録Ⅲ』一〇八〜一一一、三一一〜三一三頁。André Kaspi, *op. cit.*, p.199.
(325) Charles de Gaulle, *Lettres, notes et carnets*, t.2, p.367.
(326) G. E. Maguire, *op. cit.*, p.89.
(327) *Foreign Relations of the United States*, 1943, vol.II, p.125.
(328) Harold Macmillan, *The Blast of War 1939-1945*, p.356.
(329) Jean-Luc Barré, *op. cit.*, pp.507, 509.
(330) Charles de Gaulle, *Mémoires, Notices, notes et variantes*, p.1288.
(331) *Foreign Relations of the United States*, 1943, vol.II, p.176.
(332) Harold Macmillan, *War Diaries 1943-1945*, p.193; François Kersaudy, *Churchill and De Gaulle*, pp.292, 296-297; François Kersaudy, *De Gaulle et Roosevelt*, pp.339-340.
(333) 以上、Crémieux-Brilhac, *La France libre*, t.2, p.997; Michèle et Jean-Paul Cointet, *op. cit.*, p.233.
(334) G. E. Maguire, *op. cit.*, p.161.
(335) François Kersaudy, *Churchill and De Gaulle*, p.297; Crémieux-Brilhac, *La France libre*, t.2, p.868.
(336) Jean-Baptiste Duroselle, *L'abîme 1939-1945*, Paris, 1982, p.478.
(337) Charles de Gaulle, *Mémoires de guerre*, t.1, pp.532-533, 632, 678.『ド・ゴール大戦回顧録Ⅱ』一三三〜一三四、二三〇、二七六頁。Charles de Gaulle, *Discours et Messages*, t.1, pp.180, 194, 238. フランソワ・モーリヤック、岡部正孝訳『ドゴール』河出書房新社、一九六六年、一六二〜一六五頁。
(338) Yves Lavoinne, "De Gaulle en révolution," in Institut Charles de Gaulle, *De Gaulle en son siècle*, t.2 La République, Paris, 1992, pp.69-77; Charles de Gaulle, *Discours et Messages*, t.1, p.304; Jean Touchard, *Le gaullisme 1940-1969*, Paris, 1978, pp.60-67; Charles de Gaulle, *Mémoires de guerre*, t.2, p.514.『ド・ゴール大戦回顧録Ⅲ』三二六頁。

第4章

（1） Charles de Gaulle, *Mémoires de guerre*, t.2 l'unité 1942-1944, Paris, 1956, pp.512, 515. ド・ゴール、村上光彦・山崎庸一郎訳『ド・ゴール大戦回顧録Ⅲ』みすず書房、一九九九年、三二四、三二六〜三二七頁。

（2） Harold Macmillan, *War Diaries 1943-1945*, London, 1984, p.151.

（3） Jacques Soustelle, *Envers et contre tout*, t.2 D'Alger à Paris 1942-1944, Paris, 1950, p.269.

（4） 以下、Philippe Buton, *Les lendemains qui déchantent, le parti communiste français à la libération*, Paris, 1993, pp.27-29; Jean-Louis Crémieux-Brilhac, *La France libre: de l'appel du 18 juin à la Libération*, t.2, Paris, 2013, pp.858-861; Hélène Chaubin, *La Corse à l'épreuve de la guerre 1939-1943*, Paris, 2012, pp.161-166; Emmanuel Choisnel, *L'Assemblée consultative provisoire 1943-1945*, Paris, 2007, pp.69-70.

（5） アルジェから渡された武器は、小銃五〇〇、機関銃四〇〇、小型機関銃九一五二、対戦車砲一五、迫撃砲二四、手榴弾一四五〇発と爆薬七五〇キログラムを含む多量の弾薬であった（Michèle Cointet, *De Gaulle et Giraud: l'affrontement 1942-1944*, Paris, 2005, p.442）。

（6） 海原峻編『ドキュメント現代史 8 レジスタンス』平凡社、一九七三年、一六五頁。

（7） Général Giraud, *Un seul but, la victoire, Alger 1942-1944*, Paris, 1949, p.243.

（8） Charles L. Robertson, *When Roosevelt planned to govern France*, Amherst & Boston, 2011, p.94.

（9） Charles de Gaulle, *Mémoires de guerre*, t.2, pp.534-537.『ド・ゴール大戦回顧録Ⅲ』三四六〜三四八頁。

（10） Charles de Gaulle, *Discours et Messages*, t.1 1940-1946, Paris, 1971, p.182.

（11） Charles Tillon, *Les F.T.P., Témoignage pour servir à l'Histoire de la Résistance*, Paris, 1962, p.234.

（12） Charles de Gaulle, *Mémoires de guerre*, t.2, pp.531-532.『ド・ゴール大戦回顧録Ⅲ』三四二〜三四三頁。Charles de Gaulle, *Lettres, notes et carnets*, t.2 1942-mai 1958, Paris, 2010, p.398. 国防委員会設置と議長職の改正についてのドゴール案への反対は、ジロー、ジョルジュ、マシリの三人であった。このドゴール案に対して、事前の審議では、現状維持派（ジョルジュ、マシリ）、ドゴール案賛成派（ディテルム、フィリップ、ティクシエ、マントン）、双頭制の維持と軍事委員会の改革を提案する派（モネ、ルネ・マイエル、クーヴ・ド・ミュルヴィル、アバディ）に三分されていた（Michèle Cointet, *op. cit.*, pp.450-454)。なお、解放委員会内の上陸問題担当委員長のアンリ・クーユは、九月二一日時点で、ドゴール案への反対が七人（モネ、マイエル、ジョルジュ、クーヴ、マシリ、ボネ、カトルー）の多数であったとみている（Henri Queuille, *Journal de guerre 1943-1944*, Paris, 1995, p.87)。

（13）Charles de Gaulle, *Mémoires de guerre*, t.2, pp.547-548. ド・ゴール、村上光彦・山崎庸一郎訳『ド・ゴール大戦回顧録Ⅳ』みすず書房、一九九九年、一六六〜一六七頁。

（14）Charles de Gaulle, *Mémoires de guerre*, t.2, pp.570-571.『ド・ゴール大戦回顧録Ⅳ』一八九〜一九〇頁。Général Giraud, *op. cit.*, pp.287-289, 300-301, 308-309.

（15）Général Catroux, *Dans la bataille de Méditerranée 1940-1944*, Paris, 1949, p.389.

（16）René Cassin, *Les hommes partis de rien: le réveil de la France abattue 1940-41*, Paris, 1975, pp.251-253.

（17）Charles de Gaulle, *Mémoires de guerre*, t.1 l'appel 1940-1942, Paris, 1959, p.618. ド・ゴール、村上光彦・山崎庸一郎訳『ド・ゴール大戦回顧録Ⅱ』みすず書房、一九九九年、二一六頁。

（18）宮下雄一郎『フランス再興と国際秩序の構想』勁草書房、二〇一六年、一六六〜一六七頁。

（19）Charles de Gaulle, *Mémoires de guerre*, t.2, pp.539-541.『ド・ゴール大戦回顧録Ⅳ』一五八〜一五九頁。

（20）以下、Crémieux-Brilhac, *La France libre*, t.2, pp.874-881, 1350; Francis Raoul, "Il y a cinquante ans l'Assemblée consultative provisoire se réunissait à Alger" *Le Monde*, 8 novembre 1993, p.2; Jean-Luc Barré, *Devenir de Gaulle 1939-1943*, Paris, 2009, pp.544-545.

（21）Laurent Douzou, *Lucie Aubrac*, Paris, 2012, p.143.

（22）Jean-Louis Crémieux-Brilhac dir., *Les voix de la liberté, Ici Londres 1940-1944*, t.4, 10 juillet 1943-8 mai 1944, Paris, 1975, pp.219-220; Laurent Douzou, *op. cit.*, pp.144-148.

（23）Charles de Gaulle, *Mémoires de guerre*, t.2, pp.542-547.『ド・ゴール大戦回顧録Ⅳ』一六〇〜一六五頁

（24）Charles de Gaulle, *Mémoires de guerre*, t.2, pp.154-158, 571-574.『ド・ゴール大戦回顧録Ⅳ』七〜九、一九〇〜一九二頁。

（25）Charles de Gaulle, *Mémoires de guerre*, t.2, p.545.『ド・ゴール大戦回顧録Ⅳ』一六四頁。

（26）Crémieux-Brilhac, *La France libre*, t.2, pp.887-893; Charles de Gaulle, *Mémoires de guerre*, t.2, pp.550-552.『ド・ゴール大戦回顧録Ⅳ』一六九〜一七一頁。一九四四年一月一二日に可決された動議は、Pierre Chandelier, *De Gaulle 1939-1946: Entre légende et réalité*, Paris, 1999, pp.213-214.

(27) 当時、シャトーブリアン収容所にいた一七歳のギ・モケが銃殺されたことでも知られている。

(28) Crémieux-Brilhac, *La France libre*, t.2, pp.893-896; Général Giraud, *op. cit.*, pp.270-280.

(29) André Gillois, *Histoire secrète des français à Londres de 1940 à 1944*, Paris, 1973, pp.12-13.

(30) Michèle Cointet, *op. cit.*, p.490.

(31) スーステルによれば、ピュシューは銃殺隊を前にして自分自身に「撃て」と命じる許可を得て死んでいったという (Jacques Soustelle, *op.cit.*, t.2, p.345)。ピエール・ビヨットは、銃殺隊の将校からの「撃て」を命ずる名誉をピュシューに与えてよいかという問い合わせに、「勇気ある行為の完遂に好意的意見」を出したことで、ドゴールは自分を非難しなかったと記している (Pierre Billotte, *Le temps des armes*, Paris, 1972, pp.281-282)。cf. Me Trappe, "L'exécution de Pierre Pucheu," in Pierre Pucheu, *Ma vie*, Paris, 1948, pp.375-380.

(32) Louis Joxe, *Victoires sur la nuit 1940-1946*, Paris, 1981, p.136.

(33) 以上、Charles de Gaulle, *Mémoires de guerre*, t.2, pp.155, 177.『ド・ゴール大戦回顧録Ⅳ』七、二八頁。

(34) Charles de Gaulle, *Mémoires de guerre*, t.2, p.568.『ド・ゴール大戦回顧録Ⅳ』一八七頁。

(35) 一二万四〇〇〇件が審理され、一七六三人に死刑が宣告されたが、実際に処刑されたのは七六七人である。一九四五年にペタンとラヴァルも死刑宣告を受けた。ラヴァルは処刑されたが、ドゴールはペタンを終身刑に減刑した。

(36) Emmanuel Choisnel, *op. cit.*, pp.97-99; Louis Joxe, *op. cit.*, pp.178-180; Crémieux-Brilhac, *La France libre*, t.2, pp.882-884.

(37) Charles de Gaulle, *Discours et Messages*, t.1, pp.350, 353, 370, 380-390, 392-393.

(38) Christian Bougeard, *René Pleven: un français libre en politique*, Rennes, 1994, pp.124-129.

(39) Charles de Gaulle, *Mémoires de guerre*, t.2, pp.184, 555.『ド・ゴール大戦回顧録Ⅳ』三三、一七四頁。

(40) Jérôme Ollander, *Brazzaville, capitale de la France libre: Histoire de la résistance française en Afrique 1940-1944*, Paris, 2013, pp.247-248.

(41) Charles de Gaulle, *Discours et Messages*, t.1, pp.370-373; Charles de Gaulle, *Mémoires de guerre*, t.2, pp.555-557.『ド・ゴール大戦回顧録Ⅳ』一七四〜一七六頁。

(42) 平野千果子『フランス植民地主義と歴史認識』岩波書店、二〇一四年、第一章。

(43) Charles de Gaulle, *Mémoires de guerre*, t.2, pp.189-190, 590.『ド・ゴール大戦回顧録Ⅳ』四〇〜四一、二〇七頁。

(44) Charles de Gaulle, *Mémoires de guerre*, t.2, pp.193, 260-262, 668-674.『ド・ゴール大戦回顧録Ⅳ』四四、一〇二〜

一〇四、二八四～二九〇頁。

(45) Charles de Gaulle, *Mémoires de guerre*, t.2, pp.194-197, 597-599.『ド・ゴール大戦回顧録Ⅳ』四五～四七、二一四～二一六頁。Général Catroux, *op. cit.*, pp.403-409, 417-418; Crémieux-Brilhac, *La France libre*, t.2, pp.956-958.

(46) Charles de Gaulle, *Mémoires de guerre*, t.2, pp.197-199, 599-603.『ド・ゴール大戦回顧録Ⅳ』四七～四九、二一六～二二〇頁。Général Catroux, *op. cit.*, pp.414, 418-428; François Kersaudy, *Churchill and De Gaulle*, New York, 1983, p.300; Crémieux-Brilhac, *La France libre*, t.2, pp.959-965. イギリスの対応については、Harold Macmillan, *The Blast of War 1939-1945*, London, 1967, pp.420-429.

(47) Raphaële Ulrich-Pier, *René Massigli 1888-1988*, tome II, Bruxelles, 2006, p.817.

(48) Charles de Gaulle, *Mémoires de guerre*, t.2, pp.209-211.『ド・ゴール大戦回顧録Ⅳ』五七～五九頁。

(49) Crémieux-Brilhac, *La France libre*, t.2, pp.852, 944, 1003; Michèle Cointet, *op. cit.*, pp.166-170; Charles de Gaulle, *Mémoires de guerre*, t.2, pp.211-213, 569.『ド・ゴール大戦回顧録Ⅳ』六〇～六一、一八八頁。クラーク＝ダルラン協定の全文は、Arthur Layton Funk, "A Document relating to the Second World War: the Clark-Darlan Agreement, November 22, 1942," *Journal of Modern History*, vol.25, no.1, 1953, pp.63-65.

(50) Charles L. Robertson, *op. cit.*, p.1.

(51) Charles de Gaulle, *Mémoires de guerre*, t.2, pp.606-607.『ド・ゴール大戦回顧録Ⅳ』二二三～二二四頁。

(52) Crémieux-Brilhac, *La France libre*, t.2, p.997.

(53) Charles de Gaulle, *Mémoires de guerre*, t.2, pp.591, 629, 676.『ド・ゴール大戦回顧録Ⅳ』二〇八、二四六、二九二頁。

(54) Charles L. Robertson, *op. cit.*, pp.154-155.

(55) *Foreign Relations of the United States*, 1943, vol.II Europe, Washington D. C., 1964, pp.193-197.

(56) Harold Macmillan, *The Blast of War 1939-1945*, pp.439-443; François Kersaudy, *Churchill and De Gaulle*, pp.303-304, 316; François Kersaudy, *De Gaulle et Roosevelt, le duel au sommet*, Paris, 2004, pp.354-359; G. E. Maguire, *Anglo-American Policy towards the Free French*, London, 1995, p.167.

(57) Harold Macmillan, *War Diaries 1943-1945*, p.339.

(58) Anthony Eden, *The Eden Memoirs: the Reckoning*, London, 1965, p.447.

(59) Charles de Gaulle, *Mémoires de guerre*, t.2, pp.216-219, 593-594.『ド・ゴール大戦回顧録Ⅳ』六三～六六、二一〇～二一二

頁。Crémieux-Brilhac, *La France libre*, t.2, pp.1055-1059.

(60) Charles de Gaulle, *Mémoires de guerre*, t.2, p.620.『ド・ゴール大戦回顧録Ⅳ』二三七～二三八頁。

(61) Charles de Gaulle, *Mémoires de guerre*, t.2, pp.219-222.『ド・ゴール大戦回顧録Ⅳ』六六～六九頁。Crémieux-Brilhac, *La France libre*, t.2, pp.1169-1170; Charles L. Robertson, *op. cit.*, pp.114-115.

(62) Charles de Gaulle, *Mémoires de guerre*, t.2, pp.223-224.『ド・ゴール大戦回顧録Ⅳ』七〇～七一頁。

(63) チャーチルは、一九四一年六月二二日の独ソ戦に際して発した声明のなかで、「過去二五年間、私以上に一貫して共産主義に反対してきた者はいません」と述べて、反共ぶりを誇示していた（Winston Churchill, *The Second World War*, Abridged Edition, London, 2013, p.456. ウィンストン・チャーチル、佐藤亮一訳『第二次世界大戦』第二巻、河出書房新社、一九七五年、二三二頁。訳文を一部変更）。

(64) Charles de Gaulle, *Discours et Messages*, t.1, pp.404-405.

(65) Charles de Gaulle, *Mémoires de guerre*, t.2, pp.225-226.『ド・ゴール大戦回顧録Ⅳ』七二頁。

(66) André Gillois, *op. cit.*, p.10.

(67) François Kersaudy, *De Gaulle et Roosevelt*, pp.381-382.

(68) Maurice Vaïsse dir., *Correspondance Pierre Viénot-René Méassigli*, Paris, 2012, p.160; Pierre Viénot, "Un document inédit," *Le Monde*, 6 juin 1974, p.13. ヴィエノは、一九四四年七月二〇日に心臓病で死去した。

(69) Crémieux-Brilhac, *La France libre*, t.2, p.1201; François Kersaudy, *Churchill and De Gaulle*, p.347; Charles de Gaulle, *Mémoires de guerre*, t.2, p.224.『ド・ゴール大戦回顧録Ⅳ』七一頁。

(70) Anthony Eden, *op. cit.*, p.453.

(71) Charles de Gaulle, *Lettres, notes et carnets*, t.2, p.507.

(72) François Kersaudy, *Churchill and De Gaulle*, pp.322, 330-331, 352-354.

(73) Jean-Luc Barré, *op. cit.*, pp.547-553.

(74) Crémieux-Brilhac, *La France libre*, t.2, p.918.

(75) Charles de Gaulle, *Mémoires de guerre*, t.2, pp.561-563, 567.『ド・ゴール大戦回顧録Ⅳ』一八〇～一八二、一八六頁。

(76) Charles de Gaulle, *Mémoires de guerre*, t.2, pp.568-569.『ド・ゴール大戦回顧録Ⅳ』一八七～一八八頁。

(77) François Kersaudy, *De Gaulle et Roosevelt*, pp.401-402.

（78） Michèle et Jean-Paul Cointet, *La France à Londres, Renaissance d'un Etat 1940-1943*, Bruxelles, 1990, p.236.

（79） Charles de Gaulle, *Mémoires de guerre*, t.2, pp.553-555.『ド・ゴール大戦回顧録Ⅳ』一七二～一七三頁。

（80） Daniel Cordier, *Jean Moulin, La République des catacombes*, t.2, Paris, 1999, pp.1215-1216; Jean-François Muracciole, *Histoire de la France libre*, Paris, 1996, pp.111-112.

（81） Charles de Gaulle, *Mémoires de guerre*, t.2, p.559.『ド・ゴール大戦回顧録Ⅳ』一七八頁。

（82） Charles de Gaulle, *Mémoires de guerre*, t.2, pp.571-574.『ド・ゴール大戦回顧録Ⅳ』一九〇～一九二頁。

（83） Charles de Gaulle, *Mémoires de guerre*, t.2, p.629.『ド・ゴール大戦回顧録Ⅳ』二四六頁。

（84） Charles de Gaulle, *Lettres, notes et carnets*, t.2, pp.433-437.

（85） Charles de Gaulle, *Mémoires de guerre*, t.2, p.574.『ド・ゴール大戦回顧録Ⅳ』一九二頁。cf. Diane de Bellescize, "L'intérim gouvernemental des secrétaires généraux," in Fondation Charles de Gaulle, *Le rétablissement de la légalité républicaine 1944*, Paris, 1996.

（86） Charles de Gaulle, *Mémoires de guerre*, t.2, pp.574-579.『ド・ゴール大戦回顧録Ⅳ』一九三～一九六頁。

（87） Charles de Gaulle, *Mémoires de guerre*, t.2, p.583.『ド・ゴール大戦回顧録Ⅳ』二〇〇～二〇一頁。

（88） Raoul Aglion, *Roosevelt and de Gaulle: Allies in Conflict, A Personal Memoir*, New York, 1988, p.171; Chantal Morelle et Maurice Vaïsse, "La reconnaissance internationale: des enjeux contradictoires," in Fondation Charles de Gaulle, *De Gaulle et la Libération*, Paris, 2004, p.196.

（89） Charles de Gaulle, *Mémoires de guerre*, t.2, p.637.『ド・ゴール大戦回顧録Ⅳ』二五四頁。

（90） 以上、Charles de Gaulle, *Mémoires de guerre*, t.2, pp.641-644.『ド・ゴール大戦回顧録Ⅳ』二五八～二六〇頁。

（91） Crémieux-Brilhac, *La France libre*, t.2, p.1215; Charles L. Robertson, *op. cit.*, pp.173-174.

（92） Crémieux-Brilhac, *La France libre*, t.2, p.1100.

（93） Diane de Bellescize, *Les neuf sages de la Résistance: le Comité Général d'Études dans la clandestinité*, Paris, 1979, pp.195-202, 223, 270-276; Charles L. Robertson, *op. cit.*, pp.132-133. 共和国委員や知事の任命作業にかんして、ミシェル・ドブレとともに貢献したのがエミール・ラフォンである（Jean Morin, "La préparation du Comité général d'études," in Fondation Charles de Gaulle, *Le rétablissement de la légalité républicaine 1944*, pp.215-222)。

（94） Crémieux-Brilhac, *La France libre*., t.2, p.1103.

(95) Guillain de Bénouville, *Le sacrifice du matin*, Paris, 1983, C1946, p.159; Laure Moulin, *Jean Moulin*, Paris, 1982, p.254.

(96) Michel Debré, "Témoignage," in Fondation Charles de Gaulle, *Le rétablissement de la légalité républicaine 1944*, pp.168-169.

(97) Marie Granet, *Ceux de la Résistance 1940-1944*, Paris, 1964, pp.298-300. アルジェのCOMIDACと名称が同じなので注意されたい。

(98) 以上、Daniel Cordier, *op. cit.*, t.2, pp.1198-1199, 1223-1224; Marie Granet, *op. cit.*, pp.156-163, 303.

(99) Pierre Villon, *Résistant de la première heure*, Paris, 1983, p.90; Daniel Cordier, *op. cit.*, t.2, pp.1215-1216; Crémieux-Brilhac, *La France libre*, t.2, p.1083.

(100) Maurice Kriegel-Valrimont, *La libération: les archives du COMAC, mai-août 1944*, Paris, 1964, pp.17-19; Marie Granet, *op. cit.*, pp.322-323.

(101) Crémieux-Brilhac, *La France libre*, t.2, pp.1093, 1136, 1391; Daniel Cordier, *op. cit.*, t.2, p.1228.

(102) Jean-François Muracciole, *La libération de Paris, 19-26 août 1944*, Paris, 2013, p.123. 地域圏軍事代表については、Philippe André, *La Résistance confisquée? les délégués militaires du Général de Gaulle de Londres à la Libération*, Paris, 2013.

(103) Jacques Chaban-Delmas, *La libération*, Paris, 1984, p.11.

(104) Charles de Gaulle, *Mémoires de guerre*, t.2, p.694. 『ド・ゴール大戦回顧録Ⅳ』三〇九頁。Daniel Cordier, *op. cit.*, t.2, pp.1198-1201.

(105) Maurice Kriegel-Valrimont, *Mémoires rebelles*, Paris, 1999, p.59.

(106) 以上、Marie Granet, *op. cit.*, pp.170, 174-183, 324-328. 八月一四日の和解文書は、*Ibid.*, pp.344-345.

(107) COMACサイドの見解は、Pierre Villon, *op. cit.*, pp.92-95.

(108) Crémieux-Brilhac, *La France libre*, t.2, p.1122.

(109) Jean-Louis Crémieux-Brilhac dir., *Les voix de la liberté, Ici Londres 1940-1944*, t.5, 9 mai 1944-31 août 1944, Paris, 1976, p.6; Crémieux-Brilhac, *La France libre*, t.2, pp.1134-1135.

(110) Crémieux-Brilhac dir., *Les voix de la liberté*, t.5, pp.37, 59.

(111) Charles de Gaulle, *Mémoires de guerre*, t.2, p.561. 『ド・ゴール大戦回顧録Ⅳ』一七九〜一八〇頁。

（112）Charles de Gaulle, *Mémoires de guerre*, t.2, p.583.『ド・ゴール大戦回顧録Ⅳ』二〇〇頁。

（113）Jacques Debû-Bridel, *De Gaulle et le CNR*, Paris, 1978, pp.141-146, 266-271; Pierre Villon, *op. cit.*, pp.97-99. ダニエル・マイエルが社会党の名で反対したが、ドビュ＝ブリデルもヴィヨンも七・一四は「大成功」であったと記している。

（114）Charles de Gaulle, *Mémoires de guerre*, t.2, p.669.『ド・ゴール大戦回顧録Ⅳ』二八五〜二八六頁。

（115）Crémieux-Brilhac, *La France libre*, t.2, p.946.

（116）J＝F・ミュラシオル、福本直之訳『フランス・レジスタンス史』白水社、二〇〇八年、一四四頁。Crémieux-Brilhac, *La France libre*, t.2, pp.1124-1125.

（117）Aurélie Luneau, *Radio Londres 1940-1944*, Paris, 2010, pp.337-338. ヴェルレーヌの詩は、上田敏訳『海潮音』近代文学館編、ほるぷ出版、一九七〇年、七三〜七四頁。

（118）Charles de Gaulle, *Discours et Messages*, t.1, pp.407-408; Crémieux-Brilhac dir., *Les voix de la liberté*, t.5, pp.47-48.

（119）François Kersaudy, *Churchill and De Gaulle*, pp.348-349.

（120）Charles de Gaulle, *Lettres, notes et carnets*, t.2, pp.513-514.

（121）以下、Charles de Gaulle, *Mémoires de guerre*, t.2, pp.229-231.『ド・ゴール大戦回顧録Ⅳ』七五〜七六頁。Crémieux-Brilhac, *La France libre*, t.2, pp.1206-1210.

（122）Charles de Gaulle, *Lettres, notes et carnets*, t.2, pp.517-518.

（123）Crémieux-Brilhac dir., *Les voix de la liberté*, t.5, pp.69-70.

（124）René Hostache, "Bayeux, 14 juin 1944," in Fondation Charles de Gaulle, *De Gaulle et la Libération*, p.46.

（125）Charles de Gaulle, *Mémoires de guerre*, t.2, p.648.『ド・ゴール大戦回顧録Ⅳ』二六四〜二六五頁。

（126）Crémieux-Brilhac dir., *Les voix de la liberté*, t.5, pp.91-93.

（127）Crémieux-Brilhac, *La France libre*, t.1, p.49. 国務省がＡＭＧＯＴを推進したのに対して、ジョン・マクロイ陸軍次官がいた陸軍省は批判的であった（Kim Munholland, "The United States and the Free French," in Robert O. Paxton and Nicholas Wahl ed., *De Gaulle and the United States: A Centennial Reappraisal*, Oxford, 1994, pp.89-90）。

（128）Raoul Aglion, *op. cit.*, pp.174-175; François Kersaudy, *De Gaulle et Roosevelt*, p.415.

（129）Charles L. Robertson, *op. cit.*, pp.167-168, 176, 182; Charles de Gaulle, *Mémoires de guerre*, t.2, pp.289-290, 639.『ド・ゴール大戦回顧録Ⅳ』一二八〜一二九、二五六頁。ドミニク・ラピエール、ラリー・コリンズ、志摩隆訳『パリは燃えているか？

上』早川書房、一九六六年、一四七頁、原注参照。本書の訳書は二〇〇五年に再刊されている。

(130) Charles de Gaulle, *Lettres, notes et carnets*, t.2, p.515.

(131) Charles de Gaulle, *Mémoires de guerre*, t.2, p.651.『ド・ゴール大戦回顧録Ⅳ』二六七頁。

(132) Crémieux-Brilhac, *La France libre*, t.2, pp.1219-1220; Charles de Gaulle, *Mémoires de guerre*, t.2, pp.243, 662.『ド・ゴール大戦回顧録Ⅳ』八七、二七九頁。

(133) Charles de Gaulle, *Mémoires de guerre*, t.2, p.651.『ド・ゴール大戦回顧録Ⅳ』二六八頁。Charles de Gaulle, *Lettres, notes et carnets*, t.2, pp.528-529. ヴィエノは、一九四四年六月二九日にマシリに宛てて「私はあなたに躊躇なく申し上げますが、われわれに提案された協定が受け入れられるはずです」と記していた（Maurice Vaïsse dir., *op. cit.*, p.165）。

(134) François Kersaudy, *De Gaulle et Roosevelt*, pp.438-439.

(135) Anthony Eden, *op. cit.*, pp.477, 485.

(136) François Kersaudy, *De Gaulle et Roosevelt*, pp.440-442.

(137) William D. Leahy, *I was there*, New York, 1979, p.274.

(138) Charles L. Robertson, *op. cit.*, pp.185-186.

(139) Charles de Gaulle, *Mémoires de guerre*, t.3 le salut 1944-1946, Paris, 1959, p.339. ド・ゴール、村上光彦訳『ド・ゴール大戦回顧録Ⅴ』みすず書房、一九九九年、一六七〜一六八頁。

(140) Charles de Gaulle, *Mémoires de guerre*, t.2, p.675.『ド・ゴール大戦回顧録Ⅳ』二九一頁。

(141) Charles de Gaulle, *Discours et Messages*, t.1, pp.437-438; Crémieux-Brilhac, *La France libre*, t.2, pp.1253, 1262.

(142) Yves Farge, *Rebelles soldats et citoyens*, Paris, 1946, pp.189-192.

(143) Charles-Louis Foulon, "La Résistance et le pouvoir de l'État dans la France libérée," in Fondation Charles de Gaulle, *Le rétablissement de la légalité républicaine 1944*, p.195.

(144) Claire Andrieu, "Le CNR et les logiques de l'insurrection résistante," in Fondation Charles de Gaulle, *De Gaulle et la Libération*, pp.76-77.

(145) Jean-François Muracciole, *La libération de Paris*, pp.124-125. フランス全体のＦＦＩの人数は、一九四四年一月で五万人、六月で一〇万人、解放時には五〇万人に達していたという（Philippe Buton, "La France atomisée," in Jean-Pierre Azéma et François Bédarida dir., *La France des années noires*, t.2, Paris, 2000, pp.429-430）。

(146) パリ解放をめぐる邦語文献には、エマニュエル・ダスティエ、井上堯裕編訳『パリは解放された』白水社、一九八五年、一八三〜二一八頁。ラピエール、コリンズ、前掲書、上・下。

(147) Jean-François Muracciole, *La libération de Paris*, pp.132, 136-137; Christian Chevandier, *Été 44, l'insurrection des policiers de Paris*, Paris, 2014, pp.28-31.

(148) 五項目からなる指令は、敵を利する仕事の放棄、工場で敵に雇用されている人員を捕捉、敵の破壊行為を阻止する班の編成、退却する敵が人員や物資を奪い去ることの阻止、連合軍が到着しだい仕事の再開と秩序の回復であった。Charles de Gaulle, *Lettres, notes et carnets*, t.2, p.547.

(149) 八月一九日の警察官の蜂起については、Luc Rudolph, *Policiers rebelles: La Résistance au cœur de la Préfecture de Police*, Paris, 2012, pp.16, 258-312.

(150) Charles de Gaulle, *Mémoires de guerre*, t.2, p.700.『ド・ゴール大戦回顧録Ⅳ』三一四頁。Charles de Gaulle, *Lettres, notes et carnets*, t.2, p.538.

(151) Henri Noguères, *Histoire de la Résistance en France de 1940 à 1945*, tome 5, Paris, 1981, pp.495-498.

(152) Jacques Debû-Bridel, *op. cit.*, pp.160-161; Pierre Villon, *op. cit.*, pp.110-113; Maurice Kriegel-Valrimont, *La libération*, pp.197-207; Jacques Chaban-Delmas, *op. cit.*, p.30; Daniel Cordier, *op. cit.*, t.2, pp.1270-1274. 1351-1362; Roger Bourderon, *Rol-Tanguy, des Brigades internationales à la libération de Paris*, Paris, 2013, pp.407-408, 411, 414; Henri Noguères, *op. cit.*, t.5, pp.505-509.

(153) Crémieux-Brilhac, *La France libre*, t.2, pp.1247, 1273.

(154) Philippe Buton, "La France atomisée," in Jean-Pierre Azéma et François Bédarida dir., *op. cit.*, t.2, p.452. パリ蜂起に参加していた共産党のシャルル・チヨンは、パリ解放戦の犠牲者の数として、死者（蜂起軍九〇一人、市民五八二人、ドイツ軍二七〇八人）、負傷者（蜂起軍一四五五人、市民二〇一二人、ドイツ軍四九一一人）をあげている。Charles Tillon, *On chantait rouge*, Paris, 1977, p.399.

(155) Charles de Gaulle, *Mémoires de guerre*, t.2, pp.305-306.『ド・ゴール大戦回顧録Ⅳ』一四二頁。ＣＮＲの宣言については、*Le Populaire*, août 1944.; *L'Humanité*, 26 août 1944.

(156) Charles de Gaulle, *Mémoires de guerre*, t.2, p.306.『ド・ゴール大戦回顧録Ⅳ』一四三頁。

(157) Daniel Cordier, *op. cit.* t.2, p.1384.

(158) Jacques Debû-Bridel, *op. cit.*, p.182; Daniel Mayer, *Les socialistes dans la Résistance*, Paris, 1968, p.154.
(159) Charles de Gaulle, *Mémoires de guerre*, t.2, p.308. 『ド・ゴール大戦回顧録Ⅳ』一四四頁。
(160) Fondation et Institut Charles de Gaulle, *Avec De Gaulle: Témoignages*, t.1 La Guerre et la Libération, Paris, 2003, p.58.
(161) Charles de Gaulle, *Mémoires de guerre*, t.2, pp.709-710. 『ド・ゴール大戦回顧録Ⅳ』三三三～三三四頁。
(162) Jacques Debû-Bridel, *op. cit.*, pp.185, 187.
(163) Daniel Cordier, *op. cit.*, t.2, p.1276.
(164) Henri Noguères, *op. cit.*, t.5, p.778; Serge Ravanel, *L'Esprit de Résistance*, Paris, 1995, pp.390-393.
(165) Charles de Gaulle, *Mémoires de guerre*, t.2, pp.317-318. 『ド・ゴール大戦回顧録Ⅳ』一五二～一五三頁。
(166) Emmanuel Choisnel, *op. cit.*, p.135.
(167) Charles de Gaulle, *Mémoires de guerre*, t.2, p.311. 『ド・ゴール大戦回顧録Ⅳ』一四六頁。
(168) Charles de Gaulle, *Mémoires de guerre*, t.3, pp.301-302. 『ド・ゴール大戦回顧録Ⅴ』一三二～一三三頁。
(169) Jacques Debû-Bridel, *op. cit.*, p.198.
(170) Charles de Gaulle, *Mémoires de guerre*, t.3, pp.302-310. 『ド・ゴール大戦回顧録Ⅴ』一三三～一四一頁。
(171) Charles de Gaulle, *Mémoires de guerre*, t.3, p.8. 『ド・ゴール大戦回顧録Ⅴ』一三頁。
(172) Laurent Douzou et Dominique Veillon, "Les déplacements du général de Gaulle à travers la France," in Fondation Charles de Gaulle, *De Gaulle et la Libération*, pp.143-163.
(173) Charles de Gaulle, *Mémoires de guerre*, t.3, p.18. 『ド・ゴール大戦回顧録Ⅴ』一二一頁。
(174) Albert Camus, *Camus à Combat: éditoriaux et articles d'Albert Camus 1944-1947*, Paris, 2002, p.141-143.
(175) Jean Cassou, *La mémoire courte*, Paris, 1953, p.91.
(176) Maurice Kriegel-Valrimont, *La libération*, pp.232-234.
(177) Philippe Buton, "L'État restauré," in Jean-Pierre Azéma et François Bédarida dir., *op. cit.*, t.2, p.468.
(178) Claude Bouchinet-Serreulles, *Nous étions faits pour être libres: la Résistance avec De Gaulle et Jean Moulin*, Paris, 2000, p.325.
(179) Philippe Buton, "L'État restauré," in Jean-Pierre Azéma et François Bédarida dir., *op. cit.*, t.2, p.470; Annette Wieviorka, *Maurice et Jeannette, Biographie du couple Thorez*, Paris, 2010, pp.341-342.

(180) Charles de Gaulle, *Mémoires de guerre*, t.3, p.100.『ド・ゴール大戦回顧録V』九七〜九八頁。

むすび

(1) René Massigli, *Une comédie des erreurs 1943-1956*, Paris, 1978, p.16.

(2) Jean-Pierre Azéma, "Des résistances à la Résistance," in Jean-Pierre Azéma et François Bédarida dir., *La France des années noires*, t.2, Paris, 2000, pp.275, 278.

(3) Jean-François Muracciole, *La libération de Paris, 19-26 août 1944*, Paris, 2013, p.119.

(4) Jean-Louis Crémieux-Brilhac, *La France libre: de l'appel du 18 juin à la Libération*, t.2, Paris, 2013, p.1304.

(5) 第五共和政の大統領も含めたドゴールの小伝として、渡辺和行『ド・ゴール――偉大さへの意志――』山川出版社、二〇一三年。本格的なドゴール伝として、渡邊啓貴『シャルル・ドゴール――民主主義の中のリーダーシップへの苦闘――』慶應義塾大学出版会、二〇一三年。

(6) 渡辺和行『近代フランスの歴史学と歴史家――クリオとナショナリズム――』ミネルヴァ書房、二〇〇九年、三六二〜三六三頁。

(7) Alain Corbin, *Les héros de l'histoire de France expliqués à mon fils*, Paris, 2011, pp.174-176.

(8) Charles de Gaulle, *Mémoires de guerre*, t.3 le salut 1944-1946, Paris, 1959, pp.325-331. ド・ゴール、村上光彦訳『ド・ゴール大戦回顧録V』みすず書房、一九九九年、一五六〜一六〇頁。

(9) Charles de Gaulle, *Mémoires de guerre*, t.3, p.102.『ド・ゴール大戦回顧録V』九九頁。

あとがき

本書の執筆を思い立ったのは、今から四年ほど前の二〇一三年秋のことである。『フランス人民戦線――反ファシズム・反恐慌・文化革命――』（人文書院）を一一月に出版したうえに、定年（六三歳）が迫っていたこともあり、これで現職中の研究も終わりかなという思いがよぎったりしていた。

ところで、研究者にとって秋は科学研究費補助金（科研費）を申請する時期でもあり、科研費に応募するテーマを考えねばならなかった。そのときひらめいたのが「自由フランスと主権回復の闘いに関する総合的研究」というテーマである。さいわいにして、二〇一四年度から二〇一六年度までの三年間、科学研究費補助金　基盤研究（C）（一般）《課題番号 26370858》に採択された。本書は、この三年間の科研費による研究の成果であり、筆者の退職の年に本書が日の目を見ることとなった。まずは、科研費の助成に謝意を表したい。

「はじめに」でも触れたように、本書は日本人が自由フランスを論じた最初の研究である。レジスタンス神話から時間的にも地理的にも遠く、ドゴール派と反ドゴール派の熱い政争からも遠い時代の日本人の筆者であればこそ、クールに客観的に自由フランスの歴史を論じることが可能であった。自由フランスに焦点をあてた本書によって、国外レジスタンスの動向、国内レジスタンスと国外レジスタンスとの関係が明らかになっただろう。それは、ドイツに抵抗したフランス、ドイツと協力したフランス、沈黙していたフランスをトータルに把握するためにも不可欠な作業であった。第二次世界大戦期フランスの公正にして公平な歴史像を呈示するためにも、こうした研究の必要性は高まっている。それゆえ本書の意義は、わが国の自由フランス研究の欠落を埋めるというようにとどまらず、わが国の自由フランス研究を国際水準に押しあげることで、後進のためにおおいに役立つ可能性を秘めている点にあるだろう。本書を契機に、フランス現代史の研究を志す若手研究者が出てきてくれることを切に願っている。

筆者は、教員生活三五年に幕を降ろし、二〇一八年三月に退職する。在職中に本書を刊行できたことを素直に喜びたいが、同時に本書が成るまでに、いつもながらではあるが、さまざまな方のお世話になった。奈良女子大学学術情報センターの職員の方、フランス書の書誌情報を定期的に提供していただいた取次店の方、関西にある歴史系の研究会（関西フランス史研究会、近代社会史研究会、関西政治史研究会）の会員諸氏に感謝申し上げる。

筆者は、香川大学法学部に一五年半、奈良女子大学文学部に一九年半勤めた。とくに香川大学では、いわば研究者としてのインフラストラクチャーの整備ができたことはよい経験であったと思う。香川大学では、教育学部や経済学部の研究会に出席できたこともよい刺激になった。そうした研究インフラの上に、奈良女子大学において研究面のスープラストラクチャーが構築できたとはとても言えないが、わずかではあれ実を結んだものもあったであろうと考えている。その意味でも、自由にして刺激的な研究環境を提供していただいた香川大学法学部と奈良女子大学文学部の同僚諸兄諸姉に、お礼を申し述べたい。

また、本書の出版に際しては、昭和堂編集部の鈴木了市氏と竹林克将氏にたいへんお世話になった。両氏の行き届いたエディターシップにも感謝申し上げる。

二〇一七年初夏　ロシア革命一〇〇周年の年に

キャンパスで草を食む鹿をながめつつ

渡辺和行

ア　行

アイゼンハワー、ドワイト（Eisenhower, Dwight　1890-1969）　97, 98, 100, 113, 213, 234, 235, 238, 239, 241, 255, 260-263, 266
アヴィナン、アントワーヌ（Avinin, Antoine　1902-1962）　321
アグリオン、ラウル（Aglion, Raoul　1907-2004）　39, 88, 89, 92, 298
アゼマ、ジャン＝ピエール（Azéma, Jean-Pierre　1937-）　277
アトリー、クレメント（Attlee, Clement　1883-1967）　66
アバディ、ジュール（Abadie, Jules　1876-1953）　210, 328
アベッツ、オットー（Abetz, Otto　1903-1958）　69
アリベール、ラファエル（Alibert, Raphaël　1887-1963）　26
アルファン、エルヴェ（Alphand, Hervé　1907-1994）　39, 206, 207
アルベルテリ、セバスチャン（Albertelli, Sébastien　?）　159
アロン、レーモン（Aron, Raymond　1905-1983）　38, 137, 203, 323
アンティエ、ポール（Antier, Paul　1905-1996）　154
イーデン、アンソニー（Eden, Anthony　1897-1977）　68, 71, 75, 78, 84, 86, 97, 109, 120, 137, 141, 158-160, 167, 236, 239, 241, 242, 247, 260, 261, 306, 325
イェオ＝トーマス、フォレスト（Yeo-Thomas, Forest　1902-1964）　193, 194
イズメイ、ヘイスティングズ・ライオネル（Ismay, Hastings Lionel　1887-1965）　60
イマン、マックス（Hymans, Max　1900-1961）　154
ヴァニエ、ジョルジュ（Vanier, Georges　1888-1967）　145
ヴァラン、シャルル（Vallin, Charles　1903-1948）　160, 161
ヴァラン、マルシャル（Valin, Martial　1898-1980）　135
ヴァルリモン（モーリス・クリージェル）（Valrimont：Maurice Kriegel　1914-2006）　249, 250
ヴァロン、ルイ（Vallon, Louis　1901-1981）　154
ヴァン・エック、アルフォンス（Van Hecke, Alphonse　1890-1981）　95, 114
ウィエヴィオルカ、オリヴィエ（Wieviorka, Olivier　1960-）　9, 317
ヴィエノ、ピエール（Viénot, Pierre　1897-1944）　19, 211, 242, 247, 260, 335
ヴィヨン、ピエール（Villon, Pierre　1901-1980）　175, 177, 190, 191, 194, 199, 249, 250, 264, 266, 272
ウィルソン、エドウィン（Wilson, Edwin　1893-1972）　216, 235, 236, 239
ヴィルヌーヴ、ジャン＝マリ＝ロドリグ（Villeneuve, Jean-Marie-Rodrigue　1883-1947）　144
ウードリ、ウジェーヌ（Houdry, Eugène　1892-1962）　92
ヴェイユ、ジョルジュ（Weill, Georges　1882-1970）　162
ヴェイユ＝キュリエル、アンドレ（Weil-Curiel, André　1910-1988）　23
ウェーガン、マキシム（Weygand, Maxime　1867-1965）　26-28, 61, 84, 124, 126, 292, 299
ウェラー、ジョージ（Weller, George　1907-2002）　75
ウェルズ、サムナー（Welles, Sumner　1892-1961）　39, 88, 89, 92, 101
ヴェルレーヌ、ポール（Verlaine, Paul　1844-1896）　254
ヴォギュエ、ジャン・ド（Vogüé, Jean de　1898-1972）　195, 249-251
エチエ・ド・ボワランベール、クロード（Hettier de Boislambert, Claude　1906-1986）　31, 55, 56, 164, 207, 221
エブーエ、フェリックス（Éboué, Félix　1884-1944）　54, 62, 64, 78, 127, 232
エリオ、エドアール（Herriot, Édouard　1872-1957）　112, 114, 115, 155, 204, 259
エルー、ジャン（Helleu, Jean　1885-1955）　235
エルヴェ、ピエール（Hervé, Pierre　1913-1993）　5, 264, 321
エレンブルグ、イリヤ（Ehrenbourg, Ilya　1891-1967）　139

オーボワノー、フィリップ（Auboyneau, Philippe　1899-1961）　86, 87, 135
オック、アンリ（Hauck, Henry　1902-1967）　36, 125, 131, 153, 156
オディック、ロベール（Odic, Robert　1887-1958）　211
オプノ、アンリ（Hoppenot, Henri　1891-1977）　211, 237, 259
オブラック、リュシー（Aubrac, Lucie　1912-2007）　226
オブラック、レーモン（Aubrac, Raymond　1914-2012）　168
オフロワ、レーモン（Offroy, Raymond　1909-2003）　102, 304
オリオール、ヴァンサン（Auriol, Vincent　1884-1966）　230, 231

カ　行

カイヨワ、ロジェ（Caillois, Roger　1913-1978）　143, 144
カヴァイエス、ジャン（Cavaillès, Jean　1903-1944）　154, 179, 311
カサン、ルネ（Cassin, René　1887-1976）　20, 29, 33, 34, 40, 72, 74, 88, 127, 129-131, 136, 139, 211, 224
カスー、ジャン（Cassou, Jean　1897-1986）　6, 10, 272
カスピ、アンドレ（Kaspi, André　1937-）　206
カトルー、ジョルジュ（Catroux, Georges　1877-1969）　28, 31, 58, 61-63, 70, 72, 76, 78, 79, 105, 109, 113, 117, 119, 120, 127, 201, 203-210, 223-236, 292, 304, 305, 323, 328
カニンガム、ジョン（Cunningham, John　1885-1962）　58
カピタン、ルネ（Capitant, René　1901-1970）　202, 223
カミュ、アルベール（Camus, Albert　1913-1960）　272
カルテンブルンナー、エルンスト（Kaltenbrunner, Ernst　1903-1946）　192
ガロー、ロジェ（Garreau, Roger　?）　139
ガロー＝ドンバル、モーリス（Garreau-Dombasle, Maurice　1882-1970）　145
カンボン、ロジェ（Cambon, Roger　1880-?）　27, 40, 303
ギファード、ジョージ（Giffard, George　1886-1964）　56, 79
キャシー、リチャード（Casey, Richard　1890-1976）　76
キャッツ＝ブラモン、エミール（Katz-Blamont, Émile　1905-?）　225
ギラン・ド・ベヌヴィル、ピエール（Guillain de Bénouville, Pierre　1914-2001）　169, 181, 316, 320
グーアン、フェリックス（Gouin, Félix　1884-1977）　137, 144, 159, 164, 225, 278, 310
クーヴ・ド・ミュルヴィル、モーリス（Couve de Murville, Maurice　1907-1999）　210, 214, 328
クーパー、ダフ（Cooper, Duff　1890-1954）　228, 236, 240
クーユ、アンリ（Queuille, Henri　1884-1970）　136, 164, 202, 224, 328
クーレ、フランソワ（Coulet, François　1906-1984）　223, 256-258
クラーク、マーク（Clark, Mark　1896-1984）　97-99
クラウゼヴィッツ、カール・フォン（Clausewitz, Carl von　1780-1831）　41
グルサール、ジョルジュ（Groussard, Georges　1891-1980）　149, 306
クルセル、ジョフロワ・ド（Courcel, Geoffroy de　1912-1992）　18
クルタン、ルネ（Courtin, René　1900-1964）　157
クルナリー、ピエール（Cournarie, Pierre　1895-1968）　65
グルニエ、フェルナン（Grenier, Fernand　1901-1992）　118, 163, 243, 244
クレミュー＝ブリヤック、ジャン＝ルイ（Crémieux-Brilhac, Jean-Louis　1917-2015）　4, 8, 26, 31, 66, 156, 258
クロゾン、フランシス＝ルイ（Closon, Francis-Louis　1910-1998）　195, 207
ケーニグ、マリ＝ピエール（Koenig, Marie-Pierre　1898-1970）　31, 78, 245, 250-252, 260, 262-264
ゲーノ、ジャン（Guéhenno, Jean　1890-1978）　25, 45
ケリリス、アンリ・ド（Kerillis, Henri de　1889-1958）　38, 67, 124, 209
コクアン、ロジェ（ルノルマン）（Coquoin,

Roger：Lenormand　1897-1943)　174, 190, 321
コット、ピエール（Cot, Pierre　1895-1977)　28, 165, 190
コポー、パスカル（Copeau, Pascal　1908-1982)　190, 194, 198, 321
コメール、ピエール（Comert, Pierre　1880-1964)　36, 125, 137
コルディエ、ダニエル（Cordier, Daniel　1920-)　151, 167, 176, 186, 205, 321
コルティッツ、ディートリヒ・フォン（Choltitz, Dietrich von　1894-1966)　264, 267
コルバン、アラン（Corbin, Alain　1936-)　278
コルバン、シャルル（Corbin, Charles　1882-1970)　40, 124, 125
コルバン、ルネ（Corbin, René　1888-1948)　190
ゴンボー、ジョルジュ（Gombault, Georges　?)　36, 161

サ　行

サイヤン、ルイ（Saillant, Louis　1910-1974)　190, 194
サヴァリ、アラン（Savary, Alain　1918-1988)　79, 81, 144
サリエージュ、ジュール（Saliège, Jules　1870-1956)　44
サン＝ジャック（モーリス・デュクロ）(Saint-Jacques：Maurice Duclos　1906-1981)　38, 149
シエイエス、ジャック・ド（Siéyès, Jacques de　1891-1949)　145
シセ、アドルフ（Sicé, Adolphe　1885-1957)　56, 127
シモン、ジャック＝アンリ（Simon, Jacques-Henri　1909-1944)　152, 190, 321
ジャキノ、ルイ（Jacquinot, Louis　1898-1983)　155, 223
シャテル、イヴ（Châtel, Yves　1885-1944)　106
シャバン＝デルマス、ジャック（Chaban-Delmas, Jacques　1915-2000)　250, 251, 264-266
シャルパンティエ、ジャック（Charpentier, Jacques　1881-1974)　157
シャルボニエール、ジラール・ド（Charbonnières, Girard de　1907-1990)　304
シャントロン、ジャン（Chaintron, Jean　1906-1989)　248
ジャンヌネー、ジュール（Jeanneney, Jules　1864-1957)　161
シャンベロン、ロベール（Chambeiron, Robert　1915-2014)　147, 309
シャンボン、アルベール（Chambon, Albert　1909-2002)　185
ジュアン、アルフォンス＝ピエール（Juin, Alphonse-Pierre　1888-1967)　97-99, 255, 300
シュヴァンス＝ベルタン、モーリス（Chevance-Bertin, Maurice　1910-1996)　249
シュヴィニェ、ピエール・ド（Chevigné, Pierre de　1909-2004)　39, 90, 257
シュヴェニェ、モーリス・ド（Cheveigné, Maurice de　1920-1992)　159
シューマン、モーリス（Schumann, Maurice　1911-1998)　25, 29, 37, 41, 43, 153, 156, 163, 170, 207, 226, 256, 311
ジュオー、レオン（Jouhaux, Léon　1879-1954)　155, 204
ジヨ、オーギュスト（Gillot, Auguste　1905-1998)　264, 321
ジョヴォニ、アルチュール（Giovoni, Arthur　1909-1996)　221
ショータン、カミーユ（Chautemps, Camille　1885-1963)　145
ジョゼフ（ジョルジュ・ボーフィス）(Joseph：Georges Beaufils　1913-2002)　174
ジョックス、ルイ（Joxe, Louis　1901-1991)　109, 116, 228
ショフィエ、ルイ＝マルタン（Chauffier, Louis-Martin　1894-1980)　172
ジョルジュ、ジョゼフ（Georges, Joseph　1875-1951)　111, 208-211, 324, 327, 328
ジロー、アンリ（Giraud, Henri　1879-1949)　96-100, 104-106, 108-121, 127, 160, 169, 172, 184, 186, 190, 197, 201-216, 220-225, 228, 235, 276, 300, 302, 304, 305, 320, 323, 324, 327
ジロワ、アンドレ（Gillois, André　1902-2004)　188, 241
スウィーツ、ジョン・F（Sweets, John F.

1945-)　181
スーステル、ジャック（Soustelle, Jacques 1912-1990）　29, 46, 54, 96, 118, 136, 143, 160, 202, 211, 220, 282, 329
スカマローニ、フレッド（Scamaroni, Fred 1914-1943）　221
スターク、ハロルド（Stark, Harold 1880-1972）　100, 142
スターリン、ヨシフ（Stalin, Joseph 1878-1953）　101, 273
スピアーズ、エドワード（Spears, Edward 1886-1974）　33, 68, 72, 76, 124, 129, 235, 295
スミス、ビーデル（Smith, Bedell 1895-1961）　235
ゼー、ジャン（Zay, Jean 1904-1944）　19
セルール、クロード（Serreulles, Claude 1912-2000）　39, 154, 173, 188, 192, 193, 197, 198, 204
ソート、アンリ（Sautot, Henri 1885-1963）　50, 53, 91, 92, 127

タ 行

ダスティエ・ド・ラ・ヴィジュリ、アンリ（d'Astier de la Vigerie, Henri 1897-1952）　95, 301
ダスティエ・ド・ラ・ヴィジュリ、エマニュエル（d'Astier de la Vigerie, Emmanuel 1900-1969）　5, 20, 101, 102, 147, 154, 156, 160, 168-173, 184, 188, 197, 198, 205, 223, 245, 271, 322
ダスティエ・ド・ラ・ヴィジュリ、フランソワ（d'Astier de la Vigerie, François 1886-1956）　103, 104
タック、ピンクニー（Tuck, Pinkney 1891-1967）　93
タブイ、ジュヌヴィエーヴ（Tabouis, Geneviève 1892-1985）　38, 39, 125
ダラディエ、エドアール（Daladier, Édouard 1884-1970）　19, 129
タルベ・サン＝タルドワン、ジャン（Tarbé de Saint-Hardouin, Jean 1899-1956）　95
ダルラン、アラン（Darlan, Alain ?）　97, 98
ダルラン、フランソワ（Darlan, François 1881-1942）　69, 96-100, 102, 105, 106, 114, 119, 172, 300
ダレス、アレン（Dulles, Allen 1893-1969）　168, 259
ダン、ジェイムズ・クレメント（Dunn, James Clement 1890-1979）　237
チエリー・ダルジャンリュー、ジョルジュ（Thierry d'Argenlieu, Georges 1889-1964）　59, 74, 78, 90, 91, 127, 135, 136, 144, 304
チボー、ルネ（René Thibault ？）　25
チャーチル、ウィンストン（Churchill, Winston 1874-1965）　16-18, 24, 30, 32, 34, 55-58, 61-63, 66, 68, 70-73, 75, 76, 78-80, 83, 84, 95-97, 100, 103, 108, 109, 111, 112, 124-126, 128, 129, 132-135, 137, 141, 158, 162, 205, 206, 212, 214-216, 228, 236, 239-243, 256, 261, 292, 295, 306, 324, 331
チヨン、シャルル（Tillon, Charles 1897-1993）　179, 222, 336
ティクシエ、アドリアン（Tixier, Adrien 1893-1946）　29, 37, 88-90, 92, 101, 141, 142, 210, 224, 298, 327
ティシエ、ピエール（Tissier, Pierre 1903-1955）　29, 136, 153
ディテルム、アンドレ（Diethelm, André 1896-1954）　135, 150, 153, 156, 210, 223, 327
ティヨン、ジェルメーヌ（Tillion, Germaine 1907-2007）　25
テシエ、ガストン（Tessier, Gaston 1887-1960）　190
テトジャン、ピエール＝アンリ（Teitgen, Pierre-Henri 1908-1997）　157, 271
デュクロ、ジャック（Duclos, Jacques 1897-1975）　118, 199
デュシェーヌ、ジャック（Duchesne, Jacques 1897-1971）　43
デュノワイエ・ド・スゴンザック、ピエール（Dunoyer de Segonzac, Pierre 1906-1968）　173
デュピュイ、ピエール（Dupuy, Pierre 1896-1969）　126
デュフール、モーリス（Dufour, Maurice ?）　239, 240
デュロゼル、ジャン＝バティスト（Duroselle, Jean-Baptiste 1917-1994）　216
デリアム、マルセル（Degliam, Marcel 1912-

1989）　264, 321
デルボス、イヴォン（Delbos, Yvon　1885-1956）　19, 125
トゥヴィエ、ポール（Touvier, Paul　1915-1996）　7
トゥシャール、ジャン（Touchard, Jean　1918-1971）　20
ドゥズー、ローラン（Douzou, Laurent　1954-）　174
トゥニー、アルフレッド（Touny, Alfred　1886-1944）　174, 248, 249
ドゴール、イヴォンヌ（De Gaulle, Yvonne　1900-1979）　20, 62, 73, 213
ドゴール、シャルル（De Gaulle, Charles　1890-1970）　2, 4-6, 8, 12-13, 16-28, 30-47, 50, 52-64, 66-87, 89-96, 100-106, 108-121, 124-155, 158, 160-167, 169-172, 176, 179-187, 190-192, 194-199, 201-217, 220-232, 234-236, 238-249, 252-263, 265-273, 276-279, 292, 295, 298, 301, 305-307, 311, 314, 319, 320, 327-329
ドゴール、フィリップ（De Gaulle, Philippe　1921-）　105
ドジャン、モーリス（Dejean, Maurice　1899-1982）　74, 75, 129, 131, 133, 135, 138, 139, 306
ドジュシュー、ピエール（Dejussieu, Pierre　1898-1984）　248-250
トション、ロワ（Tochon, Loys　?）　109
ドニ大佐（Colonel Denis　?）　53
ドニ、ピエール（Denis, Pierre　1883-1951）　23, 29, 32, 130, 212
ドビュ＝ブリデル、ジャック（Debû-Bridel, Jacques　1902-1993）　67, 190, 205, 264, 268
ドフェール、ガストン（Defferre, Gaston　1910-1986）　149, 151, 152, 310
ドブレ、ミシェル（Debré, Michel　1912-1996）　157, 248, 312, 332
ドランジュ、ジャン＝マリ（Delange, Jean-Marie　?）　56
ドルトン、ヒュー（Dalton, Hugh　1887-1962）　149, 313
トレ、アンドレ（Tollet, André　1913-2001）　266
トレーズ、モーリス（Thorez,　Maurice　1900-1964）　243, 273
ドレストラン、シャルル（Delestraint, Charles　1879-1945）　171, 172, 181, 182, 186, 192, 248

ナ 行

ニコルソン、ハロルド（Nicolson, Harold　1886-1968）　242
ノーロワ、ルネ・ド（Naurois, René de　1906-2006）　180
ノゲス、シャルル（Noguès, Charles　1876-1971）　19, 27, 28, 97-99, 106, 126, 208, 286, 300
ノルトリング、ラウル（Nordling, Raoul　1881-1962）　265

ハ 行

ハーヴェイ、オリヴァー（Harvey, Oliver　1893-1968）　112
パクストン、ロバート・O（Paxton, Robert O　1932-）　7
バスティッド、ポール（Bastid, Paul　1892-1974）　157, 321
バゼーヌ、フランソワ（Bazaine, François　1811-1888）　102
パッシー（アンドレ・ドワヴラン）（Passy：André Dewavrin　1911-1998）　29, 38, 68, 69, 81, 149, 150, 153, 154, 156, 158, 160, 174, 177, 178, 192, 197, 209, 239, 306, 321, 325
パッチ、アレグザンダー（Patch, Alexander　1889-1945）　91
パポン、モーリス（Papon, Maurice　1910-2007）　7
パラン、アンドレ（Parant, André　1897-1941）　57
ハリファックス、エドワード（Halifax, Edward　1881-1959）　66, 125
ハル、コーデル（Hull, Cordell　1871-1955）　39, 83, 84, 92, 101, 115, 206, 214, 216, 261
バルビー、クラウス（Barbie, Klaus　1913-1991）　7
パレウスキ、ガストン（Palewski, Gaston　1901-1984）　20, 23, 29, 129, 203, 207, 301
パロディ、アレクサンドル（Parodi, Alexandre　1901-1979）　157, 198, 265, 268, 271
バンジャン、ジャック（Bingen, Jacques　1908-1944）　109, 193, 194, 197, 198, 228,

249, 250
ピエール＝ブロック、ジャン（Pierre-Bloch, Jean　1905-1999）　154
ビドー、ジョルジュ（Bidault, Georges　1899-1983）　103, 156, 157, 168, 190, 191, 193, 194, 197, 198, 268, 269, 271, 315, 321, 324
ヒトラー、アドルフ（Hitler, Adolf　1889-1945）　42, 61, 69, 98, 126, 131, 138, 151, 215
ビドル、フランシス（Biddle, Francis　1886-1968）　39
ピノー、クリスチアン（Pineau, Christian　1904-1995）　151-155, 168, 174, 179, 184, 310, 311, 319, 321
ビユー、フランソワ（Billoux, François　1904-1978）　243, 244
ピュオー、ガブリエル（Puaux, Gabriel　1883-1970）　27, 28
ピュシュー、ピエール（Pucheu, Pierre　1899-1944）　168, 224, 228, 229, 329
ビュレ、エミール（Buré, Émile　1876-1952）　125
ビヨット、ピエール（Billotte, Pierre　1906-1992）　81, 82, 174, 202, 207, 329
ファルジュ、イヴ（Farge, Yves　1899-1953）　263
フィリップ、アンドレ（Philip, André　1902-1970）　25, 37, 101, 102, 106, 112, 136, 141, 154, 155, 158, 161, 162, 170, 175-177, 179, 194, 207, 210, 212, 224, 230, 301, 327
フェナール、レーモン（Fénard, Raymond　1887-1957）　97, 98, 240, 259
フォール、フランソワ（Faure, François　1897-1982）　162
フォンテーヌ（アリスティッド・アントワーヌ）（Fontaine：Aristide Antoine　1891-1969）　23, 62, 129
ブスカ、ルネ（Bouscat, René　1891-1970）　305
プチ、ウジェーヌ（Petit, Éugène　1907-1989）　190, 321
プチ、エルネスト（Petit, Ernest　1888-1971）　139
ブナン、ジャック（Bounin, Jacques　1908-1977）　248
ブノワ、ルイ・ド（Benoist, Louis de　1882-1957）　142
ブノワ＝メシャン、ジャック（Benoist-Méchin, Jacques　1901-1983）　69
フランダン、ピエール＝エチエンヌ（Flandin, Pierre-Étienne　1889-1958）　238
プリウー、ルネ（Prioux, René　1879-1953）　208, 211
ブリュネル、ジャック（Brunel, Jacques　?）　208
ブリュネル、シャルル（Brunel, Charles　?）　206
フルコー、ピエール（Fourcaud, Pierre　1898-1998）　38, 149, 310
フルコー、ボリス（Fourcaud, Boris　?）　151, 152, 310
ブルジェス＝モヌリー、モーリス（Bourgès-Maunoury, Maurice　1914-1993）　249
プルタレ、アンリ（Pourtalet, Henri　1889-1974）　118
ブルック、アラン（Brooke, Alan　1883-1963）　97
ブルデ、クロード（Bourdet, Claude　1909-1996）　46, 185, 188, 190, 196, 248, 320, 321
ブルム、レオン（Blum, Léon　1872-1950）　29, 40, 155, 161, 162, 182-184, 204, 314
プレヴァン、ルネ（Pleven, René　1901-1993）　18, 29, 32, 39, 55, 64, 87, 88, 109, 129, 135, 136, 146, 153, 179, 210, 224, 303
プレナン、マルセル（Prenant, Marcel　1893-1983）　162
フレネ、アンリ（Frenay, Henri　1905-1988）　6, 46, 101, 102, 147, 152, 156, 157, 159, 168-173, 179-181, 184, 186-188, 197, 223, 248, 249, 271, 320
ブロソレット、ジルベルト（Brossolette, Gilberte　1905-2004）　323
ブロソレット、ピエール（Brossolette, Pierre　1903-1944）　36, 150, 152-154, 160, 161, 173-178, 180, 193, 197, 198, 323
ブロック、マルク（Bloch, Marc　1886-1944）　5, 29, 320
ブロック＝マスカール、マキシム（Blocq-Mascart, Maxime　1894-1965）　188, 194, 321
ペアン、ピエール（Péan, Pierre　1938-）　167, 282
ペイルートン、マルセル（Peyrouton, Marcel

1887-1983）　28, 208, 209, 238
ベヴィン、アーネスト（Bevin, Ernest　1881-1951）　242
ベクール＝フォッシュ、ジャン（Bécourt-Foch, Jean　1911-1944）　59
ベグネル、エチエンヌ（Boegner, Étienne　?）　88-90
ベグネル、マルク（Boegner, Marc　1881-1970）　88
ベスバロー（Bessborough, Vere Ponsoby 1880-1956）　133
ベダリダ、フランソワ（Bédarida, François 1926-2001）　4
ペタン、フィリップ（Pétain, Philippe　1856-1951）　16, 17, 24, 26, 27, 30, 33, 41, 61, 67, 84, 93, 96, 98, 99, 106, 114-116, 124, 126, 145, 168, 201, 208, 225, 243, 276, 306, 329
ベトゥアール、エミール（Béthouart, Émile 1889-1982）　30, 257
ペリシエ、ジョルジュ（Péllicier, Georges　?）　52, 53
ベルジュレ、ジャン（Bergeret, Jean　1895-1956）　106, 116, 208
ペルティナクス（アンドレ・ジェロー）（Pertinax：André Géraud　1882-1974）　38, 125
ベルナノス、ジョルジュ（Bernanos, Georges 1888-1948）　29, 143
ベルビー、レオン（Bailby, Léon　1867-1954）　43
ボーメル、ジャック（Baumel, Jacques　1918-2006）　169, 172, 180, 185
ホーン、フレデリック（Horne, Frederick 1880-1959）　82
ボゴモロフ、アレクサンドル（Bogomolov, Alexandre　?）　79, 138, 225
ボゼル（ジャン・リシュモン）（Bozel：Jean Richemont　1911-1981）　156
ボニエ・ド・ラ・シャペル、フェルナン（Bonnier de la Chapelle, Fernand　1922-1942）　105
ボネ、アンリ（Bonnet, Henri　1888-1978）　210, 214, 223, 328
ホプキンズ、ハリー（Hopkins, Harry　1890-1946）　115, 116
ホフマン、スタンレイ（Hoffmann, Stanley 1928-2015）　22
ボリス、ジョルジュ（Boris, Georges　1888-1960）　29, 36, 40, 156, 197, 314, 319
ボリス、ジャン＝マチュー（Boris, Jean-Mathieu　1921-2017）　31
ボルト、チャールズ（Bolte, Charles　1895-1989）　142
ボレール、エミール（Bollaert, Émile　1890-1978）　198
ボワイエ、アンドレ（Boyer, André　1908-1945）　151, 152
ボワソン、ピエール（Boisson, Pierre　1894-1948）　59, 106, 208, 238
ボント、フロリモン（Bonte, Florimond　1890-1977）　243, 244

マ　行

マーフィー、ロバート（Murphy, Robert 1894-1978）　60, 95, 97-99, 105, 116, 120, 203, 206, 207, 210, 212, 225, 236, 300, 302, 324
マイエル、ダニエル（Mayer, Daniel　1909-1996）　149, 151, 168, 182, 184, 268, 270, 310, 321
マイエル、ルネ（Mayer, René　1895-1972）　210, 211, 214, 224, 328
マイスキー、イワン（Maisky, Ivan　1884-1975）　66, 138, 139
マクミラン、ハロルド（Macmillan, Harold 1894-1986）　110, 116, 120, 203, 206, 208, 209, 212, 214, 220, 225, 235, 236, 239, 302, 305, 325
マクリッシュ、アーチボルド（McLeish, Archibald　1892-1982）　39
マクロイ、ジョン（McCloy, John　1895-1989）　90, 334
マシューズ、ロナルド（Matthews, Ronald　?）　89
マシリ、ルネ（Massigli, René　1888-1988）　39, 135, 203, 207-211, 224, 235, 236, 242, 260, 277, 325, 327, 328
マソン、ジョルジュ＝ピエール（Masson, Georges-Pierre　?-1940）　57
マシップ、ジャン（Massip, Jean　1878-1969）　129
マニュエル、アンドレ（Manuel, André　1905-1991）　178, 197, 318
マネス、アンリ（Manhès, Henri　1889-1959）

174, 175, 317
マユー、ジャン＝ジャック（Mayoux, Jean-Jacques　1901-1987）　252
マラン、ルイ（Marin, Louis　1871-1960）　118, 161, 189, 204
マランヌ、ジョルジュ（Marrane, Georges　1888-1976）　162
マリタン、ジャック（Maritain, Jacques　1882-1973）　141
マルシャル、レオン（Marchal, Léon　1900-1956）　112, 304
マルシャン、ピエール（Marchand, Pierre　1893-1971）　55, 64
マルティ、アンドレ（Marty, André　1886-1956）　243, 244
マルミエ、リオネル・ド（Marmier, Lionel de　1897-1944）　57
マルレ、アルフレッド（ジョワンヴィル）（Malleret, Alfred：Joinville　1911-1960）　250
マルロー、アンドレ（Malraux, André　1901-1976）　21, 40, 66
マンガン、ロベール（Mengin, Robert　1907-2005）　211
マンディガル、ジャン（Mendigal, Jean　?）　208
マンデス・フランス、ピエール（Mendès France, Pierre　1907-1982）　19, 25, 45, 154, 224
マンデル、ジョルジュ（Mandel, Georges　1885-1944）　19, 125, 161, 183
マントン、フランソワ・ド（Menthon, François de　1900-1984）　147, 156, 157, 169, 170, 224, 271, 327
ミシェル、アンリ（Michel, Henri　1907-1986）　3, 4
ミシュリエ、フェリックス（Michelier, Félix　1887-1966）　208
ミシュレ、ジュール（Michelet, Jules　1798-1874）　21
ミッテラン、フランソワ（Mitterrand, François　1916-1996）　46
ミッテルオゼール、ウジェーヌ（Mittelhauser, Eugène　1873-1949）　27, 28
ミュズリエ、エミール（Muselier, Émile　1882-1965）　31, 38, 62, 68, 69, 74, 81-83, 85-87, 127, 129, 130, 132-137, 202, 208, 209, 211, 276
ミュッター、アンドレ（Mutter, André　1901-1973）　321
ミュラシオル、ジャン＝フランソワ（Muracciole, Jean-François　1965-）　9, 11, 277, 282
ミリベル、エリザベト・ド（Miribel, Élisabeth de　1915-2005）　28, 144
ムーラン、ジャン（Moulin, Jean　1899-1943）　4, 66, 67, 103, 146-148, 151, 152, 154-157, 159, 162, 164-178, 180-183, 185-188, 190-192, 194, 195, 197-199, 203-205, 248, 277, 309, 310, 313, 314, 317, 318, 320, 321, 324
ムーラン、ロール（Moulin, Laure　1892-1974）　169, 313
ムーレック、レーモン（モレ）（Moullec, Raymond：Moret　1901-1971）　87, 133, 135
ムッソリーニ、ベニート（Mussolini, Benito　1883-1945）　220
ムニエ、ピエール（Meunier, Pierre　1908-1996）　67, 147, 175, 177, 180, 190, 197, 309
メデリック（ジルベール・ヴェディ）（Médéric：Gilbert Védy　1902-1944）　174, 197
メルシエ、アンドレ（Mercier, André　1901-1970）　190, 191, 321
モートン、デズモンド（Morton, Desmond　1891-1971）　132
モーラス、シャルル（Maurras, Charles　1868-1952）　67, 152
モーロワ、アンドレ（Maurois, André　1885-1967）　38, 124, 145
モクレール、ロジェ（Mauclère, Roger　?）　56
モネ、ジャン（Monnet, Jean　1888-1979）　16, 18, 29, 32, 87, 94, 115, 116, 119, 120, 125, 203, 206, 208, 210-212, 224, 303, 304, 328
モラン、ジャン（Morin, Jean　1916-2008）　269
モロトフ、ヴャチェスラフ（Molotov, Vyacheslav　1890-1986）　140
モンジョヴィ、リュシアン（Monjauvis, Lucien　1904-1986）　248

ヤ　行

ユソン、ポール＝ルイ（Husson, Paul-Louis　1878-1963）　56

ラ 行

ラ・ローランシー、レオン・ド（La Laurencie, Léon de 1879-1958） 168
ラ・ガーディア、フィオレロ（La Guardia, Fiorello 1882-1947） 92
ラヴァネル、セルジュ（Ravanel, Serge 1920-2009） 270
ラヴァル、ピエール（Laval, Pierre 1883-1945） 97, 98, 106, 155, 329
ラヴォワヌ、イヴ（Lavoinne, Yves ?） 217
ラウル、フランシス（Raoul, Francis ?） 225
ラコスト、ロベール（Lacoste, Robert 1898-1989） 157, 168, 271
ラシド・アリ・キラニ（Rachid Ali Kilani1893-1965） 69
ラセニュ、ジャック（Lassaigne, Jacques ?） 225
ラットル・ド・タッシニー、ジャン・ド（Lattre de Tassigny, Jean de 1889-1952） 263
ラニエル、ジョゼフ（Laniel, Joseph 1889-1975） 183, 190
ラバルト、アンドレ（Labarthe, André 1902-1970） 36, 38, 62, 133, 135, 138, 202, 208, 211
ラピー、ピエール＝オリヴィエ（Lapie, Pierre-Olivier 1901-1994） 29
ラフォン、エミール（Laffon, Émile 1907-1957） 264, 332
ラルミナ、エドガー・ド（Larminat, Edgar de 1895-1962） 36, 37, 55, 56, 64, 78, 114, 127, 204
ラロック、ピエール（Laroque, Pierre 1907-1997） 160, 323
ラロック、フランソワ・ド（La Rocque, François de 1885-1946） 160
ランプスン、マイルズ（Lampson, Miles 1880-1964） 70
リーヒ、ウィリアム（Leahy, William 1875-1959） 67, 84, 97, 106, 261
リゴー、ジャン（Rigault, Jean ?） 95, 116, 211
リスト、シャルル（Rist, Charles 1874-1955） 25
リッテルトン、オリヴァー（Lyttelton, Oliver 1893-1972） 73
リップマン、ウォルター（Lippmann, Walter 1889-1974） 39
リッベントロップ、ヨアヒム・フォン（Ribbentrop, Joachim von 1893-1946） 192
リナレス、フランソワ・ド（Linarès, François de 1897-1956） 211, 320
リュイゼ、シャルル（Luizet, Charles 1903-1947） 223, 265
リュカール、マルク（Rucart, Marc 1893-1964） 190, 321
リュノー、オレリー（Luneau, Aurélie ?） 45
ル・トロケ、アンドレ（Le Troquer, André 1884-1963） 190, 223, 237, 321
ルイ＝ナポレポン・ボナパルト、シャルル（Louis-Napoléon Banaparte, Charles 1808-1873） 203
ルージエ、ルイ（Rougier, Louis 1889-1982） 126, 145
ルクレール（フィリップ・ド・オートクロック）（Leclerc：Philippe de Hauteclocque 1902-1947） 56, 57, 62, 64, 78, 127, 204, 263, 266
ルコント＝ボワネ、ジャック（Lecompte-Boinet, Jacques 1905-1974） 174, 190, 251
ルシー・ド・サル、ラウル・ド（Roussy de Sales, Raoul de 1900-1942） 88, 89
ルジャンティヨム、ポール（Legentilhomme, Paul 1884-1975） 28, 31, 80
ルフォシュー、ピエール（Lefaucheux, Pierre 1898-1955） 157
ルメグル＝デュブルイユ、ジャック（Lemaigre-Dubreuil, Jacques 1894-1955） 96, 116
レヴィ、ジャン＝ピエール（Lévy, Jean-Pierre 1911-1996） 6, 168, 170-173, 179, 185, 188, 197, 205, 324
レヴィ、ルイ（Lévy, Louis ？） 36, 153, 161
レーニン、ウラジーミル（Lenin, Vladimir 1870-1924） 272
レジェ、アレクシス（Leger, Alexis：Saint-John Perse 1887-1975） 38, 39, 88, 92, 112, 125, 141, 303
レノー、ポール（Reynaud, Paul 1878-1966） 16, 18, 29, 124, 283

レミ（ジルベール・ルノー）（Rémy：Gilbert Renault　1904-1984）　3, 20, 29, 38, 149, 152, 162, 174
ロージエ、アンリ（Laugier, Henri　1888-1973）　36, 92
ローズヴェルト、フランクリン・デラノ（Roosevelt, Franklin Delano　1882-1945）　39, 60, 67, 68, 83, 84, 89, 93-96, 101, 102, 104, 105, 108, 109, 111, 113, 115, 119, 141, 142, 162, 163, 205, 206, 212-216, 225, 228, 236-241, 258-262, 301
ローラン、シャルル（Laurent, Charles　1879-1965）　190
ローラン、ジャン（Laurent, Jean　?）　18
ローランシー、アンリ（Laurentie, Henri　1901-1984）　55
ロシュロー、オリヴィエ（Rochereau, Olivier　?）　10
ロック、フィリップ（Roques, Philippe　1910-1943）　183
ロッシェ、ワルデック（Rochet, Waldeck　1905-1983）　251, 252
ロベール、ジョルジュ（Robert, Georges　1875-1965）　81, 82
ロル＝タンギー、アンリ（Rol-Tanguy, Henri　1908-2002）　250, 263, 267
ロワ、ジュール（Roy, Jules　1907-2000）　156
ロンメル、エルヴィン（Rommel, Erwin　1891-1944）　78

ワ　行

ワイナント、ジョン（Winant, John　1889-1947）　88, 113, 120, 306

自由フランス関連年表

年数	フランス	世界
1939	9.3 フランス、宣戦布告 9.26 ダラディエ首相、フランス共産党を解散 10.4 モーリス・トレーズ共産党書記長、ソ連亡命 11.18 国防と公安を害するおそれのある個人を収監する法（共産党弾圧立法の始まり）	8.23 独ソ不可侵条約 9.1 ドイツ軍、ポーランドに侵攻し第二次世界大戦始まる 9.17 ソ連軍、ポーランド侵攻 9.27 ポーランド降伏 11.30 ソ連、フィンランド進駐
1940	1.20 共産党議員の資格を剥奪する法 1.26 ドゴール、機械化兵力の効果的使用にかんする覚書を政治家・軍人に送付 3.21 ダラディエ内閣、総辞職。レノー内閣成立 5.10 ドイツ軍の西部攻勢。チャーチル、首相就任 5.13 ドイツ軍、フランス国境突破 5.18 ペタン元帥、副首相に 5.27-6.5 ダンケルクの戦い 6.5 ドゴール、国防次官就任 6.14 パリ占領 6.16 レノー、首相辞任 6.17 ペタン首相、ラジオ演説 6.18 ドゴール、ＢＢＣから抵抗を訴える 6.21 マシリア号、出港 6.25 休戦条約、発効 6.28 チャーチル、ドゴールをすべての自由なフランス人の首長と承認 7.1 ペタン政府、ヴィシーに移転 7.3 メル・セル・ケビール事件 7.10 ペタン、全権を得る 7.22 ニューヘブリデス、ドゴール陣営に 8.2 ドゴール、軍法会議で死刑宣告 8.7 チャーチル、戦中のフランスを代表する唯一の組織として、自由フランスと自由フランス軍を承認 8.26-29 カメルーンと赤道アフリカ（ガボンを除く）がドゴール陣営に 9.2 ポリネシアがドゴール陣営に 9.9 インドのフランス銀行がドゴール陣営に 9.23 ニューカレドニア、ドゴール陣営に 9.23-25 ドゴール、ダカール攻略に失敗 10.8-11.17 ドゴール、自由フランス領のアフリカ訪問 10.18 カトルー将軍、ドゴールと再会 10.24 モントワール会談 10.27 ブラザヴィルにてドゴール、植民地防衛評議会設立 10.30 ペタン、対独協力政策を告知 11.11 シャンゼリゼで若者が愛国的デモ	6.10 イタリア、宣戦布告

	11.12 自由フランス軍、ガボン征服 11.16 ブラザヴィルにて、自由フランスの付帯声明 12.13 ラヴァル失脚	
1941	2.10 ダルラン、副首相就任 3.1 ルクレール麾下の自由フランス軍、サハラのクフラ奪取 5.15 共産党、国民戦線の結成を呼びかける 6.8 カトルー将軍、シリアとレバノンの独立を宣言 7.14 シリアの戦闘終結 8.23 パリの地下鉄バルベ駅で、共産党のファビアンがドイツ軍将校を射殺 9.24 ロンドンでフランス国民委員会創設 9.26 ソ連、フランス国民委員会を承認 10.20 ジャン・ムーラン、ロンドン到着 10.22 ドイツ軍、98 人の人質を処刑 12.24 自由フランス軍のミュズリエ副提督、サン＝ピエール＝エ＝ミクロン上陸	1.19 英軍と自由フランス軍、エリトリアでイタリアを攻撃 1.23 英軍、リビアのトブルク奪取 2.3 ロンメル麾下のドイツ軍、リビアに介入 5.6 シリアにかんして（イラクに武器を供与する）ダルラン＝フォーゲル協定 6.22 独ソ戦開始 8.14 大西洋憲章調印 12.8 日本軍、真珠湾攻撃。アメリカ、宣戦布告
1942	1.2 ジャン・ムーラン、自由地区に落下傘降下 2.17-3.14 ルクレール軍、フェザンを急襲 2.19 リオン裁判開廷 3.3 ミュズリエ副提督、フランス国民委員会委員を辞任 3.27 フランス在住ユダヤ人のアウシュヴィッツへの最初の移送 4.17 ジロー将軍、捕虜収容所から脱走 4.18 ラヴァル、政権復帰 4.27 ドゴール、クリスチアン・ピノーに「レジスタンス運動への声名」を手渡す 5.1 自由地区でレジスタンスのデモ 5.24 ロンドンにてドゴールとモロトフ外相、会談す 6 月ロンドンに中央情報行動局が設置 6.22 ラヴァル、交替制を導入し、ドイツの勝利を願う 7 月英米、国民委員会を承認 7.14 自由フランス、戦うフランスに改称。自由地区で愛国的デモ 7.16-17 ヴェル・ディヴ事件 8.5 ドゴール、中東とアフリカを視察 8.19 英・加連合軍、ディップ攻略失敗 9.14 ロンドンにピエール・ブロソレットとシャルル・ヴァラン到着 10.2-9 ロンドンにてアンリ・フレネとエマニュエル・ダスティエ、自由地区における抵抗運動調整委員会の設置およびドレストラン将軍を指揮官とする秘密軍の設立に同意	1.1 ワシントンにて 26 カ国が国際連盟設立声明に調印 1.21 ロンメルによる第 2 次リビア攻撃 5.5 英軍、マダガスカル上陸 5.22 ドイツ軍、リビアで反撃 5.26-6.11 ビルハケムの戦い 6.30 ロンメル、エルアラメインを攻撃 10.23-11.4 エルアラメインで英軍、決定的勝利

1942	11.8 英米軍、北アフリカ上陸 11.9 ジロー将軍、アルジェ到着 11.10 ダルラン、北アフリカ軍に停戦を命令 11.11 ドイツ軍、自由地区を占領 11.13 ダルランとノゲス総督、北アフリカを連合軍側で参戦させる。ダルラン、「元帥の名において」北アフリカの権力掌握 11.18 ラヴァル、全権を得る 11.22 ダルラン＝クラーク協定 11.27 トゥーロンのフランス艦隊、自沈 11.29 ドイツ軍、フランス休戦軍を解散 11.30 レユニオン島、ドゴール陣営に 12.24 ダルラン暗殺 12.25 ドゴール、ジローに会談を提案 12.26 ジロー、北アフリカ民・軍総司令官に就任	11.6 英軍、マダガスカル占領 11.10 ヒトラー、チアノ、ラヴァルがベルヒテスガーデンで会談し、ラヴァルはチュニスへのドイツ軍上陸を承認 12.14 英国、マダガスカルの統治をフランス国民委員会に移譲 12.16 ルクレール、フェザンで新たな作戦開始
1943	1942.11.22-1943.1.27 アンドレ・マニュエル、フランスで秘密任務 1.11 共産党代表フェルナン・グルニエ、ロンドン着 1.22-24 カサブランカ会談。アメリカがジロー支持を約束 1.26 南部地区に統一レジスタンス運動成立 1.27-4.16 ブロソレット、占領地区で秘密任務 1.30 民兵団設立 2.15 強制労働徴用開始 2.15-3.21 ジャン・ムーランとドレストラン将軍、ロンドン滞在 2.21 ドゴール、政党を含む抵抗評議会創設を指示。国民委員会、フランス軍の統一条件を決定 3.14 ジロー将軍、初めての民主的な態度表明 3.26 北部占領地区に調整委員会設立 4.3 第一回北部地区調整委員会開催 5.15 ロンドンにて全国抵抗評議会の声明が公表 5.17 ジロー、ドゴールをアルジェに招くことを通知 5.27 第1回全国抵抗評議会開催 5.30 ドゴール、アルジェ着 6.3 フランス国民解放委員会設立し、ドゴールとジローの双頭制成立 6.9 秘密軍司令官のドレストラン将軍、パリで逮捕される 6.19-22 アルジェで仏米危機、民・軍関係の妥協 6.21 ジャン・ムーラン、カリュイールで逮捕 7.2-27 ジロー、米・加・英訪問 8.15-16 ジャック・バンジャンとフランシス＝ルイ・クロゾン、秘密任務を帯びてロンドンからフランスへ	1.13 チャドのルクレール軍とモントゴメリの英軍が合流 1.23 英軍、リビアのトリポリ占領 2.2 スターリングラードのドイツ軍、降伏 3.16 チュニジアのドイツ軍に対してモントゴメリの攻撃開始 3.31 フェアハト・アッバス、アルジェリア人民宣言を発する 4.13 カチンの森でポーランド将兵の遺体発掘 4.19 ワルシャワ・ゲットー、蜂起 5.7 連合軍、ビゼルトとチュニスに入る 5.13 枢軸軍、チュニジアで降伏 5.15 コミンテルンの解散 7.25 ムッソリーニ失脚し、バドリオ政府成立

	8.26 英・米・ソ三ヵ国が国民解放委員会を承認 9.2 エミール・ボレール、フランスにおける国民解放委員会代表に任命 9.7 国民解放委員会が、解放された領土の行政にかんして連合国に覚書発表 9.8 イタリアと休戦条約締結。コルシカでレジスタンスが蜂起 9月半ば ブロソレット、新任務 10.4 フランス軍、コルシカ解放 11.3 アルジェで臨時諮問議会始まる 11.4 諜報組織、ノートルダム信心会弾圧 11.6-9 国民解放委員会でドゴールが唯一の委員長に。双頭制が消滅 11.9 南部解放の指導者、エマニュエル・ダスティエが内務委員に。コンバ指導者、アンリ・フレネが捕虜・被追放者委員に任命される 11.17 アルジェにて特殊任務総局設立 12.12 コンスタンチーヌでドゴール、アルジェリアのムスリムに市民権付与を告げる演説 12.27-30 アルジェで、フランス軍の使用にかんする連合軍との軍事協定締結 12.29 秘密軍とFTPとの共同行動協定 12.30 民兵団のダルナンが警察大臣に。フィリップ・アンリオが宣伝大臣に	10.1 英軍、ナポリ奪取 11.8-23 レバノンをめぐる英仏危機 11.21 フランス派遣軍、イタリア上陸 11.23-27 カイロ会談(ローズヴェルト、チャーチル、蒋介石) 11.28-12.2 テヘラン会談(ローズヴェルト、チャーチル、スターリン)
1944	1.1 国民解放委員会、シリアとレバノン政府に共通利益の管理を移譲 1.5 非共産系のレジスタンス組織が国民解放運動に再編 1.10 アルジェで、共和国委員設置の政令 1.27 チャーチルとダスティエ、レジスタンスの軍備協定 1.30 ブラザヴィル会議 2.1 フランス国内軍創設の政令 2.3 ボレールとブロソレット、逮捕される 2.21 パリで共産党系の「マヌーシアン・グループ」処刑 3.10 アレクサンドル・パロディ、国民解放委員会のフランス代表に任命 3.15 パリにて全国抵抗評議会綱領採択 3.22 アルジェで元内相ピュシュー処刑。ブロソレット、死去 3.24-27 ドイツ軍、グリエールのマキを攻撃 3.28 ケーニグ将軍、北部の軍事作戦における軍事代表に 3.31 ロンドンからレジスタンスの地域圏軍事代表に軍事行動を指示 4月 全国抵抗評議会が県解放委員会規約を採択。「ソクラテス」秘密任務	1.1 アイゼンハワー、連合軍総司令官就任

	4.4 二人の共産党員（フェルナン・グルニエとフランソワ・ビュー）が国民解放委員会に加わる。ジローが行使した司令官の職務停止 4.21 国民解放委員会、解放されたフランスの公権力機構を定める政令 4.26 ペタンのパリ訪問 5.13 軍事行動委員会成立し、全国抵抗評議会の直轄となる 5.15 ドゴール、軍事的な解放作戦においてレジスタンスの使用にかんする命令に署名。諮問議会、共和国臨時政府の支持決議 5.18 ロンドンの共産党代表ワルデック・ロッシェ、ケーニグ将軍に国民蜂起が上陸と同時に遂行されるよう要求 5.30 連合軍最高司令部、ケーニグ将軍をフランス国内軍司令官として承認 6.3 国民解放委員会、フランス共和国臨時政府に 6.4 ドゴール、ロンドン着 6.6 ノルマンディー上陸。ドゴール、レジスタンス組織に行動を呼びかける。ケーニグ将軍、正式に国内軍の指揮を執る 6.9-7.21 ヴェルコールの戦い 6.10 オラドゥール村の虐殺 6.14 ドゴール、ノルマンディーを訪れ、バイユーに共和国委員を任命 6.20 ジャン・ゼー、暗殺 6.28 フィリップ・アンリオ、暗殺 6.29 シェルブール解放 7.5-13 ドゴール、アメリカとカナダ訪問 7.6 モントゴメリ軍、カーン解放 7.7 ジョルジュ・マンデル、暗殺 8.3-4 ブルターニュで国民蜂起指令 8.4 パットン軍、レンヌ解放 8.10 共産党系のパリの鉄道員、スト開始 8.12 ルクレールの第2機甲師団、アランソン解放 8.15 仏米軍、プロヴァンス上陸 8.16 オルレアン解放。パリ解放委員会、動員を訴える。ドランシーから最後のユダヤ人移送列車。連合軍、ランブイエ着 8.17-24 フランス南西部、レジスタンスにより解放 8.19 ラヴァル、SSとともにベルフォールへ移動。パリで全国抵抗評議会とパリ解放委員会の蜂起アピール 8.20 パリ地区ドイツ軍司令官コルティッツ、休戦を受諾。ペタン、ドイツ軍によって逮捕。ドゴール、アイゼンハワーにパリ解放を求める 8.22 パリで戦闘再開。アイゼンハワー、パリ進撃を指令。グルノーブル解放	4.26 赤軍、ソ連領を再征服。 6.4 連合軍、ローマ奪取 6.13 V1号機による初のロンドン空襲 7.1-22 ブレトンウッズ国際通貨会議 7.20 ヒトラー暗殺未遂事件

	8.24 ルクレールの第2機甲師団、パリ着 8.25 パリのドイツ軍、降伏。ドゴール、パリ着 8.26 パリにて解放を祝うデモ 8.27 トゥーロン解放 8.29 マルセイユとモンペリエ解放 8.28 ドゴール、国内軍の参謀本部を解散 8.31 臨時政府パリ帰還 9.3 リヨン解放 9.7 ペタンとラヴァル、ジークマリンゲンへ移動 9.9 フランスで挙国一致政府が組織 9.12 ドゴール、シャイヨー宮にて施政方針演説 9.14-18 ドゴール、最初の地方巡行（リヨン、マルセイユ、トゥールーズ、ボルドー） 9.19 マキと国内軍を正規軍に編入するデクレ 10.23 英・米・ソ3大国が臨時政府を承認 10.28 愛国民兵の解散デクレ 11.20-23 ミュルーズ解放、ストラスブール奪取 11.27 モーリス・トレーズ、フランスに帰国し団結と再建を訴える 12.3-11 ドゴール、モスクワ訪問 12.16-31 アルデンヌでドイツ軍の反撃	8.21-28 英・米・中・ソ首脳によるダンバートン・オークス会議
1945	1.1-25 アルザスでドイツ軍の反撃 4.26 ペタン帰国 4.29 フランスで市町村会議員選挙 7.23 ペタン裁判始まる	1.12 ソ連軍の攻勢 2.4-11 英・米・ソ3巨頭によるヤルタ会談 2.13-14 ドレスデン空襲 3.22-23 英米軍、ライン渡河 4.12 ローズヴェルト死去 4.25 サンフランシスコにて国際連合の会議 4.25 米ソ軍、エルベ川で合流 4.28 ムッソリーニ処刑 4.30 ヒトラー自殺 5.5 第2機甲師団、ベルヒテスガーデン着 5.8-9 ドイツ軍、無条件降伏 5.8 アルジェリアのセチフで流血デモ 5.16 フランス、国際連合安全保障理事会の常任理事国に 6.17 ポツダム会談 7.5-26 イギリス総選挙で労働党が勝利し、チャーチル辞職 8.15 日本、無条件降伏を受諾

■著者紹介

渡辺和行（わたなべ・かずゆき）
1952年生まれ。奈良女子大学研究院人文科学系教授　博士（法学）。フランス近現代史専攻。

著書
『ナチ占領下のフランス―沈黙・抵抗・協力―』講談社、1994年。

『ホロコーストのフランス―歴史と記憶―』人文書院、1998年。

『フランス人とスペイン内戦―不干渉と宥和―』ミネルヴァ書房、2003年。

『エトランジェのフランス史―国民・移民・外国人―』山川出版社、2007年。

『近代フランスの歴史学と歴史家―クリオとナショナリズム―』ミネルヴァ書房、2009年。

『ド・ゴール―偉大さへの意志―』山川出版社、2013年。

『フランス人民戦線―反ファシズム・反恐慌・文化革命―』人文書院、2013年。

共訳
ピエール・ノラ編『記憶の場』第2巻、第3巻、岩波書店、2003年。
ロバート・O・パクストン『ヴィシー時代のフランス』柏書房、2004年。
トニー・ジャット『知識人の責任』晃洋書房、2009年。

ドゴールと自由フランス――主権回復のレジスタンス――

2017年12月25日　初版第1刷発行

著　者　渡辺和行
発行者　杉田啓三
〒607-8494　京都市山科区日ノ岡堤谷町3-1
発行所　株式会社　昭和堂
振替口座　01060-5-9347
TEL（075）502-7500/ FAX（075）502-7501

印刷　亜細亜印刷

ISBN978-4-8122-1702-3
＊落丁本・乱丁本はお取り替えいたします
Printed in Japan